湖州師範學院文學院"浙江省中國語言文學一流學科建設"（項目編號：XK18053AGK）經費資助。
　　湖州師範學院人文社科預研究項目"《四庫全書總目》小學類提要整理與研究"（項目編號：2013SKYY09）

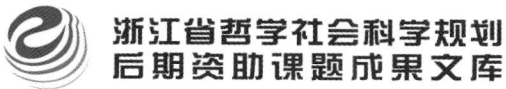
浙江省哲学社会科学规划
后期资助课题成果文库

《四庫全書總目》
小學類提要匯校與研究

李建清 著

中国社会科学出版社

圖書在版編目（CIP）數據

《四庫全書總目》小學類提要匯校與研究／李建清著. —北京：中國社會科學出版社，2019.10

（浙江省哲學社會科學規劃後期資助課題成果文庫）

ISBN 978-7-5203-4901-7

Ⅰ.①四…　Ⅱ.①李…　Ⅲ.①《四庫全書總目》—內容提要—研究　Ⅳ.①Z833

中國版本圖書館 CIP 數據核字（2019）第 184058 號

出 版 人	趙劍英
責任編輯	宮京蕾
責任校對	馮英爽
責任印製	李寡寡

出　　版	中國社會科學出版社
社　　址	北京鼓樓西大街甲 158 號
郵　　編	100720
網　　址	http：//www.csspw.cn
發 行 部	010-84083685
門 市 部	010-84029450
經　　銷	新華書店及其他書店
印刷裝訂	北京君昇印刷有限公司
版　　次	2019 年 10 月第 1 版
印　　次	2019 年 10 月第 1 次印刷
開　　本	710×1000　1/16
印　　張	24.25
插　　頁	2
字　　數	409 千字
定　　價	118.00 圓

凡購買中國社會科學出版社圖書，如有質量問題請與本社營銷中心聯繫調換
電話：010-84083683
版權所有　侵權必究

序　言

　　李建清的這部著作是在他的博士學位論文基礎上修改而成的。他的博士學位論文選擇《四庫全書總目提要》作研究對象，緣於他作為項目組成員參與了龔鵬程先生主持的教育部人文社會科學重點研究基地重大項目《〈四庫全書總目提要〉校正》。項目的主要任務一是將不同版本《總目提要》進行集校，以表現彼此差異；一是匯聚《總目提要》研究成果，以方便參考利用。項目依託北京師範大學文字典籍民俗研究中心進行，我們決定藉此機會讓建清跟隨項目組的老師們學習目錄學知識、閱讀經典著作和嘗試相關研究。出於所學專業原因，建清選擇的是經部小學類提要。小學類之於《總目提要》，只是經部的一個小類，但也收錄了220篇提要，其中訓詁21篇、文字104篇、音韻94篇、附錄1篇，再加上《總目提要》的不同版本和不同形態，以及《總目提要》研究成果又比較分散，因此對小學類提要進行校勘整理難度不小，需要耐心細緻的工作和花費較長時間。經過一番努力，最終按要求將小學類提要作為成果之一提交了中期檢查。

　　有了前期積累，我們圍繞小學類提要及相關材料，確定了研究對象，討論了博士學位畢業論文總體框架，提出了具體方案：總題為"《四庫全書總目》小學類提要匯校與研究"，分為上下兩編：上編《小學類提要匯校》，下編《小學類提要研究》。上編展示全部匯校文本，并專章分析文本差異；下編單純从學術史角度研究提要的文獻學內容、語言文字學內容以及學術思想、學術方法等。由於時間倉促，畢業論文從學術史角度研究小學類提要只完成了一部分，最後提交答辯僅限於文獻學方面。因此作為論文的選題還有補充完善的余地。

博士畢業以後，建清去了浙江湖州工作，從事漢語言文字學、目錄學的教學。以博士論文爲基礎，他申請到了浙江省社科規劃項目基金支持，論文《〈四庫全書總目〉小學類提要匯校及研究》在略加增補修改後得以正式出版。該書的順利出版，將爲我們提供研讀《總目提要》的重要成果，也將爲四庫學研究注入新鮮活力，其具體價值體現在以下三個方面。

一　文本校勘整理

《〈四庫全書總目〉小學類提要匯校及研究》一書屬文獻整理類研究，作者搜集到了小學類提要的多種版本和多種形態，以武英殿刻本爲底本，參校浙本、薈要本、文溯本、文津本等版本資料，以【校記】標識它們之間存在的差異；抄錄各省采集遺書目錄、分纂提要、《簡明目錄》，以【附錄】形式附于各篇提要之後；梳理小學類提要研究成果，摘錄各家主要觀點，以【辨正】形式附于提要之末，分門別類，井然有序。

匯校之最終成果忠實反映了《總目提要》各版本之差異，完整地收錄了與小學類提要相關文獻和辨正研究資料。這對對研究《四庫全書》，或者參考《總目提要》去讀書，都可以省去翻檢查閱之苦，節省大量時間精力。

二　版本差異比較

比勘小學類提要不同種類和不同版本，該書用校勘記標註了它們之間所存在的差異。將此作為基礎，作者重點探討了《總目提要》與分纂提要、書前提要之間的不同，殿本與浙本之間的區別，描述差異類別，分析差異產生原因，揭示了《總目提要》產生過程以及四庫館臣在《總目提要》形成過程中所起到的作用。

版本差異資料利用充分。該書用表格形式呈現了小學類提要不同版本諸多差異，這些材料成為作者論證的有力論據。例如，《總目提要》殿本浙本孰優孰劣這樣的問題，至今尚無定論：有浙本據殿本重刻、有浙本產生早於殿本、有浙本殿本互不相關等不同觀點。現在既沒有發現殿本產生確切時間的文獻記載，又沒有誰將殿本、浙本與文瀾閣《總目提要》從頭至尾完整校對過，在這種情況下，大家看法也很難取得一致。作者利用集校所得到的殿本與浙本差異的 226 條校記，通過分析，認爲殿本和浙本是《總目提要》定稿後形成的兩個版本系統，浙本有明顯修訂殿本的痕迹。觀點正確與否，尚待時間檢驗，但知道如何利用自己掌握的材料，用合適的方式參與學術問題論爭，令人欣慰。

差異原因闡釋合理。如《總目提要》與書前提要的差異是絕對的，可這些差異是因何而產生的呢？作者以小學類提要爲例，經過研究，認爲書前提要是分纂提要向《總目提要》過渡的中間狀態，《總目提要》針對書前提要所存在的問題，並結合編纂實際需要，對其進行了修改提高，而這種修改主要包括重新撰寫、完全改寫，增加例證和考辯性文字，語言文字的修飾等三個方面。

三 文獻價值探析

《總目提要》是一部卷帙浩繁、規模宏大、內容廣博的官修綜合性目錄，含有豐富的學術性內容。作者在閱讀分析每篇小學類提要基礎上，概括出了提要基本結構和主要內容，從文本中網羅搜集文獻學研究細節，歸納了《總目提要》在版本考析、校勘整理和古籍辨僞等方面所具有的價值。

如版本，該書从版本著錄、版本鑒定與版本源流三個角度發掘了《總目提要》版本研究內容，總結其版本考析理論與方法，認爲《總目提要》蘊含豐富的版本資料，有比較豐厚的版本學內容，作爲版本目錄當之無愧。又如校勘，作者認爲《總目提要》的校勘包括校正文字、校訂著作內容兩個層面，具有與版本研究緊密結合、靈活運用校勘方法和善於引用別人校勘成果等三個特點。諸如此類，版本、校勘、辨偽内容，都具有很高的文獻學價值，只是這類文獻學材料都散見於提要各個角落。

初次研究《總目提要》確實存在很多困難，即便是和漢語言文字專業相關的小學類提要也是如此，幸虧有前期文獻資料的準備和積累，書稿寫作期間又得到諸位學者老師的指導，所以本書能夠取得上述各方面的成果總體來說是不錯的。但作爲曾經指導過他的老師，我還是希望作者能夠意識到其中存在的一些問題：例如匯校所搜集的《總目提要》版本資料還可以更全面，粤本《總目提要》、文淵閣本書前提要與殿本比較應該也存有不同；小學類提要在語言文字學方面的學術史價值未及歸納總結，特別是其中的學術評議；本書小學類提要存在的不足并不是作者自己考據結果，而是依據其他學者的辨正成果；對小學類提要跟《總目提要》的整體關係也缺乏照應。凡此等等，希望作者在以後的研究中注意。

2019 年 10 月 2 日

目　　錄

序　　篇

第一章　選題緣起、研究目標及研究價值 …………………………（3）
　第一節　選題緣起 ……………………………………………………（3）
　第二節　研究目標及研究價值 ………………………………………（5）
第二章　研究方案 ………………………………………………………（8）
　第一節　研究思路 ……………………………………………………（8）
　第二節　研究方法 ……………………………………………………（9）

上篇　《四庫全書總目》小學類提要匯校

匯校條例 …………………………………………………………………（13）
小學類提要匯校文本 ……………………………………………………（15）
　小學類一 ………………………………………………………………（16）
　小學類二 ………………………………………………………………（42）
　小學類三 ………………………………………………………………（109）
　附　　錄 ………………………………………………………………（166）
　小學類存目一 …………………………………………………………（167）
　小學類存目二 …………………………………………………………（211）

下篇　《四庫全書總目》小學類提要研究

第一章　小學類提要的文本差異 ………………………………………（253）
　第一節　《總目提要》與分纂提要之比較 …………………………（256）

第二節　《總目提要》與書前提要之比較 …………………（275）
　　第三節　浙本與殿本之比較 ………………………………（302）
第二章　小學類提要的基本結構和主要內容 ……………………（315）
　　第一節　小學類提要的基本結構 …………………………（316）
　　第二節　小學類提要的主要内容 …………………………（318）
第三章　《總目》小學類提要的版本考析 ………………………（329）
　　第一節　版本鑒定 …………………………………………（329）
　　第二節　版本源流的考訂 …………………………………（333）
第四章　《總目》小學類提要的校勘成果 ………………………（338）
　　第一節　小學類提要校勘内容 ……………………………（338）
　　第二節　小學類提要校勘的特點 …………………………（346）
第五章　《總目》小學類提要的辨僞成就 ………………………（351）
　　第一節　作者的辨僞 ………………………………………（352）
　　第二節　成書時代的辨僞 …………………………………（356）
　　第三節　文字章節的辨僞 …………………………………（360）
第六章　《總目》小學類提要存在的不足 ………………………（363）
　　第一節　卷數、作者 ………………………………………（363）
　　第二節　版本、内容 ………………………………………（366）
結　語 ………………………………………………………………（369）
參考文獻 ……………………………………………………………（371）
後　記 ………………………………………………………………（378）

序　篇

第一章

選題緣起、研究目標及研究價值

第一節　選題緣起

《四庫全書》是清代乾隆年間纂修的一部規模龐大的叢書。該叢書彙集了我國清代乾隆以前的主要文化典籍，卷帙浩繁，內容廣博，共收錄書籍 3461 種 79309 卷；存目書籍 6793 種 93551 卷。內容涉及政治、經濟、軍事、法律、哲學、藝術、文學、宗教、醫藥、建築、天文、曆法等各個方面，是華夏文化的寶庫。

編纂《四庫全書》的同時，為適應編次歷代典籍、撮舉典旨的需要，《四庫全書總目》應運而生。

《總目》自乾隆三十八年（1773）開始編修，至乾隆六十年（1795）武英殿正式刻板，花費時間二十多年。全書 200 卷，共收錄書籍 10254 種 172860 卷。《總目》提要首先由分纂官起草，然後由總纂官紀昀、陸錫熊等綜合改寫修訂，再由總裁官裁正，最後呈送朝廷，由清高宗欽定，[1] 是我國古代最大的官修圖書目錄。纂修官每校閱一種書籍，便要撰寫一篇提要，提要要求"每書先列作者之爵里，以論世知人，次考本書之得失，權眾說之異同，以及文字增刪、篇帙分合，皆詳爲訂辨，巨細不遺"。[2]

《總目》以提要的形式，對中國數千年傳統學術發展進行了全面而深入的總結和批評，所以它又是一部極其重要的學術批評和學術史研究著

---

[1] 參與編纂《總目》的人員眾多，分工細緻，過程複雜。關於編纂過程、編纂人員所起的作用，具體可參考司馬朝軍《〈四庫全書總目〉研究》（2004），《〈四庫全書總目〉編纂考》（2005），張升《四庫全書館研究》（2012）。

[2] 卷首《凡例》，《四庫全書總目》，中華書局 1965 年版，第 17 頁。

作。清代的目錄學家周中孚說"竊謂自漢以來,簿錄之書,無論官撰私著,凡卷第之繁富,門類之允當,考證之精審,議論之公平,莫有過於是編",① 充分肯定了《總目》在中國目錄學史上的地位。

余嘉錫用畢生的精力研讀《總目》,撰寫成《四庫提要辨證》。他在對《總目》謬誤進行辨正的同時,對其學術成就和學術價值給予了充分的肯定,他認爲:"今《四庫提要》敘作者之爵里,詳典籍之源流,別白是非,旁通曲證,使瑕瑜不掩,淄澠以別,持比向歆,殆無多讓。至於剖析條流,斟酌今古,辨章學術,高挹群言,尤非王堯臣、晁公武等所能望其項背。故曰自《別錄》以來才有此書,非過論也。故衣被天下,沾溉靡窮。嘉、道以後,通儒輩出,莫不資其津逮,奉作指南,功既巨矣,用亦弘矣……然而漢、唐目錄書盡亡,《提要》之作,前所未有,足爲讀書之門徑,學者舍此,莫由問津。"②

張之洞在《輶軒語》中說"今爲諸生指一良師,將《四庫總目》讀一過,卽畧知學問門徑也",可見,他也認識到了《總目》指導學習的作用。

由此可見,《總目》不僅是中國古代規模最爲宏大,體制最爲完善,編制最爲出色的目錄,而且也是一部內容極其豐富、涵蓋範圍極其廣泛的學術著作。因此,對《總目》文本進行整理,對《總目》研究成果進行梳理,對提要介紹著錄典籍所體現的學術思想進行研究,是一件很有意義的工作。

《總目》內容廣博,卷目繁多,而與《總目》有關的研究成果更是數量驚人。限於學力,我們將選擇與專業聯繫緊密的經部小學類提要作爲主要研究對象。同時,由於經部《總序》對包括小學類在內的所有子目都有統攝作用,"聖諭"對《總目》的編纂具有重要指導作用,"凡例"制訂了《總目》各項工作的基本原則,本書也將這三者納入研究範圍,對其相關內容進行分析。

研究《總目》小學類提要,主要基於以下幾點考慮。

1. 整理《總目》小學類提要

對小學類提要文本進行整理的目的主要有兩個:一是以殿本爲底本,

---

① (清)周中孚:《鄭堂讀書記》,卷三二,上海书店出版社 2009 年版。
② 余嘉錫:《四庫提要辨證》,中華書局 1974 年版,第 48 頁。

第一章　選題緣起、研究目標及研究價值

參校刊本、閣本之間的異同，形成一個校勘精細，標點合理，便於閱讀和研究的《總目》版本；一是將過去對小學類提要所作的研究進行整理、消化和吸收，使學界了解小學類提要的研究取得了哪些成果，進行到了什麼程度，还存在哪些不足。

2. 小學類提要蘊含著豐富的學術思想

小學類共收錄提要 220 篇，其中訓詁 21 篇，文字 104 篇，音韻 94 篇，附錄 1 篇。這些提要記載了大量校勘內容，廓清了許多小學著作的流傳散佚過程和版本源流，蘊含著豐富的文獻學資料。提要還利用大量富有樸學特色的考據方法，得出了很多有學術價值的結論，其中以對作品影響、地位的評價最爲突出。這些文獻學方面的資料、考證方法和學術評價正是我們探尋《總目》學術思想的重要參考。

3. 對小學類提要的研究不夠深入

目前對小學類提要研究成果集中在辨證類著作當中，內容以糾正字詞訛誤和考證史實爲主。專門論及小學提要的學術思想只有單篇論文，往往祇針對某個序言、某篇提要，或者某些案語，不具有系統性，更不具代表性。小學類提要的研究現狀一如《總目》研究歷史，是"證枝葉者多，考大體者少；論周邊者多，探內路者少。研究方法也非常單一，大體限於考證一途"。①

第二節　研究目標及研究價值

一　研究目標

我們主要從文獻學的角度觀照《總目》小學類提要，爲此，本選題確立的主要研究目標是：展示《總目》小學類提要的基本面貌，比較《總目》各提要文本的差異，概括提要的基本結構、內容和及其在文獻學方面的成就。具體目標如下。

第一，文本的校勘整理。本書校勘以《欽定四庫全書總目》（殿本，臺灣商務印書館 1984 年版）爲底本，匯校下列資料：浙江杭州本（浙本）；文溯、文津和薈要本；又有《四庫》徵書提要目錄、各分纂官所撰

---

① 司馬朝軍：《〈四庫全書總目〉研究》，社會科學文獻出版社 2004 年版，第 5 頁。

寫的分纂稿以及《四庫全書簡明目錄》。同時摘錄各家辨證成果，最終形成《四庫全書總目》之經部小學類提要文本。

第二，差異的比較說明。《四庫全書總目》在形成過程中產生諸多提要版本，每種提要產生的時間、背景不同，其內容、結構，甚至觀點都存在差異。因此，不同版本的提要各具特點，代表《總目》形成的不同階段，對《總目》的最終形成具有不同作用。本書將《總目》與其他版本提要進行比較，比勘不同提要文本之間在文字、內容方面的差異，說明差異形成的原因，以期還原《總目》形成的過程。

第三，內容的歸納總結。概括小學類提要的基本結構和主要內容，歸納小學提要版本考析、校勘、辨偽等方面所取得的成就，並指出其在文獻介紹、事實考證方面存在的不足和失誤。

二　研究價值

《四庫全書總目》產生至今已經有 200 多年的歷史，由於編纂工作規模宏大，參與撰寫人員眾多，編撰者水平參差不一，盡管總纂官紀昀、陸錫熊等人要對提要進行審定和修改，《總目》的訛誤仍在所難免。所以出現了余嘉錫《四庫提要辨證》等糾謬正誤類論著。又因《總目》所呈現的學術思想比較複雜，因而有許多學者對其目錄學思想、經學觀、史學編纂理論以及學術批評方法等進行了探討及總結，並進而研究《總目》所反映出來的思想文化背景。研究《總目》的著述眾多、成果突出，已然成爲了一門與"四庫學"相並立的專門學問——"四庫總目學"。[①]

由於《總目》涉及眾多學科，其自身又具有較高的學術品質和蘊含著豐富的學術思想，歷來《總目》研究者切入點多種多樣。本選題以《總目》小學類提要爲研究對象，屬於文獻學和漢語言文字學的研究範疇。

現有的小學類提要研究以訂正字詞訛誤爲主，對相關成果缺乏整理；各閣本小學類提要與《總目》的合校，過去沒有人做過；目前還沒出現深入整理、系統研究小學類提要之學術思想的成果。基於這一點，我們的研究具有以下幾個方面的價值。

---

① 參見陳曉華《"四庫總目學"史研究》，商務印書館 2008 年版，第 3 頁。

1. 四庫總目學的研究價值

經部小學類提要之整理是隨著《總目》整體研究而展開的。1997年中華書局出版《欽定四庫全書總目》（整理本），採用橫排簡體，嘗試將余嘉錫、胡玉縉、崔富章等人的考據成果逐條錄入，可謂一大創舉。但是，整理本收錄的條目有很多遺漏，校勘不夠精細，標點也不太合理。而且，《總目》提要刊本與閣本之間、各個閣本之間存在諸多差異的現象似乎並沒有引起大家的注意。現在的學者如果要研究《四庫全書》，或者祇是要參考《總目》去讀書，都仍然要花極大的精力去翻檢各閣本，並比對它們與提要的不同，查閱散見各處的考據專著和單篇論文。因此，如果能將各個閣本的提要綜合集校，並將歷來學者對《總目》考證的成果羅列在下面，不僅能給大家的研究帶來便利，對"四庫總目學"的發展也具有重大價值。

2. 文獻學的研究價值

《總目》繼承了古典目錄學的優秀傳統，撰寫了詳細的書目提要和系統的部類小序，制定了科學的分類系統，對所收錄古籍之特色、價值、地位等方面都作出了極富特色的評價。特別值得注意的是，這些提要從微觀角度考察文字異同、版本源流、著者生平事蹟等基本狀況，評論著作得失和作者功過，論證嚴密，考據精良，充滿思辨色彩，是一種具有較高學術價值的考據式文本。因此，我們以小學類提要爲中心，從校勘、辨偽、版本和考證等角度，分析《總目》所蘊含的文獻學成就，歸納其豐富的考據方法和理論，總結其考據工作的貢獻，這樣的工作無疑具有文獻學意義。

3. 語言文字學的研究價值

乾嘉時期是傳統小學發展的頂峯，訓詁、文字、音韻全面發展，名家輩出，治學理論和方法成熟。當時的四庫館是公認的"漢學家大本營"，在這樣的歷史背景下產生的《總目》小學類提要必然閃耀着"乾嘉樸學"光芒。仔細地梳理提要中各種觀點，再加上經部總序、小學類小序和各處的案語，就能夠清晰地展現清代（乾隆時期）的傳統語言文字學思想。

第二章

研究方案

第一節　研究思路

　　《四庫全書總目》指示門徑，嘉惠學林，成爲讀書治學的必備工具書。它不僅是中國古代書目編纂的里程碑，也是中國學術史上一部集大成的鴻篇巨制，是中國歷史上最爲重要的學術文化史。《總目》問世後，它的分類體系、提要撰寫體例以及目錄編纂方式很快便成爲目錄學界整理文獻的典範和標準，極大地推動了古典目錄學的繁榮。而且由於《總目》彙集了當時幾乎所有重要的典籍，這樣在某種程度上，它便具有了全國性書目的功能，使書籍的檢索和利用變得極爲便利，對以後的讀書人產生了巨大影響。

　　《總目》的研究，大體有兩種思路，一是文獻學的治學路徑，如考辨補正、目錄版本等研究，這是《總目》研究的主流。周積明《〈四庫全書總目〉研究方法論》指出"縱覽晚清以降的《總目》研究，不難發現，其研究方法大體沿襲刊誤、補正、糾謬的樸學學術路數"[1]。這種研究以余嘉錫、胡玉縉等爲代表。另一種就是學術史和文化史研究的路徑，著重學術批評和思想文化層面的探討。"作爲中國古代規模最爲宏大、體制最爲完善、編制最爲出色的一部目錄書，《四庫全書總目》理應得到目錄學價值的高度評價，這是毫無疑義的。從目錄學角度來研究《總目》，無論過去、現在還是將來，都是不可稍有輕視的重要方面。"[2] 但是，《總目》的學術特徵並不限於文獻的領域，尚有廣闊的開發空間。

---

[1]　周積明：《〈四庫全書總目〉研究方法論》，《歷史研究》1988 年第 5 期。
[2]　同上。

我們研究《總目》小學類提要堅持走文獻整理和文本研究相結合的道路。就結構框架而言，整理校勘小學提要是本研究要達成的重要目標，文獻整理結果又是後續文本研究的重要基礎，兩者互為表裡，又能融為一體。具體研究思路如下。

首先，對小學類提要進行校勘整理，最終整理出校勘精細，標點合理的小學類提要文本。

其次，以整理出的校勘記為基礎，對小學類提要進行比較研究，以表現《總目》提要與分纂提要、書前提要之間存在的差異。

最後，歸納小學提要基本結構和主要內容，概括其在版本、校勘、辨偽等方面文獻學成就，並指出其在文獻介紹方面存在的不足和失誤。

第二節　研究方法

本選題在研究方法上注意如下幾點。

一　以文獻整理為基礎

以文獻為特色的科學研究，必須以充分掌握豐富、翔實、準確的文獻資料為基礎。我們對《總目》小學類提要進行研究，首要的任務便是對其進行校勘整理。按照古籍整理的通行法則，先確定殿本為底本，然後選取浙本、各閣本提要等為合校本，同時參考各現代版本進行標點，最終形成一個版本可靠、校勘精細、標點準確的小學類提要文本。

二　以比較分析為重點

比較分析法是指將兩個或幾個有關的資料進行對比，以揭示其差異和矛盾的一種方法。比較是分析的基礎，沒有比較，分析就無法進行。

《總目》在 20 多年的形成過程中具有不同形態，如初級階段的各省徵書提要目錄、分纂提要，過渡階段的各閣本書前提要；產生了不同種類，如《簡明目錄》《四庫全書薈要》書前提要、《武英殿聚珍版叢書》書前提要；生成了不同版本，如殿本、浙本和粵本。面對各種不同的提要文本，要表現他們之間的差異，唯有使用比較的研究方法。本書選取的比較對象為翁方綱分纂提要、薈要、文溯、文津本書前提要和總目提要，比較的內容為三種不同提要的解題正文，比較的結果將會以圖表、文字說明和數字統計等形式詳細呈現。

比較的目的在於分析。在已經得到比較結果的同時，我們主要通過分析，以解釋不同提要文本產生差異的原因，說明其在《總目》形成過程中所起的作用，展現《總目》由最初撰寫到最後刻板印刷的變化歷程，揭示分纂官、總裁官等於提要撰寫有關人員修改潤飾工作的實質。

三　綜合研究與個案研究相結合

《總目》小學類提要是因為圖書內容的性質而類聚在一起的，我們將小學類提要看作一個整體，對它進行綜合研究，從總體上把握其作為一部目錄學著作所具有的特質，分析提要中所運用的論證方法和所蘊含的學術思想。

綜合研究有利於從宏觀角度突出小學類提要研究的整體特色。但如果要了解小學類提要的具體得失，就必須進行個案分析。我們將選擇一些具有代表性的提要以舉例的形式展開研究。從文獻學的角度，既歸納其在版本、目錄等方面所取得的成就，同時也指出其在內容介紹方面存在的不足；從學術史的角度，著重關注提要中的學術評論，並通過這些評論來分析其中蘊含的學術思想。

上 篇

《四庫全書總目》小學類提要匯校

匯校條例

一、此次整理的《四庫全書總目》之小學類提要，包括著錄和存目兩個部分，整理工作共包括標點、校勘、辨正、附錄四個方面內容。

二、《總目》有三種刻本：一是清乾隆五十四年（1789）由武英殿首次刊印的殿本；一是乾隆六十年（1795）浙江官府根據杭州文瀾閣所藏殿本重刻的浙本；一是同治七年（1868）廣東以浙本為底本翻刻的粵本。清代三刻本中，以殿本為最佳，以浙本流傳最廣。此次整理，我們用殿本作底本，參用浙本和書前提要之薈要本、文溯本、文津本相校，作校記附後。另外，其他參考資料還有《四庫全書》徵書提要目錄之《浙江採集遺書總錄》、翁方綱之分纂稿和《四庫全書簡明目錄》之提要。

三、校勘側重文字，以不同版本之間的互校和底本前後內容的自校為主。如果底本與參校本之間有文字差異，另出"【校記】"。"【校記】"主要列出底本與各參校本的差異，以及底本之錯誤、衍脫。如果參校本（主要是書前提要）內容與底本完全不同，將其完整抄錄，置於相應條目之下。

四、凡底本中經常混用的字，為避諱而改寫、缺筆或刪去的字，一律徑改，因此而造成底本與對校本的文字異同，皆不出校記。

五、參校本中書前提要與《總目》格式存在差異：前有"臣等謹案（按）"，末尾有"總纂官臣紀昀臣陸錫熊臣孫士毅""總校官臣陸費墀"兩行題名。這種格式上的不同一律不出校記。

六、辨正考析，主要參考余嘉錫《四庫提要辨證》、胡玉縉《四庫全書總目提要補正》、崔富章《四庫提要補正》、李裕民《四庫提要訂誤》、楊武泉《四庫全書總目辨誤》等五部專著，將其考據成果彙聚於提要之下，以"【辨正】"標識。

七、諸家辨正，但摘取結論，不引原文，表述為"某氏謂……（注明頁碼）"；辨正或引前人觀點，亦撮錄之，表述為"某氏引某人謂……

（注明頁碼）"。

八、【校记】在提要正文中标记爲"［1］、［2］……"（上標），【辨正】在提要正文中标记爲"①、②……"（上標）。

九、翁方綱分纂提要與底本文字、内容、體例相去甚遠，而且有的分纂稿并未被《總目》收錄；《四庫全書簡明目錄》與《總目》詳畧繁簡不同，有時内容也不一致。此次整理將它們以【附錄】形式附於《總目》各篇提要之後。

十、爲敍述方便，本書將常用文獻所用的簡稱和版本信息分類列舉如下：

校勘類：

《四庫全書總目》，臺灣商務印書館，1984年，簡稱"殿本"。

《四庫全書總目》，中華書局，1965年，簡稱"浙本"。

摛藻堂欽定四庫全書薈要書前提要，世界書局，1985年，簡稱"薈要本"。

金毓黻手定本文溯閣四庫全書提要，中華全國圖書館文獻縮微複製中心，1990年，簡稱"文溯本"。

文津閣四庫全書提要滙編，商務印書館，2006年，簡稱"文津本"。

辨正類：

余嘉錫《四庫提要辨證》，中華書局，1974年，簡稱"余氏辨證"。

胡玉縉《四庫全書總目提要補正》，上海書店，1998年，簡稱"胡氏補正"。

崔富章《四庫提要補正》，杭州大學出版社，1990年，簡稱"崔氏補正"。

楊武泉《四庫全書總目辨誤》，上海古籍出版社，2001年，簡稱"楊氏辨誤"。

李裕民《四庫提要訂誤》（增訂本），中華書局，2005年，簡稱"李氏訂誤"。

附錄類：

《〈四庫全書〉提要稿輯存》之《浙江採集遺書總錄》，北京圖書館出版社，2006年。

《翁方綱纂四庫提要稿》，上海科學技術文獻出版社，2005年，簡稱"翁稿"。

《四庫全書簡明目錄》（影印），洪氏出版社，1982年，簡稱"簡目"。

小學類提要匯校文本

小學類

　　古小學所教，不過六書之類，故《漢志》以《弟子職》附《孝經》，而《史籀》等十家四十五篇列爲小學，《隋志》增以金石刻文，《唐志》增以書法書品，已非初旨。自朱子作《小學》以配《大學》，趙希弁《讀書附志》遂以《弟子職》之類併入小學，又以《蒙求》之類相糅並列，而小學益多岐矣。[①]考訂源流，惟《漢志》根據經義，要爲近古，今以論幼儀者別入儒家，以論筆法者別入雜藝，以《蒙求》之屬隸故事，以便記誦者別入類書，惟以《爾雅》以下編爲訓詁，《說文》以下編爲字書，《廣韻》以下編爲韻書，庶體例謹嚴，不失古義。其有兼舉兩家者，則各以所重爲主如李燾《說文五音韻譜》實字書，袁子讓《字學元元》實論等韻之類。悉條其得失，具於本篇。[②]

【辨正】
　　[①]余氏辨證謂：古人之入小學，其所學皆幼儀也，所謂學小藝而履小節也。此爲人生之始基，養正之功，有多少事在，故使之讀《論語》、《孝經》，以培養其根底，斷不止教之六書而已。持論如此，一是有清一代漢學家有意攻擊宋學之偏頗；一是乾、嘉諸儒堅持門戶之過。（頁81）
　　[②]余氏辨證謂：以訓詁、字書、韻書爲小學，与大小《戴記》論小學之制不合。且即以《漢書》言之，《爾雅》在《孝經》家，不在小學家。小學所讀之書亦不限此類也。（頁85）

小學類一

爾雅註疏十卷[1]　內府藏本

晉郭璞註，宋邢昺疏。璞字景純，河東聞喜人，官至宏農太守，事迹具《晉書》本傳。昺有《孝經疏》，已著錄。

案《大戴禮·孔子三朝記》稱"孔子教魯哀公學《爾雅》"，則《爾雅》之來遠矣，然不云《爾雅》爲誰作。據張揖《進廣雅表》，稱"周公著《爾雅》一篇案：《經典釋文》以揖所稱一篇爲《釋詁》。今俗所傳三篇案：《漢志》"《爾雅》三卷"。此三篇，謂三卷也。或言仲尼所增，或言子夏所益，或言叔孫通所補，或言沛郡梁文所考，皆解家所說，疑莫能明也"，於作書之人，亦無確指。其餘諸家所說，小異大同。①今參互而考之。郭璞《爾雅註序》稱"豹鼠既辨，其業亦顯"，邢昺疏以爲漢武帝時終軍事，《七錄》載犍爲文學"《爾雅註》三卷"案：《七錄》久佚，此據《隋志》所稱梁有某書亡，知爲《七錄》所載。陸德明《經典釋文》以爲漢武帝時人，則其書在武帝以前。曹粹中《放齋詩說》曰按：此書今未見傳本，此據《永樂大典》所引。"《爾雅》，毛公以前其文猶畧，至鄭康成時則加詳，如'學有緝熙于光明'，毛公云'光，廣也'，康成則以爲'學於有光明者'，而《爾雅》曰'緝熙，光明也'；又'齊子豈弟'，康成以爲'猶發夕也'[2]，而《爾雅》曰'豈弟，發也'；'薄言觀者'，毛公無訓；'振古如茲'，毛公云'振，自也'，康成則以'觀'爲'多'，以'振'爲'古'，其說皆本於《爾雅》，使《爾雅》成書在毛公之前，顧得爲異哉"，則其書在毛亨以後案：《詩傳》乃毛亨作，非毛萇作，語詳《詩正義》條下。大抵小學家綴緝舊文，遞相增益，周公、孔子皆依託之詞。觀《釋地》有"鶌鶋"，《釋鳥》又有"鶌鶋"，同文複出，知非纂自一手也。②

其書歐陽修《詩本義》以爲學《詩》者纂集，博士解詁，高承《事物紀原》亦以爲大抵解詁詩人之旨，然釋《詩》者不及十之一，非專爲《詩》作。揚雄《方言》以爲孔子門徒解釋六藝，王充《論衡》亦以爲五經之訓故，然釋五經者不及十之三四，更非專爲五經作。今觀其文，大抵採諸書訓詁名物之同異，以廣見聞，實自爲一書，不附經義。③如《釋天》云"暴雨謂之涷"，《釋草》云"卷施草，拔心不死"，此取《楚詞》之文也。《釋天》云"扶搖謂之猋",《釋蟲》云"蒺藜,蝍蛆",此取《莊子》之文也。《釋詁》云"嫁,往也",《釋水》云"瀵大出尾下",此取《列子》之文也。《釋地》云"西至西王母",《釋獸》云"小領盜驪",此取《穆天子傳》之文也。《釋地》云"東方有比目魚焉,不比不行,其名謂之鰈。南方有比翼鳥焉,不比不飛,其名謂之鶼",此取《管子》之文也。又云"邛邛岠虛負而走,其名謂之蟨",此取《吕氏春秋》之文也。又云"北方有比肩民焉,迭食而迭望",《釋地》云"河出崑崙墟",此取《山海經》之文也。《釋言》云"天、帝、皇、王、后、辟、公、侯",又云"洪、廓、宏、溥、介、純、夏、幠",《釋天》云"春爲青陽"至"謂之醴泉",此《尸子》之文也。《釋鳥》曰"爰居雜縣",此取《國語》之文也。如是之類,不可殫數。蓋亦《方言》、《急就》之流,特說經之家多資以証古義,故從其所重,列之經部耳。

璞時去漢未遠,如"遂幠大東"稱《詩》,"釗我周王"稱《逸書》,所見尚多古本,故所註多可據。後人雖迭爲補正,然宏綱大旨,終不出其範圍,昺疏亦多能引證,如《尸子》:《廣澤篇》、《仁意篇》皆非今人所及睹,其犍爲文學、樊光、李巡之註見於陸氏《釋文》者,雖多所遺漏,然疏家之體,惟明本註。註所未及,不復旁搜,此亦唐以來之通弊,不能獨責於昺,惟既列註文,而疏中時複述其文,但曰"郭註"云云,不異一字,亦更不別下一語,殆不可解。豈其初疏與註別行歟?今未見原刻,不可復考矣。④

【校記】

[1] 十卷,薈要、文溯、文津、浙四本並作"十一卷"。

薈要本與《總目》不同,茲全錄如下:

晉郭璞注,宋邢昺等疏。治《爾雅》者,自犍爲文學而下凡十餘家,璞薈萃爲注。陸德明謂其"洽聞強識","爲世所重",自是以後爲解義者甚多,《釋文》而外傳者甚少。晁公武曰"舊有孫炎、高璉疏,以其淺略,命昺等別著此書",其後若陸佃之《埤雅》、羅願之《爾雅翼》,又因邢疏而廣之者也。明刻本不載《釋文》,今補入,又取鄭樵注本叅校,是正爲多,皆乾隆四年奉勅校正本也。乾隆四十年二月恭校上。

文溯、文津本与《總目》亦不同,與薈要本相比也有不少差異,茲全錄如下:

昺，字叔明，曹州濟陰人，九經及第，官至禮部尚書。治《爾雅》者，自犍爲文學而下凡十余家，璞薈萃爲注。陸德明謂其"洽聞強識"、"詳悉古今"、"爲世所重"，自是以後，爲解義者甚多，《釋文》而外傳者甚少。晁公武曰"舊有孫炎、高璉疏，咸平初以其淺略詔昺与杜鎬、舒雅等別著此書"，前有昺《序》，詳述經注原委，及奉勅校正之勤，然據程敏正以爲，此《序》見《舒雅集》，内題曰"代邢昺作"，則此注當亦廣集眾長，而昺總其成耳。其後若陸佃之《埤雅》，羅願之《爾雅翼》，又因邢疏而廣之者也。明刻本不載《釋文》，今補入，又取鄭樵注本叅校，是正爲多，皆乾隆四年奉勅校正本也。

篇末，文溯本有"乾隆四十七年一月恭校上"，文津本有"乾隆四十九年三月恭校上"。

[2] 猶發夕也，浙本作"猶言發夕也"。

【辨正】

①余氏辨證謂：稚讓以《小辨》篇之爾雅為書名，誤矣。稚讓據《春秋元命包》以證《爾雅》遠在孔子之前而為周公之書，亦不經之甚矣。及乎陸元朗，不考其實，附會其說，稱周公所著者即《釋詁》一篇，則尤爲謬失。（頁 87）

②余氏辨證謂：《爾雅》爲漢人所作，其成書當在西漢平帝以前無疑。《提要》云"大抵小學家綴緝舊文，遞相增益，周公、孔子皆依託之詞"，斯言可爲定論。（頁 89）

③余氏辨證謂：揚雄之語，實出于葛洪《西京雜記》，不見《太玄》《方言》諸書。（頁 92）

④余氏辨證引錢大昕《潛研堂集》卷二十七跋《爾雅》單行本、陳鱣《經籍跋文》、近人王國維《觀堂集林》卷十七宋刊本《爾雅疏跋》謂：《爾雅》疏与注本自單行，《十三經注疏》亦據宋槧單行疏本。（頁 93）

胡氏補正引邵晉涵《爾雅正義自序》謂：昺疏取列諸經之疏，聊取備數而已。提要此篇意在專論《爾雅》本文，故於注及疏不暇舉其得失，轉近敷衍。至疏與注本自別行，近陸心源已將北宋本單疏十卷重雕印行矣，可以復考也。（頁 240）

【附錄】

《簡目》

爾雅註疏十一卷

晉郭璞註，宋邢昺疏。《爾雅》所解或出諸子雜書，不盡釋經，而釋經者爲多，故得與十三經之數。欲讀古書先求古意，舍此無由入也。郭注去古未遠，後人補正終不能易其大綱，邢疏亦不出其範圍。（頁38）

爾雅注三卷[1]　　兩淮鹽政採進本

宋鄭樵撰。樵字漁仲，莆田人，居夾漈山中，因以爲號，又自稱西溪逸民，紹興間以薦召對，授右迪功郎、兵部架閣，尋改監潭州南嶽廟，給札歸鈔所撰《通志》，書成，入爲樞密院編修。事蹟具《宋史·儒林傳》[2]。

南宋諸儒大抵崇義理而疎考證，故樵以博洽傲睨一時，遂至肆作聰明，詆諆毛、鄭，其《詩辨妄》一書，開數百年杜撰說經之捷徑，爲通儒之所深非[3]，惟作是書，乃通其所可通，闕其所不可通，文似簡畧，而絕無穿鑿附會之失，於說《爾雅》家爲善本[4]。中間駁正舊文[5]，如後序中所列"鱧鯯"、"訊言"、"襺袍"、"衮黼"四條，"羕羕"、"丁丁"、"嚶嚶"三條[6]，註中所列《釋詁》"台、朕、陽之予爲我，賚、畀、卜之予爲與"一條，"閱閱、嚨嚨當入《釋訓》"一條[7]，《釋親》"據《左傳》辨正娣姒"一條，《釋天》"謂景風句上脫文"一條，"星名脫實沈、鶉首、鶉尾三次"一條，《釋水》"天子造舟"一條，《釋魚》"鯉、鱣"一條，《釋蟲》"食根、蟊"一條，"蝮虺，首大如臂"一條，皆極精確。惟"魚謂之丁"一條[8]，務牽引假借，以就其《六書畧》之說[9]。又堅執作《爾雅》者江南人，凡郭璞所云"蜀語"、"河中語"者，悉駁辨之。是則偏僻之過[10]，習氣猶未盡除[11]。

又《汪師韓集》有書此書後一篇，駁其誤改郭註者："以'劉，劉棧'爲'安石榴'"，"以'齧，雕蓬'爲'其米，雕胡'"二條；補郭註而未確者："'孟，勉也'，以爲'孟卽醫'"，"'於，代也'，以爲'更詞'"二條；仍郭註之悞未改者："訓'郵，過也'爲'道路所經過'，不知'郵'古字同'尤'"，"訓'比目魚爲王餘'，不知《吳都賦》'雙則比目，片則王餘'"二條，亦頗中其失。至於議其《釋言》篇內經文脫"弇，同也"三字，《釋水》篇內經文脫"水之由膝以下爲揭"至"爲屬"十八字,《釋草》篇內經文脫"葦醜,芀"三字,《釋魚》篇內經文脫"蛭,蟣"二字,《釋鳥》篇內脫"倉庚,鵹黃也"五字,皆當爲毛氏刊本之惧,併以詆樵則過矣[12]。①

【校記】
[1]爾雅注,文溯本作"爾雅鄭注"。
[2]"事蹟具《宋史·儒林傳》",文溯本無。
[3]"樵字漁仲"至"爲通儒之所深非",文津本無。
[4]"惟作是書,乃通其所可通,闕其所不可通,文似簡畧,而絶無穿鑿附會之失,於說《爾雅》家爲善本",文津本作"樵以說經者拘牽文義多失本旨,乃掃除箋釋,以經解經,可通者說之,不可通者則闕之,故其書文似簡略,而無穿鑿附會之失,於說《爾雅》家為善本"。
[5]中間駁正舊文,文津本作"中亦間有駁正"。
[6]三條,文津本作"二條"。
[7]閱閱,文溯本作"關關"。
[8]惟魚謂之丁一條,文溯本作"惟魚枕謂之丁一條"。
[9]"以就其《六書畧》之說"後,文溯、文津二本皆有"據'陳雨一宇',謂《爾雅》作於《離騷》後"。
[10]"是則偏僻之過"下,文津本有"爾"字。
[11]"習氣猶未盡除"後,文溯本有"別自觀之可矣"。
[12]"又《汪師韓集》有書此書後一篇"至"併以詆樵則過矣",文溯本無。
"習氣猶未盡除"至"併以詆樵則過矣",文津本無。
篇末,文溯本有"乾隆四十七年九月恭校上",文津本有"乾隆四十九年八月恭校上"。

【辨正】
①胡氏補正引瞿氏《目錄》謂:"弇同也"之類脫文是舊本如此,非毛刻舛誤。(頁240)

【附錄】
《簡目》

爾雅註三卷

宋鄭樵撰。樵說《詩》，妄作聰明，汨亂古義，實爲經學之蠹。其注此書，乃通其所可通，而闕其所不可通，無所穿鑿，轉能簡要，于說《爾雅》家爲善本。經文佚脫數處，則毛晉刊本之過也。（頁38）

方言十三卷[1]　永樂大典本

舊本題漢揚雄撰，晉郭璞註。考《晉書·郭璞傳》，有註《方言》之文，而《漢書·揚雄傳》備列所著之書，不及《方言》一字。《藝文志》亦惟小學有雄《訓纂》一篇，儒家有雄所序三十八篇，注云："《太玄》十九，《法言》十三，樂四，箴二。"雜賦有雄賦十二篇，皆無《方言》。東漢一百九十年中，亦無稱雄作《方言》者。至漢末，應劭《風俗通義·序》始稱："周秦常以歲八月遣輶軒之使，求異代方言，還奏籍之，藏於秘室。及嬴氏之亡，遺棄脫漏，無見者。蜀人嚴君平有千餘言，林閭翁孺才有梗槩之法。揚雄好之。天下孝廉、衛卒交會，周章質問，以次注續二十七年爾[2]，乃治正，凡九千字。"又劭注《漢書》，亦引揚雄《方言》一條。是稱雄作《方言》，實自劭始。

魏晉以後，諸儒轉相沿述，皆無異詞，惟宋洪邁《容齋隨筆》，始考證《漢書》，斷非揚雄作。然邁所摘劉歆與雄往返書中"既稱在成帝時，不應稱孝成皇帝"一條[3]，又"東漢明帝始諱莊，不應西漢之末即稱莊遵爲嚴君平"一條[4]，則未深中其要領。考書首"成帝時"云云，乃後人題下標注之文，傳寫舛訛，致與書連爲一，實非歆之本詞，文義尚犁然可辨。書中載楊莊之名，不作"嚴"字，實未嘗預爲明帝諱。其"嚴君平"字或後人傳寫追改，亦未可知。皆不足斷是書之僞。

惟後漢許慎《說文解字》多引雄說[5]，而其文皆不見於《方言》。又慎所注字義與今方言相同者，不一而足，而皆不標揚雄《方言》字。知當慎之時，此書尚不名《方言》，亦尚不以《方言》爲雄作[6]，故馬鄭諸儒未嘗稱述。至東漢之末，應劭始有是說。魏孫炎註《爾雅》"莫貈、螳蜋、蛑"字，晉杜預註《左傳》"授師孑焉"句，始遞相徵引，沿及東晉，郭璞遂註其書。後儒稱揚雄《方言》[7]，蓋由於是。然劭《序》稱"《方言》九千字"，而今本內一萬一千九百餘字[8]，則字數較原本幾溢三千。雄與劉歆往返書皆稱《方言》十五卷，郭璞《序》亦稱三五之篇，而《隋志》《唐志》乃並載揚雄《方言》十三卷，與今本同，則卷數較原本缺其二。均爲牴牾不合。考雄《答歆書》，稱"語言或交錯相反[9]，方復論思，詳悉集之。如可寬假延期，必不敢有愛"云云，疑雄本有此未成之書，歆借觀而未得，故《七略》不載，《漢志》亦不著錄。後或侯芭之流收其殘稿，私相傳述。閱時既久，不免於輾轉附益，如徐鉉之增《說文》，故字多於前。厥後傳其學者，以《漢志》無《方言》之名，恐滋疑竇，而小學家有《別字》十三篇，不著撰人名氏，可以假借影附，證其實出於雄，遂併爲一十三卷，以就其數，故卷減於昔歟？反覆推求，其眞僞皆無顯據。姑從舊本，仍題雄名，亦疑以傳疑之義也。雄及劉歆二書[10]，據李善《文選注》引"懸諸日月不刊之書"句，已稱《方言》，則自隋唐以來原附卷末，今亦仍之。

其書世有刊本，然文字古奧，訓義深隱，校讐者猝不易詳，故斷爛訛脫，幾不可讀。錢曾《讀書敏求記》嘗據宋槧駁正其誤，然曾家宋槧今亦不傳，惟《永樂大典》所收猶爲完善。檢其中"秦有榛娥之臺"一條，與錢曾所舉相符，知卽從宋本錄入。今取與近本相校，始知明人妄行改竄，顛倒錯落，全失其初，不止錢曾所舉之一處。是書雖存而實亡，不可不亟爲釐正，謹參互考訂，凡改正二百八十一字，刪衍文十七字，補脫文二十七字。神明煥然，頓還舊觀，併逐條援引諸書，一一疏通證明，具列案語[11]，庶小學訓詁之傳，尚可以具見崖略，併以糾坊刻之謬，俾無迷惑後來。舊本題曰《輶軒使者絶代語釋別國方言》，其文冗贅，故諸家援引及史志著錄皆省文[12]，謂之《方言》。《舊唐書·經籍志》則謂之《別國方言》[13]，實卽一書。又《容齋隨筆》稱此書爲《輶軒使者絶域語釋別國方言》，以"代"爲"域"，其文獨異，然諸本並作"絶代"，書中所載，亦無絶域重譯之語。洪邁所云，蓋偶然誤記[14]，今不取其說焉。[15]

【校記】

[1]方言，文溯、文津本並作"方言注"；十三卷，文溯、文津本並作"十卷"。

[2]注續，文津本作"注輯"。

[3]既稱在成帝時不應稱孝成皇帝一條，文溯本"既稱在成帝時不應稱孝成皇帝"，無"一條"二字。

[4]一條，文津本、文溯本皆無。

［5］多引雄說，文津本作"多引雄"，無"說"字。

［6］"知當慎之時此書尚不名《方言》，亦尚不以《方言》爲雄作"，文津本作"知當慎之時此書尚不以《方言》為雄作"。

［7］"後儒"下，文溯、文津本有"皆"字。

［8］内，文溯、文津本並作"乃"。

［9］相反，文溯本作"反相"。

［10］二書，文津本作"一書"。

［11］"具列案語"下，文溯本有"如左"二字。

［12］省文，文溯本作"省之"。

［13］《舊唐書·經籍志》，文津本作"《舊書·經籍志》"，無"唐"字。

［14］蓋偶然誤記，文津本作"蓋偶誤記"。

篇末，文溯本有"乾隆四十七年十一月恭校上"，文津本有"乾隆四十九年十一月恭校上"。

【附錄】

《簡目》

方言十三卷

舊本題"漢揚雄撰"，然于古無徵。許愼《說文》引雄說，皆不見于《方言》，其義訓用《方言》者，又不言揚雄。至後漢，應邵稱雄作，疑依託也。刻本傳訛，殆不可讀。今以《永樂大典》所載宋本校刊，殆復其舊。（頁39）

釋名八卷　　内府藏本

漢劉熙撰。熙字成國，北海人。

其書二十篇。以同聲相諧，推論稱名辨物之意，中間頗傷於穿鑿，然可因以考見古音[1]。又去古未遠，所釋器物，亦可因以推求古人制度之遺[2]。如《楚辭·九歌》："薜荔拍兮蕙綢。"王逸註云："拍，搏辟也。"[3]"搏辟"二字，今莫知爲何物[4]。觀是書《釋牀帳》篇，乃知"以席搏著壁上謂之搏辟"[5]。孔穎達《禮記正義》"以深衣十二幅皆交裁謂之衽"[6]，是書《釋衣服》篇云："衽，襜也，在旁襜襜然也"，則與《玉藻》"言衽當旁者"可以互證[7]。《釋兵》篇云："刀室曰削，室口之飾曰璂，下末之飾曰琕。"[8]又足証《毛詩詁訓傳》之訛。其有資考證，不一而足[9]。

吳韋昭嘗作《辨釋名》一卷，糾熙之誤，其書不傳。然如《經典釋文》引其一條，曰："《釋名》云'古者車，音如居，所以居人也。今曰車，音尺遮反，舍也'案：《釋名》本作"古者曰車，聲如居，言行所以居人也。今曰也，車，舍也，行者所處，若居舍也"。此蓋陸德明約舉其文。又取文義顯明，增入"音尺遮反"四字耳。韋昭云：'車古皆因尺奢反，後漢以來，始有居音'。"案《何彼穠矣》之詩，以車韻華；《桃夭》之詩，以華韻家，家古音姑，華古音敷，則車古音居，更無疑義。熙所說者不訛，昭之所辨亦未必盡中其失也[10]。

別本或題曰《逸雅》，蓋明郎奎金取是書與《爾雅》、《小爾雅》、《廣雅》、《埤雅》合刻，名曰"五雅"，以四書皆有雅名，遂改題"逸雅"以從類[11]。非其本目，今不從之。又《後漢書·劉珍傳》稱"珍撰《釋名》五十篇，以辨萬物之稱號"，其書名相同，姓又相同。鄭明選作《秕言》，頗以為疑。然歷代相傳無引劉珍《釋名》者，則珍書久佚，不得以此書當之也。明選又稱此書為二十七篇，與今本不合。明選，萬曆中人，不應別見古本，殆一時失記，悞以二十為二十七歟[12]?①

【校記】

[1]"以同聲相諧，推論稱名辨物之意，中間頗傷於穿鑿，然可因以考見古音"，薈要、文溯、文津三本並作"以音聲髣髴，推論稱名辨物之意，中間頗傷於穿鑿"。

[2]"亦可因以推求古人制度之遺"，薈要、文溯、文津三本並作"有可因以推求古人制度之遺者"。

[3]王逸註，薈要、文溯、文津三本並作"王逸"，無"註"字。

[4]"搏壁二字，今莫知為何物"，薈要、文溯、文津三本並作"今併搏壁二字，亦莫名其物"。

[5]乃知以席搏著壁上謂之搏壁，薈要、文溯、文津三本並作作"乃知搏壁為以席搏著壁"。

[6]《禮記正義》，薈要、文溯、文津三本並作"《禮記義疏》"。

[7]"則與《玉藻》言衽當旁者，可以互證"，薈要、文溯、文津三本並作作"則與《玉藻》言衽當旁合"。

[8]下末之飾，薈要、文溯、文津三本並作"室末之飾"。

［9］"其有資考證，不一而足"，薈要、文溯、文津三本並作作"其有資考證者，非一也"。

［10］"吴韋昭嘗作辨《釋名》一卷"至"亦未必盡中其失也"，薈要、文溯、文津三本無。

［11］遂改題"逸雅"，薈要、文溯、文津三本並作"遂題'逸雅'"。

［12］"又《後漢書·劉珍傳》稱"至"悞以二十爲二十七歟"，薈要、文溯、文津三本無。

篇末，薈要本有"乾隆四十年二月恭校上"，文溯本有"乾隆四十七年十月恭校上"，文津本有"乾隆四十九年三月恭校上"。

【辨正】

①余氏辨證謂：提要不考《崇文總目》等書，惟以明人所言二十七篇爲疑，可謂信手拈來，數典忘祖者矣。成國之爲後漢人，更無疑義，不待繁稱博引也；籍貫則《玉海》卷四十四引《吳志韋昭傳》云：北海劉熙作《釋名》。是熙之爲北海人，史有明文，又不得取證於伏滔之論人物矣。至于仕履，則各家之說互有不同。（頁95）

【附錄】

《簡目》

釋名八卷

漢劉熙撰。凡二十篇。從音求義，多以同聲相諧，不免牽合，然可以推見古音。又去古未遠，所釋器物，亦可以推見古制。（頁39）

廣雅十卷　內府藏本

魏張揖撰[1]。揖字稚讓，清河人。太和中官博士。其名或從木作楫，然證以稚讓之字，則爲揖讓之揖，審矣。

後魏江式《論書表》曰："魏初，博士清河張揖著《埤倉》、《廣雅》、《古今字詁》，究諸《埤》、《廣》，增長事類，抑亦於文爲益者也。然其《字詁》，方之許篇，或得或失矣。"是式謂《埤倉》、《廣雅》勝於《字詁》。今《埤倉》、《字詁》皆久佚，惟《廣雅》存[2]。其書因《爾雅》舊目，博採漢儒箋註及《三倉》、《說文》諸書[3]，以增廣之，於揚雄《方言》亦備載無遺。隋秘書學士曹憲爲之音釋[4]，避煬帝諱，改名

《博雅》。故至今二名並稱，實一書也。

　　前有揖《進表》，稱："凡萬八千一百五十文，分爲上、中、下。"《隋書·經籍志》亦作三卷，與《表》所言合。然註曰"梁有四卷"[5]，《唐志》亦作四卷[6]。《館閣書目》又云："今逸，但存音三卷。"憲所註本，《隋志》作四卷，《唐志》則作十卷[7]。卷數各參錯不同，蓋揖書本三卷，《七錄》作四卷者[8]，由後來傳寫析其篇目。憲註四卷，即因梁代之本。後因文句稍繁，析爲十卷。又嫌十卷煩碎，復併爲三卷。觀諸家所引《廣雅》之文，皆具在，今本無所佚脱[9]，知卷數異而書不異矣[10]。然則《館閣書目》所謂逸者，乃逸其無註之本。所謂存音三卷者[11]，即憲所註之本。揖原文實附註以存，未嘗逸，亦未嘗缺。惟今本仍爲十卷，則又後人析之以合《唐志》耳[12]。

　　考唐元度《九經字樣序》，稱音字改反爲切，實始於唐開成間[13]。憲雖自隋入唐，至貞觀時尚在。然遠在開成以前，今本仍往往云某字某切，頗爲疑竇[14]。殆傳刻臆改，又非憲本之舊歟[15]？

【校記】

[1]魏張揖撰，薈要本作"魏博士張揖撰"。

[2]"揖字稚讓"至"惟《廣雅》存"，薈要本無。

[3]漢儒，文溯、文津本並作"諸儒"。

[4]隋秘書學士曹憲爲之音釋，薈要本作"隋曹憲爲之音"。

[5]然註曰"梁有四卷"，薈要本無。

[6]亦，薈要本作"乃"。

[7]"憲所註本，《隋志》作四卷，《唐志》則作十卷"，薈要本作"憲所註《博雅》，《唐志》作十卷，《隋志》作《廣雅音》四卷"。

[8]七錄，文津本作"錄"。

[9]佚脱，文溯本作"脱佚"。

[10]"卷數各參錯不同"至"知卷數異而書不異矣"，薈要本作"諸書所載參錯不同，以意推考，揖書本三卷，其或作四卷者，殆以曹憲之音別爲一卷附後，故統爲四卷。憲注亦有三本：一本音与書分，即《隋志》所言；一本散音於句，下析爲十卷；一本又嫌十卷煩碎，併爲三卷。如今刊陸德明《經典釋文》、司馬貞《史記索隱》、朱子《韓文考异》皆一本註文別行，一本散註入句下，是其例也"。

[11]存音，文津本作"存音釋"。

"所謂存音三卷者，卽憲所註之本"，薈要本作"所謂存音三卷者，卽存散註句下之本"。

[12]"惟今本仍爲十卷，則又後人析之以合《唐志》耳"，薈要本作"惟今本十卷，与三卷之說不合，則又後人復析之，以合《唐志》耳"。

[13]實始於唐開成間，薈要本作"實元度刱始"。

[14]然遠在開成以前，薈要本作"然遠在元度之前"。

[15]"考唐元度《九經字樣序》"至"又非憲本之舊歟"，文溯、文津本並無。

篇末，薈要本有"乾隆四十年二月恭校上"，文溯本有"乾隆四十七年十月恭校上"，文津本有"乾隆四十九年三月恭校上"。

【附錄】
《簡目》
廣雅十卷
魏張揖撰案：揖，或作舟楫之楫，以其字"稚讓"推之，作"揖"爲是。其書因《爾雅》舊目，采漢儒箋註，及《三倉》、《說文》、《方言》諸書，以補所未備。於揚雄《方言》亦備載無遺。隋曹憲爲之《音釋》，避煬帝諱，改名《博雅》。故至今二名並稱，實一書也。（頁39）

匡謬正俗八卷[1]　安徽巡撫採進本

唐顏師古撰。師古名籀[2]，以字行，雍州萬年人，歷官秘書監。事迹具《唐書》本傳。

是書永徽二年其子符璽郎揚庭表上於朝，高宗勅錄本付秘閣[3]。卷首載揚庭《表》，稱"藁草纔半部，帙未終"，葢猶未竟之本。又稱"謹遵先範，分爲八卷，勒成一部"，則今本乃揚庭所編。宋人諸家書目多作《刊謬正俗》，或作《糾謬正俗》，葢避太祖之諱[4]。錢曾《讀書敏求記》作《列謬正俗》，則刻本偶誤也。

前四卷凡五十五條，皆論諸經訓詁音釋。後四卷凡一百二十七條，皆論諸書字義、字音及俗語相承之異，攷據極爲精密[5]。惟拘於習俗，不能知音有古今[6]。其註《漢書》，動以合聲爲言，遂與沈重之音毛詩，同開後來叶音之說[7]。故此書謂[8]"葬，音臧。誼、議，音義[9]。反，音扶萬反。歌，音古賀反。彝，音上聲。怒有上、去二聲。壽，有授、受二音。懸，有元、炫二音。迥，音戶鎣反"，皆誤以今韻讀古音。謂"穫，音而成反[10]。上，音盛，又音市鄧反。先，音西。逢，音如字，不讀厖"，皆誤以古音讀今韻。均未免千慮之一失[11]。然古人攷辨小學之書[12]，今皆失傳。自顔之推《家訓·音證》篇外，實莫古於是書。其邸區、禹宇之論，韓愈《諱辨》卽引之，知唐人已絕重之矣。①戒山堂《讀史漫筆》解"都鄙"二字[13]，詫爲獨解，不知爲此書所已駁。毛奇齡引《書序》"俘厥寶玉"解《春秋》"衛俘"，詫爲特見，不知爲此書所已引。洵後人證據終不及古人有根柢也。

鄭樵《通志·校讎略》曰"《刊謬正俗》乃雜記經史，爲第一卷起《論語》，而《崇文總目》以爲《論語》類，知《崇文》所釋，只看帙前數行，率意以釋之耳。"今檢《崇文總目》，樵說信然。當時館閣諸人不應荒謬至此。檢是類所列，以《論語》三種、《家語》一種居前，次爲《白虎通》，次爲《五經鉤沉》，次卽此書，次爲《六說》，次爲《經史釋題》，次爲《授經圖》，次爲《九經餘義》，次爲《演聖通論》，皆統解羣經之文。蓋當時仿《隋志》之例，以《五經總義》附之《論語》類中，雖不甚允，要不可謂之無據。樵不考舊文，而務爲苛論，遽以"只看數行"詆之，失其旨矣[14]。

【校記】

[1]《匡謬正俗》，文津本列於《群經音辨》之後。

[2]名籀，文津本作"字籀"。

[3]秘閣，文溯、文津二本並作"祕書閣"。

[4]"或作《糾謬正俗》，蓋避太祖之諱"，文溯、文津二本並作"蓋避太祖之諱，改匡為刊"。

[5]精密，文溯、文津二本並作"精審"。

[6]"惟拘於習俗，不能知音有古今"，文溯、文津二本並作"師古一代通儒，而拘於習俗，不能知音有古今，不知齊梁以前無平仄四聲之別"。

[7]"其註《漢書》，動以合聲爲言，遂與沈重之音毛詩，同開後來叶音之說"，文溯、文津二本並作"故其註《漢書》，動以合聲爲言，遂開後來叶音之說"。

［8］故此書謂，文溯、文津二本並作"如謂"。

［9］義，文溯、文津二本並作"宜"。

［10］謂，文溯、文津二本並作"如"。

［11］"均未免千慮之一失"下，文溯、文津二本有"耳"字。

［12］然古人攷辨小學之書，文溯、文津二本並作"古人攷辨小學之書"，無"然"字。

［13］《讀史漫筆》，文津本作"《論史漫筆》"。

［14］"鄭樵《通志·校讎略》曰"至"失其旨矣"，文溯、文津二本無。

篇末，文溯本有"乾隆四十七年四月恭校上"，文津本有"乾隆四十九年三月恭校上"。

【辨正】

①余氏辨證引文廷式《純常子枝語》卷八謂：顏師古之前，已有叶音之說。文氏之引《經典釋文》以明協韻之所起，是也。至於李賢注史，在顏籀之後，而以爲在前，則因果倒植矣。（頁100）

【附錄】

《簡目》

匡謬正俗八卷

唐顏師古撰。據其子楊庭《進表》，蓋猶未竟之藁本。前四卷凡五十五條皆論諸經訓詁音釋。後四卷凡一百二十七條，皆論諸書字義、字音，及俗語相承之異。（頁40）

羣經音辨七卷[1]　通行本

宋賈昌朝撰。昌朝字子明，獲鹿人。天禧初賜同進士出身[2]，慶曆中同中書門下平章事。英宗初加左僕射，封魏國公，諡文元。事迹具《宋史》本傳[3]。

此書其侍講天章閣時所上。凡羣經之中，一字異訓、音從而異者，彙集爲四門[4]：卷一至卷五曰辨字同音異，仿唐張守節《史記正義》發字例，依許愼《說文解字》部目次之；卷六曰辨字音清濁，曰辨彼此異音，曰辨字音疑混，皆卽《經典釋文》序錄所舉分立名目；卷七附辨字訓得失一門，所辨論者僅九字[5]。

　　書中沿襲舊文，不免謬誤者。如卷一言部"謙，慊也"下云："鄭康成說謙以慊[6]。慊，厭也。厭爲閉藏貌。"據《禮記》註曰："謙，讀爲慊。慊，厭也。"此解正文"自謙"。注又曰："厭讀爲厭，閉藏貌也。"此乃解正文"厭然"[7]，與上注"厭足"之"厭"，絕不相蒙。昌朝混而一之，殊爲失考[8]。又卷二兀部："典，堅刃貌也。"據《考工記》"輈欲頎典"注曰："頎典，堅刃貌。"以頎典爲形容之辭，不得單舉一典字[9]。卷三巾部："幓頭，括髮也。"幓本幧字之訛。據《儀禮》注"一以解婦人之髽，以麻申之。曰以麻者，如著幓頭焉。一以解括髮以麻免，而以布申之。曰此用麻布爲之，狀如今著幓頭矣"。是括髮免髽皆如著幓頭，幓頭自是吉服。揚雄《方言》："帕頭，自河以北趙魏之間曰幧頭。"劉熙《釋名》作"綃頭"，又有"鬒帶"、"髮帶"等名，豈可以括髮釋之？是皆疎於考証之故。然《釋文》散見各經，頗難檢核。昌朝會集其音義，絲牽繩貫，同異粲然，俾學者易於尋省，不爲無益。小學家至今不廢，亦有以也。

　　自序云："編成七卷，凡五門。"紹興中王觀國後序亦云："凡五門，七卷。"惟《宋史·藝文志》作三卷。此本爲康熙中蘇州張士俊從宋槧翻雕，實爲七卷，則《宋志》所載，爲字畫之誤明矣[10]。

【校記】

[1]蒼要本將《群經音辨》歸入經部經解類。

[2]"天禧初"上，蒼要、文溯、文津三本並有"仁宗"二字。

[3]本傳，蒼要、文溯、文津三本具無。

[4]彙集爲四門，蒼要、文溯、文津三本並作"集爲五門"。

[5]"卷七附辨字訓得失一門，所辨論者僅九字"，文溯本、蒼要本作"卷七曰辨字訓得失，所辯論者凡九字，則附錄也"，文津本作"卷七曰辨字訓得失，所辯論者凡九字"。

[6]以，蒼要、文溯、文津三本並作"為"。

[7]此乃解正文"厭然"，蒼要、文溯、文津三本並作"此解正文'厭然'"，無"乃"字。

[8]殊爲失考，蒼要、文溯、文津三本並作"殊爲未考"。

[9]"以頎典爲形容之辭，不得單舉一典字"，蒼要、文溯二本並作

"是連頠典二字爲形容之辭,不得單舉一典字訓爲堅刃",文津本作"是連頠典二字爲形容之辭,卷三頁部所引乃其本詁,此乃單舉一典字訓爲堅刃,殊乖古義"。

[10]"自序云"至"爲字畫之誤明矣",文溯、文津二本具無。

篇末,薈要本有"乾隆四十二年八月恭校上",文溯本有"乾隆四十七年十一月恭校上",文津本有"乾隆四十九年八月恭校上"。

【附錄】

《簡目》

羣經音辨七卷

宋賈昌朝撰。聚諸經之字同而音訓各異者以類相從分爲五門,一一詳爲辨別。(頁40)

埤雅二十卷　浙江巡撫採進本

宋陸佃撰。佃字農師,越州山陰人。少從學於王安石。熙寧三年擢進士甲科[1],授蔡州推官,選爲鄆州教授。召補國子監直講,厯轉至左丞[2]。未幾,罷爲中大夫,出知亳州,卒於官。事蹟具《宋史》本傳,史稱其精於禮家名數之學[3]。

所著《埤雅》、《禮象》、《春秋後傳》之類,凡二百四十二卷[4]。王應麟《玉海》又記其修《說文解字》,其子宰作此書序[5],又稱其有《詩講義》、《爾雅注》。今諸書並佚。其《爾雅新義》僅散見《永樂大典》中,文句訛缺,亦不能排纂成帙。傳於世者惟此書而已[6]。①

凡《釋魚》二卷[7],《釋獸》三卷,《釋鳥》四卷,《釋蟲》二卷,《釋馬》一卷,《釋木》二卷,《釋草》四卷,《釋天》二卷。刊本《釋天》之末注"後缺"字,然則併此書亦有佚脫,非完本矣[8]。宰《序》稱佃於神宗時召對[9],言及物性,因進《說魚》、《說木》二篇,後乃益加筆削。初名《物生門類》,後注《爾雅》畢[10],更修此書,易名《埤雅》,言爲《爾雅》之輔也。其說諸物,大抵略於形狀而詳於名義。尋究偏旁,比附形聲,務求其得名之所以然。又推而通貫諸經,曲證旁稽,假物理以明其義[11]。中多引王安石《字說》,蓋佃以不附安石行新法,故後入元祐黨籍[12]。其學問淵源,則實出安石[13]。晁公武《讀書志》謂其說不專主王氏,亦似特立。殆未詳檢是編,惧以論其人者論其書歟[14]?觀其開卷說"龍"一條,至於謂"曾公亮得龍之脊,王安石得龍之睛",是豈不尊安石者耶?然其詮釋諸經,頗據古義;其所援引,多今所未見之書;其推闡名理,亦往往精鑿。謂之駁雜則可,要不能不謂之博奧也[15]。

【校記】

[1]擢進士甲科,薈要、文溯、文津三本並作"擢甲科",無"進士"二字。

[2]歷轉至左丞,文津本作"歷官至尚書左丞"。

[3]事蹟具《宋史》本傳,薈要、文溯二本具無。
"事蹟具《宋史》本傳。史稱其精於禮家名數之學",文津本作"《宋史》本傳稱其精於禮家名數之學"。

[4]"所著《埤雅》、《禮象》、《春秋後傳》之類,凡二百四十二卷",薈要、文溯、文津三本並作"著書二百四十二卷,如《埤雅》、《禮象》、《春秋後傳》,皆傳於世"。

[5]"其子宰作此書序",薈要、文津二本並作"子宰作《埤雅》序"。

[6]"今諸書並佚,其《爾雅新義》僅散見《永樂大典》中,文句訛缺,亦不能排纂成帙,傳於世者,惟此書而已",薈要、文溯二本並作"今惟《爾雅新義》及是書傳",文津本作"今《爾雅新義》僅散見《永樂大典》內,余俱亡佚不見,獨是書尚傳"。

[7]凡《釋魚》二卷,薈要、文溯、文津三本並作"其書《釋魚》二卷"。

[8]"刊本《釋天》之末注後缺字,然則併此書亦有佚脫,非完本矣",薈要本作"別本《釋天》之末注後缺字,然則原書不止此矣",文溯、文津二本並作"刊本《釋天》之末注後缺字,然則原書不止此矣"。

[9]"宰《序》稱佃於神宗時召對",薈要、文溯、文津三本並作"陸宰記佃神宗時預修《說文》,進書召對"。

[10]"後注《爾雅》畢"前,薈要、文溯二本並作"注《爾雅》畢",無"後"字。

[11]"又推而通貫諸經,曲證旁稽,假物理以明其義",薈要、文溯、文津三本並作"而蔓衍縱橫,旁推其理以申之"。

[12]"中多引王安石《字說》,蓋佃以不附安石行新法,故後入元祐

黨籍"，薈要、文溯二本並作"多引王安石《字說》，蓋佃以不附新法，故得入元祐黨籍"，文津本"多引王安石《字說》，蓋佃以不附新法，故後入元祐黨籍"。

［13］"其學問淵源，則實出安石"，薈要、文溯二本並作"其學問則未嘗异安石"，文津本作"其學問則未嘗有异于安石"。

［14］"晁公武《讀書志》謂其說不專主王氏，亦似特立，殆未詳檢是編，悮以論其人者論其書歟"，薈要、文津二本並作"晁公武謂其不專主王氏，亦似特立，是誤以論其人者論其書也"，文溯本作"晁公武謂不專主王氏，亦似特立，是誤以論其人者論其書也"。

［15］"觀其開卷《說龍》一條"至"要不能不謂之博奧也"，薈要、文溯、文津三本具無。

篇末，薈要本有"乾隆三十九年十一月恭校上"，文溯本有"乾隆四十七年五月恭校上"，文津本有"乾隆四十九年三月恭校上"。

【辨正】

①余氏辨證引阮元《揅經外集》卷二謂：《爾雅新義》二十卷，有刻本傳世。此書自經阮氏進呈外，嘉慶間蕭山陸芝榮曾將此書刻板印行，至道光間，南海伍崇曜又刻入《粵雅堂叢書》。（頁101）

【附錄】

《簡目》

埤雅二十卷

宋陸佃撰。凡《釋魚》《釋獸》《釋鳥》《釋蟲》《釋馬》《釋木》《釋草》《釋天》八門。因名物以求訓詁，因而旁通於經義。大旨本王安石《字說》，不免穿鑿，而引據博洽其精確者自不可廢。（頁41）

爾雅翼三十二卷　浙江巡撫採進本

宋羅願撰，元洪焱祖音釋。願字端良，號存齋[1]，歙縣人。以蔭補承務郎。乾道二年登進士第，通判贛州。淳熙中知南劍州事，遷知鄂州。卒於官。[2]事蹟附載《宋史·羅汝楫傳》[3]。焱祖字潛夫，亦歙縣人。天曆中官遂昌縣主簿，以休寧縣尹致仕[4]。

是書卷端有願自序，又有王應麟後序、方回跋及焱祖自跋[5]。應麟後序稱，以咸淳庚午刻此書郡齋，而《玉海》所列《爾雅》諸本乃不著於錄[6]。據方回跋稱，《序》見《鄂州小集》，世未見其書，回始得副本於其從孫裳，蓋其出在《玉海》後也。越五十年，爲元延祐庚申，郡守朱霽重刻，乃屬焱祖爲之音釋，而顧序及應麟後序隸事稍僻者亦併註焉[7]。焱祖跋稱[8]：《釋草》八卷，凡一百二十名；《釋木》四卷，凡六十名；《釋鳥》五卷，凡五十八名；《釋獸》六卷，凡七十四名；《釋蟲》四卷，凡四十名；《釋魚》五卷，凡五十五名。今勘驗此本，名數皆合[9]。惟《釋獸》七十四名，此本內有八十五名，與原跋互異，豈字畫傳寫有誤歟[10]？其書考據精博，而體例謹嚴[11]，在陸佃《埤雅》之上。應麟後序稱其"即物精思，體用相涵，本末靡遺"，殆非溢美[12]。

後陳櫟刪削其書，別爲節本，謂其"好處可以廣人之識見處儘多，可恨處牽引失其精當者不少，內引《三百篇》之詩處多不是"云云。案櫟著作傳於今者，尚有《書集傳纂疏》、《歷朝通略》、《定宇集》三書。核所聞見，曾不能望顧之項背，遽糾其失，似不自量。至顧書成於淳熙元年甲午，朱子《詩集傳》作於淳熙四年丁酉，在顧書後三年。而櫟乃執續出新說，繩顧所引據之古義，尤屬拘墟。今顧書流傳不朽，而櫟之節本片字無存，則其曲肆詆諆，無人肯信而傳之，略可見矣[13]。

【校記】

[1]號存齋，文溯、文津二本具無。

[2]"以蔭補承務郎"至"卒於官"，文溯、文津二本並作"孝宗時為鄂州守"。

[3]事蹟附載《宋史·羅汝楫傳》，文溯、文津二本具無。

[4]"天歷中官遂昌縣主簿，以休寧縣尹致仕"，文溯、文津二本並作"官休寧县尹"。

[5]"是書卷端有顧自序，又有王應麟後序、方回跋及焱祖自跋"，文溯本作"是書卷端有顧自序及王應麟序，又有方回及焱祖跋語"，文津本作"是書卷端有顧自序，王應麟序，後有方回及焱祖跋語"。

[6]"應麟後序稱，以咸淳庚午刻此書郡齋，而《玉海》所列《爾雅》諸本乃不著於錄"，文溯、文津二本並作"應麟序謂，以咸淳庚午刻之郡齋，而其所為《玉海·藝文志》內乃失載，蓋偶疎也"。

[7]"據方回跋稱"至"亦併註焉"，文溯、文津二本具無。

[8]焱祖跋稱，文溯本作"焱祖跋語稱"，文津本作"焱祖後跋稱"。

[9]"今勘驗此本，名數皆合"，文溯、文津二本並作"今案之全書，名數皆合"。

[10]"惟《釋獸》七十四名，此本內有八十五名，與原跋互異，豈字畫傳寫有誤歟"，文溯本作"惟謂《獸》七十四名，今書乃有八十五，疑原跋字畫有誤，或後人有所附益，非復焱祖舊本矣"，文津本作"惟跋謂《釋獸》七十四名，今書乃有八十五名，疑原跋字畫有誤，或後人有所附益，非復焱祖舊本矣"。

[11]而體例謹嚴，文溯、文津二本具無。

[12]應麟後序，文溯、文津二本並作"應麟序"；
殆非溢美，文溯、文津二本並作"非溢美也"。

[13]"後陳櫟刪削其書"至"略可見矣"，文溯、文津二本具無。

篇末，文溯本有"乾隆四十七年四月恭校上"，文津本有"乾隆四十八年三月恭校上"。

【附錄】

《簡目》

爾雅翼三十二卷

宋羅源撰。分《草》、《木》、《鳥》、《獸》、《蟲》、《魚》六類，大致與《埤雅》相類，而引據精確，持論謹嚴，則遠在其上。其《音釋》則元洪焱祖作也。（頁41）

駢雅七卷　浙江巡撫採進本

明朱謀㙔撰。謀㙔有《周易象通》，已著錄[1]。

此書皆刺取古書文句典奧者，依《爾雅》體例，分章訓釋。自《釋詁》、《釋訓》以至《蟲》、《魚》、《鳥》、《獸》，凡二十篇。其說以爲聯二爲一，駢異爲同，故名曰"駢雅"。謀㙔淹通典籍，其《一齋書目》所載往往爲諸家所未窺[2]。故徵引詳博，頗具條理，非鄉塾陋儒掇拾殘剩者可比[3]。中間如[4]：藻井，乃屋上方井，刻爲藻文，《西京賦》注引《風俗通》訓義甚明[5]。而謀㙔以爲刻扉之屬，改易舊文，殊爲未確[6]。又謂都御史爲大司憲，詹事爲端尹，乃流俗之稱，亦乏典據。至如《釋天》內之歲陽月名，《釋地》內之五邱、四荒、太平、太蒙、丹穴、空桐之類，皆《爾雅》所已具，更爲複引，尤病冗蕪[7]。然奇文僻字，搜輯良多。擷其膏腴，於詞章要不爲無補也[8]。

【校記】

[1]"謀㙔有《周易象通》，已著錄"，文溯本作"謀㙔字鬱儀，寧獻王權七世孫，以鎮國中尉攝石城王府事。好學敦行，貫串群籍。著書百十二种，皆手自繕寫。明代宗人以文學著者，惟謀㙔与周藩睦㙔最爲有名"。

[2]"謀㙔淹通典籍，其《一齋書目》所載往往爲諸家所未窺"，文溯本無。

[3]"故徵引詳博，頗具條理，非鄉塾陋儒捃拾殘剩者可比"，文溯本作"中間徵引詳博，頗具條理，而亦間有舛誤"。

[4]中間如，文溯本作"如"。

[5]"《西京賦》注引《風俗通》訓義甚明"，文溯本無。

[6]"改易舊文，殊爲未確"，文溯本作"詮釋未確"。

[7]更爲複引，文津本作"乃重複徵引"。

"《釋地》內之五邱、四荒、太平、太蒙、丹穴、空桐之類，皆《爾雅》所已具，更爲複引，尤病冗蕪"，文溯本作"《釋地》內之五邱、四荒、太平、太蒙、丹穴、空桐，諸名目皆《爾雅》所已具，而亦摭引無遺，尤不免於冗複。蓋其本意祇以供行文徵採之用，而不專於訓釋名義，故或不能盡免於雜糅"。

[8]篇末，文溯本有"乾隆四十七年四月恭校上"，文津本有"乾隆四十九年三月恭校上"。

【附錄】

《簡目》

駢雅七卷

明朱謀㙔撰。皆刺取古書文句典奧者，依《爾雅》體例分章訓釋，凡二十篇。其說以爲聯二爲一，駢異爲同，故謂之《駢雅》。謀㙔淹通典籍，其《一齋書目》多諸家未見之本，故此書頗爲賅洽，不比明人之餖飣。（頁41）

《浙江採集遺書總錄》

駢雅七卷（寫本）

右明宗室朱謀㙔撰。全仿《釋名》、《廣雅》等體例爲之。（頁337）
《翁稿》

謹按：《駢雅》七卷，明寧藩朱謀㙔著。謀㙔博通群籍，著書百十二種，此其一也。《明藝文志》卷數亦同。自釋詁、釋訓以至蟲、魚、鳥、獸，分十二篇，皆取古駢偶合并之言近於典麗者，依《爾雅》體式為之。外間傳本甚少，應刊刻以裨小學。（頁66）

字詁一卷　安徽巡撫採進本

國朝黃生撰。生字扶孟，歙縣人，前明諸生。

是編取魏張揖《字詁》以名其書[1]，於六書多所發明，每字皆有新義，而根據博奧，與穿鑿者有殊。間有數字未安者，如謂靃，《說文》"呼郭切，飛聲也"，而諸書用"靃靡處"又音髓。今書地名、人姓之類多用霍。獨《樊噲傳》之"霍人"，《正義》註"先累"、"蘇果"、"山寡"三反。先累反，卽髓音也。《韻會》諸家紙、藥二韻兼收靃，而霍則止一音。葢霍從佳，其音當爲髓。靃本飛鳥聲，借爲地名，因又借爲人姓，後省便作霍，既爲借義所奪，其本音本訓遂失。而於字之當用霍音髓者反作靃，此霍之所以轉爲呼郭切，而靃之所以轉爲先累反也。據其所說，則霍但有先累反之本音，靃但有呼郭反之本音矣。今考音切之古莫過《玉篇》、《廣韻》。《玉篇》"靃"字下註云"息委切，露也"，"呼郭切，飛聲"，《廣韻》於四紙"靃"字下註云"靃，麻草"，於十九鐸"靃字"下註云"地名。《說文》：飛聲也"。則是靃本有髓之一讀，並不因省借爲霍始音髓也。又《玉篇》"霍"字下註云"呼郭切，揮霍"，《廣韻》"霍"字下註云"虛郭切，揮霍"，《爾雅》"霍山爲南岳，又姓"，則是"霍"之一字，在《玉篇》、《廣韻》原止有呼郭反一音，並無髓音。惟《史記正義》註有"息累反"，而要不得爲止有"息累反"一音也。況《白虎通》曰："南方霍山者，霍之爲言護也。""護"乃呼郭反之轉音，非先累反之轉音，然則班固讀"霍"已爲"呼郭反"矣。豈漢音猶不足據乎？[2]生又謂："'打'字始於六朝[3]。"今考後漢王延壽《夢賦》曰："捎魍魎，拂諸渠，撞縱目，打三顧。"又《易林》曰："口饑打手。"則"打"字不始於六朝明矣，此類殊爲失考。

其他若謂"'大鼏七个'之鼏，當從囗諧聲，與從冂者不同"；"似蛇之鱓，既借徒何切之鮀，又借張演切之鱣，而皆轉爲常演切，《漢書註》

誤以張連切之鱣爲釋"；又謂：《周禮·玉人》註："瓉，讀爲饙餁之餁。"《說文》："饙，以羹澆飯。"《釋文》：膏餁，作膏饙。故《篇海》：餁，卽饙字。《内則》，《釋文》：酏，讀爲餁，之然反。餁，本又作饙，並之然反。此葢明酏、餁當並讀爲饙，非謂餁卽饙字。若以諸延切餁，何以處"《玉人》註之饙、餁"乎？又謂：干、乾字通。引《後漢書·獨行傳》云："明堂之奠，干飯寒水。"又在晉帖所云"淡悶干嘔"之前。此類則最爲精核，其他條似此者不可枚舉。葢生致力漢學，而於六書訓詁尤爲專長，故不同明人之剿說也[4]。

【校記】

[1]魏，文溯、文津二本並作"晉"。

[2]"如謂霹"至"豈漢音猶不足據乎"，文溯、文津二本並無。

[3]生又謂打字始於六朝，文溯、文津二本並作"如謂打字始於六朝"。

[4]故不同明人之剿說也，文溯本作"故不同明人剿說焉"；

篇末，文溯本有"乾隆四十七年十月恭校上"，文津本有"乾隆四十九年四月恭校上"。

【附錄】

《簡目》

字詁一卷

國朝黃生撰。於六書多所發明，每字皆有新義，而根據博奧，具有源本，乃迥異于穿鑿。（頁42）

續方言二卷　浙江巡撫採進本

國朝杭世駿撰。世駿字大宗，號堇浦，仁和人。乾隆丙辰召試博學鴻詞，授翰林院編修[1]。

是書採《十三經註疏》、《說文》、《釋名》諸書，以補揚雄《方言》之遺。前後類次，一依《爾雅》，但不明標其目耳。蒐羅古義，頗有裨於訓詁[2]。

惟是所引之書，往往耳目之前，顯然遺漏[3]。如《玉篇》引《倉頡》篇云："楚人呼寵曰瘑。"《列子·黃帝篇》註引何承天《纂文》云："吳人呼瞬目爲眴目。"《古今韻會》引魏李登《聲類》云[4]:"江南曰辣,中國曰辛。"《爾雅·釋草》、《釋文》、宋庠《國語補音》引晉呂忱《字林》云:"楚人名陵曰苤。鶪,秦名雅烏。鯷,青州人呼鮎鯷。"[5]《初學記》及《太平御覽》引《篆文》云:"梁州以豕爲獮,河南謂之彘。漁陽以豬爲豞。齊、徐以小豬爲豵。"《太平御覽》又引《篆文》云:"秦以鈷鏻爲銼鏻。"《爾雅·釋草》、《釋文》引《篆文》云:"妹,娟也。"《初學記》引服虔《通俗文》曰:"南楚以美色爲娃。"《初學記》及《山堂考索》又引《通俗文》云:"晉曰舠。"《埤雅》引《廣志·小學篇》云:"螻蛄,會稽謂之蝤蛄。"《北戶錄》引張推證《俗音》云:"南人謂牛、羊血爲峆。饙饙,內國呼爲糗餅,亦呼寒具。粐焿,今江南呼曰黴飴。蝘蜓,山東謂之蛶蜆。鱝,吳人呼爲鯽魚也。"[6]凡此諸條,皆六朝以前方言,正可以續揚雄之著,而俱佚之,豈舉遠者反畧近歟[7]?又如書中引《說文》"秦、晉聽而不聞,聞而不達謂之聹",引《史記集解》"齊人謂之顙,汝南、淮泗之間曰顏"諸條,本爲揚雄《方言》所有,而複載之,亦爲失檢。然大致引據典核,在近時小學家猶最有根柢者也。[8]

【校記】

[1]授翰林院編修,文溯、文津二本並作"授翰林院檢討"。

[2]頗有裨於訓詁,文津本"頗有近於訓詁"。

[3]"惟是所引之書,往往耳目之前,顯然遺漏",文溯、文津二本並作"惟是所引之書,既及王應麟《急就章補註》,則宋以前書皆當詳採,今即耳目之前,顯然遺漏者"。

[4]《古今韻會》,文溯、文津二本並作"《韻會舉要》"。

[5]楚人名陵曰苤,文溯本作"楚國名陵曰苤",文津本作"楚同名陵曰苤"。

"鶪,秦名雅烏。鯷,青州人呼鮎鯷",文溯、文津二本具無。

[6]"《太平御覽》又引《篆文》云"至"吳人呼爲鯽魚也",文溯、文津二本具無。

[7]"正可以續揚雄之著,而俱佚之,豈舉遠者反畧近歟",文溯、文津二本並作"正可以續揚雄所闕,而俱佚之,以其引書過隘故也"。

[8]篇末,文溯本有"乾隆四十七年九月恭校上",文津本有"乾隆四十九年三月恭校上"。

【附録】

《簡目》

續方言二卷

國朝杭世駿撰。採諸經註疏、《釋文》及《說文》、《釋名》之屬，以補揚雄《方言》之遺。前後類次，一依《爾雅》，但不明標其目。蒐羅古義，于訓詁頗爲有裨。（頁42）

《浙江採集遺書總錄》

續方言二卷（刊本）

右國朝杭世駿撰。所採皆諸經注疏，及《釋名》、《說文》等書中語，以補揚氏所未備。（頁338）

別雅五卷　江蘇巡撫採進本

國朝吳玉搢撰。玉搢字山夫，山陽人。廩貢生，官鳳陽縣訓導。

是書取字體之假借通用者，依韻編之，各註所出而爲之辨證，於考古深爲有功。惟是古人用字，有同聲假借，有轉音變異，有別體重文、同聲轉音，均宜入之此書。至於"邶、鄘，一作岐、豐"之類，則"邶"乃"岐"之本字。《說文》明云："邶，一作岐。"實屬重文，偶然別體。《說文》、《玉篇》以後累千盈百，何可勝收，未免自亂其例。

又徵引雖博，而挂漏亦夥。卽以開卷東、冬二韻覈之，若《大戴禮》"一室而有四戶八牕"，牕卽窗。《楚詞·九嘆》"登逢龍而下隕兮"，註："古本逢作蓬。"《荀子·榮辱篇》引《詩》"下國駿蒙"，註："今《詩》作駿厖。"《莊子·盜跖篇》"士皆蓬頭突鬢"，註："蓬，本作鑕。"《吳越春秋·吳王壽夢傳》"使公子蓋餘燭傭"，註："《左傳》'傭'作'庸'。"《史記·秦始皇本紀》"秦王爲人蜂準"，徐廣曰："蜂，一作隆。"《龜策傳》"雄渠蠭門"，註："《新序》有熊渠子。"《漢書古今人表》"鬼臾區"，師古註云："卽鬼容區"。"陳豐"，師古註云："卽陳鋒。"《衛靑傳》"靑至籠城"，師古註云："籠讀爲龍。"皆目前習見者，乃佚而不載。則推之《儀禮》之古文、《周禮》之故書及漢人箋註"某讀作某"之類，一一攷之，所漏多矣。然就所徵引，足以通古籍之異同，疏後學之疑滯，猶可以攷見漢魏以前聲音文字之槩。是固小學之資糧，藝林之津筏，非俗儒剽竊之書所能仿彿也。

【附録】

《簡目》

別雅五卷

國朝吳玉搢撰。是書取字體之假借通用者，依韻編次，各註所出，爲之辨證，可以考古書文字之異同。（頁 42）

右小學類訓詁之屬，一十三部[1]，一百二十二卷，並文淵閣著錄。

《舊唐書·經籍志》以詁訓與小學分爲二家，然詁訓亦小學也，故今仍從《漢志》，列爲小學之子目。又《爾雅》首《釋詁》、《釋訓》，其餘則雜陳名物。蓋析其類而分之，則蟲、魚、草、木之屬，與字義門目各殊。統其類而言之，則解說名物亦即解釋其字義[2]。故訓詁者，通名也。《方言》、《釋名》，相沿繼作，大體無殊。至《埤雅》、《爾雅翼》，務求博洽，稍泛濫矣，要亦訓詁之支流也，故亦連類編之。《埤雅廣要》之屬，蕪雜已甚，則退之小說家焉。

【校記】

[1]一十三部，浙本作"一十二部"。

[2]解說，浙本作"解釋"。

【附録】

《簡目》

謹案：《舊唐書·經籍志》以詁訓與小學分爲二門，然訓詁亦小學也，故今仍從《漢志》，列爲小學之子目。《爾雅》首《釋詁》、《釋訓》，其餘則雜陳名物。然解釋名物亦即解釋其字義，可以訓詁該之。《埤雅》、《爾雅》、《爾雅翼》之屬，務求博洽，稍爲泛及，然亦訓詁之支流也。《埤雅廣要》之屬，蕪雜已甚，則退之小說家焉。（頁 43）

小學類二

急就章四卷[1]　　通行本

漢史游撰。《漢書·藝文志》註稱游爲"元帝時黃門令",蓋宦官也。其始末則不可考矣。

是書《漢志》但作"《急就》一篇",而小學類末之敘錄則稱"史游作《急就篇》",故晉夏侯湛抵疑,稱"鄉曲之徒,一介之士,曾諷《急就》,通甲子",《北齊書》稱"李鉉九歲入學,書《急就篇》"。或有篇字,或無篇字,初無一定。《隋志》作"《急就章》一卷",《魏書·崔浩傳》亦稱"人多托寫《急就章》"[2],是改"篇"爲"章"在魏以後。然考張懷瓘《書斷》曰:"章草者,漢黃門令史游所作也。"王愔云案此蓋引王愔《文字志》之語。"漢元帝時,史游作《急就章》,解散隸體。漢俗簡惰,漸以行之,是也。"然則所謂章草者,正因游作是書,以所變草法書之。①後人以其出於《急就章》,遂名"章草"耳。今本每節之首俱有"章第幾"字,知《急就章》乃其本名。或稱《急就篇》,或但稱《急就》,乃偶然異文也。其書自始至終無一複字,文詞雅奧,亦非《蒙求》諸書所可及。②《玉臺新詠》載梁蕭子顯《烏栖曲》,有"幃邊雜佩琥珀龍"句,馮氏校本改"龍"爲"紅"[3]。今檢此書,有"繫臂琅玕虎魄龍"句,乃知子顯實用此語,馮氏不知而誤改之。則遺文瑣事,亦頗賴以有徵,不僅爲童蒙識字之用矣。

舊有曹壽、崔浩、劉芳、顏之推注,今皆不傳,惟顏師古注一卷存。王應麟又補注之,釐爲四卷。師古本比《皇象碑》多六十三字,而少《齊國》、《山陽》兩章,止三十二章。應麟《藝文志考證》標"眞定、常山至高邑"句,以爲此二章起於東漢,最爲精確。③其注亦考證典核,足補師古之闕。別有黃庭堅本、李燾本、朱子越中本,字句小有異同。應麟所註,多從顏本,蓋以其考證精深,較他家爲可據焉[4]。

【校記】

[1]急就章,文溯、文津二本並作"急就篇"。

[2]人多托寫《急就章》,文溯本作"人托寫《急就章》",無

"多"字。

[3]馮氏，文溯、文津二本並作"馮舒"。

[4]"舊有曹壽"至"較他家爲可據焉"，文溯、文津二本具無。

篇末，文溯本有"乾隆四十七年九月恭校上"，文津本有"乾隆四十九年八月恭校上"。

【辨正】

①胡氏補正引陸氏《藏書志》之載淳熙十年羅願記云：自東漢杜度、張芝善稿法，始用以寫此章，號章草，說者因謂草書起於遊，蓋不察遊作此書之意。此與王愔說異。（頁254）

②胡氏補正引《癸巳存稿》云：止開章六句已多重字。（頁254）

余氏辨證引俞正燮《癸巳存稿》卷十二謂：《急就章》並非"無一複字"，《提要》"持論如此"，是因為纂修官"未讀其書也"。而現存古小學無複字者，莫如《千字文》，卻不被著錄。（頁102）

③胡氏補正引陸氏《藏書志》之載淳熙十年羅願記謂：羅氏（願）先於應麟而有此說。（頁253）

【附錄】

《簡目》

急就篇四卷

漢史游撰，或稱"急就章"，故其字義之章艸；或但稱"急就"，則省文也。凡三十四章。其字略以類從，而不立門目。文詞古雅，始終無一複字。隋曹壽以下注者不一，今惟顏師古之注存。宋王應麟又補師古之闕，亦為典核。（頁43）

《浙江採集遺書總錄》

急就篇四卷（曝書亭藏刊本）

右漢史游作，唐顏師古訓解，宋王應麟音釋，有顏《序》、王《跋》及淳熙間羅願《跋》。（頁341）

說文解字三十卷　通行本

漢許慎撰。慎字叔重，汝南人，官至太尉南閣祭酒[1]。

是書成於和帝永元十二年[2]。凡十四篇，合目錄一篇爲十五篇。分五百四十部，爲文九千三百五十三，重文一千一百六十三，註十三萬三千四百四十字。推究六書之義，分部類從，至爲精密。而訓詁簡質，猝不易通。又音韻改移，古今異讀，諧聲諸字，亦每難明。故傳本往往訛異[3]。宋雍熙三年，詔徐鉉、葛湍、王惟恭、句中正等重加刊定。①凡字爲《說文》注義、序例所載，而諸部不見者，悉爲補錄。又有經典相承，時俗要用，而《說文》不載者，亦皆增加，別題之曰"新附字"。②其本有正體，而俗書訛變者，則辨於註中。其違戾六書者，則別載卷末[4]。或註義未備，更爲補釋，亦題"臣鉉等按"以別之[5]。音切則一以孫愐《唐韻》爲定。以篇帙繁重，每卷各分上、下，卽今所行毛晉刊本是也。

明萬歷中，宮氏刻李燾《說文五音韻譜》，陳大科序之，誤以爲卽鉉校本。陳啟元作《毛詩稽古編》[6]，顧炎武作《日知錄》，並沿其謬。豈毛氏所刊，國初猶未盛行歟？書中古文、籀文[7]，李燾據唐林罕之說，以爲晉牧令呂忱所增。考愼自序云"今序篆文，合以古籀"，其語甚明，所記重文之數，亦復相應。又《法書要錄》載後魏江式《論書表》曰："晉世義陽王典祠令任城呂忱，表上《字林》六卷。尋其況趣，附託許愼《說文》，而按偶章[8]，隱別古籀奇惑之字。文得正隸，不差篆意。"則忱書並不用古籀[9]，亦有顯證。如罕之所云[10]"呂忱《字林》多補許愼遺闕者，特廣《說文》未收字耳"。其書今雖不傳，然如《廣韻》一東部烔字、筌字[11]，四江部䃔字之類，云"出《字林》"者皆《說文》所無，亦大畧可見。燾以《說文》古籀爲忱所增，誤之甚矣[12]！

自魏晉以來言小學者皆祖愼。至李陽冰始曲相排斥，未協至公。然愼書以小篆爲宗，至於隸書、行書、草書則各爲一體，孳生轉變，時有異同，不悉以小篆相律。[13]故顏元孫《干祿字書》曰："自改篆行隸，漸失其眞。若總據《說文》，便下筆多礙。當去泰去甚，使輕重各宜。"徐鉉《進說文表》亦曰："高文大冊，則宜以篆籀著之金石。至於常行簡牘，則草隸足矣。"[14]二人皆精通小學，而持論如是[15]。明黃諫作《從古正文》，一切以篆改隸，豈識六書之旨哉？[16]至其所引《五經文字》，與今本多不相同，或往往自相違異。顧炎武《日知錄》嘗摭其"汜"下作"江有汜"，"洍"下又作"江有洍"，"噩"下作"赤烏噩噩"[17]，"擎"下又作"赤烏擎擎"，是所云《詩》用毛氏者，亦與今本不同[18]。蓋雖一家之學，而宗派旣別，亦各不相合[19]。好奇者或據之以改經，則謬戾殊甚[20]。能通其意而又能不泥其迹，庶乎爲善讀《說文》矣[21]。

案[22]：慎《序》自稱："《易》孟氏、《書》孔氏、《詩》毛氏、《禮周官》、《春秋左傳》、《論語》、《孝經》，皆古文。"考劉知幾《史通》，稱："古文《尚書》得之壁中，博士孔安國以校伏生所誦，增多二十五篇案：此亦據梅賾古文而言，實則孔氏原本僅增多十六篇。更以隸古字寫之，編爲四十六卷。司馬遷屢采其事，故遷多有古說。至於後漢，孔氏之本遂絕。其有見於經典者，諸儒皆謂之逸書。"是孔氏壁中之書，慎不得見。③《說文》末載慎子冲上書，稱"慎古學受之賈逵"，而《後漢書·儒林傳》又稱"扶風杜林傳古文《尚書》，林同郡賈逵爲之作訓，馬融作傳，鄭元註解，由是古文尚書遂顯於世"，是慎所謂孔氏書者，即杜林之本。顧《隋志》，稱"杜林古文《尚書》所傳僅二十九篇，又雜以今文，非孔舊本案：古文除去無師說者十六篇，正得伏生二十九篇之數，非雜以今文。《隋志》此文，亦據梅賾古文，未及與《漢書》互校。自餘絕無師說。陸德明《經典釋文》採馬融注甚多，皆今文《尚書》，無古文一語"，即《說文》註中所引，亦皆在今文二十八篇之中。朱彝尊《經義考》辨之甚明案：彝尊又謂"惟'若藥不瞑眩'一句，出古文《說命》"，殆因《孟子》所引而及之。然此句乃徐鍇《說文繫傳》之語，非許慎之原注。彝尊偶爾誤觀[23]，移甲爲乙，故今不取其說。則慎所謂孔氏本者，非今五十八篇本矣。以意推求，《漢書·藝文志》稱"劉向以中古文校歐陽、大小夏侯三家經文。《酒誥》脫簡一，《召誥》脫簡二，文字異者七百有餘，脫字數十"云云，所謂"中古文"，即孔氏所上之古文存於中秘者。是三家之本立在博士者，皆經劉向以古文勘定，改其訛脫，其書已皆與古文同。儒者據其訓詁言之，則曰大小夏侯、歐陽《尚書》。據其經文，則亦可曰孔氏古文《尚書》。第三家解說，只有伏生二十八篇遞相授受。餘所增十六篇，不能詮釋，遂置不言。故馬融《書序》，稱十六篇絕無師說也案：融《序》今不傳，此語見孔穎達《尚書正義》中。使賈陸所傳杜林之本即今五十八篇之本，則融嘗因之作傳矣，安有是語哉？又《後漢書·杜林傳》稱"林前於西州得漆書古文《尚書》，嘗寶愛之，雖遭艱困，握持不離身"云云，是林所傳者，乃古文字體，故謂之漆書。是必劉向校正三家之時，隨二十八篇傳出。以字非隸古，世不行用。林偶得之以授逵，逵得之以授慎，故慎稱爲孔氏本，而亦止二十八篇，非慎見安國舊本也。論《尚書》者，惟《說文》此句最爲疑竇。閻若璩《尚書古文疏證》牽於此句，遂誤以馬鄭所註爲孔氏原本，亦千慮之一失，故附考其源流如此。

【校記】

[1]"漢許慎撰。慎字叔重，汝南人，官至太尉南閣祭酒"，薈要、文溯二本並作"漢太尉南閣祭酒汝南許慎撰"。

[2]"是書成於和帝永元十二年"，薈要、文溯二本具無。

[3]訛異，浙本作"譌異"。

[4]別載，薈要、文溯、文津三本並作"別列"。

[5]按，浙本作"案"。

[6]陳啟元，文津本作"陳啟源"。

[7]籀文，文津本作"籀文字"。

[8]"而按偶章"下，浙本有"句"字。

[9]忱書，文津本作"忱"。

[10]如，文津本作"知"。

[11]炯，浙本作"烱"。

[12]"明萬歷中"至"誤之甚矣"，薈要、文溯二本具無。

[13]以小篆爲宗，薈要本作"以小篆爲主"；
"至於隸書、行書、草書則各爲一體"前，薈要、文溯二本並有"其中兼收籀古，李燾已疑爲呂忱所加"；不悉以小篆相律，文溯本作"不能悉以小篆相律"。

[14]"徐鉉《進說文表》亦曰：'高文大冊，則宜以篆籀著之金石。至於常行簡牘，則草隸足矣'，薈要本無；
草隸足矣，浙本作"艸隸"。

[15]"二人皆精通小學，而持論如是"，薈要本作"其持論最爲平允"。

[16]"故顏元孫《干祿字書》曰"至"豈識六書之旨哉"，文溯本作"顏之推《家訓》所論最得其本，戴侗等乃以篆入楷，詭激取名，亦非慎本意"。

[17]赤舄毳毳，文津本作"赤舄巳巳"，浙本作"赤舄巳巳"。

[18]不同，文津本作"不合"。

[19]蓋雖一家之學，文津本作"蓋一家之學"，無"雖"字；
宗派，文津、浙二本並作"支派"。

[20]"至其所引《五經文字》"至"則謬戾殊甚"，文溯本作"所

引《五經文字》與今本不相同，如'江有汜'，復作'江有沱'之類，亦時時自相違異，蓋漢人師說本不一家，各尊所聞，不為愼累，好奇者或據之以改經，則謬戾甚矣"。

[21]"明黃諫作《从古正文》"至"庶乎爲善讀《說文》矣"，薈要本作"明黃諫《从古正文》諸書乃以小篆改易今文，使讀者不能辨識，詭激取名，殊非慎本意。又所引《五經文字》與今本不相同，如'江有汜'，復作'江有沱'之類，亦時時自相違異，蓋漢人師說本不一家，各尊所聞，不為愼累，好奇者或據之以改經，則謬戾甚矣"。

篇末，薈要本有"乾隆四十三年二月恭校上"，文溯本有"乾隆四十七年九月恭校上"，文津本有"乾隆四十九年十月恭校上"。

[22]薈要、文溯、文津三本具無案語。

[23]彝尊偶爾誤觀，浙本作"彝尊偶爾誤記"。

【辨正】

① 胡氏補正引錢大昕《潛研堂集》之《說文》跋云：《說文解字》一書，傳寫已久，多錯亂遺脫，今所存者獨徐鉉等校定之本。鉉等雖工篆書，至於形聲相從之例不能悉通，妄以意說。（頁255）

② 胡氏補正引張行孚《說文發疑》云：《新附》諸字皆唐以前所本有，而非始於大徐。（頁255）

③ 胡氏補正：提要此語，迂回不得其恉。引段注云：《易》、《書》、《詩》、《春秋》言某氏者，許《易》學、《書》學、《詩》學、《春秋》學之宗也；《禮·周官》、《論語》、《孝經》不言雖氏者，學無所主也；皆古文者，謂其中所說字形、字音、字義皆合倉頡、史籀，非謂皆用壁中古本。（頁256）

【附錄】

《簡目》

說文解字三十卷

漢許愼撰，宋徐鉉等補音，併增加新附字。原本十四篇，合目錄為十五篇，鉉等重校，乃每卷各分為二。其書為小篆之祖，作小篆而不從其偏旁，是為倆規錯矩。至于八分隸、行草書，則各自為體，或相沿，或不相沿，不能盡繩以小篆，或據小篆以改隸。至于怪不可識，則非可行之道

也。（頁 44）

說文繫傳四十卷　兵部侍郎紀昀家藏本

南唐徐鍇撰。鍇字楚金，廣陵人，官至右內史舍人[1]，宋兵下江南，卒於圍城之中。事迹具《南唐書》本傳。①

是書凡八篇。首《通釋》三十卷，以許慎《說文解字》十五篇，篇析爲二。凡鍇所發明及徵引經傳者，悉加"臣鍇曰"及"臣鍇按"字以別之。繼以《部敘》二卷，《通論》三卷，《袪妄》、《類聚》、《錯綜》、《疑義》、《系述》各一卷。《袪妄》斥李陽冰臆說；《疑義》舉《說文》偏旁所有而闕其字[2]，及篆體筆畫相承小異者；《部敘》擬《易序卦傳》，以明《說文》五百四十部先後之次；《類聚》則舉字之相比爲義者，如一、二、三、四之類；《錯綜》則旁推六書之旨，通諸人事，以盡其意；終以《系述》，則猶《史記》之《自敘》也。②

鍇嘗別作《說文篆韻譜》五卷，宋孝宗時李燾因之作《說文解字五音譜》。燾《自序》有曰："《韻譜》當與《繫傳》並行，今《韻譜》或刻諸學官，而《繫傳》迄莫光顯。余蒐訪歲久，僅得其七八闕卷，誤字無所是正，每用太息"，則《繫傳》在宋時已殘闕不完矣。今相傳僅有抄本，錢曾《讀書敏求記》至詫爲"驚人秘笈"，然脫誤特甚。卷末有熙寧中蘇頌記云："舊闕二十五、三十，共二卷，俟別求補寫。"此本卷三十不闕，或續得之以補入。卷二十五則直錄其兄鉉所校之本，而去其所附之字[3]。殆後人求其原書不獲，因攟鉉書以足之。猶之《魏書》佚《天文志》，以張太《素書》補之也。其餘各部闕文，亦多取鉉書竄入。考鉉書用孫愐《唐韻》，而鍇書則朝散大夫行秘書省校書郎朱翱別爲反切。鉉書稱某某切，而鍇書稱反。今書內音切與鉉書無異者，其訓釋亦必無異，其移掇之迹，顯然可見。至示部竄入鉉新附之"祧、祆、祚"三字，尤鑿鑿可證者。《錯綜》篇末，其文亦似未完，無可采補，則竟闕之矣。

此書成於鉉書之前，故鉉書多引其說。然亦時有同異。如鉉本"福，祐也"，此作"備也"。鉉本"莱，耕多草"[4]，此作"耕名"。鉉本"迎，前頡也"[5]，此作"前頓也"。鉉本"鶪，大鶪也"，此從《爾雅》作"天鸙也"。又鉉本"禜"字下引《禮記》、"禍"字下引《詩》之類，此作"臣鍇按《禮記》曰"、"臣鍇按《詩》曰"，則鍇所引，而鉉本淆入許氏者甚多。又如□字下云"闕"，此作"家本無注，臣鍇按"，疑許愼子許冲所言也，是鉉直刪去"家本無注"四字，改用一"闕"字。其憑臆刪改，非賴此書之存，何以證之哉？[6]③此書本出蘇頌，所傳篆文爲監察王聖美、翰林祇候劉允恭所書，卷末題"子容"者，即頌字也。乾道癸巳，尤袤得於葉夢得家，寫以與李燾。詳見袤跋。書中有稱"臣次立案"者，張次立也。次立官至殿中丞，嘗與寫《嘉祐二字石經》，陶宗儀《書史會要》載其始末云。[7]

案[8]：是書在徐鉉校《說文》之前，而列其後者，鉉校許愼之原本，以愼爲主，而鉉附之。此書鍇所論著，以鍇爲主，故不得而先愼也。

【校記】
[1]官至右内史舍人，文溯、文津二本並作"仕李煜，為校書郎"。
[2]闕其字，文津本作"闕其下"。
[3]所附之字，文津本作"新附之字"。
[4]萊、草，浙本分別作"茉""艸"。
[5]迎，浙本作"迊"。
[6]"如鉉本'福，祐也'"至"何以證之哉"，文溯、文津二本具無。
[7]篇末，文溯本有"乾隆四十七年九月恭校上"，文津本有"乾隆四十九年五月恭校上"。
[8]文溯、文津二本具無案语。

【辨正】
①胡氏補正引李慈銘《越縵堂筆記》云："二徐兄弟為會稽人。"（頁258）
②胡氏補正引《桃華聖解盦日記》云："予觀《通論》三卷，雖其辭博辨時能有所發明，然穿鑿者多，瑕瑜互現，其得失亦正與《通釋》相似。《部敘》以意附會，強通所不通，不如近儒段氏之謹約，蔣氏和之條貫，惟《袪妄》一篇，皆駁斥李陽氷之謬說，最為可取。《類聚》、《疑義》，亦皆有功許氏者也。"（頁258）
③胡氏補正引葉德輝《郎園北遊文存》之《重印錢曾述古堂影宋鈔本〈說文繫傳〉跋》云：《說文繫傳》近所傳本有三：一乾隆壬寅汪啟淑

刻本，一乾隆甲寅馬俊良《龍威祕書》巾箱刻本，一道光己亥祁巂藻刻本。祁本一出，人人知汪、馬之非，而益信祁本之足貴矣。祁本出自影宋鈔本，歷經黃蕘圃、顧千里鑒藏，其善處已詳祁序及後《校勘記》中。（頁258）

【附錄】

《簡目》

說文繫傳四十卷

南唐徐鍇撰，其音切則朱翱作也。首《通釋》三十卷，以許慎原本十五篇，每篇析而為二。凡鍇所發明列于許慎注之後，題名以別之；次為《部敘》二卷，《通論》三卷，《袪妄》、《類聚》、《錯綜》、《疑異》、《系述》各一卷。原本殘缺，多以徐鉉所校《說文》竄補，今悉為考訂釐正，俾無舛訛。

謹案：是書在徐鉉刊《說文》之前，而列于其後者，鉉所校本乃許慎原書，不以鉉為主，鍇則多所論述，自為一書，以鍇為主故也。（頁44）

說文繫傳考異四卷、附錄一卷　浙江巡撫採進本

國朝汪憲撰。憲號魚亭，仁和人。乾隆丁丑進士，候選主事，未就銓而卒。①

南唐徐鍇作《說文繫傳》四十卷，歲久散佚[1]。自明以來[2]，方以智號精於小學，而《通雅》稱楚金所繫，今皆遺失。則世罕傳本，已非一日。好事者秘相傳寫，魚魯滋多，或至於不可句讀。憲所見者，猶屬影宋鈔本[3]，然已訛不勝乙。因參以今本《說文》，旁參所引諸書[4]，證其異同[5]，以成是編。訛者正之，其不可解者則並存以俟核定焉[6]。②考洪适《隸釋》[7]，載漢石經《論語》碑，末有"'而在於蕭牆之內'，盍包毛周無'於'"一行[8]，是則考異之鼻祖。《經典釋文》以下，沿流而作者頗衆。惟韻書、字書節目繁碎，從未有纚析舊文、徹首徹末、訂舛互而彙爲一編者。憲作是書，亦可云留心小學者矣。

末有附錄二卷，乃朱文藻所編。上卷爲諸家評論《繫傳》之詞，下卷載鍇詩五首及其兄弟軼事[9]，亦頗費蒐羅。然所收李燾序一篇，採自《文獻通考》，本所作《說文五音韻譜序》[10]，因《通考》刻本悞脫標題一行，遂聯屬於《說文繫傳》下，乃不辨而收之，殊失考訂。至於二徐

瑣記，於《繫傳》更爲無關。以是爲例，將郭璞《爾雅》、《方言》註末亦附載游仙詩乎[11]。今存其上卷，以資考核，其下卷則竟從刪汰，庶不以食博嗜奇破著書之體例焉[12]。

【校記】

[1]"歲久散佚"後，文溯、文津二本並有"鄭樵《通志》所載'已亡二卷'，李燾蒐訪，歲久僅得七、八，闕卷誤字無所是正，見所作《五音譜序》。闕後雖有傳本，而其中第二十五卷迄不復得。據王應麟《玉海》，則宋時已無完帙矣。"

[2]"自明以來"後，文溯、文津二本並有"錢曾號富于藏書，而《讀書敏求記》中稱為驚人秘笈"。

[3]猶，文溯、文津二本並作"仍"。

[4]旁參，文溯本作"及旁參"，文津本作"及旁證"。

[5]異同，文溯、文津二本並作"同異"。

[6]核定，文溯本作"校正"，文津本作"核正"。

[7]考洪适《隸釋》，文溯、文津二本並作"洪适《隸釋》"，無"考"字。

[8]盇包毛周無於，文溯本作"盇毛包周無於"。

[9]五首，文溯本作"五百"。

[10]本所作《說文五音韻譜序》，文溯、文津二本並作"本所作《說文五音韻譜》之序"，浙本作"本燾之《說文五音韻譜序》"。

[11]《方言》註末，浙本作"《方言》註未"。

[12]食博嗜奇，文溯、文津、浙三本並作"貪博嗜奇"。

篇末，文溯本有"乾隆四十七年十月恭校上"，文津本有"乾隆四十九年十月恭校上"。

【辨正】

①胡氏補正謂：此書為朱文藻撰，《提要》據《浙江採集遺書總錄》稱汪憲撰，實誤。（頁260）

楊氏辨誤謂：汪憲為錢塘人，作仁和人，誤。其人官至刑部陝西司員外郎，又退休家居，所謂"候選主事，未就銓而卒"，亦誤。惟此書為朱文藻撰，題汪憲之名，非其實也。（頁44）

②余氏辨證引《皕宋樓藏書志》卷十三、丁丙《善本書室藏書志》卷三謂:《說文繫傳考異》實爲朱文藻校錄。《提要》題爲汪憲撰,蓋緣於朱文藻曾館於汪家,汪借得宗氏影宋抄本《繫傳》,請朱抄之,朱因作此書。其署汪憲之名者,猶之徐善爲高士奇作《春秋地名考略》。(頁103)

【附錄】

《簡目》

說文繫傳考異四卷、附錄一卷

國朝汪憲撰。因《說文繫傳》世無刊本,傳寫訛脫,殆不可讀,乃雜考諸書,核正其異同。附錄一卷,皆諸家論《繫傳》傳語也。(頁45)

說文解字篆韻譜五卷　兩江總督採進本

南唐徐鍇撰。

其書取許愼《說文解字》以四聲部分,編次成書。凡小篆皆有音訓,其無音訓者,皆愼書所附之重文[1]。注史字者籀書,注古字者古文也。所注頗爲簡畧。蓋六書之義已具於《說文繫傳》中,此特取便簡閱[2],故不更複贅耳。

據李燾《五音說文韻譜序》,此書篆字皆其兄鉉所書。鉉集載有此書序二篇[3]。①《後序》稱[4]:"《韻補》旣成,廣求餘本,孜孜讐校[5],頗有刊正。今承詔校定《說文》,更與諸儒精加研覈。又得李舟所著《切韻》,殊有補益。其間有《說文》不載而見於序例、注義者,必知脫漏,並從編錄[6]。疑者則以李氏《切韻》爲正。"是此書鉉又更定,不僅出鍇一手。其以序例注義中字添入,亦鉉所爲也。

《前序》稱"命鍇取叔重所記,以《切韻》次之。聲韻區分,開卷可睹"云云,考《後序》稱"又得李舟《切韻》",則所謂《切韻》次之者,當卽陸法言書[7],卽《唐韻》《廣韻》所因也。然鍇所編部分,與《廣韻》稍異。又上平聲內痕部併入魂部,下平聲內一先二仙後,別出三宣一部;又魂部之下注痕部附字;宣部則不著別分[8],似乎《切韻》原有此部,殆不可曉。或此書部分,鉉亦以李舟《切韻》定之[9],故分合不同歟?

是書傳本甚少,此爲明巡撫李顯所刻。寒部蘭、瀾、漣、灡、闌五字，當在乾、闌、讕、調四字之後；豪部高、皋、臯、羔、膏五字，當在獖、虣、號、虢、鄂五字之後：皆訛前一行。麻部媧、譁、譇、䑵、㠓五字，當在秙、耗、誇、侉、夸、家、加、茄、葭九字之前，訛後二行。②蓋刻其書者，失於校覈[10]。其《後序》一篇，亦佚去不載。今從鉉《騎省集》錄出補入，以成完帙焉[11]。

【校記】
[1]重文，文津本作"書文"。
[2]簡閱，文溯、文津二本並作"檢閱"。
[3]"據李燾《五音說文韻譜序》"至"鉉集載有此書序二篇"，文溯、文津二本並作"前後有其兄鉉序二篇"；
《五音說文韻譜序》，浙本作"《說文五音韻譜序》"。
[4]後序，浙本作"後篇"。
[5]孜孜讐校，文溯、文津二本並作"孜孜讎校"。
[6]從，文溯本"加"。
[7]當即陸法言書，文溯、文津二本並作"當指陸法言之《切韻》。"
[8]著，文溯本作"注"。
[9]定之，文溯、文津二本並作"改定之"。
"鉉亦以李舟《切韻》定之"後，浙本有"非陸法言之《切韻》"。
[10]校覈，文溯本作"校覆"，文津本作"核覈"。
[11]今從鉉《騎省集》錄出補入，文溯、文津二本並作"今從鉉《騎省集》中錄出補入"。
篇末，文溯本有"乾隆四十七年十月恭校上"，文津本作"乾隆四十九年閏三月恭校上"。

【辨正】
①胡氏補正據陸氏《藏書志》謂：《說文解字篆韻譜》有元刊本與潘氏新刊本，兩本異同處必多矣。（頁260）
②胡氏補正引楊氏《楹書隅錄》云：此本寒部、豪部諸字皆未譌，麻部與明刻亦異，或猶是明人從宋槧鈔出也。引瞿氏《目錄》云：寒部、豪部次序並不譌，足徵此本之善。（頁260）

【附錄】

《簡目》

說文篆韻譜五卷

南唐徐鍇撰。以《說文》九千餘字分韻排纂，以便檢尋。凡小篆皆略存註釋。其不注者皆重文，其注史字者籀書，注古字者古文也。

《浙江採集遺書總錄》

說文篆韻譜五卷（刊本）

右南唐贈禮部侍郎，廣陵徐鍇撰。兄鉉《序》云"舍弟楚金特善小學，因命取叔重所記，以切韻次之，聲韻區分，開卷可觀"，"楚金又集《通釋》四十卷，考先賢之微言，暢許氏之元旨，正陽冰之新義，折流俗之異端，文字之學善矣，盡矣"。今此書止欲便於檢討，故聊存訓詁以為別識，其餘敷衍，有《通釋》焉。《五音》凡五卷。按《通釋》者即《說文解字繫傳》也。陳振孫稱其援引精博，小學家未有及之，然在宋時已不顯，故李巽岩有"蒐訪歲久，僅得七八闕卷，誤字無所是正"之語，近世惟常熟錢氏述古堂藏有足本，見《敏求記》。（頁343）

《翁稿》

謹按：《說文篆韻譜》五卷，一函五冊。謹已逐字與《說文》原本并《繫傳》等書，及漢簡、鐘鼎各本細對改正外，其疑者粘簽，簽凡十五條。又從別本補入正文二頁、徐鉉後序一頁，即可照此鈔寫矣。惟是此刻本係明朝刻本，於《說文》原本之格眼不合，今鈔時須將每篆書一格展長一字之小半，大約每字長出二三分之格眼，作一字之格眼，則合於篆字之式。再，此內凡有反切、有訓注者皆是小篆，宜用玉筯筆法；其無反切而有古史等字者，宜用鐘鼎筆法，兩頭出鋒，與玉筯文不同。纂修官編修翁方綱恭校。（頁67）

重修玉篇三十卷[1]　兵部侍郎紀昀家藏本

梁大同九年，黃門侍郎兼太學博士顧野王撰；唐上元元年，富春孫強增加字；宋大中祥符六年，陳彭年、吳銳、邱雍等重修。

凡五百四十部。今世所行凡三本：一為張士俊所刊，前有野王《序》一篇，《啓》一篇，後有神珙《反紐圖》及《分毫字樣》，朱彝尊序之，稱"上元本"；一為曹寅所刊，與張本一字無異，惟前多大中祥符勅牒一道，稱"重修本"；一爲明內府所刊，字數與二本同，而每部之中次序不同，註文稍畧，亦稱"大中祥符重修本"。①

按《文獻通攷》載《玉篇》三十卷，引晁公武《讀書志》曰"梁顧野王撰，唐孫強又嘗增字釋，神珙《反紐圖》附於後"，又載《重修玉篇》三十卷，引《崇文總目》曰"翰林學士陳彭年與史館校刊吳銳、直集賢院邱雍等重加刊定"，是宋時《玉篇》原有二本。彭年等《進書表》稱："肅奉詔條，俾從詳閱。訛謬者悉加刊定，敷淺者仍事討論[2]。"其勅牒所列字數[3]，稱"舊一十五萬六百四十一言[4]，新五萬一千一百二十九言，新舊總二十萬九千七百七十言[5]。註四十萬七千五百有三十字"。是彭年等大有增刪，已非孫強之舊[6]，故明內府本及曹本均稱重修。張本既與曹本同，則亦重修本矣。乃刪去重修之牒，詭稱上元本，而大中祥符所改"大廣益會"之名及卷首所列字數，仍未及削改，可謂拙於作僞。彝尊序乃謂勝於今行大廣益本[7]，殆亦未見所刊，而以意漫書歟？②

元陸友《研北襍志》稱"顧野王《玉篇》惟越本最善，末題'會稽吳氏三一孃寫'"，"楷法殊精"[8]。又考《永樂大典》，每字之下皆引"顧野王《玉篇》"云云，又引"宋重修玉篇"云云，二書並列，是明初上元本猶在，而其"篇"字韻中所載《玉篇》全部，乃仍收大廣益會本，而不收上元舊本[9]。顧、孫原帙，遂不可考，殆以重修本註文較繁，故以多爲貴耶[10]？當時編纂之無識，此亦一端矣。

卷末所附沙門神珙《五音聲論》及《四聲五音九弄反紐圖》，爲言等韻者所祖。近時休寧戴氏作《聲韻考》，力辨反切始魏孫炎，不始神珙。其說良是。至謂唐以前無字母之說，神珙字母乃剽竊儒書，而託詞出於西域，則殊不然。考《隋書·經籍志》，稱"婆羅門書以十四音貫一切字，漢明帝時與佛經同入中國"，則遠在孫炎前。又釋藏譯經字母，自晉僧伽婆羅以下，可考者尙十二家，亦遠在神珙前。蓋反切生於雙聲，雙聲生於字母。此同出於喉吻之自然，華不異梵，梵不異華者也。中國以雙聲取反切，西域以字母統雙聲，此各得於聰明之自悟，華不襲梵，梵不襲華者也。③稽其源流，具有端緒。特神珙以前，自行於彼教，神珙以後，始流入中國之韻書，亦如利瑪竇後推步測驗，糸用西法耳。豈可謂歐羅巴書全剽竊洛下、鮮于之舊術哉？戴氏不究其本，徒知神珙在唐元和以後，遂據其末而與之爭，欲以求勝於彼教。不知聲音之學，西域實爲專門。儒之勝於釋者，別自有在，不必爭之於此也[11]。

【校記】

［1］薈要、文溯、文津三本並作"玉篇"。提要開始處，薈要本卻是"臣等謹案《重修玉篇》三十卷"。

［2］敷淺，薈要、文溯、文津三本並作"膚淺"。

［3］其勒牒，浙本、薈要、文溯、文津四本並作"其勒牒後"。

［4］稱舊一十五萬六百四十一言，文溯、浙二本並作"稱舊一十五萬八千六百四十一言"。

［5］如果按照《總目》的統計，新舊字數相加，應當為二十萬一千七百七十言。而此處卻為二十萬九千七百七十言，顯然有誤。

［6］已非孫強之舊，薈要本作"已非復孫強之舊"。

［7］彝尊序，文津本作"彝尊"；

今行大廣益本，薈要本作"今行大廣益會本"，文溯本作"今大廣益本"。

［8］"元陸友《研北襍志》"至"楷法殊精"，薈要本無。

［9］而不收上元舊本，薈要本作"而不收野王書"。

［10］"顧、孫原帙，遂不可考"，薈要本作"梁代舊本遂不可攷"。

［11］"元陸友《研北襍志》稱"至"不必爭之於此也"，文溯、文津二本具無。

篇末，薈要本有"乾隆四十三年二月恭校上"，文溯本有"乾隆四十七年四月恭校上"，文津本有"乾隆四十七年四月恭校上"。

【辨正】

①胡氏補正引楊紹和《楹書隅錄》之袁芳瑛跋云：此本題曰大廣益會，非復上元本之舊。（頁261）

②余氏辨證據徐時棟《煙嶼樓讀書志》卷十一謂：張仕俊明著其為《大廣益會玉篇》，並無"詭稱上元本"，此《提要》有"污衊"之嫌。至於朱彝尊之序言稱張刻本為"上元本"，謂"勝於今行大廣益本"，此蓋英雄欺人，欲自表彰其能存古代小學之功耳。《提要》於前人序跋，讀未終篇，遽爾立論者，不獨此一書為然也。（頁104）

③胡氏補正謂：既云華不異梵，梵不異華，安得云反切生於字母，當

云反切字母,同生於雙聲。(頁263)

【附錄】

《簡目》

重修玉篇三十卷

梁顧野王撰,唐孫強增加,宋大中祥符六年陳彭年等奉敕重修。以為野王原本者誤,張士俊家刊本以為孫強本者,亦誤也。分部五百四十,與《說文》數同,而部母有所更易。又改篆書為隸書,故所收字亦多于《說文》。(頁46)

干祿字書一卷　兩淮馬裕家藏本

唐顏元孫撰。元孫,杲卿之父,真卿之諸父也。官至滁、沂、濠三州刺史,贈秘書監。

大曆九年,真卿官湖州時,嘗書是編勒石。開成四年,楊漢公復摹刻於蜀中。今湖本已泐缺,蜀本僅存。宋寶祐丁巳,衡陽陳蘭孫始以湖本鋟木。國朝揚州馬曰璐得宋槧翻刻之,即此本也。然證以蜀本,率多謬誤。如卷首序文本元孫作,所謂"伯祖故秘書監",乃師古也。蘭孫以元孫亦贈秘書監,遂誤以為真卿稱元孫,而以序中"元孫"二字改為"真卿"以就之。曰璐亦承其訛,殊為失考。其他缺誤,亦處處有之。今以蜀本互校,補缺文八十五字,改訛體十六字,刪衍文二字,始稍還顏氏之舊。①

是書爲章表、書判而作,故曰"干祿"。其例以四聲隸字,又以二百六部排比字之後先[1]。每字分俗、通、正三體,頗為詳核。其中如虫蟲、圖圖、商商、凍涷,截然兩字,而以為上俗下正。又如皃古貌字,而云"貌正,皃通"。韭之作韮[2],芻之作蒭、蒭,直是俗字,而以為通用。雖皆不免千慮之失,然其書酌古準今,實可行用,非詭稱復古[3],以奇怪釣名[4]。言字體者,當以是為酌中焉。至二百六部之次序,與《廣韻》間有不同,或元孫所用乃陸法言之舊第,而《廣韻》次序,乃宋人所改歟?[5]②

【校記】

[1]後先,文津本作"先後"。

[2]"韭之作韮"前,文溯、文津二本並有"氏之作互"。

［3］"非詭稱復古"後，文溯、文津二本並有"非篆非隸"。
［4］"以奇怪釣名"，文溯、文津二本並作"以奇怪釣名者"。
［5］"言字體者"至"乃宋人所改歟"，文溯、文津二本並作"比元孫序曰'自改篆行隸，漸失本真，若總據《說文》，便下筆當礙，當去泰去甚，便輕重合宜'，其言本諸《顏氏家訓》，可謂通方之論，非一隅之見矣"。

篇末，文溯本有"乾隆四十七年十月恭校上"，文津本有"乾隆四十九年閏三月恭校上"。

【辨正】
①余氏辨證謂：《提要》之言，凡有二誤：其一，漢公之摹本，刻於蜀中，不但與漢公之後記不符，俱與《新唐書》所述漢公之仕履不相應，漢公平生，未嘗一至川蜀者，何得於蜀中摹刻《干祿字書》；其二，今以蜀本為漢公之摹本，將後作前。據《成都句詠》可知，《干祿字書》蜀中石本始於宇文氏，然其楊漢公之勒石，業已三百餘年。又《干祿字書》之鋟木，南宋初已有蜀本，《提要》謂自理宗寶祐五年陳蘭孫始，亦非。（頁106）

②余氏辨證謂：虫蟲、咼圖等字，《說文》雖為二字，而俗書相亂，故元孫稱上俗下正。元孫是書主在分別俗正，不盡株守《說文》，《提要》以其為非，不免苛責古人。俗書韭之作韮，쇠之作茲，乃偏旁之增益，并非訛體，故不謂之為俗，而謂之通。引段玉裁《書後》云，雖然在言字形字義時，不協者尚多，然其辨別俗通正三體，則張氏《五經文字》、唐氏《九經字樣》之先聲也。字有相亂，因而附焉，則郭氏《佩觿》之始基也。其正字既皆合古，即其通字俗字，學者流覽，亦可以推古今遷移之故，今世俗字與唐詩俗字之有不同，而為校定古書之一助。考其分韻之次第，知元孫所據之韻書，蓋即陸氏切韻一系之韻書矣。（頁108）

【附錄】
《簡目》
干祿字書一卷
唐顏元孫撰。其例以四聲隸字，又以二百六部排比字之後先。每字分正、俗、通三體，以為書判、章表之用，故名曰"干祿"。（頁46）

五經文字三卷[1]　兩淮馬裕家藏本

　　唐張參撰。參里貫未詳，自序題"大曆十一年六月七日"，結銜稱"司業"，蓋代宗時人。①《唐書·儒學傳序》稱"文宗定五經，劖之石，張參等是正譌文"，誤也[2]。

　　考《後漢書》"熹平四年春三月詔諸儒正五經文字，刻石，立於太學門外"，參書立名，蓋取諸此。凡三千二百三十五字，依偏旁爲百六十部。②劉禹錫《國學新修五經壁記》云："大曆中名儒張參爲國子司業，始詳定五經，書於講堂東西廂之壁[3]。積六十餘載，祭酒皥、博士公肅再新壁書，乃析堅木負墉而比之。其製如版牘而高廣，背施陰關，使衆如一。"觀此言，可以知《五經文字》初書於屋壁，其後易以木版，至開成間，乃易以石刻也。③朱彝尊《跋》云："《五經文字》獨無雕本，爲一闕事。"考《册府元龜》，稱"周顯德二年，尚書左丞兼判國子監事田敏獻印版書《五經文字》，奏稱'臣等自長興三年校勘、雕印九經書籍'"，然則此書刻本在印版書甫創之初已有之[4]，特其本不傳耳。④

　　今馬曰璐新刻板本《跋》云："舊購宋拓石經中有此。因舊樣繕寫[5]，雕版於家塾。"然曰璐雖稱摹宋拓本，今以石刻校之，有字畫尚存而其本改易者。又下卷幸部脱去"睪"字註十九字，"鰲"字併註凡八字。今悉依石刻補正，俾不失其眞焉[6]。

【校記】

[1]薈要本沒有將其放入小學類。

[2]"參里貫未詳"至"誤也"，薈要本無。
"張參等是正譌文，誤也"，文溯本作"張參等是正文譌誤也"。

[3]講堂，文溯本作"講論堂"。

[4]刻本，薈要、文溯、文津三本並作"雕本"。

[5]因舊樣繕寫，薈要、文溯、文津三本並作"因依樣繕寫"。

[6]篇末，薈要本有"乾隆四十三年二月恭校上"，文溯本有"乾隆四十七年九月恭校上"，文津本有"乾隆四十九年八月恭校上"。

【辨正】

①胡氏補正引嚴可均《唐石經校文》云：《五經文字》三卷，大曆中

顏傳經撰，唯序例張參作。引朱彝尊《曝書亭集》之《五經文字》跋云：蓋參在開元、天寶年間舉明經，大曆初佐司封郎，尋授國子司業者也。（頁 265）

余氏辨證謂：張參，河間人，開元、天寶年間舉明經，至大歷初佐司封郎，尋授國子司業。（頁 110）

李氏訂誤謂：據錢起有《送張參及第還家》、孟浩然《送張參明經舉兼向涇州覲省》，張參及第應在開元末，開元共二十九年，如以開元二十八年及第計，其時十五歲，則約生於開元十四年（公元 726 年）。后任戶部郎中，《郎官石柱題名》戶部郎中條名列第一五七名。余嘉錫《四庫提要辨證》引朱彝尊云"《郎官石柱題名》，參曾入司封員外郎之列"，"司封員外郎"應為"戶部郎中"之誤。大曆十一至十二年間，參為國子司業，大曆十二年後為判官，參之卒應在公元 778 年至 780 年間，享年五十餘歲。（頁 19）

②余氏辨證謂：參之是書依《說文》、《字林》，分部以攝字，其部目固與《說文》不盡相同，而偏旁之分析，多與六書諧聲之旨不合，誠可異也。另，《五經文字》之分辨諧聲，凡一部之字，有以部首為形，亦有以部首為聲，此與《說文》"皆以部首為形"不合，抑且有乖分部之意，幾令人無由索檢。（頁 110）

③胡氏補正引顧炎武《金石文字記》云：自土塗而木版，自木版而石壁，凡三易矣。（頁 266）

④胡氏補正引楊氏《楹書隅錄》云：四庫據馬本著錄，未見此序（注：田敏序），故引《册府元龜》為證。（頁 267）

【附錄】

《簡目》

五經文字三卷

唐張參撰。所列凡三千三百三十五字，依偏旁分百六十部。（頁 47）

九經字樣一卷[1]　兩淮馬裕家藏本

唐唐玄度撰[2]。玄度，里籍未詳。惟據此書知其開成中官翰林待詔[3]。①

考《唐會要》，稱"太和七年二月，敕唐元度覆定石經字體。十二月，敕於國子監講論堂兩廊，創立石九經"，玄度《字樣》蓋作於是時。凡四百二十一字，依倣《五經文字》，爲七十六部。前載開成二年八月牒云[4]："准太和七年十二月敕覆九經字體者[5]，今所詳覆，多依司業張參《五經文字》爲准。諸經之中，別有疑闕，古今體異，隸變不同。如總據《說文》，則古體驚俗。若依近代文字，或傳寫乖訛。今與校勘官同商較是非，取其適中。纂錄《新加九經字樣》一卷，請附於《五經文字》之末[6]。"蓋二書相輔而行，當時卽列石壁九經之後。明嘉靖乙卯地震，二書同石經並損缺焉。近時馬曰璐得宋拓本而刊之，猶屬完善。其間轉寫失眞及校者意改[7]，往往不免。今更依石刻殘碑，詳加覆訂，各以案語附之下方[8]。"

《五經文字》音訓，多本陸德明《經典釋文》，或注某反，或注音某。玄度時避言"反"字，無同音字可注者，則云某平某上，就四聲之轉以表其音，是又二書義例之異云爾[9]。②

【校記】

[1]薈要本沒有將其列入小學類。

[2]"唐唐元度撰"，薈要本作"唐開成中翰林待詔唐玄度撰"。

[3]"玄度，里籍未詳。惟據此書知其開成中官翰林待詔"，薈要本無。

[4]前載開成二年八月牒云，薈要本作"開成二年八月牒云"，無"前載"二字。

[5]九經字體者，薈要本作"九經字字體者"。

[6]《五經文字》之末，薈要本作"《五經文字》之中"，文溯、文津二本並作"《五經字樣》之末"。

[7]轉寫失眞，浙本作"傳寫失眞"；

意改，文溯、文津本作"臆改"。

[8]各以案語附之下方，薈要本無。

[9]篇末，薈要本有"乾隆四十三年二月恭校上"，文溯本有"乾隆四十七年十月恭校上"，文津本有"乾隆四十九年八月恭校上"。

【辨正】

①胡氏補正據《宣和書譜》、《新唐志》謂：玄度，文宗時待詔，精

於小學，推原字畫，使有指歸，為十體書。（頁 267）

② 余氏辨證謂：此云玄度時避言反字，蓋本顧炎武《音論》之說。自顧氏不明避以反言之意，而謂唐人諱言反字，《提要》從而符合之，其實非也。即以今日所見之唐本音韻音義之書而論，皆曰某某反，不言某某切，孫愐《唐韻》亦然。是唐人不諱言反，足證亭林之誤矣。（頁 111）

【附錄】

《簡目》

九經字樣一卷

唐唐玄度撰。以補張參《五經文字》之遺，原附參書之後，相輔而行。其字糾正俗體，而亦不全從《說文》，頗為適中。（頁 47）

汗簡三卷、目錄敘畧一卷[1]　兩淮馬裕家藏本

宋郭忠恕撰。忠恕字恕先，洛陽人。

是書首有李建中題字，後有附題兩行，稱"忠恕，仕周朝，為朝散大夫，宗正丞，兼國子書學博士"，疑亦建中所記。然據郭若虛《圖畫見聞志》及《蘇軾集》所載《忠恕小傳》，並稱"宋太宗時，召忠恕為國子監主簿，後流登州，道卒"，則不得為周人。又陶岳《五代史補》載"周祖入京師時，忠恕為湘陰公推官，面責馮道之賣國"，則先已仕漢，題周更誤矣。①

《宋史·藝文志》以此書與《佩觿》並載，而晁、陳諸家書目皆不著錄，則在宋代亦罕見。[2]此本乃宋李建中得之秘府，大中祥符五年李直方得之建中。初無撰人名字[3]，建中以字下註文有"臣忠恕"字，證以徐鉉所言，定為忠恕所作。其分部從《說文》之舊，所徵引古文凡七十一家。前列其目，字下各分注之[4]。

時王球[5]、呂大臨、薛尚功之書皆未出，故鐘鼎缺焉。其分隸諸字即用古文之偏旁，與後人以眞書分部、按韻繫字者不同[6]。《鈍吟襍錄》載馮舒嘗論此書，以洏、汸、腪、駛諸字援文就部為疑。然古文部類，不能盡繩以隸楷，猶之隸楷轉變，不能盡繩以古文。舒之所疑，蓋不足為累。②且所徵七十一家，存於今者不及二十分之一，後來談古文者輾轉援據，大抵從此書相販鬻。則忠恕所編，實為諸書之根柢，尤未可以忘所自來矣。[7]

【校記】

[1]文溯、文津二本並作"汗簡"。

[2]《宋史·蓺文志》,文溯、文津二本並作"《宋史·藝文志》";皆不著錄,文溯、文津二本並作"皆不為著錄"。

[3]名字,文溯、文津二本並作"名氏"。

[4]字,文溯、文津、浙三本並作"字"。

[5]王球,文津本作"王楚"。

[6]按韻繫字,文溯、文津二本並作"案韻繫字"。

[7]篇末,文溯本有"乾隆四十七年十一月恭校上",文津本有"乾隆四十九年十一月恭校上"。

【辨正】

①胡氏補正據《宋史·忠恕傳》、《圖畫見聞記》謂:忠恕不仕漢,嘗仕周,陶岳之言非,而李建中之記不誤也。特所記或在太宗未召以前,故不及主簿一官耳。(頁269)

②胡氏補正引張氏《藏書志》之馮已蒼手跋云:大抵因古文字少,未免援文就部以足其數,其實非也。《提要》乃謂古文部類不能盡繩以隸楷,不知明明从某之字,奚容紊也。(頁270)

【附錄】

《簡目》

汗簡三卷、目錄敘畧一卷

宋郭忠恕撰。舊以為周人,誤也。是書皆錄古文,即用古文之偏旁分部,不及夏竦書之韻領,領隸字以隸字領古文,易于尋檢。然此編古字皆採自本書,夏隸書又從此販鬻也。(頁47)

佩觿三卷　兩淮馬裕家藏本

宋郭忠恕撰[1]。

此書上卷備論形聲訛變之由,分爲三科:曰造字,曰四聲,曰傳寫[2]。中、下二卷則取字畫疑似者,以四聲分十段[3]:曰平聲自相對,曰平聲、上聲相對,曰平聲、去聲相對,曰平聲、入聲相對,曰上聲自相對,曰上聲、去聲相對，曰上聲、入聲相對，曰去聲自相對，曰去聲、入聲相對，曰入聲自相對[4]。末附與《篇》《韵》音義異者十五字，又附辨證舛誤者一百十九字[5]。不署名字，不知何人所加，以其可資考證，仍並存之。

惠棟《九經古義》嘗駁忠恕以示字爲視，而反以視爲俗字。今考其中如謂車字音尺遮反，本無居音，蓋因韋昭辨《釋名》之說，未免失於考訂。又書號八分，久有舊訓，蔡文姬述其父語，自必無訛。乃以爲八體之外別分此體，強爲穿鑿，亦屬支離。至於以天承口爲吳，已見《越絶書》，而引《三國志》爲徵。景爲古影字，已見高誘《淮南子註》，而云葛洪《字苑》加彡案此沿《顏氏家訓》之誤。又陶侃本字士行，而誤作士衡；東方朔以來來爲棗，本約畧近似，而遂造棗字：均病微疎[6]。①

然忠恕洞解六書[7]，故所言具中條理。如辨逢姓之"逢"音皮江反[8]，不得讀如逢遇本字。証之《漢隸字源》，"逢"字下引"《逢盛碑》通作逄"[9]。則姓氏之逢，雖通作逄，亦仍作皮江反，可証顏師古之訛[10]。又若辨"角里"本作"角里"，與"角亢"字無異，亦不用顏師古"恐人誤讀，故加一拂"之說，證之《四老神位神胙几石刻》，角里實作"角里"，與此書合[11]。則知忠恕所論，較他家精確多矣[12]。

【校記】

[1]"宋郭忠恕撰"後，文溯、文津二本並有"忠恕字恕先，河南洛陽人。周廣順初召為宗正，兼國子書學博士，宋建隆初貶乾州司戶叅軍，太宗初召授國子監主薄，令刊定歷代字書。《蘇軾集》有《忠恕傳》，載其始末，甚詳"。

[2]"此書上卷備論形聲訛變之由，分爲三科：曰造字，曰四聲，曰傳寫"，文溯、文津二本並作"上卷列造字、四聲、傳寫三科"；"曰造字，曰四聲，曰傳寫"，浙本作"一曰造字，二曰四聲，三曰傳寫"。

[3]"中、下二卷則取字畫疑似者，以四聲分十段"，文溯、文津二本並作"中下以四聲分十條"。

[4]"曰入聲自相對"後，文溯、文津二本並有"俱取字體之小異者，兩兩剖別"。

[5]"末附與《篇》、《韵》音義異者十五字，又附辨證舛誤者一百十九字"，文溯、文津二本並作"又有與《篇》、《韻》音義異者十五字，

及所辨證舛誤者一百十九字，均載卷後"。

　　［6］"不署名字，不知何人所加"至"均病微疎"，文溯、文津本無。

　　［7］然忠恕洞解六書，文溯、文津二本並作"蓋忠恕洞解六書"。

　　［8］如，文溯、文津二本並作"其"。

　　［9］逢盛碑，浙本作"逄盛碑"；

　　通作逄，文溯、文津本作"通作逢"。

　　［10］"則姓氏之逄，雖通作逢，亦仍作皮江反，可証顏師古之訛"，文溯、文津二本並作"則姓氏之逄，雖通作逢，亦仍作皮江反，與忠恕說同"。

　　［11］"證之漢四老神位神胙几石刻，甪里，實作角里，與此書合"，文溯、文津二本並作"證之漢四老神位神祏几石刻，甪里，本作角里，與忠恕之說亦合"。

　　［12］"則知忠恕所論，較他家精確多矣"，文溯、文津二本並作"則知忠恕所據，實為精確，非以意穿鑿者矣"。

　　篇末，文溯本有"乾隆四十七年五月恭校上"，文津本有"乾隆四十九年閏三月恭校上"。

【辨正】

　　① 胡氏補正引鄭珍《巢經巢文集》之《答莫子偲論佩觿書》云：郭宗正於六書洞見本原，此書乃辨字體之異同，非別字體之正俗，若概以許書例之，則即平聲相對一部，如樗摴窀窆等已指不勝屈，宗正夫豈不知某即某之正字，某即某之俗字、別出字，而待後人哆口也。（頁271）

【附錄】

《簡目》

　　佩觿三卷

　　宋郭忠恕撰。上卷補論六書形聲訛變之由，分為三科；中、下二卷則取字畫異同疑似者反覆相校，以四聲循環輪配，分為十段；末附與《篇》、《韻》音義異者十五字，辨證此書舛誤者一百十九字，非忠恕之原書，不知誰所加也。（頁48）

古文四聲韻五卷　戶部郎中汪啟淑家刊本[①]

　　宋夏竦撰。竦字子喬，江州德安人。景德三年舉賢良方正，官至武寧軍節度使，諡文莊。事迹具《宋史》本傳。

據吾衍《學古編》[1]，稱"夏竦《古文四聲韻》五卷，前有《序》併全銜者好，別有僧翻本不可用"，又據全祖望《鮚崎亭集》，有是書《跋》，稱"借鈔於范氏天一閣，爲紹興乙丑浮屠寶達重刊"，蓋即吾衍所謂僧翻本也。此本從汲古閣影寫宋刻翻雕，有慶曆四年竦自序，卷首題"開府儀同三司、行吏部尚書、知亳州軍州事夏竦集"，是吾衍所謂"前有《序》及全銜者"矣。

其書以四聲分隸古篆。全祖望《跋》稱："所引遺書八十八家，以校郭氏《汗簡》，未嘗多一種，實即取《汗簡》而分韻錄之，絕無增減異同，雖不作可也。"其說固是。②然《汗簡》以偏旁分部，而偏旁又全用古文，不從隸體，猝不易尋。此書以韻分字，而以隸領篆，較易於檢閱。此如既有《說文》，而徐鍇復作《篆韻譜》相輔而行，固未可廢其一也。③

惟其書由襞綴而成，多不究六書之根柢。如窺，即古"親"字也。"親"字下既云"古《尚書》作𥧑"，又別出一"窺"字，訛從宀爲從穴。云，即古雲字也。"雲"字既云"《說文》作𠕲"，"云"字下又云"王存乂《切韻》作𠕲"。𥃩，即古"瞿"字也。"𥃩"字下引"《汗簡》作𥃩"，"瞿"下又引"崔希裕《纂古》作𥃩"。以及朝朝、聞聞、協叶之類，不可殫數。"龕"字引古《尚書》是西伯戡黎之戡，古字通也，乃不併於"戡"字，而自爲一條。是由不知古文，誤以一字爲二也。

澄即"澂"字之別體，"澄字"下引"《雲臺碑》作𣼽"，"澂"字下引"《王庶子碑》作𣼽"。彩即采字之別體，采字下引"《雲臺碑》作𥝩"，彩字下引"《義雲章》作𥝩"。以及桐梠、崇嵩、窺闚、瞀瞀、仙僊、員圓、熙熈、奉捧、准準、帽冒、竟競之類，不可殫數。是又由不辨俗書，誤以一字爲二也。

覃韻之函乃函蓋字，咸韻之函乃函谷字，而並引"《南岳碑》作𤰈。仙韻之鮮乃腥鮮字，於古當從三魚，獼韻之鮮乃鮮少字，於古當從甚從少，乃並云"古《老子》作𩵋，顏黃門說作𩵋，古《尚書》作𩵋"。《說文》訓㝢爲大，訓荒爲荒蕪，本爲兩字，而以古《尚書》之荒字、籀韻之㝢字，並列荒字下。是不辨音義，以二字合爲一也。

式、弌、弍、三字並出《說文》，乃惟云式字出《說文》，弌、弍字則云出貝邱長碑古《老子》，三字則云出《天臺經幢》。𥁞字出《石鼓文》，乃云出王存乂《切韻》[2]。鎦字出《說文》，廟字出《儀禮》，瀘字、斁字、飄字、籓字出《周禮》，乃並云出崔希裕《纂古》。汓字出《荀子》、《公羊傳》，乃云出古文。是不求出典，隨所見而掆摭也。簪字《說文》本作兂，乃云出《唐韻》。夢字《說文》本作寢，乃云出《汗簡》。燒字《說文》本作爕，乃云出崔希裕《纂古》。以及兮、回、水、井、丑、志之類，全與《說文》相同者，亦不可殫數。是併不辨小篆也。

至於室字，云《季札墓銘》作寓，《季札墓銘》無室字。怕字，云古《孝經》作㤰，古《孝經》無怕字。益杜撰矣。他如𩺞鱻、𨫑銕、𧥑譽之類，相連並列，猶一篆文一改篆爲隸也。至保字下云"崔希裕《纂古》作保"，鴈字下云"《籀韻》作鴈"，則全作隸書，點畫不異，更不解其何故。讀是書者，亦未可全據爲典要也。

所列韻目，據自《序》云"本唐《切韻》"。仙韻下增一宣韻，與徐鍇《韻譜》同；覃、談二韻列於麻後、陽前，蒸、登二韻列於添後、咸前，與顏元孫《干祿字書》同。蓋唐制如是。至齊韻之後、佳韻之前，增一移韻，與二書又不同。殆《唐韻》亦非一本歟？是則不可考矣[3]。

【校記】

[1] 吾衍，文溯作"吾邱衍"，下同。

[2] 王存乂，浙本作"王存又"。

[3] "惟其書由襵綴而成"至"是則不可考矣"，文溯、文津二本具無；篇末，文溯本有"乾隆四十七年十月恭校上"，文津本有"乾隆四十九年閏三月恭校上"。

【辨正】

① 胡氏補正引《儀顧堂集》之《古文四聲韻》跋：汪刊行款與宋刊同，而譌脱甚多。

② 胡氏補正引鄭珍《巢經巢文集》之《古文四聲韻》跋：《古文四聲韻》實增多《汗簡》一十六家。全謝山謂英公《古文編》八十八家，校《汗簡》未嘗多一種云云，蓋全氏實未嘗細勘是書，故敢作大言欺詆。（頁272）

③ 余氏辨證謂：全祖望未見英公（夏竦）自序，而據僧翻本以訾英公，是未嘗考之《學古編》。且僧翻本引書，亦有八十八家，而《汗簡》只七十家，絕非"未嘗多一種"，則並未考之於《汗簡》。《提要》既據自

序本著錄，竟不暇考兩書之異同。沿全氏之誤者，還有《簡明目錄》、《書目答問》。（頁113）

【附錄】

《簡目》

古文四聲韻五卷

宋夏竦撰。以郭忠恕《汗簡》分韻編次，而諱所自來，足知竦心術之不正。其中又頗有疎舛。然較《汗簡》，易于檢字，是亦一長也。（頁48）

《浙江採集遺書總錄》

古文四聲韻五卷（汲古閣寫本）

右宋英國公夏竦輯。摹古文奇字，分四聲編次，而注所出於每字下。慶歷四年二月序進，卷首標列所引各書，錢遵王謂近世無一存者，按之雖不盡然，然所見亦罕矣，今且錄如左，亦考古者所欲知也：《汗簡》、《雲臺碑》、《說文》、《孫讓文》、《古孝經》、《古周易》、《古尚書》、《演說文》、《石經》、《雜古文》、《字畧》、《林罕集》、《古老子》、《山海經》、《古史記》、《古漢書》、《孫疆集》、《馬日碑集》、《牧子文》、《古世本》、《義雲章》、《古莊子》、《碧落文》、《夏書》、《華岳碑》、《古案經》、《張楫集》、《亢倉子》、《古爾雅》、《古論語》、《古毛詩》、《開元文》、《李彤集》、《古春秋》、《古禮記》、《徐邈集》、《三方碑》、《茅君傳》、《古樂章》、《古周禮》、《邱光庭叙文》、《祝尚邱韻》、《比干墓銘》、《石櫚丈》、《濟南集》、《馬田碑》、《銀牀頌》、《烟蘿頌》、《荊山文》、《庚儼集》、《古月令》、《衛宏字說》、《貝邱長碑》、《周才字錄》、《朱育集字》、《樊先生碑》、《義雲切韻》、《羣書古文》、《尚書石經》、《楊大夫集》、《天台經幢》、《蔡邕石經》、《道德經》、《王維畫記》、《顏黃門說》、《庚儼字書》、《元德觀碑》、《馬日碑集》、《證俗古文》、《王先生誄》、《彌勒篆碑》、《陳逸人碑》、《楊氏阡銘》、《欝林叙文》、《周書大傳》、《王存義切韻》、《裴光遠集綴》、《郭鵬卿字指》、《李商隱字畧》、《李守言釋字》、《凌壇臺文》、《張庭珪劍銘》、《荀邕集字》、《庚儼演說文》、《郭知玄采箋》、《趙琬璋古字略》、《玉篇》、《淮南上升記》、《季札墓銘》、《王雜恭黃庭經》、《唐韻》、《崔希裕篆古》、《王庻子碑》、《南嶽碑》（內《馬日碑集》兩見，又既有《演說文》，復有《庚儼演說文》，未詳何故。）

　　按錄內有常熟毛子晉家珍藏最佳本，凡九種：此編及《橫浦孟子傳》、《小學五書》、《兩漢詔令》、《元豐九域志》、《皇祐新樂圖記》、《學古編》、《法書考》、《金壺記》也。或從宋本精摹，或出名手端寫，皆紙精墨妙，光緻悅目，校訂無纖毫訛。子晉私印重疊，有一章曰《希世之珍》，又一章刻《趙松雪戒子孫銘》一首，蓋不啻愛如拱璧云。後爲商邱宋氏犖所得，今犖孫瑞金命會稽因取以獻。（頁345）

類篇四十五卷　兩淮馬裕家藏本

　　舊本題"司馬光撰"。嘉定癸亥[1]，董南一作光《切韻指掌圖序》，亦稱"光嘗被命修纂《類篇》，古文奇字，蒐獵殆盡"，然書後有《附記》曰："寶元三年十一月，翰林院學士丁度等奏：'今修《集韻》，添字既多，與顧野王《玉篇》不相參協，欲乞委修韻官，將新韻添入，別爲《類篇》，與《集韻》相副施行。'時修韻官獨有史館檢討王洙在職，詔洙修纂。久之，洙卒。嘉祐二年九月，以翰林學士胡宿代之。三年四月，宿奏乞光祿卿直祕閣掌禹錫、大理寺丞張次立同加校正。六年九月，宿遷樞密副使，又以翰林學士范鎮代之。治平三年二月，范鎮出鎮陳州，又以龍圖閣直學士司馬光代之。時已成書，繕寫未畢。至四年十二月，上之。"[2]然則光於是書特繕寫奏進而已[3]，傳爲光修，非其實也。①

　　書凡十五卷，每卷各分上、中、下，故稱四十五卷。末一卷爲目錄，用《說文解字》例也。凡分部五百四十三[4]。其編纂之例有九：一曰同音而異形者皆兩見，二曰同意而異聲者皆一見，三曰古義之不可知者[5]，四曰變古而有異義者皆從今，五曰變古而失真者皆從古，六曰字之後出而無據者皆不特見，七曰字之失故而遂然者皆明其由，八曰集韻之所遺者皆載，九曰字之無部分者皆以類相聚。考《集韻》所收併重文爲五萬三千五百二十五字。此書凡文三萬一千三百一十九，重音二萬一千八百四十六，僅五萬三千一百六十五字，較《集韻》所收尚少三百六十字。而《例》云"《集韻》所遺皆載者"，蓋《集韻》重文頗爲襍濫，此書凡字之後出而無據者皆不特見，故所刪之數多於所增之數也。其所編錄，雖不及《說文》、《玉篇》之謹嚴，然字者，孳也，輾轉相生，有非九千舊數所能盡者。《玉篇》已增於《說文》，此書又增於《玉篇》。時會所趨，久則爲律，有不知其然而然者，固難以一格拘矣[6]。②

【校記】

[1]嘉定，浙本作"景定"。

[2]"然書後有《附記》曰"至"至四年十二月上之"，文溯、文津二本具無。

[3]然則光於是書特繕寫奏進而已，文溯、文津二本並作"然光於是書特監繕寫經奏進而已"。

[4]五百四十三，文溯、文津二本並作"五百四十四"。

[5]"三曰古義之不可知者"后，文溯、文津二本並有"皆從其故"。三曰古義之不可知者，浙本作"三曰古意之不可知者，皆從其故"。

[6]篇末，文溯本有"乾隆四十七年四月恭校上"，文津本有"乾隆四十九年四月恭校上"。

【辨正】

①李氏訂誤謂：司馬光總纂此書將近兩年，其間除繕寫而外，還作了修訂加工的工作，他廣收隸變后異字、俗字、武則天自撰字，補《集韻》之缺，或探究隸變的原因。《提要》以為"光於是書特繕寫奏進而已，傳爲光修，非其實也"，顯然冤屈了作者的一番苦心，這是館臣未研讀本書而妄加推測所造成的。另外，"六年九月，宿遷樞密副使"，應為"六年閏八月，宿遷樞密副使"；"治平三年二月，范鎮出鎮陳州"，應為"治平三年正月，范鎮出鎮陳州"。（頁21）

②胡氏補正引朱士端《彊識編》云：許氏《說文》為解經家所宗，然亦有為後人改竄者，如《類篇》有不當併而併者、不當分而分者和引《說文》有舛誤者。

【附錄】

《簡目》

類篇四十五卷

宋司馬光撰。凡五百四十三部，以《集韻》所收字為本，而又補其所遺，然比《集韻》少三百六十字。蓋《集韻》字數併重文計之，此書則不載重文，故數少而字實多也。（頁49）

鐘鼎款識二十卷[1]　兩江總督採進本

　　宋薛尚功撰。尚功字用敏，錢塘人。紹興中以通直郎僉定江軍節度判官廳事。

　　是書晁公武《讀書志》、《宋史·藝文志》均作二十卷，與今本相同[2]。惟陳振孫《書錄解題》作"《鐘鼎法帖》十卷"。卷數互異，似傳寫脫"二"字[3]。然吾邱衍《學古編》亦作十卷[4]，所云"刻於江州"，與振孫之說亦符，蓋當時原有二本也。

　　所錄篆文，雖大抵以《考古》、《博古》二圖爲本，而蒐輯較廣，實多出於兩書之外。其中如十六卷中載比干墓銅槃銘之類，未免眞僞襍糅，然大致可稱博洽。即以卷首商鼎一類考之，若箕鼎及維揚石刻之出於古器物名[5]，濟南鼎之出於向瀍刻本，皆非舊圖之所有。

　　至其箋釋名義，考據尤精。如《攷古圖》釋蠆鼎云"周景王十三年，鄭獻公蠆立"，此書獨從《博古圖》，以爲商鼎。夔鼎銘五字，《博古圖》云"上一字未詳"，此書以上一字爲夔字。父乙鼎銘亦五字，《博古圖》云"末一字未詳"，此書以末一字爲彝字。又如《博古圖》釋召夫鼎銘詞有"午刊"二字，此書作"家刊"。《博古圖》釋父甲鼎作"立戈父甲"[6]，此書作"子父甲"。又凡《博古圖》所云立戈、橫戈形者，此多釋爲子字。其立說並有依據[7]。蓋尚功嗜古好奇，又深通篆籀之學，能集諸家所長，而比其同異，頗有訂訛刊悮之功，非鈔撮蹈襲者比也。尚功所著，別有《鐘鼎篆韻》七卷，蓋即本此書而部分之。

　　今其本不傳，然梗槩已具於此矣。舊刻久佚，此本爲明崇禎中朱謀㙔所刊，《自序》稱"購得尚功手書本"，雖果否眞跡，無可證明，然鈎勒特爲精審，較世傳寫本爲善云[8]。①

　　案[9]：此書雖以《鐘鼎款識》爲名，然所釋者諸器之文字，非諸器之體製。改隸字書，從其實也。至《博古圖》中之因器及銘者，則宜入譜錄，不在此例。《隋志》併石經入小學，以刻文同異可資叅參考之故。然萬斯大《石經考》之類，皆但溯源流，不陳字體，與小學無涉。今仍附之金石焉。

【校記】

[1]文溯、文津二本並作"歷代鐘鼎彝器款識法帖"，浙本作"歷代

鐘鼎彝器款識法帖二十卷"。

[2]"是書，晁公武《讀書志》、《宋史·藝文志》均作二十卷，與今本相同"，文溯、文津二本並作"是書見於晁公武《讀書志》者，二十卷，《宋史·藝文志》亦同，均與今本相合"。

[3]"卷數互異，似傳寫脫'二'字"，文津本作"卷數直異，似傳訛脫'二'字"，文溯本作"卷數互異，似傳寫誤脫'二'字"。

[4]吾邱衍，文津本作"吾衍"。

[5]名，文溯、文津二本並作"銘"。

[6]父甲鼎，浙本作"父甲鼎銘"。

[7]"如《攷古圖》釋薑鼎云"至"其立說並有依據"，文溯、文津二本具無。

[8]篇末，文溯本有"乾隆四十七年十月恭校上"，文津本有"乾隆四十九年八月恭校上"。

[9]文溯、文津二本具無案語。

【辨正】

①胡氏補正謂：阮元刻本最善。（頁273）

【附錄】

《簡目》

鐘鼎款識二十卷

宋薛尚功撰。皆鉤摹古器銘詞，為之箋釋，大抵以《考古》、《博古》二圖為主，而稍摭拾以附益之。然其訂訛考異、具有辨證，則非《考古圖》所及，尤非《博古圖》所及。

謹案：此書雖以《鐘鼎款識》為名，而所識乃諸器之文字，非諸器之形製，故不入譜錄，而入小學，從其實也。（頁49）

復古編十一卷　兵部侍郎紀昀家藏本

宋張有撰。有字謙中，湖州人，張先之孫，出家為道士。

是書根據《說文解字》以辨俗體之訛。以四聲分隸諸字，於正體用篆書，而別體、俗體則附載註中[1]，猶顏元孫《干祿字書》分正、俗、通三體之例。下卷入聲之後，附錄辨證六篇[2]：一曰聯綿字，二曰形聲相類，三曰形相類，四曰聲相類，五曰筆迹小異，六曰上正下譌。皆剖析毫釐，至爲精密。

然惟以《說文》正小篆，而不以小篆改隸書，故小篆之不可通於隸者，則曰隸作某，亦顔元孫所謂"總據《說文》，則下筆多礙，當去泰去甚，使輕重合宜"者也[3]。《樓鑰集》有此書《序》，稱其常篆楊時踵《息菴記》[4]，以小篆無"菴"字，竟作隸體書之。知其第不以俗體入篆爾，作隸則未嘗不諧俗[5]。鑰《序》又記其爲林攄母撰墓碑，書"魏"字作巍，終不肯去"山"字。陳振孫所記亦同。然考此書，"巍"字下注曰"今人省山以爲魏國之魏"，不言爲俗體別字。是其說復古而不戾今，所以爲通人之論[6]。視魏校等之詭僻盜名、強以篆籀入隸者[7]，其識趣相去遠矣。①

此本爲明萬曆中黎民表所刊，字畫頗爲清析，惟不載鑰《序》[8]，然鑰所云"陳瑾、程俱前後《序》"，則皆相符，蓋猶從舊本傳刻者也[9]。

【校記】

[1]"以四聲分隸諸字，於正體用篆書，而別體、俗體則附載註中，猶顔元孫《干祿字書》分正、俗、通三體之例"，文溯、文津二本並作"以四聲分隸諸字，篆書正體，而別作俗體則附之註中"。

[2]附錄辨證六篇，文溯、文津二本並作"附六篇"。

[3]"亦顔元孫所謂總據《說文》"至"使輕重合宜者也"，文溯、文津二本具無。

[4]稱其常篆楊時踵《息菴記》，文津本作"稱其嘗篆時相踵《息菴記》"。

[5]作隸則未嘗不諧俗，文溯、文津二本並作"隸則未嘗不諧俗"，無"作"字。

[6]所以爲通人之論，文溯、文津二本並作"可謂通人之論"。

[7]詭僻盜名，文溯本作"詭僻盜多"。

[8]"此本爲明萬曆中黎民表所刊，字畫頗爲清析，惟不載鑰序"，文溯、文津二本並作"此本爲明萬曆中黎民表所刊，不載鑰序"。

[9]"然鑰所云陳瑾、程俱前後序，則皆相符，蓋猶從舊本傳刻者也"，文溯、文津本作"鑰所云陳瑾、程俱前後序，則皆相符合云"；

篇末，文溯本有"乾隆四十七年九月恭校上"，文津本有"乾隆四十九年四月恭校上"。

【辨正】

① 胡氏補正引李慈銘《桃華聖解盦日記》云：其書辨正極嚴，筆畫小異，概以俗繆斥之，雖或失之太拘，然有功於小學甚大，郭忠恕之《佩觿》，戴侗之《六書故》，遠非其匹也。（頁275）

【附錄】

《簡目》

復古編十一卷

宋張有撰。以四聲隸字。根據《說文》，以辨俗體之訛。于正體用撰書，別體、俗體則附載注中。下卷入聲之末附錄《辨證》六篇，尤為精密。然惟以《說文》正小篆，不以小篆改隸書。《書錄解題記》有"書碑以魏作巍，終不肯改"，證以樓鑰《序》，載其書踵《息菴記》事，乃篆書，非隸書也。（頁50）

《浙江採集遺書總錄》

復古編二冊（寫本）

右宋吳興道士張有撰。有自幼攻小篆，年六十成。此書本許氏《說文》，專辨俗體之訛，凡三千言，李巽岩稱其"辨形聲，分點畫，剖判真偽，計較毫釐，視徐楚金兄弟及郭恕先尤精審"。（頁345）

班馬字類五卷[1]　內府藏本

宋婁機撰。機字彥發，嘉興人。乾道二年進士，寧宗朝累官禮部尚書，兼給事中，權知樞密院事，兼太子賓客，進參知政事，提舉洞霄宮。事迹具《宋史》本傳[2]。

是書前有樓鑰《序》[3]，稱為"史漢字類"。案司馬在前，班固在後，倒稱"班馬"起於杜牧之詩，於義未合[4]，似宜從鑰《序》名。①然機《跋》實自稱"班馬"，今姑仍之。其書采《史記》、《漢書》所載古字、僻字，以四聲部分編次。雖與《文選雙字》、《兩漢博聞》、《漢雋》諸書大概畧同，而考證訓詁[5]，辨別音聲，於假借通用諸字[6]，臚列頗詳，實有裨於小學，非僅供詞藻之掇捃。末有機自《跋》二則，辨論字義，亦極明析。

其中有如"降，古音洪"、"眉，古作眉"之類，可以不載者；亦有如"璇璣玉衡"本《尚書》、"衵服振振"本《左傳》之類，不得以《史》、《漢》爲出典者；與"幾至刑措"之幾、"不茹園葵"之茹，音義與今並同者。一概捃拾，未免小失簡汰[7]。②又袁文《甕牖閒評》議其引《史記·禮書》"不禀京師"之禀[8]，當從示，不當從禾；《漢書·西域傳》"須諸國稟食之稟"，當從禾，不當從示。二字交誤，亦中其失。然古今世異，往往訓詁難通。有是一篇，區分類聚，雖間有出入，固不失爲考古之津梁也[9]。

【校記】

[1]文溯、浙二本具將此書置於《漢隸字源》之後。

[2]"機字彦發"至"事迹具《宋史》本傳"，文溯、文津、浙三本具無。

[3]是書前有樓鑰《序》，文溯、文津二本並作"前有樓鑰《序》"，無"是書"二字。

[4]於義未合，文溯、文津二本並作"於義未協"。

[5]考證，文溯、文津二本並作"考正"。

[6]於假借通用諸字，文溯本作"於假倩通用諸字"。

[7]"未有機自跋二則"至"未免小失簡汰"，文溯、文津二本並作"惟其中有如'降、古音洪'、'眉、古作眉'之類可以不載者；亦有如"璇璣玉衡"本《尚書》、"衵服振振"本《左傳》之類不得以《史》、《漢》爲出典者；與'幾至刑措'之幾、'不茹園葵'之茹，音義與今並同者。皆可無庸采錄，未免小失簡汰耳。末有機《自跋》二則，辨論字義，尤極明晰云"。

[8]議，浙本作"糾"。

[9]"又袁文《甕牖閒評》"至"固不失爲考古之津梁也"，文溯、文津二本具無。

篇末，文溯本有"乾隆四十七年九月恭校上"，文津本有"乾隆四十九年閏三月恭校上"。

【辨正】

①楊氏辨誤謂：倒稱班馬，非起於杜牧之詩，而始於晉代。倒稱既

久，約定俗成，固不必改從樓鑰序所稱之名。（頁 45）

②胡氏補正謂：是書每韻後附以補遺，凡一千二百三十九字，為景定間李曾伯撰，蔣氏《涉聞梓舊》及陸氏《藏書志》舊鈔本載李自序，甚明，不解提要何以絕不及之？

引翁方綱《復初齋集》是書跋云：婁氏蓋精於漢學者，然此書於字之原委猶未分析也。（頁 277）

【附錄】

《簡目》

班馬字類五卷

宋婁機撰。採《史記》、《漢書》古字，以韻編次，雖近饾飣之學，然考訂訓詁，辨別音聲，于假借通用諸字臚列頗詳，深有裨於小學。（頁 50）

《浙江採集遺書總錄》

班馬字類五卷（刊本）

右宋婁機撰。大旨以《史》、《漢》多假借古文，又時用偏旁音釋各異，因取《史記正義》《索隱》《漢書音義》《集韻》諸書，訂本正此。其字以韻爲次，中間互見各出不沒其舊，而音義較然。有淳熙間樓鑰《序》及自《跋》二。（頁 351）

漢隸字源六卷　內府藏本

宋婁機撰[1]。

是書前列攷碑、分韻、辨字三例，次《碑目》一卷，凡漢碑三百有九，魏晉碑三十有一，各記其年月、地里、書人姓名[2]，以次編列，即以其所編之數注卷中碑字之下，以省繁文。①次以《禮部韻署》二百六部分爲五卷，皆以眞書標目，而以隸文排比其下。韻不能載者十四字，附五卷之末終焉。

其文字異同[3]，亦隨字附註。如後漢《修孔子廟器碑》內韓明府[4]，名勑，字叔節，歐陽修謂前世見於史傳未有名勑者[5]，而此書引《繁陽令楊君碑》陰亦有柱勑[6]，以證《集古錄》考核之疎。又若曲江之爲曲紅，引《周憬碑》；遭罹之爲遭離，引《馬江碑》；陂障之爲波障，引《孫叔敖碑》；委蛇之爲褘隋，引《衡方碑》。於古音古字，亦多存梗概，皆足爲考證之資，不但以點畫波磔爲書家模範已也[7]。

【校記】

[1]"宋婁機撰"後，薈要本有"機字彦發，嘉興人。乾道二年進士，寧宗朝累官禮部尚書，兼給事中，權知樞密院事，兼太子賓客，進參知政事，提舉洞霄宫"；

浙本有"機字彦發，嘉興人。乾道二年進士，寧宗朝累官禮部尚書兼給事中，權知樞密院事，兼太子賓客，進參知政事，提舉洞霄宫。事迹具《宋史》本傳"；

文溯、文津二本並有"機字彦發，嘉興人。乾道二年進士，寧宗朝累官禮部尚書兼給事中，權知樞密院事，兼太子賓客，進參知政事，提舉洞霄宫。事迹詳《宋史》本傳"。

[2]各記其年月，薈要本作"既紀其年月"。

[3]其文字異同，會要本作"其異同須考證者"。

[4]《修孔子廟器碑》，文津本作"《修孔廟禮器碑》"。

[5]未有名籹者，薈要本"未見有名籹者"。

[6]柱籹，浙本、薈要本、文溯本作"程籹"。

[7]篇末，薈要本有"乾隆四十二年六月恭校上"文溯本有"乾隆四十七年十一月恭校上"，文津本有"乾隆四十九年八月恭校上"。

【辨正】

①胡氏補正引陸氏《儀顧堂續跋》陸師道手寫本跋云：此本碑目一卷，漢、魏、晉并計，實得碑三百有九，檢之汲古本，亦同，豈《提要》所見别一本耶？（頁276）

【附録】

《簡目》

漢隷字源六卷

宋婁機撰。以漢魏碑字，依韻書分二百六部，編爲五卷，冠以碑目。一卷以數目記其先後，書中每字之下但書數，不更出其碑名，從省也。（頁50）

《浙江採集遺書總録》

漢隸字源六卷（刊本）

右宋參政嘉禾婁機撰。陳振孫曰以世所存漢碑三十有九，韻類其字，魏碑附者僅三十之一。前爲《碑目》一卷，每字先載今文而以漢字著其下，一字數體者並列之，皆以碑目之次第著所從出，洪邁作序。（頁350）

六書故三十三卷[1]　兩江總督採進本

宋戴侗撰。考《姓譜》，侗字仲達，永嘉人。淳祐中登進士第，由國子監簿守台州。德祐初，由秘書郎遷軍器少監，辭疾不起。其所終則莫之詳矣。

是編大旨主於以六書明字義，謂字義明則貫通羣籍，理無不明。凡分九部：一曰數，二曰天文，三曰地理，四曰人，五曰動物，六曰植物，七曰工事，八曰雜，九曰疑。盡變《說文》之部分[2]，實自侗始。其論假借之義，謂："前人以令長爲假借，不知二字皆從本意而生，非由外假。若韋本爲韋背，借爲韋革之韋；豆本爲俎豆，借爲豆麥之豆。凡義無所因，特借其聲者，然後謂之假借。"說亦頗辯。

惟其文皆從鐘鼎，其註既用隸書[3]，又皆改從篆體，非今非古，頗礙施行。元吾邱衍《學古編》曰："侗以鐘鼎文編此書，不知者多以爲好。以其字字皆有，不若《說文》與今不同者多也。形古字今，雜亂無法。鐘鼎偏旁，不能全有，卻只以小篆足之。或一字兩法，人多不知。如囗本音睘，加宀不過爲寰字[4]，乃音作官府之官；邨字，不從寸木，乃書爲村，引杜詩'無村眺望賒'爲證。甚悮學者[5]。許氏解字引經，漢時猶用篆隸，乃得其宜。今侗亦引經，而不能精究經典古字，反以近世差誤等字引作正據。錺、鍾、黎、鋸、尿、屎等字，以世俗字作鐘鼎文。卯字解尤爲不典。到此書，爲一厄矣"云云[6]。其詆諆甚至，雖不爲不中其病，然其苦心考據，亦有不可盡泯者。畧其紕繆而取其精要，於六書亦未嘗無所發明也[7]。

【校記】

[1]文溯、浙二本將此書置於《字通》之後。
[2]"盡變《說文》之部分"上，文溯、文津本有"小學家"三字。
[3]隸書，文溯、文津二本並作"今文"。
[4]加宀，文津本作"加門"。

［5］甚悮學者，文溯本有"甚誤學者云云"。

［6］"許氏解字引經"至"爲一厄矣云云"，文溯、文津二本具無；"到此書爲一厄矣"，浙本作"六書到此，為一厄矣"。疑脫"六"字。

［7］篇末，文溯本有"乾隆四十七年九月恭校上"，文津本有"乾隆四十九年十月恭校上"。

【附錄】
《簡目》

六書故三十三卷

宋戴侗撰。其書以九類括諸部，始盡變《說文》、《玉篇》之例。其文皆用鐘鼎，其注雖用今文，又皆用小篆改隸書，非今非古，頗礙施行。吾邱衍《學古編》譏其字多杜撰，亦中其失。惟其苦心考究，間有寸長可取耳。（頁51）

《浙江採集遺書總錄》

六書故三十三卷（刊本）

右元永嘉戴侗撰。分列四百七十九目，各以字母統字子，前有《通釋》一卷。（頁354）

字通一卷　兩淮鹽政採進本

宋李從周撰。從周始末未詳。據嘉定十三年魏了翁《序》，但稱爲彭山人，字曰肩吾。末有寶祐甲寅虞㧑刻書《跋》，亦但稱得本於了翁。均不及從周之仕履，莫能考也。

是書以《說文》校隸書之偏旁，凡分八十九部，爲字六百有一。其分部不用《說文》門類，而分以隸書之點畫，既乖古法；又既據隸書分部，乃仍以篆文大書，隸書夾註，於體例亦頗不協。且如水字、火字，既入上兩點類，而下三點内又出水字、火字，旁三點示字類又再出水字[1]，下四點内又出火字、水字[2]。如此之類，凡一百二十三字，破碎冗雜，殊無端緒。至於干字收於上兩點類，獨從篆而不從隸，既自亂其例。迴字收於中日字類，臣字、巨字、臣字收於自字類[3]，東字收於里字類，併隸書亦不相合。均爲乖剌。然其大旨出於明隸書之源流，而非欲以篆文改隸，猶顏元孫所謂"去泰去甚、使輕重合宜"者，宋人舊帙，流傳已久，存之亦可備檢閱也。

卷末別附糾正俗書八十二字，其中如甕塞必作邕塞、芝草必作之草、衣裳必作衣常、添減必作沾減、規矩必作規巨、心膂必作心呂、鐙炷必作鐙主、袒裼必作但裼、負荷必作負何、巾帨必作巾帥、竭力必作渴力、肘腋必作肘亦，是雖於古有據，而今斷斷不能行。其前題詞有"《復古編》、《字通》尚未及之，畧具如左文"云云，似非從周之語。又虍字類虛字條下既稱"今別作壚，非是"，而此又出"虛作壚，非"一條，指爲《字通》所未及。使出從周，不應牴牾如此。其或後人所竄入歟[4]？

【校記】
[1] 旁三點示字類，文溯、文津二本並作"旁三點類示字類"。
[2] 内，文溯、文津二本並作"類"。
[3] 自，文溯、文津二本並作"阜"。
[4] "卷末別附糾正俗書八十二字"至"其或後人所竄入歟"，文溯、文津二本具無。

篇末，文溯本有"乾隆四十七年十月恭校上"，文津本有"乾隆四十九年四月恭校上"。

【附錄】
《簡目》
字通一卷
宋李從周撰。分八十九部，收字六百有一。而辨別其偏旁、體例，頗爲龐雜，然所辨別尚不失"去泰去甚"之旨。末附糾正俗書八十二字，皆僻不可行。核其所言，乃後人所竄入，非從周本書也。（頁51）

龍龕手鑑四卷　　浙江吳玉墀家藏本

遼僧行均撰。行均字廣濟，俗姓于[1]。

晁公武《讀書志》謂："此書卷首僧智光《序》題云'統和十五年丁酉七月一日'。"沈括《夢溪筆談》乃謂"熙寧中，有人自契丹得此書，入傳欽之家，蒲傳正取以刻版。其《序》末舊云'重熙二年五月序'，蒲公削去之"云云。今按此本爲影抄遼刻，卷首智光原《序》尚在[2]。其紀年實作統和，不作重熙，與晁公武所説相合，知沈括誤記。又《文獻通考》載此書三卷，而此本實作四卷，智光原序亦稱四卷，則《通考》所載顯然誤四爲三。殆皆隔越封疆，傳聞紀載，故不免失實歟[3]？①

其書凡部首之字以平、上、去、入爲序，各部之字復用四聲列之後。南宋李燾作《說文五音韻譜》，實用其例而小變之。每字之下必詳列正、俗、今、古及或作諸體，則又行均因唐顔元孫《干祿字書》之例而小變之者也[4]。所錄凡二萬六千四百三十餘字，注一十六萬三千一百七十餘字，并注總一十八萬九千六百一十餘字。於《說文》、《玉篇》之外，多所搜輯。雖行均尊其本教，每引《中阿含經》、《賢愚經中》諸字以補六書所未備，然不專以釋典爲主。沈括謂其集佛書中字爲《切韻》訓詁，殊屬不然[5]。不知括何以云爾也。括又謂契丹書禁至嚴，傳入別國者法皆死[6]。故有遼一代之遺編，諸家著錄者頗罕。此書雖頗糸俗體，亦間有舛訛[7]。然吉光片羽，幸而得存，固小學家所宜寶貴矣[8]。

【校記】

[1]俗姓于，文溯、文津、浙三本並作"俗姓于氏"。

[2]尚在，文溯、文津二本並作"尚存"。

[3]"殆皆隔越封疆，傳聞紀載，故不免失實歟"，文津本作"殆皆傳聞紀載，故不免失實歟"。

[4]例，文津本作"類"。

[5]殊屬不然，文溯本作"殊誤"。

[6]別國，文溯本作"列國"。

[7]舛訛，文溯本作"舛誤"。

[8]篇末，文溯本有"乾隆四十七年四月恭校上"，文津本有"乾隆四十九年八月恭校上"。

【辨正】

①余氏辨證引瞿鏞《鐵琴銅劍樓書目》卷七云：《通考》所載並無錯誤。書中本以四聲分四卷，各載部目於卷前，而板心則以出入兩卷，統書龍三，實無龍四。殆以去聲僅九葉，不成卷，故合之，所以又有三卷之稱也。（頁118）

胡氏補正謂：《百宋一廛》黃丕烈注，亦以作鑑者為宋刻非遼刻，《提要》所據本作鑑，乃謂影鈔遼刻，殆為統和智光序所惑，其以三為四

之誤者，亦未知板心祇有"龍三"無"龍四"。（頁278）

【附錄】

《簡目》

龍龕手鑑四卷

遼僧行均撰。以偏旁分部，部首之字以四聲為序，部中之字亦各以四聲為序，每字之下詳列別體。于《說文》、《玉篇》之外多所搜輯，併佛經之字亦所不遺，不免于雅俗兼陳，然網羅可云繁富。（頁52）

《浙江採集遺書總錄》

龍龕手鑑四卷（瓶花齋寫本）

右遼釋行均撰。均，字廣濟，俗姓于氏，燕人。書分部二百三十有二，隨部復用，四聲列之，計二萬六千四百三十餘字，注一十六萬三千四百餘字，餘詳晁《志》及錢曾《敏求記》。（頁352）

六書統二十卷　浙江汪啓淑家藏本

元楊桓撰。桓字武子，號辛泉，兗州人。中統四年以郡諸生補濟州教授，累官太史院校書，監察御史，終國子監司業[1]。事蹟具《元史》本傳[2]。

是書至大丙申其子守義進於朝，詔下江浙鏤板。前有翰林直學士硯堅《序》，又有國子博士劉泰《後序》，而桓《自序》爲尤詳[3]。大旨以六書統諸字[4]，故名曰"統"。凡象形之例十，會意之例十有六，指事之例九，轉注之例十有八，形聲之例十有八案：《說文》本作諧聲，此作形聲，蓋從《周禮》之文[5]。假借之例十有四。其象形、會意、轉注、形聲四例，大致因戴侗《六書故》門目而衍之。指事、假借二例，則桓以意鈎稽，自生分別。

所列先古文、大篆，次鐘鼎文，次小篆。其說謂："文簡意足，莫善於古文、大篆。惜其數少，不足於用。文字備用者莫過小篆，而訛謬於後人之傳寫者，亦所不免。今以古文證之，悉復其舊。"蓋桓之自命在是，然桓之紕繆亦即在於是。故其說至於不可通，則變一例；所變之例復不通，則不得不又變一例；數變之後，紛如亂絲。於是一指事也，有直指其事，有以形指形，有以意指意，有以形指意，有以意指形，有以注指形，有以注指意，有以聲指形，有以聲指意。一假借也，有聲義兼借，有借聲不借意，有借意不借聲，有借諧聲兼義，有借諧聲，有借近聲兼義，有借近聲，有借諧近聲，有因借而借，有因省而借，有借同形，有借同體，有非借而借。輾轉迷瞀，幾於不可究詰。蓋許慎《說文》爲六書之祖，如作分隸行草，必以篆法繩之，則字各有體，勢必格閡而難行。如作篆書，則九千字者爲高曾之矩矱矣。桓必欲偭而改錯，其支離破碎，不足怪也[6]。

以六書論之，其書本不足取。惟是變亂古文始於戴侗，而成於桓。侗則小有出入，桓乃至於橫決而不顧。後來魏校諸人隨心造字，其弊實濫觴於此。置之不錄，則桓穿鑿之失不彰。故於所著三書之中，錄此一編，以著變法所自始。朱子所謂"存之，正以廢之者"，茲其義矣[7]。

【校記】

[1]終國子監司業，文溯、文津二本並作"國子監司業"，無"終"字。

[2]"事蹟具《元史》本傳"前，文溯、文津二本皆有"桓"字。

[3]"前有翰林直學士硯堅序"至"而桓自序爲尤詳"，文溯、文津二本具無。

[4]"大旨以六書統諸字"上，文溯、文津二本皆有"其書"二字。

[5]"案《說文》本作諧聲，此作形聲。蓋從《周禮》之文"，浙本作"案《周禮注》本作諧聲，此作形聲。蓋從許慎《說文》"。

[6]"於是一指事也"至"不足怪也"，文溯、文津二本並作"輾轉迷瞀，幾於不可究詰"。

[7]篇末，文溯本有"乾隆四十七年十月恭校上"，文津本有"乾隆四十九年十月恭校上"。

【附錄】

《簡目》

六書統二十卷

元楊桓撰。以六書分統諸子，而多設義例，以該之例所不通則生一變例，再不通則變例之中又生變例。數變之後，遂紛如亂絲。存之，著變亂字書之弊始于戴侗，而成于桓。（頁52）

《浙江採集遺書總錄》

六書統二十卷（刊本）

右元國子司業，曲阜楊桓撰。按六書分門，以統衆字，凡篆、籀諸體以次連系焉。（頁354）

《翁稿》

謹按：《六書統》二十卷，元楊桓著。桓字武子，曲阜人。官國子司業。是書按六書分門，以統衆字。六書者，許愼則曰指事、象形、形聲、會意、轉注、假借，《周禮》鄭注則曰象形、會意、轉注、處事、假借、諧聲，桓是書則曰象形、會意、指事、轉注、形聲、假借。指事即處事，形聲即諧聲也。是書大意，謂許愼《說文》詳於形聲而略於五者，故作此書，先象形、會意二者爲六書之主，其餘四者皆從此二者出，猶之八卦以乾、坤爲主，而六子從乾、坤出也。前有自序，謂其所學皆出自許愼《說文》，且曰於許愼之言，所明者則取之，不明者則不取。今觀其所引許愼之言，止形聲一門所取爲多，其他諸門則凡許愼所云"从某某聲"者，皆易爲"从某从某"，以形而不以聲，則皆所謂未明也。考許愼之書雖爲六書而作，實則專於小篆，雖古文、奇字、籀篆之屬間有附入，然古文僅四百二十九、籀文一百九十二而已。學者但能尚精小篆以通乎籀古，則六書之義本皆可賅也。是書獨患六書未備，窮源溯流，先以古文之正，次以古文之變，又次以古文之可疑者，而大、小篆咸輯其中，蓋不以篆體之先後爲主，而全以取形、取義、取聲之所自爲主。如燈取影而水赴壑，使天下之字一一得所歸宿統紀，而有的可指，信乎許愼之功臣而字學之總萃矣。然其中亦實有自生枝葉者。至於三畫之卦即目爲本字，而乾、坤等字皆不作卦名，則試問畫卦下筆必自下而上，書字則自上而下，不知此八字者以篆法論當如何下筆，恐亦未思之也。若其書之有資於字學，則不待言耳。應刊刻傳之。

周秦刻石釋音一卷　編修汪如藻家藏本

元吾邱衍撰[1]。衍字子行，錢塘人[2]。

初宋淳熙中有楊文昺者[3]，著《周秦刻石釋音》一書，載《石鼓文》、《詛楚文》、《泰山嶧山碑》。至是，衍以所取《瑯琊碑》，不類秦碑，不應收入，因重加刪定，以成是書。

前有至大元年衍自序，謂《石鼓》以所藏《甲秀堂圖譜》爲之，而削去鄭樵音訓。又正《詛楚文》二字，合《泰山嶧山》石刻字共爲一卷，而仍其書名。又列諸家音注、書評於後。其敘《石鼓》次第，與薛尚功、楊愼本合，而與今本異。其曰文幾行、行幾字、重文闕文幾字者，即朱彝尊據以編《石鼓考》者也。然其所謂闕文幾字者，仍苐執一時所見之本而言。即潘迪音訓與衍書同作於元時[4]，其音釋亦不盡同。蓋金石之文，摹搨有明晦，裝潢有移掇，言人人殊，不足異也。至所正《詛楚文》二字：絆之爲縫，其說於古無所據[5]，以文義字體按之，皆未可信；遐之爲遂，則遐、遂二字《詛楚文》石本、板本皆無其文，不知衍所據何本。然衍距今日四百年，其所見之本或有異同，未可執今本相詰難[6]。錄備一說，要亦足廣異聞耳[7]。

【校記】

[1]吾邱衍，文溯、文津二本並作"吾衍"，無"邱"字。

[2]"衍字子行，錢塘人"，文溯本作"衍字子行，其先本太末人，居於錢塘，所著《竹素山房集》已別著錄"。

[3]宋淳熙中，浙本作"宋淳熙間"。

[4]與衍書同作於元時，文溯本作"與衍是書同作於元時"。

[5]其說於古無所據，文溯本作"其說不見於前人"。

[6]然衍距今日四百年，浙本作"然衍距今四百年"；"其所見之本或有異同，未可執今本相詰難"，文溯本作"其所見之本，固未可全執今本相詰難"。

[7]要亦足廣異聞耳，文津本作"足以廣見聞耳"；篇末，文溯本有"乾隆四十七年九月恭校上"，文津本有"乾隆四十九年五月恭校上"。

【附錄】

《簡目》

周秦刻石釋音一卷

元吾邱衍撰。盖因宋淳熙中楊文昺舊本刪定，而參以己意。所正《詛楚文》二字，與今本不同，疑所見別一本也。（頁53）

字鑑五卷　兩淮馬裕家藏本

元李文仲撰。文仲，長洲人，自署吳都學生。其始末則無考也[1]。

文仲從父世英，以六書惟假借難名，因輯《類韻》二十卷[2]。以字爲本，音爲榦，義訓爲枝葉，自一而二，井然不紊，凡十年始成。而韻內字畫尚有未正者。

文仲因續爲是書，依二百六部之韻編次之[3]，辨正點畫，刊除俗謬，於諸家皆有所駁正。中間如稟，從禾高聲，而悞作稟[4]；隙，從阜從衾，而悞作隙，則糾《干祿字書》之失。肈、肇原有二字[5]，而止收肇字，反以肈俗；豎字悞從立作竪；徹字悞從去作徹；析字悞從片作枿。則糾《五經文字》之失。如屯，本訓難，借爲屯聚字，而郭忠恕以屯音迍，別出屯爲屯聚字，於假借之義不合，則糾《佩觿》之失[6]。他若《增韻》《韻會》諸本，則舉正之處尤多。大旨悉本《說文》以訂後來沿襲之謬，於小學深爲有裨[7]。至若芝字變爲芝，陊字變爲墮，隆字變爲隆之類，則以爲承譌既久，難於遽改，而但於本字下剖析其所當然，深得變通之宜，亦非泥古駭俗者所可比也。其書久無傳本，康熙中朱彝尊從古林曹氏抄得，始付長洲張士俊刊行之云[8]。

【校記】

［1］其始末則無考也，文溯、文津二本並作"蓋以弟子員著籍者也"。

［2］"二十卷"，文津本作"三十卷"。

［3］依二百六部之韻編次之，文溯、文津二本並作"依二百六部之韻而編次之"。

［4］"稟，從禾，高聲，而悞作稟"，文溯、浙二本並作"稟，從禾，高聲，而悞作稟"，文津本作"稟，從禾，高聲，而悞作稟"。

［5］"肈、肇原有二字"前，文溯、文津二本皆有"如"字。

［6］"則糾《佩觿》之失"後，文溯、文津二本皆有"大抵皆精確微至，深得六書本意"。

［7］於小學深爲有裨，文溯本作"於小學實深有裨益"，文津本作"於小學深有裨益"。

［8］康熙中朱彝尊，文溯、文津二並本作"康熙中秀水朱彝尊"；

篇末，文溯本有"乾隆四十七年九月恭校上"，文津本有"乾隆四十九年四月恭校上"。

【附錄】

《簡目》

字鑑五卷

元李文仲撰。于字畫疑似舛謬者，以四聲、二百六部分編，各爲辨證。其說不泥于古，亦不汩于俗。（頁53）

《浙江採集遺書總錄》

字鑑五卷（刊本）

右元李文仲撰。朱彝尊云，至治間音長洲李世英，伯英受其父梅軒處士之旨，以六書假借難明，于是就典籍中字同音異者，正其字畫，溯其源委，輯《類韻》一書，凡三十卷。其從子文仲復輯《字鑑》，仍依韻編之，遠引《說文》，証以諸家之說，元元本本，信可傳也。（頁356）

說文字原一卷、六書正譌五卷[1]　大學士于敏中家藏本

元周伯琦撰。伯琦字伯溫，饒州人，官至兵部侍郎。

明郎瑛《七修類稿》載其降於張士誠，士誠破後，爲明太祖所誅，謂《元史》稱其後歸鄱陽病卒爲誤考。徐禎卿《翦勝野聞》先有此說，然宋濂修史在太祖時，使伯琦果與士誠之黨同誅，濂等不容不知。至《翦勝野聞》本出依托，不足爲據，瑛所言殆傳聞失實也。

是二書前有至正乙未國子監丞宇文公諒總序。《說文字原》之首有伯琦自序，題至正己丑；而《六書正譌》則無序，意其佚脫也[2]。明嘉靖元年，滁陽于器之重刊於浙中，瓊州黃芳爲序[3]。崇禎甲戌[4]，胡正言又重刊之，正言字曰從，海陽人，官中書舍人，工於鐫篆，有《十竹齋印譜》兩集。此二書篆文卽所手書也[5]。

昔許慎《說文》凡分五百四十部，其先後之序，或有義，或無義，不盡可考。徐鍇作《說文繫傳》，仿《周易序卦》之例，一一明其次第連屬之故，未免失之牽合。伯琦是書又以慎之部分，增廿、丠、㠯、丁、斗、卉、斤、厎、尒、耂、也、夲、乀、乂、毋、尤、丬一十七部[6]。又改甶爲百，改箕爲其，改危爲厃，改雲爲云，變其字者四部，刪其飛、几、薨、凶、卤、矛、辛、壴、鼓、臼、有、弓、薜、韧、酋、攴、亣十七部[7]，移其原第，使以類相從，以明輾轉孳生之義，分爲一十二部。如禿字，《說文》"從人在禾中"，伯琦則謂"從木，諧聲，從禾爲謬"。尸字，小篆一筆三折，屈曲相連，伯琦則謂"爲傳寫之悞，當從臥人之形，作二筆書之"[8]，與慎亦頗有異同。至於以側山爲𠂤[9]，倒山爲帀之類，訓爲轉注，則仍與會意無分，未免自我作古耳。

其《六書正譌》以《禮部韻畧》部分，分隸諸字。列小篆爲注[10]，先注制字之義，而以隸作某某、俗作某某，辨別於下，畧如張有《復古編》之意。其間如芙蓉之蓉，必書爲頌；枝幹之幹，必書爲干；多牽強而不可行。且全書皆用今韻，而宜字則以篆文從多諧聲，移於歌韻。全書皆用小篆，而香字乃從古文作𠁹，別注小篆作𪏰。如斯之類，尤未免爲例不純[11]。

大抵伯琦此二書，推衍《說文》者半，糅以己見者亦半，瑕瑜互見，通蔽相仿，不及張有《復古編》之精密，而亦不至如楊桓《六書統》之糅襍。采葑采菲，無以下體。姑存以備一解，亦兼收並蓄之意云爾[12]。

【校記】

[1]文津本作"說文字原"。

[2]"是二書前有至正乙未國子監丞宇文公諒總序"至"意其佚脫也"，文津本無。

[3]"瓊州黃芳爲序"，文津本無。

[4]"崇禎甲戌"上，文津本有"迨後"二字。

[5]"是二書前有至正乙未國子監丞宇文公諒總序"至"此二書篆文卽所手書也"，文溯本無。

[6]"又以慎之部分增廿、卯、𠙴、丁、斗、卉、斤、厓、尒、耑、也、夆、乀、乂、毋、尤、𠁼一十七部"，文溯本作"又以慎之部分增收各一十七部"。

[7]"又改皕爲百"至"亢十七部"，文溯本無。

[8]"分爲一十二部"至"作二筆書之"，文溯本無。

[9]𠁹，文溯本作"㠯"。

[10]注，浙、文溯二本並作"主"。

[11]"其間如芙蓉之蓉"至"尤未免爲例不純"，文溯本無。

[12]"昔許慎《說文》凡分五百四十部"至"亦兼收並蓄之意云爾"，文津本無；

篇末，文溯本有"乾隆四十七年五月恭校上"，文津本有"乾隆四十九年十月恭校上"。

【附錄】

《簡目》

說文字原一卷、六書正譌五卷

元周伯琦撰。《說文字原》于許慎五百四十部中增十七部，删十七部，改其字者四部，移其次第，重爲編次，使輾轉相生自成一家之說。《六書正譌》頗拘泥不化，而辨別不苟者亦多。二書大抵從許愼者半，自爲說者亦半，故利鈍不免互見云。（頁53）

《浙江採集遺書總錄》

說文字原一冊（刊本）

右元鄱陽周伯琦撰。遵許氏自一至亥，原部叅以歷代諸家之說，删補訂譌，分爲十二章。（頁354）

六書正譌五卷（刊本）

右書亦伯琦撰。合肥竇子偁取而重編焉，亦據《說文》，旁一采衆說，以正俗字點畫音訓之舛。（頁355）

漢隸分韻七卷　江蘇巡撫採進本

不著撰人名氏，亦無時代。考其分韻，以一東、二冬、三江等標目，是元韻，非宋韻矣。其書取洪适等所集漢隸，依次編纂。又以各碑字迹異同，縷列辨析。考吾邱衍《學古編》[1]，有《合用文集品目》一門，其第七條《隸書品》中，列有"《隸韻》兩冊。麻沙本與《隸韻》爲一副刊案：此《隸韻》謂劉球碑本《隸韻》，十卷。字體不好，以其冊數少，乃可常用之，故列目於此"云云，疑卽此本。①顧藹吉《隸辨序》稱"別有《漢隸分韻》，字既乖離，迹復醜惡"，其詆諆此書，與吾邱衍畧同[2]。然二人第以書迹筆法論耳，要其比校點畫，訂正舛互，亦有足資考證者。前人舊本，寸有所長，要未可竟從屏斥也[3]。②

【校記】

［1］、［2］吾邱衍，文津本均作"吾衍"。

［3］篇末，文溯本有"乾隆四十七年十月恭校上"，文津本有"乾隆四十九年九月恭校上"。

【辨正】

① 胡氏補正引陸氏《儀顧堂題跋》云：《宋史·藝文志》小學類有馬居易《漢隸分韻》七卷，卷數與今本合，則是書乃居易所著也。惟分韻

與大定六年王文郁《平水韻》略同，不用《禮部韻略》，則居易當是金人，非宋人矣。（頁280）

余氏辨證引陸心源《漢隸分韻跋》云：《漢隸分韻》七卷，乃金人馬居易所著。（頁115）

②胡氏補正引瞿氏《目錄》云：卷一列《天下碑錄》，而新莽侯鉦、耿氏鐙諸器亦以碑當之，屬雜甚矣。惟隸古點畫最易混淆，得此猶可參考焉。（頁280）

【附錄】

《簡目》

漢隸分韻七卷

不著撰人名氏。其分韻以一東、二冬、三江等標目，是元人，非宋人矣。書中以《漢隸分韻》編次，雖大致出于婁機書，其考校字畫之同異，則較機書稍詳。（頁53）

《浙江採集遺書總錄》

漢隸分韻六卷（寫本）

右與婁機《字源》無甚異，但前列辨論漢隸原委十數，則洪适諸家之說在焉，未詳何人所輯。（頁351）

六書本義十二卷　江蘇巡撫採進本

明趙撝謙撰。撝謙，原名古則，餘姚人，宋秦悼惠王之後。明初徵修《洪武正韻》，持議不協，出爲中都國子監典簿，罷歸。尋以薦爲瓊山縣教諭。事迹具《明史·文苑傳》。焦竑《筆乘》稱其字學最精，行世者惟《六書本義》及《學范》六篇。《學范》蕪襍，殊無可取。是編《六書論》及《六書相生》諸圖[1]，大抵祖述鄭樵之說。其凡例有曰："《說文》原作五百四十部，今定爲三百六十部。不能生者，附各類後。"今以其說考之，若《說文》甾字爲一部，以甾字爲子，而撝謙則併入田部；《說文》包字爲一部，以胞、匏字爲子，而撝謙則併入勹部；《說文》絲字爲一部，以幾、幽字爲子，而撝謙則併入幺部。凡若此類，以母生子，雖不過一二，而未嘗無所生之子，與《凡例》所云"不能生者"不同，乃一概併之，似爲未當。又若《說文》儿部，儿讀若人，充、兗諸字從之，與人字異體，而撝謙則併入人部；《說文》本部皋字，從本，從白，而撝謙誤以從白爲從自，附入自部，則于字體尤舛。苐於各部之下辨別六書之體頗爲詳晰，其研索亦具有苦心。故錄而存之，以不没所長焉。[2]

【校記】
[1]論，文溯本作"謂"。
[2]篇末，文溯本有"乾隆四十七年十一月恭校上"，文津本有"乾隆四十九年十一月恭校上"。

【附錄】
《簡目》
六書本義十二卷
明趙撝謙撰。其書併《說文》五百四十部爲三百六十部，雖多強合，然其辨別六書則頗爲詳悉。（頁54）
《浙江採集遺書總錄》
六書本義十二卷（刊本）
右前人撰。其論曰六書：一曰象形，文字之本也；二曰指事，加于象形者也；三曰會意；四曰諧聲，合夫象形指事者也；五曰假借；六曰轉注，侂夫四者之中也。獨體爲文，合體爲字。象形指事文也，象形文之純，指事文之加也；會意諧聲字也，諧聲字之純，會意字之間（去聲）也；假借轉注，則文字之俱也。肇于象形，滋于指事，廣于會意，備于諧聲，至于聲則無不諧矣，四書不足然後假借以通其聲，聲有未合而後轉注，以演其聲。象形指事一也，象形有加爲指事。會意諧聲一也，會意主聲爲諧聲。假借轉注一也，假借時聲爲轉注。明乎此，則六書之能事畢矣。其書分十類，凡三百四十部，合一千三百字，每字先反切以知其聲，次研釋以知其義，次引証以明其用，次說六義，原造字本旨，次假借，次轉注，各圈于上，以爲端自謂精研覃思，折衷諸家，附以己見，凡五謄始克成。編前有論七圖十二。（頁358）

奇字韻五卷　浙江巡撫採進本

明楊愼撰。愼有《檀弓叢訓》，已著錄[1]。
是編標字體之稍異者，類以四聲，故曰"奇字"[2]。考六書，以《說文》所載小篆爲正，若衛宏、揚雄所學則別有古文奇字，以非六書偏旁所可推也。此書以"奇字"標名，而若《說文》引經"壐其屋"，豐作壐；"克岐克嶷"，嶷作嶷；"靜女其姝"，姝作姼；"庶草繁廡"，廡作無；"天地絪縕"，作壹㚃[3]；"營營青蠅，止于樊"，樊作棥；"故源源而來"，源源作𠠺𠠺；"泣血漣如"，漣作灓"之類[4]，雖與今經文小異[5]，而皆有六書偏旁可求，則正體而非奇字[6]，且此類甚多，亦不勝載[7]。

如《說文》引《尚書》"嵎夷"，作"嵎鐵"[8]；引《論語》"友便辟"[9]，便作諞；引《詩》"赫兮喧兮"，喧作愃；引《周禮》"膳膏臊"，臊作鱢；"孤乘夏巡"，巡作𨊶[10]。引《易》"包荒用馮河"，荒作㤼；引《詩》"在河之洲"，洲作州；引《易》"服牛乘馬"，服作犕；引《書》"濬畎澮距川"，畎澮作〈〈〈〈；引《春秋傳》"翫歲而愒日"，翫作忨，愒作濊；引《易》"夫乾確然"，確作寉；引《春秋傳》"執玉惰"，惰作媠；引《詩》"納于凌陰"，凌作掕；引《論語》"白圭之玷"，玷作刮；引《書》"闢四門"，闢作𨳿[11]。異同之處，不可殫數，此書所載，殊不及十之二三。

至於岷之作汶，檮之作䮕[12]，皆假借字，而亦概列爲奇字，尤屬不倫。又如薔字下但注一"災"字，而不云本《鹽鐵論》"罕被寇薔"，薔音災；廥字下但注一墻字，而不云本《管子·地員篇》"行廥落"，房元齡注爲"行廥及薩落"；闟字下但注一開字，而不云本《漢書·匈奴傳》"乃遣闟陵侯將兵別圍車師"及"今欲與漢闟大關"，顏師古注："闟與開同"；茬字下但注一槎字，而不云本《漢書·貨殖傳》"然猶云山不茬蘗"，師古注："茬，古槎字"；閭字下但注一閭字，而不云本《漢書·揚雄傳》"東鄰昆崙，西馳閶闔"，師古注："閶與閭同"。則全迷其所出。

萁字下注音該，但引曹植詩，而不知《淮南子》"爨萁燧火"，高誘註："萁音該"；沇字下注音流，但引《賈誼傳》"朝延之視瑞沇平衡"，而不知考《荀子·榮辱篇》"其沇長矣"，楊倞注："沇古流字"。則不溯其所始。又如冬韻載窠字，引《說文》，而不知《漢書·地理志》"蒼柗"，師古曰："柗，古松字，與窠同一古今字"；賁字下注云："古文斑"，而不知《荀子·疆國篇》曰"如此下比周，賁潰以離上矣"，楊倞注："賁讀如墳，《漢書·翟方進傳》'賁麗善爲星'，師古曰：'賁音肥'"[13]；蝯字下注"與猿同"，而不知《漢書·李廣傳》又作"爰臂"，如淳曰："臂如猿臂"。其闕佚又不可枚舉。蓋慎充於腹笥，特就所記憶者錄之，故於諸書不暇詳考[14]，然於秦漢載籍，亦已十得三四。講六書者，去其疵而取其醇，或亦不無所助焉[15]。

【校記】

[1]"慎有《檀弓叢訓》，已著錄"，文溯、文津二本具無。

[2]"是編標字體之稍異者，類以四聲，故曰'奇字'"，文溯、文津二本並作"慎既作《古音叢目》諸書，又別標字體之稍異者，類以四聲，以是成編"。

[3]"'天地絪緼'，作壹壹"，文溯、文津二本具無。

[4]"'泣血漣如'，漣作遯之類"，文溯、文津二本具無。

[5]雖與今經文小異，浙本作"雖與今經文異"。

[6]奇字，文溯、文津二本並作"異字"。

[7]亦不勝載"，文溯、文津二本並作"不可勝載"。

[8]"作'㟷𨻼'"，浙、文溯二本並作"作'堣夷'"。

[9]友便辟，文溯、文津二本並作"便辟"，無"友"字。

[10]"'孤乘夏巡'，巡作䡈"，浙本作"孤乘夏篆'，篆作軔"。

[11]"孤乘夏巡"至"鬩作閲"，文溯、文津二本具無。

[12]綢，浙、文溯、文津三本並作"禂"。

[13]"薔字下但注一'災'字"至"賁音肥"，文溯、文津二本具無。

[14]諸書，文津、文溯二本並作"讀書"。

[15]篇末，文溯本有"乾隆四十七年九月恭校上"，文津本有"乾隆四十九年三月恭校上"。

【附錄】

《簡目》

奇字韻五卷

明楊慎撰。擇字體之稍異者，類以四聲，于周秦遺文十已得其三四。惟揚雄、劉歆所云奇字，乃古文、大篆、籀書之類，不可以一文偏旁求之。慎取以名今文，殊假借也。（頁54）

《浙江採集遺書總錄》

奇字韻一冊（刊本）

右前人撰。專錄古文中奇字，亦以韻爲編。（頁363）

古音駢字一卷、續編五卷　江蘇巡撫採進本

《古音駢字》一卷[1]，明楊慎撰。《續編》五卷，國朝莊履豐、莊鼎鉉仝撰[2]。

古人字少而韻寬，故用字往往假借[3]。是書取古字通用者，以韻分之，各註引用書名於其下。由字體之通，求字音之通，於秦漢以前古音，頗有考證，但遺缺過多，牽合亦復時有。

即以開卷東、冬韻論之。如《荀子·議兵篇》云："案角鹿埵隴動種東籠而近耳"。[4]註曰："隴動，《新序》作龍種。"[5]《禮論篇》曰："彌龍"。註曰："彌如字，又讀爲弭。"《楚詞·九章》曰："蓀詳聾而不聞。"補註云："詳與佯同。"《九嘆》曰[6]："登逢龍而下隕兮，違故都之漫漫。"註云："逢龍，一作逢，古本作蓬。"[7]《吳越春秋·越王無餘外傳》曰："大夫曳庸。"註曰："《左傳》作后庸，《國語》舌庸。"①《史記·五帝本紀》曰："其後有劉累擾龍。"應劭曰："擾，音柔。"故《五帝本紀》又曰："擾而毅。"徐廣曰："擾，一作柔。"則擾、柔字通。《倉公列傳》曰："臣意胗其脈曰迵風。"注曰："迵，音洞。言洞入四肢。"《漢書·地里志》曰："都麗。"應劭曰："麗，音龍。"師古曰："音礱"揚雄傳曰："奮六經以攄頌。"師古曰："頌，讀若容。"《大戴禮·衛將軍文子篇》曰："《詩》云'受小共大共，爲下國恂蒙'。"註曰："今《詩》爲駿厖。"[8]《五帝德篇》曰[9]："鳥獸昆虫。"考《說文》以虫爲虺，然漢代碑刻即用虫爲蟲，則虫、蟲通。此書原本、續本均未舉及，則採摭之未備也。

又如原本於"鑢門"二字註出《荀子》[10]，而《史記·龜策列傳》亦作"鑢門"，乃不註。續本於薾冬、滿冬、門冬引《爾雅》註，而《山海經》曰"其草多芍藥、薾冬"，乃不註。又引《廣雅》"膺、匃"二字，謂匃、智通，而《管子·內政篇》曰"平正擅匃"[11]，註曰"和氣獨擅匃中"，亦古智字[12]，乃亦不註。則訓釋之未詳也。

他如圜鍾、函鍾是黃鐘、林鐘別名[13]，非黃通爲圜，林通爲函。其"浸盧維"讀作"盧灘"，恐亦鄭玄之改字，未可盡概以古音[14]。乃一例定爲通用，未免附會。然大勢徵引賅洽，足資考證，古字之見於載籍者，十已得其四五矣[15]。

【校記】

[1]《古音駢字》一卷，文溯、文津二本並作"《古音駢字》二卷"。

[2]"國朝莊履豐、莊鼎鉉仝撰"，文溯、浙二本並作"國朝莊履豐、莊鼎鉉仝撰"，文津本作"國朝莊履豐、莊鼎鉉同撰"。

[3]故用字往往假借，文津本作"故用字多假借"。

[4]案角鹿埵隴動種，東籠而近耳，文溯、文津、浙三本並作"案角鹿埵隴種，東籠而退耳"。

[5]"隴動，《新序》作龍種"，文溯、文津二本並作"隴種，《新序》作龍鐘"，浙本作"隴動，《新序》作龍鐘"。

[6]曰，文溯、文津二本並作"云"。

[7]逢龍，文溯、文津二本並作"逢"。

[8]"《吳越春秋·越王無餘外傳》曰"至"今《詩》爲駿龐"，文溯、文津二本具無。

[9]五帝德篇，文溯、文津二本並作"五帝德"。

[10]原本於蠡門二字，文溯、文津二本並作"原蠡門二字"，無"本於"二字。

[11]内政篇，文津本作"内業篇"。

[12]亦古胥字，文溯作"亦作古胥字"，文津本作"亦作古匈字"。

[13]是黃鐘、林鐘别名，文溯本作"是黃鍾、林鍾别名"。

[14]"恐亦鄭玄之改字，未可盡概以古音"，文溯、文津二本並作"恐亦鄭康成之改字，未盡可概以古音"。

[15]"十已得其四五矣"后，浙本有"亦可云小學之善本矣"。

篇末，文溯本有"乾隆四十七年八月恭校上"，文津本有"乾隆四十九年五月恭校上"。

【辨正】

①余氏辨證謂：無餘，《吳越春秋》宋刻本、明翻大德本及近刻皆作"無余"，無作"無餘"者。《無余外傳》乃敘禹治水越始受封諸事，皆在夏、殷之時，安得有大夫曳庸其人？此乃《句踐入臣外傳》之文，即在《無余外傳》之後，想系撰《提要》時匆匆翻閱，致有此誤。（頁116）

【附録】

《簡目》

古音駢字一卷續編五卷

《古音駢字》，明楊慎撰。《續編》，國朝莊履豐、莊鼎鉉同撰。其書取古字假借通用者，以韻分編，各注所出于其下，頗有考證，而稍嫌漏略。莊履豐等所補亦未賅備也。（頁55）

《浙江採集遺書總錄》

古音駢字五卷（刊本）

右前人撰。類聚雙字如於戲猗儺之類，或同音而假借，或異音而轉注者，分韻編次，以見古人臨文用事之畧例云。（頁363）

俗書刊誤十二卷　江蘇巡撫採進本

明焦竑撰。竑有《易筌》，已著錄[1]。

是書第一卷至第四卷，類分四聲，刊正訛字，若"丰之非丯，容不從谷"是也[2]；第五卷考字義[3]，若"赤之通尺，鼬之同猶"是也；第六卷考駢字，若"句婁之不當作岣嶁、辟歷之不當作霹靂"是也[4]；第七卷考字始[5]，若"對之改口從士，本於漢文。疊之改晶從畾，本於新莽"是也；第八、第九卷考音同字異，若"庖犧之爲炮羲、神農之爲神由"是也；[6]第十卷考字同音異，若"敦有九音、苴凡兩讀"是也[7]；第十一卷考俗用襍字[8]，若"山岐曰岔、水岐曰汊"是也；第十二卷考字形疑似[9]，若"禾之與禾，支之與支"是也。其辨最詳，而又非不可施用之僻論，愈於拘泥篆文、不分字體者，多矣[10]。

【校記】

[1] "竑有《易筌》，已著錄"，文溯、文津二本並作"竑字弱侯，萬歷乙未進士第一人，官翰林修撰"。

[2] 是書，文溯、文津二本並作"其書"；丰之非丯，文溯本作"半之非丯"，文津本作"丰之非丯"。

[3] 考字義，文溯本作"略記字義"，文津本作"記字義"。

[4] "考駢字，若句婁之不當作岣嶁"，文溯本作"略記駢字，若句婁之不當作岣嶁"，文津本作"畧記駢字，若句委之不當作岣嶁"。

[5]考字始，文溯、文津本作"略記字始"。

[6]第八、第九卷考音同字異，文溯本作"第八卷音義同字異"，文津本作"第八、第九卷音同字異"；

"神農之爲神由是也"後，文溯本有"第九卷音同字義異，若'錕鋙之與琨珸，滄浪之與蒼筤'是也。"

[7]考字同音異，文溯本作"字同音義異"，文津本作"字同音異"；苴凡兩讀，文溯本作"湛凡七讀"。

[8]考俗用襪字，文溯、文津二本並作"俗用襪字"。

[9]考字形疑似，文溯本作"論字易譌"，文津本作"論字易訛"。

[10]篇末，文溯本有"乾隆四十七年九月恭校上"，文津本有"乾隆四十九年三月恭校上"。

【附錄】

《簡目》

俗書刊誤十二卷

明焦竑撰。前四卷以四聲隸字，刊正其訛；五卷考字義；六卷考駢字；七卷考字始；九卷考音同字異；十卷考字同音異；十一卷考俗字；十二卷考字形疑似。辨訂頗詳。（頁55）

字彙四卷[1]　　江蘇巡撫採進本

明葉秉敬撰。秉敬字敬君，衢州西安人。萬歷辛丑進士。官至荊西道布政司叅議[2]，尋移南瑞，未行而卒。秉敬學頗淹通，著書四十餘種[3]。

是編乃取字形似而義殊者，分類註之[4]，與郭忠恕《佩觿》大旨畧同。每字綴以四言歌訣，則秉敬自創之體例[5]。《凡例》謂"彞子眉目髮膚雖無別，而伯仲先後弗淆"[6]，當察乎子母相生之微，而引伸觸類[7]。故其說悉根柢《說文》，毫釐辨析於偏旁點畫，分別了然。又該以韻語，便於記誦，亦小學入門之津筏也。①其書爲杭人潘之淙所刻。前有篆體辨訣一篇[8]，乃以七言歌括辨篆文偏旁之同異。不知何人所撰，由來已久。之淙以其與此書可互相叅究，故附刊以行。其區別形體，亦頗有資於六書。惟其末比舊本增多一百二十四句，則紕繆杜撰，不一而足。如謂抽字不當從由，咽字不當從因，已顯與《說文》相背。甚且臆造篆文，如瑟上加一[9]，對內從干，均極詿悮。至勇本從甬，而云"角力爲勇"[10]；稷，古文省畟[11]，而云"與槐柳同"。此類尤爲乖舛。蓋無識者所竄入，不足依據。今姑從原本錄之，而糾正其失於此，庶不疑悞後學焉[12]。

【校記】
[1]《字孿》四卷，文溯、文津二本並作"《字孿》二卷"。
[2]官至荆西道布政司叅議，文溯、文津本作"以部郎出，知開封府，進河南提學僉事，再遷荆西道參議"。
[3]著書四十餘種，文溯、文津二本並作"著書凡四十餘種"。
[4]"是編乃取字形似而義殊者，分類註之"，浙本作"是編取字形似而義殊者，分類詁之"。
[5]體例，文溯本作"醴例"，浙本作"體"。
[6]髮膚雖無別，文溯、文津二本並作"髮膚無別"。
[7]而引伸觸類，浙本作"引伸觸類"，無"而"字。
[8]前，文溯本作"附"。
[9]瑟，浙、文溯二本並作"琴"。
[10]云，文津本作"以"。
[11]古文省臮，文溯本作"古文省作臮"。
[12]篇末，文溯本有"乾隆四十七年十月月恭校上"，文津本有"乾隆四十九年五月恭校上"。

【辨正】
①胡氏補正引李慈銘《受禮廬日記》上集云：在前明中此書最為有功小學，然過信戴侗《六書故》之說，又好自出新意，故時有與許氏背者。（頁281）

【附錄】
《簡目》
字孿四卷
明葉秉敬撰。取字形似而義殊者，分類詁之，即郭忠恕《佩觿》之意。其每字綴以四言歌訣，則秉敬自創之例，取便記誦也。（頁55）
《浙江採集遺書總錄》
字孿二卷（刊本）

右前人撰，專以篆體釋楷體，使人知遞變之由，編作四言韻語。（頁372）

康熙字典四十二卷

康熙五十五年聖祖仁皇帝御定。

古小學存於今者，惟《說文》、《玉篇》爲最舊。《說文》體皆篆籀，不便施行。《玉篇》字無次序，亦難檢閱。《類篇》以下諸書，則惟好古者藏弄之，世弗通用。所通用者，率梅膺祚之《字彙》，張自烈之《正字通》。然《字彙》疎舛，《正字通》尤爲蕪雜，均不足依據。康熙四十九年，乃諭大學士陳廷敬等刪繁補漏，辨疑訂譌，勒爲此書。

仍兩家舊目，以十二辰紀十二集，而每集分三子卷，凡一百一十九部。冠以《總目》、《檢字》、《辨似》、《等韻》各一卷，殿以《補遺》、《備考》各一卷。部首之字，以畫之多寡爲序，部中之字亦然。每字之下，先列《唐韻》、《廣韻》、《集韻》、《韻會》、《正韻》之音。《唐韻》久佚，今能一一徵引者，徐鉉校《說文》所用即《唐韻》之翻切也。次訓釋其義，次列別音、別義，次列古音。均引證舊典，詳其始末，不使一語無稽。有所考辨，卽附於注末。又每字必載古體，用《說文》例。改從隸書，用《集韻》例。兼載重文、別體、俗書、譌字，用《干祿字書》例。皆綴於注後，用《復古編》例。仍從其字之偏旁，別出於諸部，用《廣韻》互見例。至於增入之字，各依字畫多寡，例於其數之末[1]，則《說文》之新附、《禮部韻畧》之續降例也。

其補遺一卷，收稍僻之字。備考一卷，收不可施用之字。凡古籍所載，務使包括無遺。蓋拘泥古義者，自《說文》九千字外，皆斥爲僞體，遂至音韻必作音均，衣裳必作衣尙，韓愈書爲韓瘉，諸葛亮書爲諸葛諒，動生滯礙，於事理難通，固爲不可。若夫孫休之所自造，王起之所未識，傅奕之稱埊人，段成式之作毻字，皆考之古而無徵，用之今而多駮，存而並列則通儒病其荒唐，削之不登則淺識疑其挂漏，別爲附錄等諸外篇，尤所謂去取得中、權衡盡善者矣。御製《序》文謂："古今形體之辨，方言聲氣之殊，部分班列，開卷了然。無一義之不詳，無一音之不備。信乎六書之淵海，而七音之準繩也。"[2]

【校記】

[1]例，浙本作"列"。

［2］薈要本與此完全不同，茲錄如下：

御定康熙字典

臣等謹案：《康熙字典》，聖祖仁皇帝御定，大學士臣張玉書等修纂。自子至亥為十二集，集各分上、中、下，始一終侖，凡一百十九部，並以筆之多寡為次。前有《總目》、《檢字》、《辨似》、《等韻》，后附《補遺》、《備考》。俱分段落，而不標卷第。今謹依原書次序，自子上至亥下為三十六卷，前為《總目》、《檢字》、《辨似》、《等韻》各一卷，后補遺、備考各一卷，總四十二卷。字書之作肇於許慎《說文》，而顧野王《玉篇》繼之。其分部各有義例，迨《字彙》、《正字通》二書始以今體筆數為次，取便檢閱。是書實因之。而詮訓簡當，可以訂《正字通》之繁冗；徵引博辨，可以補《字彙》之遺闕。於以釋經考事，析疑衷是，洵乎，集千古字書之大成矣。乾隆四十一年七月恭校上。

文溯本、文津本與薈要本基本一致：

中間"而不標卷第"，文溯、文津本作"俱不標卷第"；篇末，文溯本有"乾隆四十七年十一月月恭校上"，文津本有"乾隆四十九年九月恭校上"。

【附錄】

《簡目》

御定康熙字典四十二卷

康熙五十五年，大學士張玉書等奉勅撰十二集，集一百一十九部。根據六書，蒐羅百氏。每字詳其聲音、訓詁。皆先今韻，後古韻；先正義，後旁義。又備載古文以遡其本，兼例俗體以訂其訛。義例精密，考證賅洽。自《說文》、《玉篇》以下歷代字書，此其總匯矣。（頁56）

御製清文鑑三十二卷、補編四卷、總綱八卷、補總綱二卷[1]

乾隆三十六年奉勅撰。

我國家發祥長白，實金源之舊疆。《金史·章宗本紀》載："明昌五年，以葉魯谷神始製國字，詔依倉頡立廟例，祀於上京。"又《選舉志》稱："進士科以策論試國人，用國字為程文。"陶宗儀《書史會要》則稱："金太祖命完顏希尹撰國字，其後熙宗亦製字，並行。希尹所製謂之大字，熙宗所製謂之小字。其字波磔繁密，頗類籀文。當時必有字書，今已無考。惟趙崡《石墨鐫華》所載天會十二年《都統經畧郎君行記》一篇，僅存其形製而已。蓋有元一統之後，其法漸不傳也。"

我太祖高皇帝肇建丕基，命巴克什額爾德尼以蒙古字聯綴國語成句，尚未別爲書體。太宗文皇帝始命巴克什庫爾纏剏造國書，以十二字頭貫一切音，因音而立字，合字而成語。今内閣所貯舊籍今謂之老檔，卽其初體，厥後增加圈點，音義益詳，亦如籀變小篆，隸變八分，踵事而增，以日趍於精密[2]。我聖祖仁皇帝慮口傳筆受，或有異同，乃命別類分門，一一排纂，勒爲《清文鑑》一書，以昭法守。惟未及音譯其文。皇上復指授館臣，詳加增定。爲部三十有五，子目二百九十有二。每條皆左爲國書，右爲漢語。國書之左，譯以漢音，用三合切韻。漢書之右，譯以國書，惟取對音。以國書之聲多漢字所無，故三合以取之。漢字之聲則國書所具，故惟用直音也。至於欽定新語，一一載入，尤爲詳備。蓋字者，孳也。許慎《說文》九千餘字，揚雄《方言》已增至一萬一千九百餘字[3]，陸法言《切韻》一萬二千五十六字，陳彭年等重修《廣韻》，已增至二萬六千一百九十四字。呂忱《字林》、丁度《集韻》以下，更莫能殫記。是由名物日繁，記載遂不能不備。聖人制作，亦因乎勢之自然，爲事之當然而已。

伏而讀之，因漢文可以通國書，因國書可以通漢文。形聲訓詁，無所不具，亦可云包羅巨細，辨別精微者矣。書中體例，兼列字體、字音，宜入訓詁類中。然譯語得音，駢音爲字，與訓詁之但解音以義者不同，故仍列諸字書類焉。[4]

【校記】

[1] 御製，浙本作"御定"。

[2] 以日趍於精密，浙本作"以日趨於精密"。

[3] 揚雄《方言》已增至一萬一千九百餘字，浙本作"李登《聲類》已增至一萬一千五百二十字"。

[4] 薈要本與此完全不同，茲錄如下：

御製增訂清文鑑

臣等謹案：《增訂清文鑑》三十二卷、《補編》四卷、《總綱》八卷、《補編》、《總綱》一卷，乾隆三十六年欽定製《序》頒行。國書字頭切音之法實備形聲之用。自聖祖仁皇帝定爲《清文鑑》一書，分類編排，體裁大備，而未有音切漢字。我皇上紹續文明，指授館臣詳加增訂。每條標著國語，左為漢字，或一字對音，或二合、三合切音，毫髮不爽；其右列漢語，又其右音，以國書俾覽者皆可成誦。其註釋並取日用常言，期於人人共曉，不致有拘牽傅會之失。而新定國語增入者尤為詳備，於以昭示來茲為萬萬世同文之準云。乾隆四十二年九月恭校上。

文溯、文津本與薈要本基本一致，不相同之處有：

御製增訂清文鑑，文溯、文津二本並作"欽定增訂清文鑑"；"左為漢字"至"又其右音"，文津本無；篇末，文溯本有"乾隆四十七年十一月恭校上"，文津本作"乾隆四十九年九月恭校上"。

【附錄】

《簡目》

欽定增訂清文鑑三十二卷、補編四卷、總綱八卷、補總綱一卷

乾隆三十六年，大學士傅恒等奉勅撰。因聖祖仁皇帝御定《清文鑑》舊本重加補輯。每條標國語為綱，左列漢字《切韻》，右列漢語，又右音，以國語條分縷析，至為詳備，允萬世同文之準。（頁57）

御定滿洲蒙古漢字三合切音清文鑑三十三卷[1]

乾隆四十四年奉勅撰。

初聖祖仁皇帝勅撰《清文鑑》，皇上既命補注漢字，各具翻切、釋文。嗣以蒙古字尚未備列，因再命詳加考校，續定是編。以國書為主，而貫通於蒙古書、漢書。每國語一句，必兼列蒙古語一句，漢語一句，以明其義。又以蒙古字、漢字各對國語之音，以定其聲。漢字之音不具，則三合以取之。蒙古字之音不具，則分各種讀法、寫法、收法以取之。經緯貫穿，至精密而至明顯。循文伏讀，無不一覽了然。考《遼史·太祖本紀》，稱"神冊五年，始製契丹大字。天贊三年，詔礱闢遏可汗故碑，以契丹突厥漢字紀其功"云云，然則三體互通，使彼此共喻，實本古義。許慎作《說文》，小篆之下兼列籀文、古文以互證其字。揚雄作《方言》，每一語一物，亦具載某地謂之某，以互證其語。則三體彙為一編，使彼此相釋，亦因古例，用達書名於四方。雖成周大同之盛，亦無以踰於斯矣。[2]

【校記】

[1]文溯本作"御定滿珠蒙古漢字三合切音清文鑑"，文津本作"滿

珠蒙古漢字三合切音清文鑑";

三十三卷，文溯、文津本作"三十二卷"。

[2]篇末，文溯本有"乾隆四十七年十月恭校上"，文津本有"乾隆四十九年十月恭校上"。

【附錄】
《簡目》
御定滿洲蒙古漢字三合切音清文鑑三十三卷
乾隆四十四年，大學士阿桂等奉勅撰。以國語與蒙古語、漢語通貫爲一，使互相音釋。凡國語一句，必兼載蒙古語、漢語，以明其義，併各以蒙古字、漢字對音以定其聲。其聲爲漢字所無者則三合以取之，爲蒙古字所無者則分各種讀法、寫法以取之。自有譯語以來，無如是之經緯詳明，舉一即可知三者。（頁57）

欽定西域同文志二十四卷

乾隆二十八年奉勅撰。

先是，乾隆二十年威弧遙指，戡定伊犁，續又削平諸回部。崑崙月窟，咸隸黃圖。琛賮旅來，狄鞮重譯，乃命考校諸番文字，定著是編。其部族之別，曰天山北路、曰天山南路、曰青海、曰西番。其門目之別，曰地、曰山、曰水、曰人。其文字之別，首列國書以爲樞紐，次以漢書詳注其名義，次以三合切音曲取其音聲，次列蒙古字、西番字、托忒字、回字，排比連綴。各注其譯語、對音，使綱舉目張，絲連珠貫。

考譯語之法，其來已久，然國語謂之舌人，特通其音聲而已，不能究其文字。《左傳》稱"楚人謂乳爲穀，謂虎爲於菟"，《公羊傳》稱"吳人謂善爲伊，謂道爲緩"[1]，亦於附近中國者通其聲音之異，非於遐荒絕域識其書體、辨其音讀也。惟《隋志》載有《蕃爾雅》，其書不傳。度其所載，亦不過"天曰撐犁、子曰孤塗"之類，未必能知旁行右引之文。且書止一卷，疏畧尤可想見。又《輟耕錄》載：元杜本編《五聲韻》，自大、小篆、分、隸、眞、艸[2]，以至外蕃書、蒙古新字，靡不收錄，題曰《華夏同音》[3]。

然統以五聲，則但能載其單字，不能聯貫以成文。且外國之音多中國所不具，而本以中國之字領韻，乖舛必多。蓋前代帝王，聲教未能遠播。

山川綿邈，輾轉傳聞，自不免於訛漏。有元雖混一輿圖，而未遑考正其文字。杜本以山林之士，區區掇拾，亦未能通其語言。我國家重熙累洽，含識知歸。我皇上又神武奮揚，濛汜以東，皆爲屬國。雁臣星使，來往騈闐。既一一諳其字形，悉其文義；迨編摩奏進，又一一親御丹毫，指示改正，故能同條共貫，和會諸方，一展卷而異俗殊音皆如面語。非惟功烈之盛，爲千古帝王所未有，卽此一編，亦千古帝王所不能作矣[4]。

【校記】

[1]《公羊傳》，浙本作"《穀梁傳》"；
謂道爲緩，浙本作"謂稻爲緩"。
[2]艸，浙本作"草"。
[3]《華夏同音》，浙本作"《華夷同音》"。
[4]文溯本沒有此提要。文津本与此不相同，茲錄如下：
欽定西域同文志
臣等謹案：《欽定西域同文志》二十四卷，乾隆二十八年欽定大學士傳恒、劉統勳等編纂，以備西域諸部之字書。其部之別，曰天山北路，曰天山南路，曰青海，曰西番。其門之別，曰地，曰山，曰水，曰人。其字之別，首列國書，以爲樞紐；次以漢字；又次以三合切音，以求音韻；又次列各部，曰蒙古，曰西番，曰托忒，曰回字，以次相綴，各以其語為主，餘取對音，每條俱於漢字下詳具訓詁、名義，瞭如指掌。一展卷而凡絕域之方言皆得，尋音考義，洵為同文之極軌矣。古來誌外域者多出傳聞彷彿，文人傳會，未足徵信。我朝重譯所通，遠越前代，迨於西陸式廓，雁臣星使，中外如一。編輯諸臣既得諮詢，譯語考求真實，而書成，上進復親御丹毫，指示更定，以故音義精審，略無遺憾，足以示信萬古云。乾隆四十九年十一月恭校上。

【附錄】

《簡目》
欽定西域同文志二十四卷
乾隆二十八年，大學士傅恒等奉勅撰，以通西域屬國之文，分四大綱：曰地、曰山、曰水、曰人。首列國書為樞紐，次列蒙古、西番、托忒、回字，絲連珠貫，比類可求，仰見奮武揆文並超軼三古。（頁58）

隸辨八卷[1]　內府藏本

國朝顧藹吉撰。藹吉，號南原，長洲人。

是書鉤摹漢隸之文，以宋《禮部韻》編次。每字下分注碑名，並引碑語。①前有自序云[2]："銳志精思，采撫漢碑所有字，以爲解經之助。有不備者，求之《漢隸字源》。"[3]又云："《字源》多錯謬。舩船、再再，體或不分；血皿、朋多，形常莫別。悉從《隸釋》、《隸續》，詳碑定字，指摘無餘。"今考此書，字形廣狹，與世所刻婁機《漢隸字源》相同，是陰以機書爲藁本。②且漢碑之出於機後者[4]僅《魯孝王刻石》。《太室》、《少室》、《開母》諸石闕及《尹寅》[5]、《孔褒》、《曹全》、《張遷》、《韓仁》數種。視機書所列，不過百分之一二。機所見三百九種，其存於今者，不過《景君》、《孔和》、《史晨》、《韓勑》、《孔謙》、《孔宏》、《魯峻》、《鄭固》、《孔宙》、《蒼頡》、《衡方》、《張壽》、《孔彪》、《潘乾》、《武榮》、《王渙》、《鄭季宣》、《白石神君》、《西狹頌》、《郙閣頌》二十餘種。較其碑目所列，已不及十分之一。此二十餘種之外，縱舊拓流傳，亦斷璧零璣，偶然一遇，決不能如是之多。藹吉何由得見原碑，一一手摹其字？則所云"不備之字，始求之《字源》"，殆不足憑。

又每字下所引碑語，亦多舛錯。如忠字下引《孔宙碑》"躬忠恕以及人"，誤去"躬"字；宿字下引《孔彪碑》"諸則不宿"[6]，誤連上文如毛二字爲句；奎字下引《史晨前碑》"得在奎婁"句，悞以爲《後碑》；秦字下引《華山碑》"改秦淫祀"句，悞以爲《韓勑碑》。此或讀碑時偶不及檢。至通字下引《唐扶頌》"通天之祐"，而《唐扶頌》實無此語，蓋以《隸釋》所載"受天之祐"句與前行"通天三統"句適相齊，而誤寫之。是尤僅據《隸釋》，未見原碑之一證。洪适之書具在，安得諱所自來乎？

即以原碑尚存者[7]，如《韓勑造孔廟禮器碑》，并碑陰、碑兩側，字數較多，文義尚大概可考。碑云"莫不驂思，嘆卬師鏡"，而師字下引之，誤截"師鏡"二字，連下文"顏氏"二字爲句。碑云"更作二輿，朝車威熹"，而車字下引之，誤以"作二輿朝車"爲句。碑云"仁聞君風燿，敬咏其德"，而聞字下引之，誤以"聞君風燿"爲句。其君字下所引亦然。碑云"長期蕩蕩於盛"，而長字下引之，誤截去"於盛"二字。碑云"於是四方士"，而方字下引之，誤連下文仁字爲句。③碑陰有"陳國苦虞崇"之文，苦者縣名，虞崇者人姓名也，而虞字下引之，誤作"陳國苦虞"。碑陰有"雒陽李申伯"之文，而申字下引之，誤截去伯字。又有"蕃加進子高"之文，而進字下引之，誤截去蕃字。碑側有"河南匽師度徵漢賢"文，其旁別有"河南匽師"，骨鄰、通國一人，顯然可証，乃匽字泐痕似厚字，遂悞以爲厚。又不知匽、偃通用，復贅辨："河南有偃師，無厚師。"至於鄉字下引碑側題名"金鄉師耀"，不知此乃碑陰小字，後人所加，非漢字，亦非碑側。又於率字下引碑陰"魯孔方廣率"，不知碑文明是"廣平"，惟明王雲鷺刊《隸釋》，始誤爲"廣率"。是併現存之碑，亦僅沿襲舊刻，未及詳考。乃云採摭漢碑，其亦誣矣[8]！

惟其於婁機以後續出之碑，盡爲摹入，修短肥瘠，不失本眞，則實足補《字源》之闕[9]。所纂《偏旁》一卷，五百四十部，能依《說文》次第，辨正精核。又附《碑考》二卷，碑之存者注"今在某處"，亡者引某書云"在某處"，具有引證，以年代先後爲次，條理頗爲秩然，則較《字源》碑目爲詳核。後附《隸八分考》、《筆法》二篇，採輯舊說，亦均有裨後學。與婁氏書相輔而行，固亦不必盡以重儓譏也[10]。

【校記】

[1]浙本、文溯本將此書置於《篆隸攷異》之後。

[2]前有自序，浙本作"其有自序"，文津本作"原本有自序"。

[3]漢隸字源，文溯本作"漢隸字"。

[4]且漢碑之出於機後者，文溯本作"漢碑之出於機後者"，無"且"字。

[5]尹寅，文溯本作"尹宙"。

[6]孔彪碑，浙本作"孔霆碑"。

[7]即以原碑尚存者，浙本作"即以原碑尚存者而論"。

[8]"又每字下所引碑語"至"其亦誣矣"，文溯、文津二本具無。

[9]則實足補《字源》之闕，文溯本作"則足補《字源》之闕"。

[10]篇末，文溯本有"乾隆四十七年十一月恭校上"，文津本有"乾隆四十九年四月恭校上"。

【辨正】

①胡氏補正引翁方綱《蘇齋題跋》漢石經《尚書》、《論語》殘碑條

云：顾氏但据洪、娄二书为之耳，非真见石本也。

②胡氏补正引翁方纲《复初斋集》之《跋宋槧汉隶字原》云：顾氏之为《隶辨》，意固勤矣，独惜其于诸碑，既未见拓本而又未见宋槧《字原》，又未见宋槧《隶释》、《隶续》，而又于中间妄臆存之、去之，若实有据者，此其功固大，而其近理而失真不能免也。

又引《跋隶韵》云：顾氏撰《隶辨》，虽名为纠正《字原》之误，然实有《字原》沿此刘刻而顾未及知者，则岂若此《隶韵》可借以想象原碑之梗概乎？（页282）

③余氏辨证谓：《提要》读于是四方士为句，仁闻君风燿为句，文义殆不可通，若读作士人，则文从字顺矣。然则顾氏尚能识古字通假之义，故其句读不误。而《提要》之说，转不免以不狂者为狂也。（页117）

【附录】

《简目》

隶辨八卷

国朝顾蔼吉撰。颇掊击娄机《汉隶字源》，然寔以《字源》为蓝本，而舛误或过于《字源》。惟娄氏以后续出之碑悉为采掇，足以补遗。所纂《偏旁》一卷颇为精核，《碑考》二卷，亦较娄氏碑目为详，固可相辅而行也。（页58）

篆隶考异二卷[1]　两淮盐政采进本

国朝周靖撰。靖字敉宁，吴县人，明吏部文选司郎中周顺昌之曾孙也。①

是书辨别篆隶异同[2]，用意与张有《复古编》相类。其小异者，有书以篆文为纲，而附列隶字之正俗；此则以隶字为纲[3]，于合六书者注曰隶，不合六书者注曰俗，于隶相通而篆则不相假借者注曰别[4]如隶字好醜之好，与好恶之好爲一字，篆则分好殸二字之类。而各列篆文于其下。

又《说文》分部五百四十，此则以隶字点画多少为次[5]，分部二百五十有七，俾读者以所共知通其所未知，较易于寻检。大旨斟酌于古今之间，尽斥鄙俚杜撰之文，而亦不为怪僻难行之论。其《凡例》有曰"庖牺画卦，已开书契之宗，降至小篆，无虑几变。然许叔重以前，虽有周鼓、秦碑，究无成书可据。故郑樵曰：'六书无传，惟藉《说文》。'此考以《說文》爲主，鐘鼎欵識[6]，一槩不錄"，又曰"如牐、苗等字，止載《說文》，而剛、曲見於經史，反覺簡易。此攷寧取其簡，無取其繁[7]。故去牛與艸，是非悖謬《說文》，實欲羽翼經史，閱者可舉一以例百"云云。

汪琬作是書序，亦以泥古、變古二者交譏，而稱是書"上引六經，旁及子史，究其本末，析其是非，至詳至悉[8]，而未嘗有詭異之說"，其論允矣。其書未有刊板，此本爲康熙丙辰長洲文倉所手錄[9]，篆文頗爲工整，迥非鈔胥所能。驗其私印，有"小停雲"字，蓋文徵明之裔，故筆法猶有家傳歟？今錄存其書，以著顏元孫"去泰去甚"之義，俾從俗而戾古、與從古而不可行於今者，均知爲別擇焉[10]。

【校記】

[1]文溯本作"《篆隸考異》四卷"，文津本作"《篆隸攷異》四卷"。

[2]異同，浙本作"同異"。

[3]此則，文津本作"此書"。

[4]於隸相通而篆則不相假借者，文津本作"於隸相通而篆文則不相假借者"。

[5]此則，文津本作"此書"。

[6]欵識，浙本作"款識"。

[7]繁，文津本作"煩"。

[8]"析其是非，至詳至悉"，文溯、文津二本並作"晰其是非，至詳至細"。

[9]文倉所手錄，文溯本作"文含所手錄"。

[10]篇末，文溯本有"乾隆四十七年十月恭校上"，文津本有"乾隆四十九年七月恭校上"。

【辨正】

①楊氏辨誤據周順昌《忠介燼余集》《燼余錄》謂：周靖乃周順昌之孫也，不得謂爲曾孫，《總目》增"曾"字，誤。（頁45）

【附錄】

《簡目》

篆隸考異二卷

國朝周靖撰。其用意與張有《復古編》略同。惟有書以韻分，此一偏旁分，二百五十七部；有書以篆領隸，書以隸領篆。

右小學類字書之屬，三十六部，四百七十八卷，皆文淵閣著錄。[1]

案：字體與世爲變遷。古文、籀文不可以繩小篆，小篆不可以繩八分，八分不可以繩隸隸即今之楷書。然其相承而變，則源流一也。故古今字書，統入此門。至《急就章》之類，但有文字，而不講六書，然《漢志》列之小學家。觀陸羽《茶經》所引，司馬相如《凡將篇》亦以韻語成句，知古小學之書其體如是。《說文解字》猶其後起者也。故仍與字書並列焉。[2]

【校記】

[1]四百七十八卷，浙本作"四百八十卷"；文溯、文津本無此段文字。

[2]故仍與字書並列焉，浙本作"故仍與是書竝列焉"。

小學類三

廣韻五卷　內府藏本

不著撰人名氏。

考世行《廣韻》凡二本：一爲宋陳彭年、邱雍等所重修，一爲此本[1]。①前有孫愐《唐韻序》，注文比重修本頗簡。

朱彝尊作《重修本序》，謂明代內府刊板中涓欲均其字數，取而刪之。②然《永樂大典》引此本皆曰"陸法言《廣韻》"，引重修本皆曰"《宋重修廣韻》"。世尚有麻沙小字一本[2]，與明內府板同，題曰"乙未歲明德堂刊"，③內"匡"字紐下十二字皆闕一筆[3]，避太祖諱，其他宋諱則不避。邵長衡《古今韻畧》指爲宋槧，雖未必然，而平聲"東"字注中引柬不譬事，重修本作"舜七友"，此本訛作"舜之後"。熊忠《韻會舉要》已引此本，則當爲元刻矣，非明中涓所刪也。又宋人諱殷，故重修本改二十一殷爲欣。此尚作殷，知非作於宋代。且唐人諸集，以殷韻字少,難於成詩,間或附入眞、諄、臻韻。如杜甫《東山草堂詩》、李商隱《五松驛詩》,不一而足。《說文》所載《唐韻》翻切,"殷"字作於身切,"欣"字作許巾切,亦借眞韻中字取音,並無一字通文。此本注殷獨用[4],重修本始註"欣與文通",尤確非宋韻之一徵。考《唐志》、《宋志》皆載陸法言《廣韻》五卷,④則法言《切韻》亦兼《廣韻》之名[5]。又孫愐以後,陳彭年等以前,修《廣韻》者尚有嚴寶文、裴務齊、陳道固三家,重修本中皆列其名氏[6]。郭忠恕《佩觿》上篇尚引裴務齊《切韻序》,辨其"老"、"考"二字左回右轉之訛,知三家之書,宋初尚存[7]。此本葢卽三家之一。故彭年等所定之本不曰"新修",而曰"重修",明先有此《廣韻》[8]。又景德四年《勅牒》稱舊本注解未備,明先有此注文簡約之《廣韻》也[9]。彛尊精於考証,乃以此本爲在後[10],不免千慮之一失矣。

惟新、舊《廣韻》皆在《集韻》之前,而上、去二聲乃皆用《集韻》移併之部分,平、入二聲又不從《集韻》移併。疑賈昌朝奏併十三部以後,校刻《廣韻》者以儼、广、檻、釅、陷、鑑六部字數太窄[11],改從《集韻》以便用。咸、銜、嚴、業、洽、狎六部字數稍寬,則仍其舊而未改[12]。觀徐鍇《說文韻譜》,上聲以湛、檻、儼相次,去聲以陷、鑑、釅相次,則唐人舊第可知也。此於四聲次序,前後乖違,殊非體例。以宋槧如是,今姑仍舊本錄之,而附訂其誤如右[13]。

【校記】

[1]此本,文津本作"原本"。

[2]世尚有麻沙小字一本,文溯本作"世尚有麻沙字一本",無"小"字。

[3]十二字,文溯、浙二本並作"十三字"。

[4]此本,文津本作"此文"。

[5]則法言《切韻》亦兼《廣韻》之名,文溯、文津二本並作"而陸德明《莊子釋文》亦引《廣韻》,則《廣韻》之名實在《唐韻》之前"。

[6]皆列其名氏,文溯、文津二本並作"皆顯列其名氏"。

[7]"郭忠恕《佩觿》上篇"至"宋初尚存",文溯、文津二本具無。

[8]明先有此《廣韻》,文溯、文津本作"明先有此本也"。

[9]"又景德四年《勅牒》稱舊本注解未備，明先有此注文簡約之《廣韻》也"，文溯、文津二本具無。

[10]乃以此本爲在後，文溯本作"乃以原書爲在後"。

[11]儼、賺、檻、釅、陷、鑑，浙本作"賺、檻、儼、陷、鑑、釅"。

[12]業、洽、狎，浙本作"洽、狎、業"。

[13]而附訂其誤如右，浙本作"而訂其誤如右"。

"惟新舊《廣韻》皆在《集韻》之前"至"而附訂其誤如右"，文溯、文津二本具無。

篇末，文溯本有"乾隆四十七年九月恭校上"，文津本有"乾隆四十九年閏三月恭校上"。

【辨正】

①胡氏補正引顧廣圻《思適齋集》《書宋槧廣韻後》云：世所行《廣韻》有三，其本各不相同。家亭林先生刻，節注本也；吾郡張氏刻，足本也；而揚州詩局所刻，平、上、去皆足，入聲則節注，其兩節注之本又不相同。（頁283）

又引《書元槧廣韻後》云：今世之為《廣韻》者凡三：一澤存堂詳本，一明內府略本，一局刻平、上、去詳而入略本，三者迥異，各有所祖。（頁284）

②胡氏補正引李慈銘《荀學齋日記》云：明內府本《廣韻》，前僅孫愐《唐韻序》一首，亦不載其論。其書於目錄注同用者連綴之，韻下注文，刊削甚多。（頁284）

③胡氏補正引楊氏《楹書偶錄》案語云：元元貞元年，至正十五年，皆歲在乙未，此本以板式避諱定之，似宋末元初所刊，或是元貞之乙未，而紀文達公張本跋中作至元乙未，想偶誤記耳。（頁284）

④胡氏補正引俞正燮《癸巳存稿》三十三云：陸法言《切韻》不見《經籍志》，蓋隋時官不採錄，唐初書亦未顯，唐《藝文志》始有陸慈《切韻》五卷，疑法言一名慈。今《提要》引《唐志》云陸法言《廣韻》五卷，《唐志》實無此文，《廣韻》亦是增廣之稱，法言不應先有此名也。（頁285）

【附錄】

《簡目》

原本廣韻五卷

不著撰人名氏，注文簡當，乃宋大中祥符重修以前之舊本，但孫愐以後有嚴寶文、裴務齊、陳道固三家之本，不知出誰手耳。朱彝尊《序》，張氏所刊宋《廣韻》以此本之注爲明內府刊本所刪，盖未見此書有元初刻板也。（頁59）

重修廣韻五卷[1]　兩淮馬裕家藏本

宋陳彭年、邱雍等奉勅撰。

初，隋陸法言以呂靜等六家韻書各有乖互[2]，因與劉臻、顏之推、魏淵、盧思道、李若、蕭該、辛德源、薛道衡八人撰爲《切韻》五卷。書成於仁壽元年，唐儀鳳二年長孫訥言爲之註。後郭知元、關亮、薛峋、王仁煦、祝尚邱遞有增加[3]。天寶十載，陳州司法孫愐重爲刊定，改名"唐韻"。①後嚴寶文、裴務齊、陳道固又各有添字。宋景德四年，以舊本偏旁差訛，傳寫漏落，又注解未備，乃命重修。大中祥符四年書成，賜名"大宋重修廣韻"，即是書也。

舊本不題撰人。以丁度《集韻》考之[4]，知爲彭年、雍等爾。其書二百六韻，仍陸氏之舊，所收凡二萬六千一百九十四字。考唐封演《聞見記》，載陸法言韻凡一萬二千一百五十八字，則所增凡一萬四千三十六字矣。此本爲蘇州張士俊從宋槧翻雕，②中間已缺欽宗諱，盖建炎以後重刊[5]。朱彝尊序之[6]，力斥劉淵韻合殷於文、合隱於吻、合焮於問之非。然此本實合殷、隱、焮於文、吻、問，彝尊未及檢也[7]。③

註文凡一十九萬一千六百九十二字，較舊本爲詳，而冗漫頗甚[8]。如"公"字之下載姓氏至千餘言，殊乏翦裁；"東"字之下稱東宮得臣爲齊大夫，亦多紕繆。考孫愐《唐韻序》，稱異聞、奇怪、傳說、姓氏、原田、土地、物產、山河、草木、禽獸、蟲魚備載其間[9]，已極蔓引，彭年等又從而益之，宜爲丁度之所譏[10]。潘耒序乃以註文繁複爲可貴[11]，是將以韻書爲類書也。著書各有體例，豈可以便於剽剟，遂推爲善本哉？流傳既久，存以備韻書之源流可矣[12]。

【校記】

[1]薈要、文溯二本並作"廣韻"。

[2]各有乖互，文津本作"各有乖誤"。

[3]增加，文津本作"增減"。

[4]以丁度《集韻》考之，薈要本作"以丁度《集韻》凡例考之"。

[5]蓋建炎以後重刊，文溯、文津二本並作"蓋建炎以後重刊本"。

[6]朱彝尊序之，文溯、文津二本並作"朱彝尊《曝書亭集》有為士俊所作序"。

[7]"此本爲蘇州張士俊從宋槧翻雕"至"彝尊未及檢也"，薈要本無。

[8]"較舊本爲詳，而冗漫頗甚"，薈要本作"較舊本尤爲詳博云"，文津本作"舊本爲詳，而冗漫頗甚"。

[9]禽獸，文溯、文津二本並作"鳥獸"。

[10]宜爲丁度之所譏，文溯、文津二本並作"丁度譏其'一字之左兼載他切，既不該盡徒釀細文，又姓望之出，廣陳名系，既乖字訓，復類譜牒'，其說當矣"。

[11]潘耒序乃以註文繁複爲可貴，文溯、文津二本並作"潘耒《遂初堂集》亦有此書序，極以注文繁複為可貴"。

[12]"如公字之下載姓氏至千餘言"至"存以備韻書之源流可矣"，薈要本無。

篇末，薈要本有"乾隆四十三年二月恭校上"，文溯本有"乾隆四十七年十月恭校上"，文津本有"乾隆四十九年五月恭校上"。

【辨正】

① 胡氏補正引閻若璩《尚書古文疏證》七十四條云：人皆言今之韻書多沈約吳音，真屬奇冤，約四聲一卷唐已不傳，取士一以陸法言《切韻》五卷為準。今之韻書，其部之併，則平水劉淵本也，其字之省，則景祐《禮部韻略》本也，而酌古沿今折衷於南、北之音者，則陸法言所撰本也。（頁286）

② 胡氏補正謂：陸氏《藏書志》有北宋刊本，其案語云："即張氏刻本所從出。"（頁286）

引《儀顧堂續跋》云：宋諱玄朗、匡胤、炅、禎皆缺筆，徵、頊、佶、桓皆不缺，蓋仁宗時刊本。以張氏刻校一過，乃知張氏所據與此本同，而有增、有改、有缺、有誤。（頁287）

③ 余氏辨證謂：徐時棟《煙嶼樓讀書志》卷十一云："按此本上平分

文欣，上聲分吻隱，去聲分問焮，明白如此，何嘗合乎？宋人諱殷，故改二十一殷為二十一欣，豈作《提要》者但見目中無殷字，更不考書中欣韻即殷韻否，又不檢後二本目中有隱焮，而遽妄言之乎？今案，《提要》此篇之前，曾以明內府刊本《廣韻》著錄，其提要云："宋人諱殷，故重修本改二十一殷為欣。"其言未嘗誤也。乃甫隔兩葉，而忽云云如此，雖云官書雜成眾手，而其自相違伐，亦已甚矣，宜乎徐氏以子之矛刺子之盾也。（頁 118）

【附錄】

《簡目》

重修廣韻五卷

宋大中祥符四年陳彭年等奉勅撰。其二百六部仍從舊本，而注則加詳。其注可資引據者多，而傷于冗漫者亦不少。以著書體例論之殊為未協。惟考證家取其賅博，故重之過於原本焉。（頁 60）

集韻十卷　兩淮馬裕家藏本[①]

舊本題"宋丁度等奉勅撰"。前有《韻例》，稱："景祐四年太常博士直史館宋祁、太常丞直史館鄭戩等建言：'陳彭年、邱雍等所定《廣韻》多用舊文，繁畧失當。'因詔祁、戩與國子監直講賈昌朝、王洙同加修定，刑部郎中知制誥丁度、禮部員外郎知制誥李淑為之典領。"晁公武《讀書志》亦同。然考司馬光《切韻指掌圖序》，稱"仁宗皇帝詔翰林學士丁公度、李公淑增崇韻學。自許叔重而降，凡數十家，總為《集韻》，而以賈公昌朝、王公洙為之屬。治平四年，余得旨繼纂其職，書成上之，有詔頒焉。嘗因討究之暇，科別清濁為二十圖"云云，則此書奏於英宗時[1]，非仁宗時。成於司馬光之手，非盡出丁度等也[2]。

其書凡平聲四卷，上聲、去聲、入聲各二卷，共五萬三千五百二十五字，視《廣韻》增二萬七千三百三十二字[3]案《廣韻》凡二萬六千一百九十四字，應增二萬七千三百三十一字，於數乃合。原本悞以二萬為一萬，今改正。熊忠《韻會舉要》稱："舊韻但作平聲一二三四，《集韻》乃改為上、下平。"今檢其篇目，乃舊韻作上、下平，此書改為平聲一二三四。忠之所言，殊為倒置[4]。

惟《廣韻》所注通用、獨用，《封演見聞記》稱為唐許敬宗定者，改併移易其舊部，則實自此書始[5]。《東齋紀事》稱"景祐初，以崇政殿說書賈昌朝言，詔度等改定韻窄者十三處，許令附近通用"，是其事也[6]。今以《廣韻》互校，平聲併殷於文，併嚴於鹽、添，併凡於咸、銜；上聲併隱於吻；去聲併廢於隊、代，併㤑於問；入聲併迄於物，併業於葉、帖[7]。凡得九韻，不足十三。然《廣韻》平聲鹽、添、咸、銜、嚴凡與入聲葉、帖、洽、狎、業、乏皆與本書部分相應，而與《集韻》互異。惟上聲併儼於琰、忝，併范於賺、檻，去聲併釅於豔、㮇，併梵於陷、鑑，皆與本書部分不應，而乃與《集韻》相同。知此四韻亦《集韻》所併[8]，而重刊《廣韻》者，誤據《集韻》以校之，遂移其舊第耳。

其駁《廣韻》注，凡姓望之出，廣陳名系，既乖字訓，復類譜牒，誠爲允協[9]。至謂兼載他切，徒釀細文，因併刪其字下之互注，則音義俱別，與義同音異之字難以遽明，殊爲省所不當省[10]。又韻主審音，不主辨體，乃篆籀兼登，雅俗並列，重文複見，有類字書，亦爲繁所不當繁[11]。②其於《廣韻》，蓋亦互有得失，故至今二書並行，莫能偏廢焉[12]。

【校記】

［1］則此書奏於英宗時，文溯、文津二本並作"則此書奏於英宗"，無"時"字。

［2］"前有韻例"至"非盡出丁度等也"，薈要本無。

［3］"其書凡平聲四卷"至"視《廣韻》增二萬七千三百三十二字"，薈要本作"凡平聲四卷，上聲、去聲、入聲各二卷，前有度等《韻例》，末有景祐元年宋祁等《奏疏》殘文，其書因陳彭年等《廣韻》重修"；文溯、文津二本具無。

［4］"今檢其篇目"至"殊爲倒置"，薈要本作"今攷是書，忠言殊悮"。

［5］"改併移易其舊部，則實自此書始"，薈要本作"改併舊部，則實自度始"。

［6］"《東齋紀事》"前，薈要本有"考"字；

"是其事也"，薈要本無。

［7］"併業於葉、帖"後，浙本有"併乏於洽、狎"。

［8］"《東齋紀事》稱"至"知此四韻亦《集韻》所併"，文溯、文津本皆無。

［9］"其駁《廣韻》注，凡姓望之出，廣陳名系，既乖字訓，復類譜

牒，誠爲允協"，薈要本作"其駁《廣韻》注，繁省失當，及多引姓氏，有類譜牒，誠爲允協"。

[10]"至謂兼載他切，徒釀細文"，薈要本無。

[11]"又韻主審音，不主辨體，乃篆籀兼登，雅俗並列，重文複見，有類字書，亦爲繁所不當繁"，薈要本作"而韻主審音，不主辨體，乃依《說文》之例，重文複見，有類字書，是亦繁所不當繁"。

[12]"其於《廣韻》，蓋亦互有得失，故至今二書並行，莫能偏廢焉"，薈要本作"則與彭年之書亦互有得失耳"。

篇末，薈要本有"乾隆四十一年四月恭校上"，文溯本有"乾隆四十七年十月恭校上"，文津本有"乾隆四十九年三月恭校上"。

【辨正】

①胡氏補正謂：《集韻》行世者惟曹寅揚州局刻本，與《類篇》、《隸續》同時開雕，今此本爲馬裕所藏，未知何人刻。而《提要》著錄《隸續》稱揚州本，蓋即曹本，疑此亦然。（頁289）

②胡氏補正引黃式三《儆居集》《書集韻考正後》云：《集韻》載陸氏《釋文》之音讀與今本異者，可以證宋開寶以前未改之本。然而烘、灯經譌，夂夊聲淆，遉、遁體乖，升、外字別，鼎下之㝴爲回水，贏下之省天爲少昊，傳寫既差，校改爲要。引《山海經》合水之鰧魚，入於來需，引《地理志》羑水之西山，混入蕩水，引《方言》之鍊鑘爲鍊鑘，鴲鶀爲鵱旦，此皆作者之疏，書中類此者不少。（頁289）

【附錄】

《簡目》

《集韻》十卷

舊本題"宋丁度等撰"。然度及李淑以景祐四年受昭，至治平四年，司馬光乃修成奏上，中融三十一年，則稱度者非也。其書刪《廣韻》注文之冗，頗見體裁，而多列重文，雅俗不變，籀篆兼存，頗爲蕪雜。又刪去重音之互注，使兩收之字不明，則亦互有短長也。（頁60）

切韻指掌圖二卷、附檢例一卷[1]　　永樂大典本

宋司馬光撰。其《檢例》一卷則邵光祖所補正。光有《溫公易說》，

已著錄。光祖字宏道，自稱洛邑人，其始末未詳[2]。考《江南通志·儒林傳》，載"元邵光祖字宏道，吳人。研精經傳，講習垂三十年，通三經。所著有《尚書集義》"，當即其人。洛邑，或其祖籍歟[3]？據王行《後序》"作於洪武二十三年"，稱其"歿已數年"，則元之遺民，入明尚在也[4]。

光書以三十六字母科別清濁，爲二十圖。首獨韻，次開合韻。每類之中又以四等字多寡爲次，故高爲獨韻之首，干、官爲開合韻之首。舊有《檢例》一卷，光祖以爲全背圖旨，斷非光作。因自撰爲檢圖之例，附於其後。考光《自序》，實因《集韻》而成是圖。光祖乃云"《廣韻》凡二萬五千三百字，其中有切韻者三千八百九十文，正取其三千一百三十定爲二十圖[5]，餘七百六十字，應檢而不在圖者，則以在圖同母同音之字備用，而求其音"，則是據《廣韻》也。然光祖據光之圖以作例，則其例仍與圖合。所註七百六十字之代字及字母，亦足補原圖所未備。光例既佚，卽代以光祖之例，亦無不可矣。

光書反切之法，據嘉定癸亥董南一《序》云[6]"遞用則名音和，傍求則名類隔；同歸一母則爲雙聲，同出一韻則爲叠韻；同韻而分兩切者謂之憑切，同音而分兩韻者謂之憑韻；無字則點棄以足之謂之寄聲，韻闕則引鄰以寓之謂之寄韻"。所謂雙聲、叠韻諸法，與今世所傳劉鑑《指南》諸門法並同，惟音和、類隔二門，則大相懸絕。《檢例》云："取同音、同母、同韻、同等四者皆同謂之音和，取脣重脣輕、舌頭舌上、齒頭正齒三音中清濁同者謂之類隔。"是"音和"統三十六母，"類隔"統脣、舌、齒等二十六母也。劉鑑法則"音和"專以見、溪、羣、疑爲說，而又別立爲一四音和、四一音和兩門。類隔專以端、知八母爲說，又別出輕重、重輕交互，照精、精照互用四門。似乎推而益密，然以兩法互校，實不如原法之簡該也。其"《廣韻》類隔，今更音和"一條，皆直以本母字出切，同等字取韻。取字於音和之理，至爲明了。獨其辨來、日二母云"日字與泥、娘二字母下字相通"，辨匣、喻二字母云"匣闕三四喻中覓，喻虧一二匣中窮"，卽透切之法，一名野馬跳澗者。其法殊爲牽强。又其法兼疑、泥、羣、明等十母，此獨舉日、泥、匣、喻二母，亦爲不備[7]。是則原法之疎，不可以立制者矣。

等韻之說，自後漢與佛經俱來，然《隋書》僅有十四音之說，而不明其例。《華嚴》四十二字母，亦自爲梵音，不隷以中國之字。《玉篇》

後載神珙一圖[8]，《廣韻》後列一圖不著名氏，均粗舉大綱，不及縷舉節目。其有成書傳世者，惟光此書爲最古。孫奕《示兒編》辨"不"字作"逋骨切"，惟據光說，知宋人用爲定韻之祖矣。①

第光《傳家集》中，下至投壺、新格之類，無不具載，惟不載此書，故傳本久絕。今惟《永樂大典》尚有完本，②謹詳爲校正，俾復見於世。以著等韻之舊譜，其例不過如此，且以見立法之初，實因《集韻》而有是書，非因是書而有《集韻》。凡後來紛紜轇轕，均好異者之所爲焉[9]。

【校記】

[1]文溯本作"切韻指掌圖"。

[2]其始末未詳，文溯、文津二本並作"始末未詳"，無"其"字。

[3]"考《江南通志·儒林傳》"至"洛邑或其祖籍歟"，文溯、文津二本皆無。

[4]"則元之遺民，入明尚在也"，文溯、文津二本並作"則明初人矣"，浙本作"則元之遺民，入明尚在者也"。

[5]正取，文溯、浙二本並作"止取"。

[6]嘉定，浙本作"景定"。

[7]"又其法兼疑、泥、羣、明等十母，此獨舉日、泥、匣、喻二母，亦爲不備"，文溯、浙二本並作"又其法兼疑、泥、娘、明等十母，此獨舉日、泥、匣、喻、娘五母，亦爲不備"。

[8]一圖，文溯、浙二本並作"二圖"。

[9]篇末，文溯本有"乾隆四十六年十月恭校上"，文津本有"乾隆四十六年十月恭校上"。

【辨正】

①胡氏補正謂：瞿氏《目錄》有影鈔紹定庚寅刻本，云：切韻之書，以溫公《指掌圖》為最古，而溫公之圖，又以此本為最古，雖亦不無淆亂。（頁289）

②胡氏補正謂：瞿氏《目錄》有影鈔元本，云：序後載有檢例，與宋本同，而又增多數條，即邵氏所斥為斷非溫公作者，吾邑張氏傳刻《永樂大典》本，乃並題為明邵光祖撰，則由未見宋、元本也。（頁290）

又有元刊本是書跋云：宋時所行《指掌圖》，原有檢例，國朝開四庫

館時，無以溫公原本進者，故即以邵氏檢例著於錄。惟邵氏書亦《大典》錄出而非原本。（頁 291）

【附錄】
《簡目》
切韻指掌圖二卷、附檢例一卷
宋司馬光撰，其《檢例》一卷則元邵光祖所補也。原本久佚，今從《永樂大典》錄出，等韻之傳于今者以此書為最古。

韻補五卷　兩淮鹽政採進本

宋吳棫撰。棫字才老，武夷徐蕆爲是書序，稱與蕆本同里，而其祖後家同安。王明清《揮塵三錄》則以爲舒州人，疑明清悮也。宣和六年第進士[1]，召試館職，不就。紹興中爲太常丞，以爲孟仁仲草表忤秦檜，出爲泉州通判以終[2]。①

蕆《序》稱所著有《書裨傳》、《詩補音》、《論語指掌考異續解》、《楚辭釋音》、《韻補》，凡五種。陳振孫《書錄解題·詩類》載棫《毛詩補音》十卷，註曰："棫又別有《韻補》一書，不專爲《詩》作。"小學類載棫《韻補》五卷，註曰："棫又有《毛詩補音》一書，別見《詩類》。"今《補音》已亡[3]，惟此書存。

自振孫謂朱子註《詩》用棫之說，朱彝尊作《經義考》，未究此書僅五卷，於"《補音》十卷"條下誤註"存"字，世遂謂朱子所據卽此書，莫敢異議。考《詩集傳》，如《行露篇》二"家"字，一音谷，一音五紅反[4]；《騶虞篇》二"虞"字，一音牙，一音五紅反；《漢廣篇》"廣"音古曠反，"泳"音于誑反；《綠衣》篇"風"音孚愔反之類[5]，為此書所無者不可殫舉。《兔罝》篇"仇"音渠之反，以與逑叶，此書乃據《韓詩》"逑"作馗，音渠尤反，以與仇叶，顯相背者亦不一。又《朱子語錄》稱"棫音務爲蒙，音嚴爲莊"，此書有"務"而無"嚴"[6]。周密《齊東野語》稱"朱子用棫之說，以艱音巾，替音天"，此書有"艱"而無"替"。則朱子所據非此書明甚。

蓋棫音《詩》，音《楚辭》，皆據其本文，推求古讀，尚能互相比較，粗得大凡，故朱子有取焉。此書則泛取旁搜，無所持擇。所引書五十種中，下逮歐陽修、蘇軾、蘇轍諸作與張商英之僞《三畧》[7]，旁及《黃庭經》、《道藏》諸歌,故夌錯冗雜[8],漫無體例。②至於韻部之上平註:"文、殷、元、寬、痕通眞,寒、桓、刪、山通先。"下平忽註:"侵通眞,覃、談、咸、銜通先,鹽、沾、嚴、凡通刪。"[9]上聲又註:"梗、耿、靜、迥、拯等六韻通軫。寑亦通軫。感、敢、琰、忝、豏、檻、儼、范通銑。"去聲又註:"問、焮通震,而願、慁、恨自爲一部;諫、襉通霰,而翰、換自爲一部;勘、闞通翰,豔、桥、㮇通霰,陷、鑑、梵通諫,割爲三部。"入聲又註:"勿、迄、職、德、緝通質,爲一部;曷、末、黠、戛、屑、薛、葉、帖、業、乏通月,爲一部。"顛倒錯亂,皆亙古所無之臆說[10]。③世儒不察,乃執此書以誣朱子,其傎殊甚!然自宋以來,著一書以明古音者,實自棫始,而程迥之《韻式》繼之[11]。迥書以三聲通用、雙聲互轉爲說,所見較棫差的,今已不傳。棫書雖牴牾百端,而後來言古音者皆從此而推闡加密,故闕其繆而仍存之,以不没篳路繿縷之功焉[12]。

【校記】

[1]第進士,文溯、文津二本並作"進士第"。

[2]出爲泉州通判以終,文溯、文津二本並作"謫泉州通判以終"。

[3]今《補音》已亡,文溯、文津二本並作"今《毛詩補音》已亡"。

[4]一音五紅反,浙本作"一音各空反"。

[5]孚愔反,文津本作"爲愔反"。

[6]"考《詩集傳》"至"此書有務而無嚴",文溯本作"考《詩集傳》中音切爲此書所無者,不可殫舉"。

[7]《三畧》,浙本作"《三墳》"。

[8]故夌錯冗雜,文津本作"同參錯冗雜"。

[9]"銜通先,鹽、沾、嚴、凡通刪",浙本作"銜通刪,鹽、沾、嚴、凡通先"。

[10]"蓋棫音《詩》"至"皆亙古所無之臆說",文溯本無;"至於韻部之上平註"至"皆亙古所無之臆說",文津本無。

[11]《韻式》,浙本作"《音式》"。

[12]篇末,文溯本有"乾隆四十七年十月恭校上",文津本有"乾隆四十九年閏三月恭校上"。

【辨正】

①楊氏辨誤據嘉靖《建寧府志》卷一八《吳棫傳》謂：棫為建安人，不僅非舒州，亦非同安人也。（頁45）

②胡氏補正引楊氏連筠簃本何秋濤跋云：所引文若王粲馬腦勒、陳琳水精盌諸賦，雖往往奪誤不能盡校，而吉光片羽，彌足寶重。即習見之書，才老引之亦有與今本異者，如屈原九章"冤屈而自抑"，冤屈作俛詘，白居易《傷宅詩》"洞房溫且清，寒暑不能干"，干作忓，凡斯之屬，必北宋時本有之，亦復足裨考證。（頁293）又引李慈銘《桃華聖解盦日記》四七云：此書泛濫極矣，然於復古不為無功。（頁294）

③胡氏補正謂：瞿氏《目錄》有宋刊本，云：明人屢經翻刻，若何氏天衢、許氏宗魯並多讎正，而許刻尤稱精善，然以此本核之，知有原本不譌而誤改者。（頁292）

又有鈔本，云：此書排比韻字，實從字母次第，說者謂金韓道昭《五音集韻》，始以七音、四等、三十六母顛倒唐、宋字紐，不知亦始於吳氏矣。顧其中亂行失次，亦復不少。考徐氏藏原序，乃知吳氏自有定本，未授徐氏，今本是其初稿，故舛錯若是耳。至如韻部之通轉混注，牴牾尤甚，或詆為千古所無之臆說，若知其未成之書，不可少寬責備哉？（頁293）

【附錄】

《簡目》

《韻補》五卷

宋吳棫撰。其書部分多謬誤，引證尤為泛濫。然韻書始自齊梁，而古韻則自宋以前無專書，以棫此書為祖。將有其末，必求其本，故錄之以見後來之知。講古韻從此書始，後來之妄講古韻亦從此書始焉。（頁61）

《浙江採集遺書總錄》

韻補五卷（刊本）

右宋武夷吳棫撰。陳振孫曰取古書自《易》、《書》、《詩》而下，以及本朝歐蘇，凡五十種，其聲韻與今不同者皆入焉。朱侍講多用其說于《詩》傳、《楚辭》注，然叶韻之說，知音者未免有異詞也。（頁350）

附釋文互註禮部韻畧五卷、附貢舉條式一卷　兵部侍郎紀昀家藏本

《禮部韻畧》，舊本不題撰人。晁公武《讀書志》云"丁度撰"，今考所併舊韻十三部，與度所作《集韻》合，當出度手。[①]

其上平聲三十六桓作歡，則南宋重刊所改。觀卷首載郭守正《重修條例》，稱紹興本尚作"桓"，是其證也。考曾慥《類說》引《古今詞話》曰："眞宗朝試《天德淸明賦》，有閩士破題云：'天道如何，仰之彌高。'會試官亦閩人，遂中選。"是宋初程試用韻尚漫無章程。自景祐以後，勑撰此書，始著爲令式，迄南宋之末不改[1]。然收字頗狹，如歡韻漏"判"字、添韻漏"尖"字之類，嘗爲俞文豹《吹劍錄》所議。故元祐中博士孫諤[2]、紹興中朝散大夫黃積厚、福州進士黃啟宗，淳熙中吳縣主簿張貴謨，嘉定中嘉定府教授吳杜[3]，皆屢請增收。而楊伯嵒亦作《九經補韻》，以拾其遺。[②]然每有陳奏，必下國子監看詳，再三審定，而後附刊韻末。其間或有未允者，如黃啟宗所增"隮一作齊"、"鯚一作斜"之類，趙彥衛《雲麓漫鈔》尚駁詰之。蓋既經廷評，又經公論，故較他韻書特爲謹嚴[4]。然當時官本已不可見，其傳於今者題曰"附釋文互註禮部韻畧"。每字之下皆列官註於前，其所附互註則題一"釋"字別之。

凡有二本：一本爲康熙丙戌曹寅所刻，冠以余文焜所作歐陽德隆《押韻釋疑序》一篇、郭守正《重修序》一篇、《重修條例》十則、淳熙《文書式》一道。考守正所重修者，名《紫雲韻》，今尚有傳本，已別著錄，則此本非守正書。又守正《條例》稱德隆註疴僂、其拊之辨，似失之拘。今此本無此註，則亦非德隆書。觀守正《序》稱"書肆板行，漫者凡幾，一漫則一新，必增數註釋，易一標題"，然則當日《韻畧》非一本。此不知誰氏所刻，而仍冠以舊序及條例，其條例與書不相應，而淳熙《文書式》中乃有理宗御名，是則移掇添補之明證也[5]。一本爲常熟錢孫保家影抄宋刻，前五卷與曹本同，但首無序文條例，而末附《貢舉條式》一卷，凡五十三頁。所載上起元祐五年，下至紹興五年[6]，凡一切增刪韻字、廟諱、祧諱、書寫試卷格式以及考校章程，無不具載[7]，多史志之所未備，猶可考見一代典制。視曹本特爲精善。惟每卷之末各以當時避諱不收之字附錄一頁，據《跋》乃孫保所加，非原書所有。今削去不載，以存其舊。至曹寅所刻不完之本，則附見於此，不別著錄焉[8]。

【校記】

[1]"考曾慥《類說》引《古今詞話》"至"迄南宋之末不改"，文溯、文津二本並作"此書為宋代官韻，行之最久"。

[2]故元祐中博士孫諤，文溯、文津二本皆無。

[3]嘉定中嘉定府教授吳杜，浙本、文溯本作"嘉定中嘉定府教授吳桂"，文津本作"嘉定中嘉興府教授吳杜"。

[4]"其間或有未允者"至"又經公論"，文溯、文津二本皆無。

[5]"考守正所重修者"至"是則移掇添補之明證也"，文溯、文津二本皆無。

[6]"所載上起元祐五年，下至紹興五年"，文溯本作"所載上起元豐五年，下至紹興五年"，文津本作"所載上起元豐五年，下至紹熙五年"，浙本作"所載上起元祐五年，下至紹熙五年"。

[7]無不具載，文溯、文津、浙三本並作"無不備載"。

[8]篇末，文溯本有"乾隆四十七年九月恭校上"，文津本有"乾隆四十九年八月恭校上"。

【辨正】

①胡氏補正謂：瞿氏《目錄》有宋刊本，云：晁公武謂丁度撰，尚考之未審也。（頁295）

②胡氏補正謂：陸氏《藏書志》有宋刊《九經補韻》，並載淳祐四年俞任禮題語云：自元祐國子博士孫諤陳乞添收，繼其後則黃啟宗有《補韻》，吳棫有《韻補》、《補音》，毛晃有《增韻》，張貴謨有《韻略補遺》，近世黃子厚、蔣全甫則又各有論說。然疏者隋韻增輯僅得一二，詳者至盡採子、史、《蒼》、《雅》、《方言》，欲增入二千六百五十五而難於形，此《禮部韻》之所以至今未備也。（頁295）

【附錄】

《簡目》

附釋文互註禮部韻畧五卷、貢舉條式一卷

《禮部韻略》，宋丁度撰，所附釋文互注乃南宋坊本，不知誰所加矣。此書收字最狹，頗多漏略，然宋一代程式，懸為切令，不敢一字出入，未

附《貢舉條式》一卷，于一切科舉程式及添減韻字之故，最為詳悉，今仍併錄之以備考核。（頁61）

增修互註禮部韻畧五卷　江蘇巡撫採進本

宋毛晃增註[1]，其子居正校勘重增。諸家所稱《增韻》，即此書也。晃嘗作《禹貢指南》，居正嘗作《六經正悮》，皆已著錄[2]。

是書因《禮部韻畧》收字太狹，乃蒐采典籍，依韻增附[3]。又《韻畧》之例，凡字有別體、別音者，皆以墨闌圈其四圍，亦往往舛漏。晃併為釐定，於音義字畫之誤皆一一辨證，凡增二千六百五十五字，增圈一千六百九十一字，訂正四百八十五字。居正續拾所遺，復增一千四百二字。各標總數於每卷之末，而每字之下又皆分註。其曰增入、曰今圈、曰今正者，皆晃所加；曰重正者[4]，皆居正所加。其辨論考證之語，則各署名以別之[5]。父子相繼以成一書，用力頗為勤摯。①其每字疊收重文，用《集韻》之例；每字別出重音，用《廣韻》之例。

然不知古今文字之別，又不知古今聲韻之殊。如東部"通"字紐下據漢《樂府》增一"桐"字，是以假借為本文；"同"字紐下據《豳風》增一"重"字，是以省文為正體。又如先部"先"字紐下據《漢樂府》增一"西"字，是以古音入律詩；"煙"字紐下據杜預《左傳》註增一"殷"字，是以借聲為本讀。皆所謂引漢律斷唐獄者，不古不今，殊難依據。②較歐陽德隆互註之本，殆不止上下床之別。特其辨正訓詁，考正點畫，亦頗有資於小學。故後來字書、韻書多所徵引，而《洪武正韻》之註據是書者尤多焉。錄而存之，亦足以備簡擇也[6]。明代刊板頗多訛舛。此本凡宋代年號皆空一格，猶從舊式，末題"太歲丙午仲夏秀巖山堂重刊"[7]，蓋理宗淳祐四年蜀中所刻，視近本特為精善云[8]。③

【校記】

[1]宋毛晃增註，文溯、文津二本並作"宋衢州免解進士毛晃增注"。

[2]皆已著錄，浙本作"皆別著錄"；文溯、文津二本皆作"又嘗校定監版《九經》，蓋以經義世其家者"。

[3]"是書因《禮部韻畧》收字太狹，乃蒐采典籍，依韻增附"，文溯本作"是書因丁度《禮部韻畧》收字太狹，元祐五年博士孫諤、陳乞添收，紹興十一年進士黃啟宗更為補輯，猶未完備，乃蒐采典籍，依韻增

附"；文津本与文溯本基本相同，其中"增附"作"增補"。

［4］曰重正者，文溯、文津、浙三本並作"曰重增者"。

［5］署名，文溯本作"著名"。

［6］"然不知古今文字之別"至"亦足以備簡擇也"，文溯、文津二本皆無。

［7］太歲丙午仲夏，浙本作"太歲丙辰仲夏"。

［8］篇末，文溯本有"乾隆四十七年十月恭校上"，文津本有"乾隆四十九年八月恭校上"。

【辨正】

①胡氏補正引陸氏《儀顧堂題跋》云：當為寧宗時刊本，晁之增注在高宗時，居正重增在寧宗時耳。（頁295）

②余氏辨證引楊守敬《日本訪書志》卷四云：余謂此事難言，若謂不應以假借為本文，則《禮部韻》中兩音之字，以假借而分隸不可勝記。若謂不應以古音入律詩，則自《廣韻》以來，以至今韻，其中與今俗方音不合者甚多，而今之方音，與古音合者尤難枚舉。毛氏不依附《廣韻》，於舉世不談古音之日，能采取古音，以增入此書，可謂特出。獨惜其所采尚未備，不能如吳才老之《韻補》，專成一書耳。若夫古今文字正俗之別，此又從來所不能畫一者，無論《廣韻》所收之字數倍於《說文》，即元祐之《韻略》，其不合六書者，亦不勝舉。今案，所增大抵音異之字為多，其本為禮部原書所無而增之者，皆《廣韻》所有。唯沖下增冲字，引《诗》"鑿冰冲"，云從冫，似不免臆說。然禮穗並收，牕窻互出，已見於《廣韻》，此又不得專咎毛氏也。（頁120）

③胡氏補正引傅增湘《藏園群書題記》之《宋本增修互注禮部韻略跋》云：《提要》謂理宗淳祐四年蜀中所刻，然考之年表，丙午實淳祐六年，疑涉筆偶誤耳。（頁296）

【附錄】

《簡目》

增修互註禮部韻署五卷

宋毛晃增注，其子居正重增，即諸書所稱"增韻"者是也。晃所增《禮部韻略》遺漏之字凡二千六百五十有五，又《韻略》別音別體之字例

用墨闌圈記者，校改一千六百九十有一，訂正韻略舛誤之字四百八十有一，居正復增字一千四百有二。（頁62）

《浙江採集遺書總錄》

禮部韻畧五卷（海寧陳氏寫本）

右宋禮部頒行舉子所用之韻，自景祐元祐以後，代有修輯，今書爲紹興四年勘定施行，蓋毛晃父子增修本，内附《釋文互注》，後列《條式》一册。嘉定六年曾鋟於雲間洞天，後人倣嘉定本重雕，而此復從而影寫者。卷尾有《跋》，云"按《洪武正韻》宋濂《序》云有舊避宋諱而不收者補之，注釋則仍毛晃父子之舊，今此《禮部韻畧》自朱始祖至寧宗皆未戴，不欲擅更，謹依濂説，另附於各聲之後，凡得字六十有奇，以便今學人而叙次，一遵古韻"云，此跋當是重列時所題，未詳其人。（頁349）

增修校正押韻釋疑五卷　江蘇巡撫採進本

《押韻釋疑》，宋紹定庚寅廬陵進士歐陽德隆撰，景定甲子郭守正增修。守正字正己，自號紫雲山民。《永樂大典》所引《紫雲韻》，卽此書也。[①]

初，德隆以《禮部韻畧》有字同義異、義同字異者，與其友易有開因監本各爲互注，以便程試之用，辰陵余文焴爲之序[1]。後書肆屢爲刊刻，多所舛亂[2]。守正因取德隆之書，參以諸本，爲刪削增益各千餘條[3]，以成此書。

前載文焴《序》，次守正《自序》，次《重修條例》，次《紹興新制》，次《韻字沿革》，次《前代名姓有無音釋之疑》，次《韻畧音釋與經、史、子音釋異同之疑》，次《韻畧字義與經、史、子字義異同之疑》，次《經、史、子訓釋音義異同之疑》，次《本韻字異義異經、史、子合而一之之疑》，次《兩韻字同義同而無通押明文者》[4]，次《押韻經前史後之疑》[5]，次《經、史用古字今字之疑》，次《有司去取之疑》，次《世俗相傳之誤》，次《賦家用韻之疑》，次《疑字》，次《字同義異》，次《正誤》，次《俗字》，皆列卷首[6]。其每字之下，先列監註，次列補釋，次列他韻、他紐互見之字，詳其音義點畫之同異，而辨其可以重押通用與否。多引當時程試詩賦，某年某人某篇曾押用某字、考官看詳故事以證之。每韻之末，列紹興中黄啟宗、淳熙中張貴謨等奏添之字。或常用之字而官韻不收者，如"骈䇎"之"䇎"諸字，則註曰"官韻不收，宜知"。考證頗爲詳密。但孰爲德隆原註，孰爲守正之所加，不復分別，未免體例混淆耳。②

別本《禮部韻畧》註文甚簡，與此不同，而亦載文焴、守正二《序》及《重修條例》十則。然其書與條例絕不相應，疑本佚其原《序》，而後人移掇此書以補之也。所載淳熙《文書式》數條，列當時避諱之例甚詳[7]。如"慶元中議'宏'字、'殷'字已祧不諱，可押韻，不可命題"、"紹興中指揮以威字代桓字，如齊威、魯威之類可用，不可押"、"丁丑福州補試士人押'齊威'字見黜"諸條，尤爲明白[8]。名曰"釋疑"，可謂不忝其名矣[9]。其書久無刊板，此本猶從宋槧鈔出。曹寅所刻別本《序》中闕六字，《條例》中闕二字，此本皆完。知寅未見此本也。[10]

【校記】

[1]辰陵余文焴爲之江序，文溯、文津二本並作"辰陵余文焴爲之序"，無"江"字；浙本作"辰陽袁文焴爲之序"。

[2]舛亂，浙本、文溯、文津三本並作"竄亂"。

[3]千，文溯、文津二本並作"十"。

[4]字同義同，浙本作"字同義異"。

[5]"次押韻經前史後之疑"上，浙本有"次出處連文兩音之疑"。

[6]"前載文焴序"至"皆列卷首"，文溯、文津二本皆無。

[7]"所載淳熙文書式數條，列當時避諱之例甚詳"，浙本作"別本首載淳熙文書式數條，列當時避諱之例甚詳，此本無之"。

[8]尤爲明白，浙本作"又較淳熙諸式爲詳備"。

[9]"別本《禮部韻畧》註文甚簡"至"可謂不忝其名矣"，文溯本無。

[10]"別本《禮部韻畧》註文甚簡"至"知寅未見此本也"，文津本無。

篇末，文溯本有"乾隆四十七年十月恭校上"，文津本有"乾隆四十九年閏三月恭校上"。

【辨正】

①胡氏補正引陸氏《儀顧堂題續跋》云：《江西通志》《進士表》無

歐陽德隆名，或領鄉解而未第進士，猶孫季昭之稱進士歟？紫雲山在江西安仁縣西北三十里，則守正必安仁人，疑為平水書籍王文郁、錢塘書肆陳思之類。（頁297）

②胡氏補正謂：瞿氏《目錄》有宋刊本《押韻釋疑》，云：郭守正增修條例甚多，於原書不複分別，此本猶見歐陽氏書真面目也。（頁297）

【附錄】

《簡目》

增修校正押韻釋疑五卷

宋歐陽德隆撰，郭守正增修。守正自號紫雲山民，《永樂大典》所引紫雲韻，即此書也。其書辨別精核，每字之下所注宋代場屋磨勘韻字之案牘尤為賅備。（頁62）

九經補韻一卷　兩江總督採進本

宋楊伯嵒撰。①伯嵒字彥思[1]，號泳齋，自稱代郡人。然南宋時代郡已屬金，蓋署郡望也。淳祐間以工部郎守衢州。周密《雲烟過眼錄》載伯嵒家所見古器，列高克恭、胡泳之後，似入元尚在矣[2]。

宋《禮部韻畧》自景祐中丁度修定頒行，與九經同列學官，莫敢出入。其有增加之字，必奏請詳定而後入。然所載續降六十三字、補遺六十一字，猶各於字下註明。其音義勿順及喪制所出者，仍不得奏請入韻。故校以《廣韻》、《集韻》所遺之字頗多。伯嵒是書，蓋因官韻漏畧，擬摭九經之字以補之。《周易》、《尚書》各一字，《毛詩》六字，《周禮》、《禮記》各三十一字，《左傳》五字，《公羊傳》、《孟子》各二字，凡七十九字。各註合添入某韻內或某字下，又附載音義勿順、喪制所出者八十八字[3]。蓋當時於喪制一條，拘忌過甚。如《檀弓》"何居"之居，本爲語詞，亦以爲涉於凶事，不敢入韻，故附載之。然《自序》稱非敢上於官以求增補，則并所列應補之字亦未行用也。其書考據經義，精確者頗多。惟其中如《周禮‧司尊彞》"修爵"之"修"音"滌"[4]，《禮記‧聘義》"孚尹"之"孚"音"浮"之類，乃古字假借，不可施於今韻。又如《詩‧泮水》之"黶"字，《周禮‧占人》之"簭"字，《公羊傳‧成五年》之"沑"字，乃重文別體，與韻無關，一槩擬補，未免少失斷限耳[5]。

【校記】

[1]字彦思，文津本作"字彦瞻"。

[2]"周密《雲烟過眼錄》載伯嵒家所見古器，列高克恭、胡泳之後，似入元尚在矣"，文溯、文津二本皆無。

[3]附載，文津本作"別載"。

[4]修爵之修音滌，文津本作"條爵之條音滌"。

[5]篇末，文溯本有"乾隆四十七年十一月恭校上"，文津本有"乾隆四十九年閏三月恭校上"。

【辨正】

①胡氏補正謂：伯嵒，楊和武恭王沂中曾孫，官至樞密院檢詳文字，陸氏《儀顧堂續跋》考之頗詳。陸氏《藏書志》有宋刊本，題代郡楊伯嵒彦瞻集，並載自序亦云伯嵒彦瞻。楊紹和《楹書隅錄》有影宋鈔本《六帖補》，並載江鳳彝跋云：楊伯嵒字彦瞻，號詠齋，楊和王諸孫，居臨安。（頁297）

【附錄】

《簡目》

九經補韻一卷

宋楊伯嵒撰。因《禮部韻略》于九經中所有之字多所漏失，乃捃摭以補之，凡七千九字。各注應添入某韻，或其字下又附載喪制所出入十一字，蓋宋制拘忌過甚，凡《喪禮》中字官韻皆不收故也。（頁63）

五音集韻十五卷　內府藏本

金韓道昭撰。道昭字伯暉，眞定松水人。

世稱以等韻顛倒字紐始於元熊忠《韻會舉要》[1]，然是書以三十六母各分四等，排比諸字之先後，已在其前。所收之字，大抵以《廣韻》爲藍本，而增入之字則以《集韻》爲藍本。①考《廣韻·卷首》云"凡二萬六千一百九十四言"，《集韻·條例》云"凡五萬三千五百二十五言，新增二萬七千三百三十一言"，是書亦云"凡五萬三千五百二十五言，新增二萬七千三百三十言"，合計其數，較《集韻》僅少一字，殆傳寫偶脫。

《廣韻》"注十九萬一千六百九十二字",是書云"注三十三萬五千八百四十言,新增十四萬四千一百四十八言",其增多之數,則適相符合。是其依據二書,足爲明證[2]。

又《廣韻》注獨用、同用,實仍唐人之舊,封演《聞見記》言許敬宗奏定者是也。終唐之世,下迄宋景祐四年,功令之所遵用,未嘗或改。及丁度編定《集韻》,始因賈昌朝請改併窄韻十有三處[3]。合《廣韻》各本[4],儼移獮、檻之前,釅移陷、鑑之前,獨用同用之注,如通殷於文,通隱於吻,皆因《集韻》頒行後竄改致舛。是書改二百六韻爲百六十,而併拯於迥,併檻於豏,併儼於范,併橄於艷,併鑑於陷,併釅於梵,足證《廣韻》原本上去聲末六韻之通爲二,與平聲、入聲不殊。其餘如廢不與隊、代通,殷、隱、焮、迄不與文、吻、問、物通,尚仍《唐韻》之舊,未嘗與《集韻》錯互[5],故十三處犁然可考,尤足訂重刊《廣韻》之訛。其等韻之學,亦深究要眇[6],未可以世不行用而置之也。[7]

【校記】

[1]始於元熊忠《韻會舉要》,文溯、文津二本並作"始於元黃公紹《韻會》"。

[2]"考《廣韻》卷首"至"足爲明證",文溯、文津二本皆無。

[3]"及丁度編定《集韻》",文溯、文津二本並作"及《禮部韻略》頒行";

窄韻,文津本作"韻窄"。

[4]合,文溯、文津、浙三本並作"今"。

[5]《集韻》,文溯、文津二本並作"《韻略》"。

[6]眇,文津本作"渺"。

[7]未可以世不行用而置之也,浙本作"雖用以顛倒音紐,有乖古例,然較諸不知而妄作者,則尚存間矣",文溯本作"或以顛倒音紐之次第過相詆病,非通方之論矣",文津本作"或以顛倒音紐之次第過相詆病,非通才之論矣"。

篇末,文溯本有"乾隆四十七年十月恭校上",文津本有"乾隆四十九年三月恭校上"。

【辨正】

①胡氏補正謂:陸氏《藏書志》有明刊本,至元庚寅重刊《改併五

音集韻》十五卷,並載崇慶元年自序云:"已前印行音韻既增加三千餘字,茲韻又以《龍龕》訓字增加五千字。"據此,則不僅以《廣韻》、《集韻》為藍本。(頁298)

又據韓道昇誌謂:顛倒字紐亦不始於此書,吳棫《韻補》尤在韓前。(頁298)

【附錄】

《簡目》

五音集韻十五卷

金韓道昭撰。所收之字大抵以《廣韻》為藍本,所增之字則以《集韻》為藍本,惟併舊韻二百六部為一百六十部,改舊韻之字紐以三十六母,分為四等配隸,顛倒其前後,為變亂古例之始。然道昭于等韻之學深究要眇,與後來妄作者固有間焉。(頁63)

《浙江採集遺書總錄》

改併五音集韻十五卷(刊本)

右前人撰。改併《唐韻》分部次第,于每韻中各以字母分紐,以上二書皆因其父孝彥未成之編續加修定。(頁353)

古今韻會舉要三十卷　浙江巡撫採進本

元熊忠撰。忠字子中,昭武人[1]。①

案楊慎《丹鉛錄》謂蜀孟昶有《書林韻會》[2],元黃公紹舉其大要而成書[3],故以為名。然此書以《禮部韻略》為主,而佐以毛晃、劉淵所增併[4],與孟昶書實不相關。舊本《凡例》首題"黃公紹編緝,熊忠舉要",而第一條卽云"今以《韻會》補收缺遺,增添注釋",是《韻會》別為一書明矣[5]。其前載劉辰翁《韻會序》,正如《廣韻》之首載陸法言、孫愐《序》耳,亦不得指《舉要》為公紹作也[6]。自金韓道昭《五音集韻》始以七音、四等、三十六母移易唐、宋之字紐[7],而韻書一變。南宋劉淵《景定壬子新刊禮部韻略》[8],始合併通用之部分,而韻書又一變。忠此書字紐遵韓氏法,部分從劉氏例,兼二家所變而用之,而韻書舊第至是盡變無遺[9]。其《字母通考》之首,拾李涪之餘論,力排江左吳音。《洪武正韻》之鹵莽,此已胚其兆矣[10]。②又其中今韻、古韻,漫無分別,如東韻收"窓"字,先韻收"西"字之類,雖舊典有徵,而施行頗駭。子注文繁例雜[11]，亦病榛蕪。惟其援引浩博，足資考證。而一字一句必舉所本，無臆斷僞撰之處[12]。較後來明人韻譜，則尚有典型焉[13]。

【校記】

［1］"忠字子中，昭武人"，薈要、文溯本皆無。

［2］案楊愼《丹鉛錄》，薈要、文溯二本並作"楊愼《丹鉛錄》"，無"案"字。

［3］成書，文津本作"書成"。

［4］"而佐以毛晃、劉淵所增併"，薈要本作"而佐以毛晃諸家所增併"。

［5］是《韻會》別爲一書明矣，薈要、文溯二本並作"是《韻會》別爲一書，熊忠因之，明矣"。

［6］亦不得指《舉要》爲公紹作也，薈要、文溯二本並作"亦不得指《舉要》爲公紹也"，無"作"字。

［7］移易，薈要、文溯、文津、浙四本皆作"顛倒"。

［8］景定，浙本作"淳祐"。

［9］自"金韓道昭《五音集韻》始"至"至是盡變無遺"，薈要本作"其書雖本《禮部韻略》，而所用《韻略》乃宋景定壬子平水劉淵《新刊》之本，非景祐中丁度舊定之本，其排比字紐，一以七音、四等、三十六母為序，而顛倒唐宋舊譜之次，蓋丁度之書雖改併獨用、通用十三處，而未更其部。劉淵之書雖併為一百七部而未移其字，至是書而唐宋舊法始為全變"，文溯本作"其書雖本《韻略》，而一遵《壬子新刊》，不存丁度之舊部，其排比字紐，一以七音、四等、三十六母為序，而顛倒唐宋舊譜之次，蓋景祐變獨用、通用而未更其部，平水併部而未移其字，至是書而古韻始變"。

［10］"其字母通考之首，拾李涪之餘論，力排江左吳音，《洪武正韻》之鹵莽，此已胚其兆矣"，薈要本作"其字母通考之首，力排江左吳音，然沈約韻唐代已佚，今世韻書皆源于隋陸法言，其時有劉臻等八人同定，實合中原四方之音，非盡出於吳人，忠所詆譏未核其實，後來《洪武正韻》之鹵莽改併，此已胚其兆矣"；文溯本作"其字母通考之首，力排江左吳音，《洪武正韻》之鹵莽，此已胚其兆矣"，無"拾李涪之餘論"六字。

［11］子注文繁例雜，文津本作"忠注文繁例雜"。

[12]臆斷，文溯作"武斷"。

[13]"則尚有典型焉"后，薈要、文溯二本皆有"公紹字直翁，忠字子中，昭武人"。

篇末，薈要本有"乾隆四十一年七月恭校上"，文溯本有"乾隆四十七年五月恭校上"，文津本有"乾隆四十九年八月恭校上"。

【辨正】

①胡氏補正謂：瞿氏《目錄》有元刊本，云：此書於凡例前首題昭武黃公紹直翁編輯，次題熊忠子中舉要，卷首又載至順二年文宗勑，應奉翰林余謙校正，孛朮魯翀序稱其刊正補削，根據不苟，則復經余氏重定，實出三人手筆矣。（頁300）

②胡氏補正引瞿氏《目錄》云：王山史《山志》謂黃氏《韻會舉要》，乃以蜀王昶《書林韻會》本而舉其要，余家所藏宋刻《書林韻會》，不著撰人姓名，乃以韻類典之書，並非韻書，山史所云，乃出自《丹鉛總錄》，不足據也。（頁300）

又據陸氏《儀顧堂續跋》謂：陸說甚是，《提要》誤信楊《錄》，並分《舉要》、《韻會》為兩書固非，至顛倒字紐當始荊璞，見《五音集韻》韓道昇誌語，《提要》以為始於韓道昭亦失之目睫。（頁302）

又據錢大昕《平水新刊韻略跋》謂：併通用之部分，非始於劉淵，《提要》蓋沿舊誤。（頁303）

【附錄】

《簡目》

古今韻會舉要三十卷

元熊忠撰，楊慎《丹鉛錄》以為黃公紹作者，誤也。其書字紐用韓道昭例，部分用平水韻合併之例，古韻書之門目次第於是盡變無遺。然注文援引浩博，而一字一句必舉所本，則非後來韻書所及也。（頁64）

《浙江採集遺書總錄》

古今韻會舉要三十卷（刊本）

右《韻會》本元昭武黃公紹輯，其書考証羣籍，卷帙頗繁，館客熊忠因就而約之，并取宋《禮部韻畧》、毛晃、劉淵先後所定三本，及經傳當收未載之字入焉，謂之舉要。而今本又載至順二年文宗勑應奉翰林余謙

校正，字朮魯翀稱其刊正補削根據不苟，則又似經余更定者。（頁355）

四聲等子一卷　浙江范懋柱家天一閣藏本

不著撰人名氏。錢曾《讀書敏求記》謂即劉鑑所作之《切韻指南》[1]，曾一經翻刻，特易其名。今以二書校之，若辨音和、類隔、廣通、侷狹、內外轉攝振救、正音憑切、寄韻憑切、喻下憑切、日寄憑切及雙聲叠韻之例[2]，雖全具於《指南》門法玉鑰匙內，然詞義詳畧顯晦，迥有不侔。至內攝之通、照[3]、遇、果、宕、曾、流、深，外攝之江、蟹、臻、山、效、麻[4]、梗、咸十六攝圖，雖亦與《指南》同，然此書曾攝作內八，而《指南》作內六；流攝此書作內六，而《指南》作內七；深攝此書作內七，《指南》作內八：皆小有不同。至以江攝外一附宕攝內五下，梗攝外七附曾攝內六下，與《指南》之各自爲圖，則爲例迥殊。雖《指南》假攝外六附果攝內四之下，亦間併二攝。然假攝統歌、麻二韻，歌、麻本通，故假得附果。若此書之以江附宕，則不知江諧東、冬，不通陽、剛[5]，以梗附曾，則又悞通庚、蒸爲一韻；似不出於一手矣。又此書《七音綱目》，以幫、滂、並、明、非、敷、奉、微之唇音爲宮，影、曉、匣、喻之喉音爲羽，頗變《玉篇》五音之舊。《指南》五音訣具在，未嘗以唇爲宮，以喉爲羽，亦不得混爲一書。《切韻指南》卷首有後至元丙子熊澤民《序》，稱古有《四聲等子》，爲傳流之正字[6]。然而中間分析，尚有未明[7]。關西劉士明著書曰《經史正音切韻指南》，則劉鑑之《指南》十六攝圖，乃因此書而革其宕攝附江、曾攝附梗之悞，此書實非鑑作也。以字學中論等韻者，司馬光《指掌圖》外，惟此書頗古[8]，故並錄存之，以備一家之學焉。[9]

【校記】

[1]劉鑑所作之《切韻指南》，文溯、文津二本並作"劉鑑所作《切韻指南》"，無"之"字。

[2]"正音憑切、寄韻憑切、喻下憑切、日寄憑切及雙聲叠韻之例"，文溯、文津二本並作"正音及雙聲叠韻之例"。

[3]照，浙本、文溯二本並作"止"。

[4]麻，浙本、文溯二本並作"假"。

[5]剛，浙本、文溯二本並作"唐"。

［6］正字，浙本作"正宗"。

［7］"又此書七音綱目"至"尚有未明"，文溯、文津二本皆無。

［8］惟此書頗古，文溯、文津二本並作"此書頗古"，無"惟"字。

［9］篇末，文溯本有"乾隆四十七年十月恭校上"，文津本有"乾隆四十九年八月恭校上"。

【附錄】

《簡目》

四聲等子一卷

不著撰人名氏。錢曾《讀書敏求記》以為即劉鑑《切韻指南》，然大同小異，截然兩書。據熊澤民《切韻指南序》，乃鑑書因此書而作，其誤附江梗二攝，及誤配宮羽二音，鑑書皆不從之也。（頁64）

《浙江採集遺書總錄》

四聲等子一卷（天一閣寫本）

右書據錢曾《敏求記》辨云"即劉士明《切韻指南》，曾一經翻刻，冠以元人熊澤民《序》，而易其名者"。（頁354）

經史正音切韻指南一卷　浙江汪啟淑家藏本

元劉鑑撰。鑑字士明，自署關中人。關中地廣，不知籍何郡縣也[1]。

切韻必宗《等子》，司馬光作《指掌圖》，等韻之法於是始詳。鑑作是書，即以《指掌圖》為粉本，而糅用《四聲等子》，增以格子門法，於出切、行韻、取字，乃始分明。故學者便之。至於開合二十四攝，內外八轉，及通廣偏狹之異，則鑑皆畧而不言。殆立法之初，已多挂礙糾紛，故姑置之耶？然言等韻者，至今多稱《切韻指南》。今姑錄之，用備彼法沿革之由。

原本末附明釋真空《直指玉鑰匙》一卷，驗之，即真空《篇韻貫珠集》中之第一門、第二門不知何人割裂其文，綴於此書之後[2]。又附《若愚直指門法》一卷，詞旨拙澁，與《貫珠集》相等，亦無可採，今並刪不錄焉[3]。

【校記】

［1］籍，文溯、文津、浙三本並作"隸籍"。

［2］"不知何人割裂其文，綴於此書之後"，文溯、文津二本皆無。

［3］篇末，文溯本有"乾隆四十七年十一月恭校上"，文津本有"乾隆四十九年九月恭校上"。

【附錄】

《簡目》

經史正音切韻指南一卷

元劉鑑撰。大旨以司馬光《指掌圖》為粉本，而參用《四聲等子》，增以格子門法，于出切、行韻、取字乃明。（頁64）

《浙江採集遺書總錄》

經史正音切韻指南二冊（開萬樓寫本）

右元關中劉鑑撰。至元二年《自序》云"僕因舊制次成十六通攝，作檢韻之法，詳分門類，并私述元關六段，兼附字音動靜，爲斯文之一助"云。（頁353）

洪武正韻十六卷　江蘇周厚堉家藏本

明洪武中奉勑撰。時預纂修者爲翰林侍講學士樂韶鳳、宋濂、待制王僎、修撰李叔允、編修朱右、趙壎、朱廉、典簿瞿莊、鄒孟達、典籍孫蕡、答祿與權，預評定者爲左御史大夫汪廣洋、右御史大夫陳寧、御史中丞劉基、湖廣行省參知政事陶凱。

書成於洪武八年，濂奉勑爲之序，大旨斥沈約爲吳音，一以中原之韻更正其失。併平、上、去三聲，各爲二十二部，入聲爲十部。於是古來相傳之二百六部，併爲七十有六。其註釋一以毛晃《增韻》爲藁本，而稍以他書損益之。蓋歷代韻書，自是而一大變。

考《隋志》載沈約《四聲》一卷，新舊《唐書》皆不著錄，是其書至唐已佚。陸法言《切韻序》作於隋文帝仁壽元年，而其著書則在開皇初。所述韻書，惟有呂靜、夏侯該、陽休之、周思言、李季節、杜臺卿六家，絕不及約。是其書隋時已不行於北方。今以《約集詩賦》考之，上、下平五十七部之中，以東、冬、鍾三部通，魚、虞、模三部通，庚、耕、清、青四部通，蒸部、登部各獨用，與今韻分合皆殊。此十二部之仄韻，亦皆相應。他如《八詠詩》押葦字，入微韻，與《經典釋文》陳謝嶠讀合。《梁大壯舞歌》押震字，入眞韻，與《漢書敍》傳合。《早發定山詩》押山字，入先韻，《君子有所思行》押軒字，入先韻，與梁武帝、江淹詩合。《冠文祝文》押化字，入麻韻，與《後漢書·馮衍傳》合。與今韻收字亦頗異[1]。濂序乃以陸法言以來之韻指爲沈約，其謬殊甚。

法言《切韻序》又曰"昔開皇初，有儀同劉臻等八人，同詣法言門宿，論及音韻。以今聲調既自有別，諸家取捨亦復不同：吳楚則時傷清淺[2]，燕趙則多傷重濁，秦隴則去聲爲入，梁益則平聲似去，江東取韻與河北復殊。因論南北是非、古今通塞，欲更捃選精切、削除疏緩[3]，蕭、顏多所決定。魏著作謂法言曰：'向來論難，疑處悉盡，我輩數人，定則定矣'，法言即燭下握筆畧記"云云[4]。今《廣韻》之首，列同定八人姓名，曰：劉臻、顏之推、魏淵、盧思道、李若、蕭該、辛德源、薛道衡則非惟韻不定於吳人，且《序》中"江左取韻"諸語，已深斥吳音之失，安得復指爲吳音？①至唐李涪，不加深考，所作《刊誤》，橫肆譏評，其誣實甚。

濂在明初，號爲宿學，不應沿訛踵謬至此。蓋明太祖既欲重造此書，以更古法，如不誣古人以罪，則改之無名。濂亦曲學阿世，强爲舞文耳。然源流本末，古籍昭然，天下後世何可盡掩其目乎[5]？觀《廣韻》平聲三鍾部恭字下註曰[6]："陸以恭、蜙、縱等入冬韻，非也。"蓋一紐之失，古人業已改定。又上聲二腫部"湩"字下註曰："此冬上聲。"[7]蓋冬部上聲惟此一字，不能立部，附入腫部之中，亦必註明，不使相亂。古人分析不苟，至於如此。濂乃以私臆妄改，悍然不顧，不亦慎乎！

李東陽《懷麓堂詩話》曰："國初顧祿爲宮詞，有以爲言者，朝廷欲治之。及觀其詩集，乃用《洪武正韻》，遂釋之。此書初出，亟欲行之故也。然終明之世，竟不能行於天下，則是非之心，終有所不可奪也。"又周寶所《識小編》曰："洪武二十三年，《正韻》頒行已久，上以字義音切尚多未當，命詞臣再校之。學士劉三吾言：'前後韻書惟元國子監生孫吾與所纂《韻會定正》，音韻歸一，應可流傳。'遂以其書進。上鑒而善之，更名《洪武通韻》，命刊行焉。今其書不傳"云云，是太祖亦心知其未善矣[8]。

其書本不足錄，以其爲有明一代同文之治，削而不載，則韻學之沿革不備。猶之記前代典制者，雖其法極爲不善，亦必錄諸史册，固不能泯滅其迹，使後世無考耳[9]。

【校記】

［1］"陸法言《切韻》序作於隋文帝仁壽元年"至"與今韻收字亦頗異"，文溯、文津二本皆無。

［2］清淺，浙本作"輕淺"。

［3］削除，浙本作"除削"。

［4］"法言即燭下握筆畧記"下，浙本有"綱要"二字。

［5］"法言《切韻》序又曰"至"天下後世何可盡掩其目乎"，文溯、文津二本皆無。

［6］觀《廣韻》平聲三鍾部恭字下註曰，文溯、文津二本並作"《廣韻》平聲三鍾部恭字下註曰"，無"觀"字。

［7］此冬上聲，浙本作"冬字上聲"。

［8］"李東陽《懷麓堂詩話》曰"至"是太祖亦心知其未善矣"，文溯、文津二本並作"當時以天子之力，濟以太祖之剛厲，竟不能行于天下，太祖子孫相傳二百餘年，雖懸此書于令甲，卒亦聽天下自用舊韻，不能申明祖宗之法則，是非之心終有不可奪者矣"。

［9］篇末，文溯本有"乾隆四十七年九月恭校上"，文津本有"乾隆四十九年九月恭校上"。

【辨正】

①胡氏補正據王讜《唐語林》八謂：《切韻》之非吳音，宋人已明辨之。（頁305）

又謂：《廣韻》首列八人，江永《古韻標準》引朱彝尊云：法言家魏郡臨潼，其八人惟蕭該家蘭陵，餘則劉臻家沛，顏之推家臨沂，盧思道家范陽，李若家頓邱，辛德源家狄道，薛道衡家河東，類北方之學者。（頁305）

【附錄】

《簡目》

洪武正韻十六卷

明洪武中翰林侍講學士樂韶鳳等奉勅撰。併上、去、入三聲，各為二十二部，入聲為十部，全乖古法。雖頒示天下，終無遵而用之者，存以備

韻書之正變源流而已。（頁64）

《翁稿》

洪武正韻

謹按：《洪武正韻》十六卷，明樂韶鳳、宋濂等奉勅編。前有洪武八年三月宋濂序，并凡例八條。大約以《禮部韻略》為本，所謂"舊韻"者，即《禮部韻略》也。而於韻部則大加刪併，冬合於東，江合於陽，青合於庚，元分併於刪、先。隋唐以來二百六部之目，止存七十六部而已。至若麻韻則古皆獨用，未有分二部者，而此乃分麻、遮二部。其例云："吳楚輕浮，燕趙重濁，秦隴去聲為入，梁益平聲似去，必五方皆能通解，斯為正音。沈約以吳音概天下之音，難矣。"此論自足該審音之理，然是書所分併之部與其翻切子母之字，則未必其皆審於五方之輕重、清濁、陰陽也。其謂平聲無上下之分，上、去、入三聲遂有不得不相因合併之勢。蓋明太祖起江左，不欲以南人之音概天下之音，遂謂前人韻書分部拘泥，而思有變通之，意固甚公，而其所以分合者，未出於考古宜今之至當也。然此七十六部，則難於古弗合，而於韻學未嘗舉一而廢百。惟是例中所言字體依毛晃本以正訛俗者，是亦正韻之一端，初非此書大局所繫，而後之學者語字體之正，必援《洪武正韻》為圭臬，壹似是書專為釐正字畫而作者，其實是書字畫於俗書未嘗有所匡正，其勅之意固在於併韻部，而不在於正字畫也。今第入於韻學門，以見一朝之制作，如此足矣，固不必以為音韻之程式，亦毋庸斥為臆合之不經也。應存其目。（頁69）

古音叢目五卷、古音獵要五卷、古音餘五卷、古音附錄一卷[1]　浙江巡撫採進本

明楊慎撰。慎有《檀弓叢訓》，已著錄。

是四書雖各為卷帙，而核其體例，實本一書。特以陸續而成，不及待其完備，每得數卷，即出問世，故標目各別耳。觀其《古音獵要》，東、冬二韻共標"鞠、朋、眾、務、調、夢、窻、誦、雙、明、萌、用、江"十三字，與《古音叢目》東、冬二韻所標者全複，與《古音餘》東、冬二韻所標亦複五字，是即隨所記憶，觸手成編，參差互出，未歸畫一之明證矣。

其書皆仿吳棫《韻補》之例，以今韻分部[2]，而以古音之相協者分

隸之，然條理多不精密。如《周易·渙》六四"渙有丘，匪夷所思"，丘與思爲韻；《无妄》六三"无妄之災，或繫之牛，行人之得，邑人之災"，災古音菑，牛古音尼，與災爲韻；《繫詞》"乾以易知，坤以簡能"，能古音奴來反，與知爲韻。慎於《古音叢目》支韻內"丘"字下但注云"《詩》"，"牛"字下但注云"《楚詞》"，"能"字下則並不註出典。又《繫詞》："神而化之，使民宜之。"慎於《古音叢目》五歌韻內知"宜"字之爲"牛何切"，下注云："《易》而化之"[3]，爲毁禾切，則但注云"見《楚詞》"。又《易·象傳》"父父，子子，兄兄，弟弟，夫夫，婦婦"，"婦"與"子"及"弟"字爲韻。慎於《古音叢目》四紙韻內"婦"字下，但引《西京賦》作房詭切。《豐》六二："豐其蔀，日中見斗。"蔀古音蒲五切，斗古音滴主切，故九四"蔀"、"斗"二字與"主"爲韻[4]。慎於《古音叢目》語、麌韻內"斗"字下，但注云"《毛詩》"[5]。凡此皆不求其本，隨意捃摭。

又古音皆其本讀，非可隨意諧聲，輾轉分隸。如江韻之江、窻、雙、控四字，《古音獵要》皆收入冬韻是也，而《古音叢目》又以東韻之紅、冬韻之封、龍三字收入江韻。考《易說卦傳》："震爲雷，爲龍。"虞翻、干寶並作駹。《周禮·巾車》："革路龍勒。"注："駹也。駹車故書作龍車。"《犬人》："凡幾珥沈辜用駹可也。"註："故書作龍。"則駹本音龍，以在東韻爲本音，不容改龍以叶駹。封與邦通，邦之古音諧丰聲。紅與江通，江之古音諧工聲。亦以東、冬爲本韻，不得改封、紅以入江也[6]。

蓋慎博洽過陳第，而洞曉古音之根柢則不及之。故蒐緝秦漢古書，頗爲該備，而置之不得其所，遂往往舛漏牴牾。以其援據繁富，究非明人空疏者所及，故仍錄其書以備節取焉[7]。

【校記】

[1]文溯本作"古音叢目等四種"。

[2]今，文溯、文津二本並作"全"。

[3]而化之，浙本作"神而化之"，疑底本脱"神"字。

[4]"故《九四》蔀、斗二字與主爲韻"後，浙本有"又《繫辭》傳，無有師保，如臨父母。母字與上度、懼、故為韻"。

[5]"但注云《毛詩》"後，浙本有"母字下但註云《易林》"。

[6]"如《周易·渙六四》"至"紅以入江也"，文溯、文津二本

皆無。

[7]篇末，文溯本有"乾隆四十七年十月恭校上"，文津本有"乾隆四十九年三月恭校上"。

【附錄】

《簡目》

古音叢目五卷、古音獵要五卷、古音餘五卷、古音附錄一卷

明楊慎撰，四書雖各為部帙，而核其體例，寔本一書，特每得數卷即出問世，故標目各別。其書皆用吳棫《補韻》之例，以今韻分部，而古韻之相叶者分隸之時有疏舛，然援引終為賅洽。（頁65）

《浙江採集遺書總錄》

古音叢目五卷（刊本）

右前人撰。增損吳才老《詩補音》、《楚辭釋音》、《韻補》三書，并取自輯之轉注，畧合而編之者。（頁361）

古音獵要一卷（刊本）

右前人撰。錄古賦頌銘之可叶韻者，凡千餘字。（頁362）

古音餘一卷（刊本）

古音附錄一卷（刊本）

右俱前人撰。取前書所未盡者，錄而論之，亦皆言叶韻也。（頁362）

古音畧例一卷　兩江總督採進本

明楊慎撰。是書取《易》、《詩》、《禮記》、《楚詞》、《老》、《莊》、《荀》、《管》諸子有韻之詞，標爲"畧例"。若《易例》"日昃之離"，離音羅，與歌、嗟爲韻，"三歲不覿"，覿音徒谷切，與木、谷爲韻；"並受其福"，福音偪，與食、汲爲韻；"吾與爾靡之"，靡音磨，與和爲韻：頗與古音相合。他如"嘒彼小星，維參與昴"，舊叶力求切，慎據《史記·天官書》徐邈音"昴"爲"旒"。下文"抱衾與裯"之"裯"音"調"，"實命不猶"之"猶"音"搖"。今考郭璞註《方言》"裯，丁牢反"，《檀弓》"咏斯猶"，鄭註"猶，當作搖"，則二音實有所據。慎又謂"吳棫於《詩》'棘心夭夭，母氏劬勞'，勞必叶音僚；'我思肥泉，茲之永歎'，[1]歎必叶他涓切；'出自北門，憂心殷殷'，門必叶眉貧切；'四牡有驕，朱幩儦儦'，儦必叶音高[2]。不思古韻寬緩[3]，如字讀自可叶，何

必勞脣齒，費簡册"，其論亦頗爲得要。

至如《老子》"朝甚除，日甚蕪，倉甚虛。服文彩，帶利劍，厭飲食，資財有餘，是謂盜夸"，愼據《韓非·解老篇》改"夸"爲"竽"，謂"竽"方與"餘"字叶，柳子厚詩仍押"盜夸"均悞。今考《說文》"夸从大，于聲"，則夸之本音不作"枯瓜切"明矣。故《楚詞·大招》"朱脣皓齒，嫭以姱只。比德好閑，習以都只"，《集韻》"姱，或作夸"，又《吳都賦》"列寺七里，俠棟陽路。屯營櫛比，廨署棊布。橫塘查下，邑屋隆夸。長干延屬，飛甍舛互"，是"夸"與"餘"爲韻，正得古音。而愼反斥之，殊爲失考。又《易》："《晉》晝也，《明夷》誅也。"愼謂："古'誅'字亦有之由切，與'晝'爲韻。孫奕改'誅'爲'昧'，'昧'叶音幕，殊悞。"今考《周禮·甸祝》"禂牲禂馬"亦如之，鄭讀"禂"爲誅，則愼說似有所據。但"晝"字古音讀如註，張衡《西京賦》"徼道外周，千廬内附。衛尉八屯，警夜巡晝"，又《易林·井之復》"晝"與"據"爲韻，《井之渙》"晝"與"故"爲韻，《渙之蠱》"晝"與"懼"爲韻，則古韻"晝"不作"涉救切"可知。何得舍其本音，而反取誅之別音爲叶[4]？他若《莊子》"竊鈎者誅，竊國者爲諸侯"[5]，愼讀"誅"爲"之由切"，而不知"侯"之古音胡，正與"誅"爲韻。又《易林》："蜘蛛之務，不如蠶之緰。"愼讀"務"爲蝥、"緰"爲鈎，不知"緰"古音俞，正與"務"爲韻。蓋其文由掇拾而成，故其說或離或合，不及後來顧炎武、江永諸人能本末融貫也[6]。

【校記】

[1] 兹之永歎，文溯、文津二本並作"思之永歎"。

[2] "朱幘儦儦，儦必叶音高"，文溯、浙二本並作"朱幘鑣鑣，驕必叶音高"。

[3] 不思，文津本作"不知"。

[4] "《老子》朝甚除"至"而反取誅之別音爲叶"，文溯、文津二本皆無。

[5] "《莊子》"前，文溯、文津二本具無"他若"二字。

[6] 篇末，文溯本有"乾隆四十七年十月恭校上"，文津本有"乾隆四十九年閏三月恭校上"。

【附錄】

《簡目》

古音畧例一卷

明楊慎撰，取《易》、《詩》、《禮記》、《莊》、《荀》、《管》、《楚詞》中有韻之文略為標例，不及後來顧炎武、江永諸書本末融貫，然明自陳第以前談古音者，如夢語，慎能摸索得其崖略，抑亦可貴矣。（頁65）

《浙江採集遺書總錄》

古音畧例一卷（刊本）

右前人撰，錄《易》、《詩》及漢唐人文用韻之古者，凡一百八十五條。（頁362）

轉注古音畧五卷　江蘇巡撫採進本

明楊慎撰。是書前有自序，大旨謂《毛詩》、《楚詞》有叶韻，其實不越《保氏》轉注之法[1]。《易經疏》云"賁有七音"，始發其例。宋吳才老作《韻補》，始有成編。學者知叶韻自叶韻，轉注自轉注，是猶知二五而不知十也。考協韻之說始於沈重《毛詩音義》見《經典釋文》。後顏師古注《漢書》，李善注《文選》，並襲用之。後人之稱叶韻，自此而誤。然與六書之轉注則渺不相涉。慎書仍用叶韻之說，而移易其名於轉注，是朝三暮四改為朝四暮三也。

如四江之"釭"字，《說文》云："從金，工聲。""窻"字，《說文》云："从穴，悤聲。"則"釭"讀"工"，"窻"讀"悤"，皆其本音，無所謂轉，亦安所用其注乎[2]？姑即就慎書論之[3]，所注轉音，亦多舛誤。如二冬之"龍"字，引《周禮》"龍勒雜色"，謂當轉入三江，不知《玉人》"上公用龍"，鄭司農云"龍當爲尨"；而《左傳》"狐裘龙茸"，即《詩》之"狐裘蒙戎"。則龙當從龍轉，龍不當作"莫江反"也。又如蒸韻之"朋"字，慎引《逸詩》"翹翹車乘，招我以弓。豈不欲往，畏我友朋"，謂當轉入一東。不知"弓"古音"肱"，有《小戎》、《采綠》、《閟宮》及《楚詞·九歌》諸條可證。則"弓"當從"朋"轉，"朋"不當讀爲"蓬"也。如此之類，皆昧於古音之本。以其引證頗博，亦有足供考證者，故顧炎武作《唐韻正》猶有取焉[4]。

【校記】

[1] 轉注之法，文溯、文津二本並作"轉注之義"。

[2] "亦安"下，文津本有"得"字。

[3] 姑即，文溯、文津二本並作"即姑"。

[4] 篇末，文溯本有"乾隆四十七年十月恭校上"，文津本有"乾隆四十九年八月恭校上"。

【附錄】

《簡目》

轉注古音畧五卷

明楊慎撰。六書之轉注，許慎具有明文，慎乃以叶音當之，不考殊甚。然其書亦有足供考證者，故顧炎武作《唐韻正》猶有取焉。（頁66）

《浙江採集遺書總錄》

轉注古音畧五卷（刊本）

右楊慎撰。以前人所謂叶韻，不越保氏轉注之義，因取各韻本字列于前，而以他部可通之字標其音切，分附各韻，自謂所據詳于經典而畧于文集。（頁361）

《翁稿》

謹案：《轉注古音略》五卷，明成都楊慎著。前有吳興顧應祥序及慎自題辭，大意謂許慎《說文》以"考"、"老"之類為轉注，後世因之，至毛晃始謂"老"字下從匕，"考"字下從丂，各自成文，非反匕為丂也，因援《周禮》"六書"注，謂一字數義，展轉注釋而後可通，若所謂"某字讀如某"，又云若"徐邈讀"、"王肅讀"之類，以為即今之叶韻也。故是書亦即就今韻之部，分摘其異音之字，分屬之叶韻，而證以經史諸書，以為此古之所謂"轉注"者也。徐鍇《說文繫傳》曰：轉注者，建類一首，同意相受。謂"老"之別名有"耆"、"耋"、有"壽"、有"耄"，又"孝子養老"是也。"一首"者，謂此"孝"等諸字皆取類於"老"，則皆從老，若"松"、"柏"等皆木之別名，皆同受意於木，故皆從木，後皆象此。轉注之言，若水之出源，分歧別派，各受其名，而本同主於一水也。而今之俗說，乃謂左回為"丂"，右回為"匕"，此乃委巷之言。且又"老"、"考"之字皆不從丂，丂音考，"老"從匕、音化也。

又曰："散言之曰形聲，總言之曰轉注，謂耆、耋、壽、耄皆老也，凡五字，試依《爾雅》之類言之：耆、耋、壽、耄，老也。又老、耆、耋、壽、耄可同謂之老，老亦可同謂之耆，往來皆通，故曰'轉注'，總而言之也。"即徐鍇此語，其釋轉注之義甚明，可見毛晃亦隨世俗，誤以為匕、丂反對，即徐鍇所謂"委巷之言"者也，而楊慎誤信其說，乃以轉注為叶韻。又其所引"一字數義"之說，謂出《周禮》注。《周禮·地官》"保氏養國子，教之六藝，五曰六書"，注："六書，象形、會意、轉注、處事、假借、諧聲也。"疏："轉注者，考、老之類是也，建類一首，文意相受，左右相注，故名'轉注'。"亦無"一字數義，展轉註釋"之語，則不知楊慎何由而引以為據也。其書名既不合於六書之義，則字義引證益無庸論矣。似不應存目以貽悮學者。（頁70）

毛詩古音考四卷　福建巡撫採進本

明陳第撰。第有《伏羲圖贊》，已著錄。

言古韻者自吳棫，然《韻補》一書，龐雜割裂，謬種流傳，古韻乃以益亂[1]。國朝顧炎武作《詩本音》，江永作《古韻標準》，以經證經，始廓清妄論[2]，而開除先路，則此書實為首功。大吉以爲古人之音，原與今異。凡今所稱叶韻，皆即古人之本音，非隨意改讀，輾轉牽就，如母必讀米，馬必讀姥，京必讀疆，福必讀偪之類，歷考諸篇，悉截然不紊。

又《左》、《國》、《易象》、《離騷》、《楚詞》、秦碑、漢賦以至上古歌謠、箴銘、頌贊，往往多與《詩》合，可以互證[3]。①於是排比經文，參以羣籍，定爲本證、旁證二條。本證者，《詩》自相證，以探古音之原。旁證者，他經所載以及秦漢以下去《風》、《雅》未遠者，以竟古音之委。鈎稽參驗，本末秩然，其用力可謂篤至。雖其中如素音爲蘇之類，不知古無四聲，不必又分平、仄；家又音歌，華又音和之類，不知爲漢、魏以下之轉韻，不可以通三百篇：皆爲未密。然所列四百四十四字，言必有徵，典必探本。②視他家執今韻部分、妄以通轉古音者，相去葢萬萬矣。初，第作此書，自焦竑以外，無人能通其說，故刊板旋佚。此本及《屈宋古音義》皆建寧徐時作購得舊刻，復爲刊傳。雖卷帙無多，然欲求古韻之津梁，舍是無由也[4]。

【校記】

[1]"第有《伏羲圖贊》"至"古韻乃以益亂"，文溯、文津二本並

作"第字季立，連江人，以諸生從軍，歷官至遊擊。自顏師古注《漢書》，創為合音之說，後人遂以意屬讀，茫無定律，至吳棫《韻補》出，而龐雜割裂，古音彌失其真"。

[2]妄論，文溯、文津二本並作"謬論"。

[3]互證，文溯、文津二本並作"通證"。

[4]"雖卷帙無多，然欲求古韻之津梁，舍是無由也"，文溯、文津二本皆無。

篇末，文溯本有"乾隆四十七年三月恭校上"，文津本有"乾隆四十九年三月恭校上"。

【辨正】

①胡氏補正引江永《古韻標準例言》云：其最有功於《詩》者，謂古無叶音，《詩》之韻即是當時本音，此說始焦竑弱侯，陳氏闡明之，焦氏為之作序。其書列五百字，以《詩》為本證，他書為旁證，五百字中有不必考者，亦有當考而漏落者，蓋陳氏長於言古音，若今韻之所以分，喉、牙、齒、舌、唇之所以異，字母清濁之所以辨，概乎未究心焉。故其書皆用直音，直音之謬，不可勝數，以此知音學須覽其全，一處有闕，則全體有病也。（頁306）

②胡氏補正引江永《古韻標準例言》云：陳氏知四聲可不拘矣，他處又仍泥一聲，不能固守其說。（頁306）

【附錄】

《簡目》

毛詩古音考四卷

明陳第撰。大旨謂古人之音與今異，凡今所稱叶韻皆古人之本旨。是以鉤稽參考，定為本證、旁證二例：本證者，三百篇之所有；旁證者，秦漢以下，去古未遠，與三百篇相合者也。其書條例貫通，考證精密。古韻之復明寔自第始，顧炎武等雖遞有推闡，終以此書為祖本。（頁66）

屈宋古音義三卷　福建巡撫採進本

明陳第撰。第既撰《毛詩古音攷》，復以《楚辭》去風人未遠，亦古音之遺，乃取屈原所著《離騷》等二十五篇，除其《天問》一篇，得二十四篇。又取宋玉《九辨》九篇、《招魂》一篇，益以《文選》所載《高唐賦》、《神女賦》、《風賦》、《登徒子好色賦》四篇，得十四篇。共三十八篇。其中韻與今殊者二百三十四字[1]，各推其本音，與《毛詩古音考》互相發明。①惟每字列本證，其旁證則間附字下，不另爲條。體例小異，以前書已明故也。書本一卷[2]。其後二卷則舉三十八篇各爲箋註[3]，而音仍分見諸句下。蓋以參考古音，因及訓詁，遂附錄其後，兼以"音義"爲名，實則卷帙相連[4]，非別爲一書。故不析置集部，仍與《毛詩古音考》同入小學類焉[5]。

【校記】

[1] "其中"，文津本作 "其"。

[2] 書本一卷，文溯、文津二本並作 "書凡一卷"。

[3] 其後二卷，文溯、文津二本並作 "其第二卷、三卷"。

[4] 實則卷帙相連，文溯、文津二本並作 "卷帙相連"，無 "實則" 二字。

[5] 篇末，文溯本有 "乾隆四十七年五月恭校上"，文津本有 "乾隆四十九年閏三月恭校上"。

【辨正】

① 胡氏補正引錢大昕《竹汀日記鈔》云：其讀化爲嬉，爲爲怡，則不如顧之得其正也。《招魂》"砥室翠翹，挂曲瓊些"，本與上寒、湲、蘭、筵韻，古文瓊、璚本是一字也，今改作強，與下文光、張韻，則非其類矣。此沿吳才老之誤，而不考《說文》故也。（頁306）

【附錄】

《簡目》

屈宋古音義三卷

明陳第撰。以屈原、宋玉多三百篇之遺音，乃取其賦三十八篇，擇其中韻與今殊者二百三十四字，參以旁證，與《毛詩古音考》相發明。（頁67）

欽定音韻闡微十八卷[1]

康熙五十四年奉勅撰，雍正四年告成。世宗憲皇帝御製《序》文，具述聖祖仁皇帝指授編纂之旨，刊刻頒行。

自漢明帝時，西域切韻之學與佛經同入中國，所謂以十四音貫一切字是也，然其書不行於世。至漢魏之間，孫炎刱爲翻切。齊梁之際，王融乃賦雙聲。等韻漸萌，實闍合其遺法。迨神琪以後，其學大行。傳於今者，有司馬光《指掌圖》、鄭樵《七音畧》、無名氏《四聲等子》、劉鑑《切韻指南》。條例日密，而格礙亦日多。惟我國書十二字頭，用合聲相切，緩讀則爲二字，急讀則爲一音，悉本乎人聲之自然。證以《左傳》之丁寧爲鉦、句瀆爲穀，《國語》之勃鞮爲披，《戰國策》之勃蘇爲胥，於三代古法，亦復相協，是以特詔儒臣，以斯立準。

首列韻譜，定四等之輕重。每部皆從今韻之目，而附載《廣韻》之子部，以存舊制，因以考其當合當分。其字以三十六母爲次，用韓道昭《五音集韻》、熊忠《韻會舉要》之例。字下之音則備載諸家之異同，協者從之，不有心以立異；不協者改用合聲，亦不遷就以求同。大抵以上字定母，皆取於支、微、魚、虞、歌、麻數韻以此數韻能生諸音，即國書之第一部也。以下字定韻，清聲皆取於影母，濁聲皆取於喻母。以此二母乃本韻之喉音，凡音皆出於喉而收於喉也。其或有音無字者，則借他韻、他母之字相近者代之。有今用、協用、借用三例，使宛轉互求，委曲旁證，亦即漢儒訓詁某讀如某、某音近某之意。惟辨別毫芒，巧於比擬，非古人所及耳。自有韻書以來，無更捷徑於此法者，亦更無精密於此書者矣。

【校記】

[1]薈要本作"御定音韻闡微"，文溯、文津二本並作"音韻闡微"；薈要、文溯、文津本與此完全不同，茲錄薈要本如下：

臣等謹案：《音韻闡微》十八卷，始輯于康熙五十四年，聖祖仁皇帝指授大學士臣李光地等承修，而告成于雍正四年。世宗憲皇帝製序刊布自來，音韻之說至爲糾棼。梁沈約撰《四聲》，繼之者隋陸法言撰《切韻》，唐孫愐撰《唐韻》，其書並佚。若宋祥符之《廣韻》、景祐之《集韻》皆奉敕修，而《禮部韻略》獨列于學官，毛晃仍而增益之，劉淵復因而通併其部分，元黃公紹作《韻會》，亦仍劉韻，而箋注特詳明，洪武中詔宋濂等刊修正韻，又以意刪併部分，要其翻切，輕重緩急之間或因或改，均未能悉協。惟本朝字書合聲切法至爲簡易，實闡從來未發之蘊，是書翻切並以上一字生音，下一字收韻，審辨精微，萬古不易矣。乾隆四十一年三

月恭校上

文溯、文津二本與薈要本基本一致，只是結尾處的時間不同：文溯本作"乾隆四十七年十一月恭校上"文津本作"乾隆四十九年十一月恭校上"。

【附錄】
《簡目》

御定音韻闡微十八卷

康熙五十四年大學士李光地等奉勅撰，雍正四年告成。部分一如官韻，惟文部別出殷字，為子部存《廣韻》之舊，然亦如冬、鐘、虞、模、許附近通用，不碍施行。其翻切則前列舊音以考古，讀而折衷以國家之合聲以求至當，精微要眇，辨別毫芒，悉協乎自然之節族。（頁67）

欽定同文韻統六卷[1]

乾隆十五年奉勅撰。以西番字母參考天竺字母，貫合其異同，而各以漢字譯其音。首為《天竺字母譜》，凡音韻十六字，翻切三十四字。次為《天竺音韻翻切配合十二譜》，以《字母音韻十六字》，翻切三十四字，錯綜相配，成一千二百一十二字。次為《西番字母配合十四譜》，其字母凡三十；天竺所有者二十四，天竺所無、西番所有者六。除與天竺同者所生之字亦同外，其六母所生之字，凡四百三十有四。蓋佛經諸咒皆天竺之音，惟佛號地名多用西番之音，故別出以備用也。次為《天竺、西番陰陽字二譜》，各分陰字、陽字、可陰可陽字、可陽可陰字四例。次《大藏字母同異譜》，以欽定天竺字母為經，而以僧伽波羅等十二家所譯字母為緯，以互證其分合增減。次為《華梵字母合璧譜》，則中西諸音、新舊諸法，一一條貫，集厥大成焉。其西域有是音、中國無是字者，悉以合聲之法取之。二合者即以二字並書，三合者即以三字並書。前有發聲、後有餘聲者，即以其字叠書。其中音有輕重者，則重者大書，輕者細書，併詳注反切及喉、牙、齒、唇、舌諸音於下。皆辨別分刌，窮極毫芒。

考聲韻之學，實肇於西域，自漢明帝時與佛書同入中國。以文字互異，故中國不行。其緣起僅見《隋書·經籍志》。所謂十四聲貫一切字者，其法已不可詳。晉太始初，沙門竺曇摩羅察譯《光讚般若經》，始傳四十一字母。其後諸僧所譯，互有異同，然皆自行於彼教。唐貞觀中，吐蕃宰相阿努始以西番字譯天竺五十字母，亦自行於彼土。自沙門神珙作《四聲五音九弄反紐圖》，收於《大廣益會玉篇》之末，始流入儒書。自鄭樵得西域僧《七音韻鑑》，始大行於中國。然西域之音無窮，而中國之字有數，其有音而無字者十之六七。《等韻》諸圖或記以虛圈，或竟爲空格，使人自其上下、左右連類排比而求之，非心悟者弗能得也。故鄭樵《六書畧》謂"華有二合之音，無二合之字。梵有二合、三合、四合之音，亦有其字"，因舉挈縛之二合、囉馱曩之三合、悉底哩野之四合爲證。沈括《夢溪筆談》亦謂梵語薩嚩訶三字，合言之即《楚詞》之"些"字，然括無成書。樵所作《七音畧》於無字之音仍爲空格，豈非知其法而不充其類哉？

我皇上天聲遐播，紺園龍象，慕德東來。梵筴唄音，得諸親譯，既能不失其眞，至編校此書，又以國書十二字頭之法補所未備。而發凡起例，更屢經聖裁改定而後成。故古所重譯而不通者，今一展卷而心契。聲聞韻通，歌頌同文之盛，眞亘古之所無矣。

【校記】

[1]薈要、文溯、文津本與此完全不同，茲錄薈要本如下：

臣等謹案：《欽定同文韻統》六卷，乾隆十五年欽定莊親王臣允祿等修纂。以天竺、西番字母音韻參考同異，貫合華梵。字有其譜，譜有其說，大旨悉準國朝字頭合聲切字之法，而收聲、引聲、陰陽、長短之辨，又屢於呈進時仰蒙聖訓改正。凡向來有音無字者即以所切二字並書合爲一字，其合二字、三字成音而中有輕重則重者正書，輕者細書，以合之所譯漢字，復分注反切及喉齒唇舌之音於下。一展卷而華梵音韻悉備無遺，眞發從來未發之秘，昭垂永久，不易之準矣。乾隆四十一年七月恭校上。

文溯、文津二本與薈要本基本一致，只是結尾處的時間不同：文溯本作"乾隆四十七年十一月恭校上"，文津本作"乾隆四十九年十一月恭校上"。

【附錄】

《簡目》

欽定同文韻統六卷

乾隆十五年莊親王允祿等奉勅撰。以天竺五十字母、西番三十字母參考異同，而音以漢字，使華語、梵音互相貫通。大旨以國家合聲之法為準，而收聲、引聲、陰陽、長短之辨，仰承訓示尤辨析入微。其有音無字、兩合、三合而得者，以大書、細書別其輕重，亦古法之所未備。（頁67）

欽定叶韻彙輯五十八卷

乾隆十五年奉勅撰。字數部分皆仍《佩文詩韻》，惟以今韻之離合，別古韻之同異。如江韻獨用則一韻爲一部，東、冬兩韻同用則兩韻爲一部，支、微、齊三韻同用則三韻爲一部是也。每部皆附叶韻，畧如吳棫《韻補》。惟《韻補》於今韻每部各載叶韻，此則一部獨用者附本部末，諸部同用者卽總附諸部末。如"蒙"字叶莫邦切，則獨附江部後；江字叶戶公切，則總附東、冬二部後；"魚"字叶魚羈切，則總附支、微、齊三部後是也。夫古今聲音之遞變，亦如大小篆、隸、八分之遞變，或相因、或迥不相因，或相近、或迥不相近。以迥不相近之音施於歌詠，於古雖有徵，而於今不能悉協。唐人古詩，大抵皆相近之音。故東、冬、江古音雖同，而此書東、冬自爲部，江自爲部；支、微、齊、佳、灰古音雖同，而此書支、微、齊自爲部，佳、灰自爲部。皆取不戾於古而可行於今也。

至於叶韻之說，宋以來糾紛彌甚。謂庚收穿鼻，眞收舐齶，兩不相叶，然"嘉名"、"靈均"乃見於屈原之《騷》。謂江本通東，陽本通庚，兩不相叶，然"成雙"、"鴛鴦"，乃見於徐陵之賦。此異而彼同，此通而彼礙，各執一理，勝負互形，所謂愈治而愈棼也。此書所錄，惟據古書注有是音者，使以類相從，明前有所承，卽後爲有本，不復旁牽博辨，致枝蔓橫生。解結釋紛，尤爲得要，於數百年講古韻者，誠爲獨酌其中矣。

【校記】

[1]文溯、文津本與此完全不同，茲錄文溯本如下：

臣等謹案：《叶韻彙輯》，乾隆十五年欽定，前列今韻悉以《佩文詩韻》為準，而注釋加詳，韻可通同者連類相次，而載古音叶音於後，其獨用者叶韻卽附焉，如一東二冬本可通用則並列於前，而東冬叶韻次之，三江獨用則江叶韻次之，支微十一尤之類亦然，叶韻每字下博采六經子史及漢魏以來有韻之文以證之，俾尋聲考古者一覽而得其原本。洵乎，致精極博矣。韻言肇於古初，而編類成書則始于齊梁，自後代有刪併部分，俞繁古音漸昧，宋吳棫以四聲互用、切聲同用二法著為《韻補》。朱子取之以說《詩》，明楊慎又因六書轉注之流別足以方音叶音為《轉注古音略》，其說益備。國朝邵長蘅本吳楊兩家之說而增益之，為《古今韻略》，搜采雖博，舛訛亦多，未足為藝林程度。是書體例悉稟幾餘指授，而徵引考核必精必詳，古今音韻之學無出範圍矣。原本上平、下平、上、去、入聲各分上、下帙，茲以篇頁頗多，謹依次分析每遇叶韻處輒別爲卷，凡五十八卷，古音部分之概亦略見於此云。乾隆四十七年十一月恭校上。

文津本與文溯本基本一致，只是結尾處的時間不同：文津本作"乾隆四十九年閏三月恭校上"。

【附錄】

《簡目》

欽定叶韻彙輯五十八卷

乾隆十五年大學士梁詩正等奉勑撰。每部前列今韻，悉以《佩文詩韻》為主，而註釋加詳，次以今韻。雖各為部，而古韻相通者以類相從，其古韻相通之字為今韻所不收者併彙附于後，而各注其所據之書，或古今韻皆獨用者則一韻自為一部，而相通之字亦附焉。（頁 68）

欽定音韻述微三十卷

乾隆三十八年奉勑撰。其合聲切字一本御定《音韻闡微》，其稍變者，《闡微》以三十六母爲字紐之次序，故東韻首公字之類，與部首標目，或相應，或不相應，在所不拘[1]。今則部首一字屬何母，即以其母爲首，其下諸母所領字，以次相從，使歸於畫一。其部分仍從《御定佩文詩韻》，其稍變者從《音韻闡微》。分文、殷爲兩部，而以殷部附真部，不附文部。其字數自《佩文詩韻》所收一萬二百五十二字外，凡所續收，每紐之下以據《音韻闡微》增者在前，據《廣韻》增者次之，據《集韻》增者又次之。

或有點畫小異、音訓微殊、舊韻兩收而實不可複押者，則删不錄。至於舊韻所無而今所恒用者[2]，如阿字，舊惟作陵阿之義，收入歌韻；今爲國書十二字頭之首，則收入麻韻。鎗字，舊訓爲酒器，收入庚韻；今則酒器無此名，而軍器有此字，則增入陽韻。又如查，本浮木，而今訓察核；參，本稽考[3]，而今訓糾彈；礮，本飛石，而今訓火器；埽本汜除，而今訓樵茭。既已萬口同音，卽屬勢不可廢[4]。此如麻韻之字[5]，古音皆與魚、虞相從，自字母出中國[6]，始有麻韻一呼，遂不能不增此一韻。姬，本周姓；自戰國以後始以爲妾御之名，亦遂不能不增此一解。蓋從宜從俗，義各有當，又不可以古法拘也。

其互注之例：凡一字兩部皆收，義同者注曰"又某韻"，義異者注曰"與某韻義異"。體例與《禮部韻畧》同；其與他韻一同一異者，註曰"又某韻，與某韻義異"；或字有數訓而僅一解可通者，則注曰"惟某義與某韻同，餘異"，則較《韻畧》爲加密。其詮釋之例：凡《說文》、《玉篇》、《廣韻》、《集韻》所有者，書非稀覩，無庸贅著篇名；其他則一字一句，必著所出，以明有據，亦諸韻書之所無。蓋《音韻闡微》所重在字音，故訓詁不欲求詳。此書所重在字義，故考證務期核實[7]。兩書相輔而並行，小學之蘊奧眞毫髮無遺憾矣[8]。

【校記】

[1]在，文津本作"皆"。

[2]恒用，文津本作"恒有"。

[3]稽考，文津本作"稽查"。

[4]"卽屬勢不可廢"下。文津本作"者"字。

[5]此如麻韻之字，文津本作"如麻韻之字"，無"此"字。

[6]出，文溯、文津二本並作"入"。

[7]考證，浙本作"考據"。

[8]篇末，文溯本有"乾隆四十七年十一月恭校上"，文津本有"乾隆四十九年十月恭校上"。

【附錄】

《簡目》

欽定音韻述微三十卷

乾隆三十年奉勅撰。其合聲切字，一本《音韻闡微》。惟《音韻闡微》以字母之先後爲字之先後，此以領韻之字母爲首，而餘母以次從之。

其部分一從《佩文詩韻》，惟殷、文分爲兩部，而以殷附眞。其字則多所增加，如鎗字、阿字之類。古今音訓迥異者承用已久，亦從宜添入。而互注之例爲尤詳。蓋《音韻闡微》重在字音，此所重在字義，故體例不能不異焉。（頁69）

音論三卷　安徽巡撫採進本

國朝顧炎武撰。炎武有《左傳杜解補正》，已著錄。

自陳第作《毛詩古音考》、《屈宋古音義》，而古音之門徑始明。然創闢榛蕪，猶未及研求邃密。至炎武乃探討本原，推尋經傳，作《音學五書》以正之。此其《五書》之一也。上卷分三篇：一、古曰音今曰韻；二、韻書之始；三、唐宋韻譜異同。中卷分六篇：一、古人韻緩不煩改字；二、古詩無叶音；三、四聲之始；四、古人四聲一貫；五、入爲閏聲；六、近代入聲之誤。[1]下卷分六篇：一、六書轉注之解；二、先儒兩聲各義之說不盡然；三、反切之始；四、南北朝反語；五、反切之名；六、讀若[1]。共十五篇。皆引據古人之說以相證驗，中惟所論入聲，變亂舊法，未爲甚確，餘皆原原本本，足以訂俗學之訛，蓋五書之綱領也。

書成於崇禎癸未，其時舊本《集韻》與別本《廣韻》皆尚未出[2]，故不知唐宋部分之異同由於陳彭年、丁度。又唐《封演見聞記》其時亦未刊行，故亦不知唐人官韻定自許敬宗。[2]然全書持論精博，百餘年來言韻學者，雖愈闡愈密，或出於炎武所論之外，而發明古義，則自陳第之後，炎武屹爲正宗。陳萬策《近道齋集》有《李光地小傳》，稱光地音學受之炎武。又萬策作《李光地詩集後序》稱[3]："光地推炎武音學，妙契古先。故所註古音，不用吳棫《韻補》，而用炎武《詩本音》。"則是書之爲善本，可槩見矣[4]。

【校記】

[1]讀若，浙本作"讀若某"。

"上卷分三篇"至"讀若"，文溯、文津二本並作"上卷分三篇，中卷分六篇，下卷分六篇"。

[2]《集韻》，文津本作"《舊韻》"。

[3]李光地，文溯、文津二本並作"光地"，無"李"字。

[4]篇末，文溯本有"乾隆四十七年九月恭校上"，文津本有"乾隆

四十九年閏三月恭校上"。

【辨正】

①胡氏補正引陳澧《東塾集》《跋音論》云：焦弱侯《筆乘》有古詩無叶音一條，考證精確，不下於陳季立，焦與陳季立，焦與陳同時，未知二人孰先倡此說？亭林論古詩無叶音，只引陳季立說，後之言古音者，但知季立罕知弱侯矣。（頁307）

②胡氏補正引左暄《三餘偶筆》四云：隋時已有通韻之說，不始於唐。唐天寶陳州司法孫愐以《切韻》為謬略，增字至四萬二千三百八十三，更名曰《唐韻》，宋祥符陳彭年、邱雍重修，易名曰《廣韻》，凡二萬六千一百九十四字，較唐韻減一萬六千一百八十九字，《廣韻》非《唐韻》甚明，則亦不得以《廣韻》與《唐韻》為一書，而謂唐與宋初人之尊用也。（頁307）

【附錄】

《簡目》

音論三論

國朝顧炎武撰。陳第以後始得古音之門徑，炎武更探討本原，推求注傳，作《音學五書》。此五門之綱領也。上卷分三篇，中卷分六篇，下卷分六篇，中惟所論入聲以臆見論古法，餘皆足訂俗學之訛。（頁69）

詩本音十卷　安徽巡撫採進本

國朝顧炎武撰。《音學五書》之二也。其書主陳第《詩》無叶韻之說，不與吳棫《補音》爭，而亦全不用棫之例[1]。但卽本經所用之音互相參考[2]，證以他書，明古音原作是讀，非由遷就，故曰"本音"。每詩皆全列經文，而註其音於句下。與今韻合者註曰"《廣韻》某部"，與今韻異者卽註曰"古音某"[3]。

大抵密於陳第，而疏於江永，故永作《古韻標準》，駁正此書者頗多。①然合者十九，不合者十一。南宋以來，隨意叶讀之謬論，至此始一一廓清，厥功甚鉅[4]。當以永書輔此書，不能以永書廢此書也。若毛奇齡之逞博爭勝，務與炎武相詰難，則文人相輕之習，益不爲定論矣[5]。

【校記】

[1]"不與吳棫《補音》爭，而亦全不用棫之例"，文溯、文津二本皆無。

[2]但即本經所用之音互相參考，文溯、文津本皆作"即本經所用之音互相參考"，無"但"字。

[3]"古音某"下，文津本有"部"字。

[4]"南宋以來，隨意叶讀之謬論，至此始一一廓清，厥功甚鉅"，文溯、文津本皆無。

[5]篇末，文溯本有"乾隆四十七年四月恭校上"，文津本有"乾隆四十九年正月恭校上"。

【辨正】

①胡氏補正引江永《古韻標準例言》云：《詩本音》改正舊叶之誤頗多，亦有求之太過，反生葛藤。引周春《十三經音略》四云：顧氏有云"古詩中間有一二於正音不合者，此或出於方音之不同，今之讀者不得不改其本音而合之，雖謂之叶亦可，然特百中之一二耳"，此則顧氏亦自知其說之難通，而姑為遷就者也。又引張成孫《諧聲譜》二載其父惠言論合韻云：顧氏執本音之說，於古韻不入部者，或以為無韻，或以為方音，段若膺譏之，以為古有合韻，其說最為有見。（頁308）

【附錄】

《簡目》

詩本音十卷

國朝顧炎武撰，《音學五書》之二也。由陳第之說以三百篇所用之韻參互考訂，處處相符，明古音原作是讀，非隨文牽就者，故曰本音。（頁70）

易音三卷　安徽巡撫採進本

國朝顧炎武撰。《音學五書》之三也。其書即《周易》以求古音。上卷為《彖辭》、《爻辭》，中卷為《彖傳》、《象傳》，下卷為《繫辭》、《文言》、《說卦》、《雜卦》。其音往往與《詩》不同，又或往往不韻。故炎武所註，凡與《詩》音不同者，皆以為偶用方音，而不韻者則闕焉。

考《春秋傳》所載繇詞，無不有韻，說者以爲《連山》、《歸藏》之文。然漢儒所傳，不過《周易》，而《史記》載大橫之兆，其繇亦然。意卜筮家別有其書，如焦贛《易林》之類，非《易》之本書。而《易》之本書，則如周秦諸子之書，或韻、或不韻，本無定體。其韻或雜方音，亦不能盡求其讀。故《象詞》、《爻詞》不韻者多，韻者亦間有；《十翼》則韻者固多，而不韻者亦錯出其間。非如《詩》三百篇協詠歌，被管弦，非韻不可以成章也。炎武於不可韻者，如《乾》之九二、九四，中隔一爻，謂義相承則韻相承之類，未免穿鑿。又如六十四卦《彖辭》，惟四卦有韻，殆出偶合，標以爲例，亦未免附會。然其考核精確者，則於古音亦多有裨，固可存爲旁證焉[1]。

【校記】

[1]篇末，文溯本有"乾隆四十七年五月恭校上"，文津本有"乾隆四十九年四月恭校上"。

【附錄】

《簡目》

易音三卷

國朝顧炎武撰。《音學五書》之三也。古之繇詞率有韻，故《易》亦用韻。然或韻，或不韻，又或參用方言以為韻，與《詩》之務協聲律者稍殊。故炎武是書通所可通，其不可通者可闕。（頁70）

唐韻正二十卷　安徽巡撫採進本

國朝顧炎武撰。《音學五書》之四也。其書以古音正《唐韻》之訛。書首有《凡例》曰："凡韻中之字，今音與古音同者，即不註。其不同者，乃韻譜相傳之誤，則注云'古音某'，並引經傳之文以證之。其一韻皆同而中有數字之誤，則止就數字註之，一東是也。一韻皆誤，則每字註之，四江是也。同者半則同者註其畧，不同者註其詳，且明其本二韻而誤併爲一，五支是也。一韻皆同，無誤則不註，二冬、三鍾是也。"

蓋逐字以求古音，當移出者移而出，當移入者移而入。視他家謬執今韻言古音，但知有字之當入，而不知有字之當出，以至今古糾牽，不可究詰者，其體例特爲明晰。與所作《韻補正》皆爲善本。然《韻補》誤叶古音，可謂之正。至《唐韻》則本爲四聲而設，非言古韻之書，聲隨世移，是變非誤，槩名曰正，於義未協。①是則炎武泥古之過，其偏亦不可不知也[1]。

【校記】

[1]篇末，文溯本有"乾隆四十七年四月恭校上"，文津本有"乾隆四十九年三月恭校上"。

【辨正】

①胡氏補正引王念孫《讀書雜志》《史記》劉氏危條下，云：危字古音魚戈反，在歌部，不在脂部。《晉語》"直不輔曲，明不規闇，㮃木不生危，松柏不生埤"，曲、闇非韻，則危、埤亦非韻。《荀子》《解蔽篇》，引《道經》"人心之危，道心之微"，危、微亦非韻。《唐韻正》危音魚葵反，引此二條為證，其說疏矣。（頁309）

【附錄】

《簡目》

唐韻正二十卷

國朝顧炎武撰。《音學五書》之四也。皆以古音證《唐韻》之訛，雖執今韻言古音，而其例則于一部全異古音，一部半異古音，一部數字異古音及古音兩部今併為一部，皆條析而言之，與誤執今部分注通、注轉、注叶者相去遠矣。（頁71）

古音表二卷　　安徽巡撫採進本

國朝顧炎武撰。《音學五書》之五也。凡分十部[1]：以東、冬、鍾、江爲第一，支、脂、之、微、齊、佳、皆、灰、咍爲第二，魚、虞、模、侯爲第三，眞、諄、臻、文、殷、元、魂、痕、寒、桓、刪、山、先、仙爲第四，蕭、宵、肴、豪、幽爲第五，歌、戈、麻爲第六，陽、唐爲第七，耕、清、青爲第八，蒸、登爲第九，侵、覃、談、鹽、添、咸、銜、嚴凡爲第十。皆以平聲爲部首，而三聲隨之。其移入之字與割併之部，卽附見其中。考以古法，多相脗合。惟入聲割裂分配，其說甚辨。然變亂舊部，論者終有異同[2]。

其門人潘耒作《類音》八卷，深爲李光地《榕村語錄》所詬厲，其濫觴卽從此書也。以與所著五書共爲卷帙，當並存以具一家之言。且其配隸古音，實有足糾吳棫以來之謬者，故仍錄備參考焉[3]。

【校記】

[1] 凡分十部，文溯、文津二本並作"其書凡分十部"。

[2] "然變亂舊部，論者終有異同"，文溯、文津二本並作"而論者終不能無異議焉"。

[3] "其門人潘耒作《類音》八卷"至"故仍錄備參考焉"，文溯、文津二本皆無；

篇末，文溯本有"乾隆四十七年十月恭校上"，文津本有"乾隆四十九年五月恭校上"。

【辨正】

①胡氏補正引江永《古音標準例言》云：《古音表》分十部，離合處尚有未精，其分配入聲多未當，此亦考古之功多，審音之功淺。（頁309）又引張行孚《說文發疑》云：顧氏謂古韻兼用方音，可謂獨得古韻之變通，然顧氏不知方音繇雙聲而轉，無以得方音、本音之界限。（頁310）

【附錄】

《簡目》

《古音表》二卷

國朝顧炎武撰。《音學五書》之五也。凡分十部。皆以平聲為部首，而三聲隨之。其移入之字與割併之部，即附見其中。考以古法，多相吻合。惟割裂入聲，隨意分配，是一失。（頁71）

韻補正一卷[1]　安徽巡撫採進本

國朝顧炎武撰。案《宋志》，吳棫有《毛詩叶韻補音》十卷，又《韻補》五卷。自朱子作《詩集傳》用其《毛詩叶韻補音》，儒者因朱子而不敢議棫，又因《毛詩叶韻補音》併不敢議其《韻補》。炎武此書，於棫雖亦委曲迴護，有"安得如才老者與之論韻"之言，然所作《詩本音》，已不從棫說。至於此書，則更一一糾彈，不少假借。蓋攻《韻補》者其本旨，推棫者其巽詞也。案《朱子語錄》稱"吳才老《補音》甚詳，然亦有推不去者"，則朱子於棫之書，原不謂盡無遺議。馬端臨《經籍考》特錄朱子此條於《毛詩叶韻補音》之下，亦具有深心。炎武此書，絕不爲叫嚚攻擊之詞。但於古音叶讀之舛誤、今韻通用之乖方，各爲別白注之，而得失自見。可謂不悖是非之正，亦不涉門戶之爭者矣。

【校記】
[1]文溯本與此完全不同，茲錄如次：
國朝顧炎武撰。案《宋志》吳棫有《毛诗叶韻補音》十卷，又《韻補》五卷。陳振孫《書錄解題》亦同。其《叶韻補音》惟釋《詩》三百篇。《韻補》則泛濫無律，所采凡五十家，下至歐陽修、蘇轍，所用亦據為古音，殊不足取，今已詳加駁正，著之於錄。後人不察，泛稱朱之作《詩集傳》尊用其說，遂不敢稍議棫書，不知朱子所據者乃十卷之《叶韻》，非五卷之《韻補》。又《朱子語錄》有《吳才老補音》甚詳，然亦有推不去者之說也。炎武精別古音，故獨摘其謬，然亦不辨棫有二書。世人以此冒彼，致诬朱子之誤，則尚未及詳檢耳。然其考據明確，以為篤信棫書者迷途之導，固不為無助焉。乾隆四十七年九月恭校上

文津本與文溯本相同，末尾處時間不同，作"乾隆四十九年十一月恭校上"。

【附錄】
《簡目》
韻補正一卷
國朝顧炎武撰。自朱子作《詩集傳》，叶韻用吳棫說，考古者雖心知棫之謬戾，而壓于朱子不敢言。炎武始作此書，以正之于其古音叶讀之乖方、今韻通用之舛互者。雖舉之未盡，亦可謂能除門戶之見矣。（頁71）

古今通韻十二卷　江蘇巡撫採進本

國朝毛奇齡撰。奇齡有《仲氏易》，已著錄。是書爲排斥顧炎武《音學五書》而作。創爲五部、三聲、兩界、兩合之說。五部者，東、冬、江、陽、庚、青、蒸爲一部，支、微、齊、佳、灰爲一部，魚、虞、歌、

麻、蕭、肴、豪、尤爲一部，眞、文、元、寒、刪、先爲一部，侵、覃、鹽、咸爲一部。三聲者，平、上、去三聲相通，而不與入通；其與入通者，謂之叶。兩界者，以有入聲之東、冬、江、陽、庚、青、蒸、眞、文、元、寒、刪、先、侵、覃、鹽、咸十七韻爲一部，無入聲之支、微、齊、佳、灰、魚、虞、歌、麻、蕭、肴、豪、尤十三韻爲一部，兩不相通；其相通者，謂之叶。兩合者，以無入十三韻之去聲與有入十七韻之入聲通用，而不與平上通；其與平上通者，謂之叶。

按奇齡論例，旣云所列五部分配五音，雖欲增一減一而有所不可。乃又分爲兩界，則五音之例亂矣。旣分兩界，又以無入十三韻之去聲與有入十七韻之入聲同用[1]，則兩界之例又亂矣。至三聲之例，本云平、上、去通而不與入通，而兩合之例又云去、入通而不與平、上通，則三聲、兩合不又自相亂乎？① 蓋其病在不以古音求古音，而執今韻部分以求古音。又不知古人之音亦隨世變，而一槩比而合之。故徵引愈博，異同愈出，不得不多設條例以該之。迨至條例彌多，矛盾彌甚，遂不得不遁辭自解，而叶之一說生矣。皆逞博好勝之念，牽率以至於是也。然其援據浩博，頗有足資考證者，存備一家之說[2]，亦無不可，故已黜而終存之焉[3]。

【校記】

[1]同用，文溯、文津二本並作"相用"。

[2]一家之說，浙本作"一家之學"。

[3]篇末，文溯本有"乾隆四十七年四月恭校上"，文津本有"乾隆四十九年五月恭校上"。

【辨正】

①胡氏補正引江永《古音標準例言》云：毛氏《古今通韻》，其病在通字，古韻自有疆界，當通其所可通，毋強通其所不可通，若第據漢、魏以後樂府詩歌，何不反而求之三百篇某韻與某韻果通乎？有數字通矣，豈盡一韻皆通乎？偶一借韻矣，豈他詩亦常通用乎？（頁311）

【附錄】

《簡目》

古今通韻十二卷

國朝毛奇齡撰。盖為排斥顧炎武《音學五書》而作。創為五部、三聲、兩合、兩界之說，欲以"通"之一字破炎武之門目，而紛紜糾結自亂其例亦由"通"之一字而生。今與炎武之書並存，以備參考，猶錄其古文尚書冤詞例也。（頁72）

易韻四卷　浙江巡撫採進本

國朝毛奇齡撰。古人繇詞，多諧音韻。《周易》爻象亦大抵有韻[1]，而往往不拘，故吳棫作《韻補》，引《易》絕少。至明張獻翼始作《讀易韻考》七卷，然獻翼不知古音，或隨口取讀，或牽引附會，殊麗雜無緒。奇齡此書，與顧炎武《易本音》皆置其無韻之文，而論其有韻之文，故所言皆有條理。兩家所撰韻書，互有出入，故其論《易》韻亦時有異同。大抵引證之博，辨析之詳，則奇齡過於炎武。至於通其可通，而闕其所不可通，則奇齡之書又不及炎武之詳慎。如《乾卦》上九用九爲一節，本奇齡臆說，而此併牽古韻以實之，則尤爲穿鑿。且所謂兩界、兩合鶩韻者，其中皆自申其古今通韻之例，亦不及炎武偶雜方言之說爲通達而無弊。然炎武書太簡畧，而奇齡則徵引賅洽，亦頗足互證。以韻讀《易》者，以炎武書爲主，而參之是書，以通其變。畧短取長，未始不可相輔而行也[2]。

【校記】

[1]《周易》，文津本作"《易》"。
[2]篇末，文溯本有"乾隆四十七年三月恭校上"，文津本有"乾隆四十九年五月恭校上"。

【附錄】

《簡目》
易韻四卷
國朝毛奇齡撰。與顧炎武說互有出入，大抵引證之博，辯論之詳，則炎武不如奇齡。界限謹嚴，寧有所不知而不敢有所強說，則奇齡不如炎武。（頁72）

唐韻考五卷[1]　兵部侍郎紀昀家藏本

國朝紀容舒撰。容舒字遲叟，號竹厓，獻縣人。康熙癸巳舉人，官至姚安府知府。

初，隋陸法言作《切韻》，唐禮部用以試士。天寶中，孫愐增定其書，名曰《唐韻》。後宋陳彭年等重修《廣韻》，丁度等又作《禮部韻略》，爲一代塲屋程式，而孫氏之書漸佚，唐代舊韻遂無復完帙。惟雍熙三年，徐鉉校定許愼《說文》，在大中祥符重修《廣韻》以前，所用翻切一從《唐韻》，見於鉉等《進書表》。容舒以爲翻切之法，其上字必同母，其下字必同部，謂之音和。間有用類隔法者，亦僅假借其上字，而不假借其下字。因其翻切下一字，參互鈎稽，輾轉相證，猶可以得其部分。乃取《說文》所載《唐韻》翻切，排比分析，各歸其類，以成此書。

始知《廣韻》部分，仍如《唐韻》，但所收之字不同。有《唐韻》收而《廣韻》不收者，如東部"詞"字、"寬"字、"恓"字之類是也。有《唐韻》在此部而《廣韻》在彼部者，如"賨"字，《廣韻》作藏宗切，在冬部，《唐韻》作徂紅切，則在東部；"瓏"字，《廣韻》作盧紅切，在東部，《唐韻》作力鍾切，則在鍾部之類是也。有《唐韻》兩部兼收，而《廣韻》止存其一者，如虞部"㝢"字，《廣韻》註"又子余切"，與《唐韻》合，而魚部子余切，乃不收"㝢"字之類是也。有《廣韻》移其部分，而失於改其翻切，如諄部"麕、莙、困、頵"四字[2]，移入眞部，而仍用《唐韻》諄部翻切；刪部"鰥"字，移入山部仍用刪部翻切之類是也。有《唐韻》本有重音、而徐鉉祇取其一者，如"規"字作居追切，宜在脂部，而證以"陸"字作許規切，"闚"字作去陸切，知"規"字當有居隨一切，兼入支韻之類是也。其推尋考校，具有條理。《唐韻》分合之例與宋韻改併之迹，均可由是得其大凡，亦小學家所當參證者矣[3]。

【校記】

[1]文溯、文津二本並作"孫氏唐韻考"。

[2]四字，文津本作"五字"。

[3]篇末，文溯本有"乾隆四十七年十月恭校上"，文津本有"乾隆四十九年閏三月恭校上"。

【附錄】

《簡目》

孫氏唐韻考五卷

國朝紀容舒撰。孫愐《唐韻》至宋已佚，而徐鉉等校注《說文》尚存其音切，容舒因以其音切參考而得其部分，輯爲此書，以存唐人韻學之遺。（頁73）

古韻標準四卷　桂林府同知李文藻刊本

國朝江永撰。永有《周禮疑義舉要》，已著錄。

自昔論古音者不一家，惟宋吳棫，明楊愼、陳第，國朝顧炎武、柴紹炳、毛奇齡之書最行於世。其學各有所得，而或失於以今韻部分求古韻，或失於以漢魏以下、隋陳以前隨時遞變之音均謂之古韻。故拘者至格閡而不通，泛者至叢脞而無緒。永是書惟以《詩》三百篇爲主，謂之"詩韻"；而以周、秦以下音之近古者附之，謂之"補韻"，視諸家界限較明。

其韻分平、上、去聲，各十三部，入聲八部。每部之首，先列韻目[1]。其一韻岐分兩部者，曰"分某韻"。韻本不通而有字當入此部者，曰"別收某韻"。四聲異者，曰"別收某聲、某韻"。較諸家體例亦最善[2]。每字下各爲之注，而每部末又爲之總論。書首復冠以《例言》及《詩韻舉例》一卷，大旨於明取陳第，於國朝取顧炎武，而復補正其訛缺，吳棫、楊愼、毛奇齡之書間有駁詰，柴紹炳以下則自鄶無譏焉。古韻之有條理者，當以是編爲最，未可以晚出而輕之也[3]。①

【校記】

[1]先列韻目，文津本作"先引韻目"。

[2]較諸家體例亦最善，文津本作"較諸家體亦最善"，無"例"字。

[3]篇末，文溯本有"乾隆四十七年十一月恭校上"，文津本有"乾隆四十九年十月恭校上"。

【辨正】

①胡氏補正引沈垚《落帆樓集》《詩本音解》云：顧氏轉尤、侯入魚、虞，江氏轉魚、虞入尤、侯，則江優於顧；顧氏藥、鐸有分，而江氏不分，則顧優江。（頁312）

胡氏補正又謂：《詩·車攻》"決拾既佽"四句，佽與柴韻，調與同韻，蓋調、同雙聲即所謂雙聲亦韻者。故《離騷》"兔升降以上下兮，求榘矱之所同，湯禹嚴而求合兮，摯咎繇而能調"，東方朔《七諫》"恐矩矱之不同，恐操行之不調"，皆以調、同為韻，江氏謂調、同非韻，屈、方無效，段氏《音均表》已辨之。孔氏《詩聲類》又引《韓非子·揚權篇》"君操其名，臣効其形，形名參同，上下和調"為證，並足正其失。（頁312）

【附錄】
《簡目》
　　古韻標準四卷
　　國朝江永撰。以《詩》三百篇為主，謂之"詩韻"；以秦漢以下音之近古者附之，謂之"補韻"。分三聲，各十三部，入聲八部。其一韻當分兩部者曰分某韻，韻本不通而有字當入此部者曰別收某韻，古韻之有條理者當以為最。（頁73）

右小學類韻書之屬，三十三部，三百十三卷，皆文淵閣著錄

　　案：韻書為小學之一類，而一類之中又自分三類，曰今韻、曰古韻、曰等韻也。本各自一家之學。至金而等韻合於今韻 韓道昭《五音集韻》始以等韻改易今韻之字紐。至南宋而古韻亦合於今韻 吳棫《韻補》始以古韻分隸今韻，又註今韻某部古通某部之類。至國朝而等韻又合於古韻 如劉凝、熊士伯諸書。三類遂相牽而不能分。今但通以時代次之。其篆韻之類，本不為韻而作者，則仍歸之於字書。

【附錄】
《簡目》
　　右小學類韻書之屬，三十三部，三百十三卷
　　謹案：韻書以為小學之一類，而一類之中自分三類，曰今韻、曰古韻、曰等韻也。本各自一家之學，至金韓道昭而等韻合于今韻，至南宋吳棫而古韻亦合于今韻，至國朝劉凝、熊士伯諸書而等韻又合于古韻，三類遂相牽而不能分，故今但通以時代次之，其《篆韻》、《奇字韻》之屬本不為韻而作者，則仍歸之于字書。（頁73）

附　　錄

六藝綱目二卷　兵部侍郎紀昀家藏本

元舒天民撰。天民字執風，鄞縣人。

是書取《周禮·保氏》"六藝"之文，因鄭玄之註[1]，標爲條目，各以四字韻話括之。其子恭爲之註，同郡趙宜中爲之附註，均能考證精核，於小學頗有發明。惟其中論六書"轉注"一門，以轉注者，乃轉形互用，有例有側[2]，有反有背。今求其說，若云倒首爲県，反正爲乏，雖本傳記，然究属會意字。至謂尸爲側人，亼爲側凵，則誤從周伯琦《說文字原》之論，於制字之意反乖耳[3]。至其"九數"一門，以密術推鄭註，頗爲詳至，以之補正賈疏，亦考禮之一助也。

恭字自謙，號說齋。宜中字彥夫。其書刊於至正甲辰前，有張翥、胡世佐、揭汯、劉仁本四序，皆未言及宜中附註事。末有舒贇後序，題"戊申歲"，已爲洪武元年，亦不及宜中。則宜中疑爲明人，其始末則不可考矣[4]。

案：六藝皆古之小學。而自《漢志》以後，小學一類惟收音聲訓詁之文，此書轉無類可歸。今附錄於小學之末，存古義也。[5]

【校記】

[1]鄭玄，文溯、文津二本並作"鄭康成"。

[2]例，文溯、文津、浙三本皆作"倒"。

[3]"則誤從周伯琦《說文字原》之論，於制字之意反乖耳"，文溯、文津二本並作"不特誤以象形為轉注，即字書中於此二字，亦從無側人側凵之訓，此妄以意為之者也"。

[4]"恭字自謙"至"其始末則不可考矣"，文溯、文津二本皆無。

[5]文溯、文津本皆無案語。

篇末，文溯本有"乾隆四十七年十一月恭校上"，文津本有"乾隆四十九年閏三月恭校上"。

【附録】

《簡目》

《六藝綱目》二卷

元舒天民撰。取《周禮·保氏》六藝之文，因鄭元之注，標為條目，各以四字韻語括之，其子縶為之注，同郡趙宜中又為附注。其書雖蒙求之類，而條析詳明，注亦典核。

謹案：六藝皆古之小學，而自《漢志》以後，小學一類惟收音聲訓詁之文，此書轉無類可歸，今附小學之末，存古義也。（頁74）

《浙江採集遺書總錄》

六藝綱目二卷（天一閣寫本）

右元鄞縣舒天民撰。以禮、樂、射、御、書、數分六門，摭拾經傳，編為四言韻語，可裨初學誦習。其子恭及同郡趙宜中為之注，後附《字原》、《六藝發原》二篇。（頁343）

小學類存目一

爾雅補注六卷　江蘇巡撫採進本

國朝姜兆錫撰。兆錫有《周易本義述蘊》，已著錄。

是注多以後世文義推測古人之訓詁。如《釋詁》："在，終也。"則注曰："凡物有定在，亦有終竟之意。今人云不知所在，亦云不知所終。"又好以意斷制。如《釋訓》"子子孫孫"三十二句，則注曰"每語皆以三字約舉其義，與經書《小序》略相似，而又皆以韻叶之。此等文疑先賢卜氏受《詩》於聖人而因為之也"云云。蓋因《詩》序首句之文而推求及於子夏。然考《周易·象傳》，全為此體，王逸注《楚詞·抽思》諸篇亦用此體，是又安足為出自子夏之證乎？

小爾雅一卷　通行本

案《漢書·藝文志》有"《小爾雅》一篇"，無撰人名氏。《隋書·經籍志》、《唐書·藝文志》並載"李軌注《小爾雅》，一卷"，其書久佚。今所傳本，則《孔叢子》第十一篇抄出別行者也。

分《廣詁》、《廣言》、《廣訓》、《廣義》、《廣名》、《廣服》、《廣器》、《廣物》、《廣鳥》、《廣獸》十章，而益以《度》、《量》、《衡》，爲十三章，頗可以資考據，然亦時有舛迕。如《廣量》云："豆四謂之區，區四謂之釜。"本諸《春秋傳》"四升爲豆，各自其四，以登于釜"之文，下云"釜二有半謂之籔"，與《儀禮》"十六斗曰籔"合。其下又云"籔二有半謂之缶，缶二謂之鍾"，則實八斛，乃《春秋傳》所謂陳氏新量，非齊舊量"六斛四斗"之鍾。是豆、釜、區用舊量，鍾則用新量也。《廣衡》曰："兩有半曰捷，倍捷曰舉，倍舉曰鋝。"《公羊傳疏》引賈逵稱"俗儒以鋝重六兩"者，蓋即指此。使漢代小學遺書果有此語，逵必不以俗儒目之矣。①他如謂"鵠中者謂之正"，則併正鵠之名不辨。謂"四尺謂之仞"，則《考工記》"澮深二仞"與"洫深八尺"無異矣。

漢儒說經，皆不援及，迨杜預注《左傳》始稍見徵引，明是書漢末晚出，至晉始行，非《漢志》所稱之舊本。晁公武《讀書志》以爲孔子古文，殆循名而失之。相傳已久，姑存其目。若其文則已見《孔叢子》，不複錄焉。

【辨正】

①胡氏補正引戴震《東原集》之書《小爾雅》後謂：《提要》此則蓋出震手，故與書後大略相同，實則舊量無鍾，當有脫文。其缶、捷、舉之名必有所本，特今無從取證耳，《爾雅》似此者多矣，何獨於《小爾雅》而疑之。賈逵所稱俗儒，乃斥今文《尚書》歐陽、夏侯說，馬融以爲近是，鄭玄注《尚書大傳》"死罪出鐵三百七十五斤"，亦即六兩之說，段玉裁《撰異》、孫星衍《今古文注疏》諸書言之，是此說鄭亦不廢也。宋翔鳳《訓纂》云："《小爾雅》不出於師授，故賈逵以爲俗儒"，此語尚未盡覈。胡承珙《義證》云："賈逵習古文者，所云俗儒，猶言今儒，非雅俗之謂。"（頁314）

崔氏小爾雅一卷　戶部尚書王際華家藏本

舊本題"明崔銑撰"。銑有《讀易餘言》，已著錄。

此書凡分十篇。核檢其文，實即《孔叢子》中之《小爾雅》也。閔元衢《歐餘漫錄》曰："《小爾雅》，漢孔鮒撰。汝郡袁氏《金聲玉振集》誤爲崔仲鳧著[1]，收入撰述部。以漢爲本朝，以崔易孔，豈其不詳考耶？

抑以世可欺也?"則是僞題姓名,明人已言之矣。

【校記】
[1]著,浙本作"撰"。

彙雅二十卷、續編二十八卷　兩淮馬裕家藏本

明張萱撰。萱字孟奇,博羅人。萬曆壬午舉人,由中書舍人官至戶部郎中。

此書每篇皆列《爾雅》,次以《小爾雅》、《廣雅》、《方言》之屬。下載注疏,附以萱所自釋,亦頗有發明。然如《釋詁》:"肅、延、諉、薦、餞、晉、寅、藎、進也。"郭注:"寅,未詳。"萱於他注"義未詳"者無所證據,而"晉之爲進"人人皆解者乃反詳之[1],殊失體要。又若《釋詁》:"詭,祖也。"萱釋之曰:"詭,遠祖也。親在高尊之上[2],危矣。"此義尤爲未安。蓋明人不尚確據而好出新論,其流弊往往如此也。《續編》二十八卷,則皆割裂陸佃《埤雅》、羅願《爾雅翼》合爲一集,每條以佃、願之名別之。惟第一卷《說鳳》一門,有一條題"張萱曰",爲所自釋耳。蓋未成之本,後人不察而誤刊之。陸氏、羅氏原書具在,亦安用此鈔胥爲哉?是尤畫蛇之足矣。

【校記】
[1]人人皆解者,浙本作"人皆解者"。
[2]高尊,浙本作"高曾"。

【附錄】
《翁稿》
　　謹按:《彙雅》二十卷,明中書張萱著。萱,廣東博羅人。熟於典故,周見洽聞,著書頗多。此書有萱自序。每篇皆先列《爾雅》,次以《小爾雅》、《廣雅》、《方言》、《釋名》之屬。下載注疏,附以萱自釋語,亦頗有發明。此書世間久無傳本,今此本丹黃處尚有吳郡趙宦光手跡,宦光亦究心六書之學者,洵爲校閱之善本矣,應刊刻以裨小學。(頁71)

方言據二卷　福建巡撫採進本

明魏濬撰。濬有《易象古義通》,已著錄。

是書乃紀四方語言之異，而求其可據者。凡二百餘條，多見考據。然其中亦有字出經史，本非方言，如張口笑曰哆、頤下曰頷、足背曰跗、毛多曰氄之類。小學諸書，義訓甚明，毋煩更爲索解。又如畔牢之與畔愁、兒良之爲郎，皆聲音之轉，亦非因方域而殊，乃一槩闌入，於《輶軒絕代語》體例，頗不類也。

方言類聚四卷　浙江巡撫採進本

明陳與郊撰。與郊有《檀弓集註》，已著錄。

是編取揚雄原本，依《爾雅》篇目分爲《釋詁》、《釋言》等十六門，別爲編次，使以類相聚。如原本第三卷"氓，民也"至"挭，隨也"數語，移入卷首爲《釋詁》；其原本卷首"黨，曉也"兩節，則列爲《釋言》，反載於"敦豐厖奔"一節之後。郭璞原注，則總附每節後，低一格以別之。間有雙行夾注，爲與郊所考訂者，僅略及音切字畫之異同而已。

【附錄】

《浙江採集遺書總錄》

方言類聚四卷（刊本）

右明陳與郊編。取子雲原本、郭璞所注者，復爲類次，而增釋之，凡十六門。（頁338）

越語肯綮錄一卷[1]　浙江巡撫採進本

國朝毛奇齡撰。奇齡有《仲氏易》，已著錄。是篇皆記其鄉之方言，而證以古音、古訓，以爲與陸法言韻多相合。因宋趙叔向有《肯綮錄》，故襲其名，然叔向書多述朝制，此則但一隅之里諺耳。昔揚雄《方言》多關訓詁，歷代史志及諸家書目均入之經部小學類中，是編皆里巷常談，似未可遽厠六經之末，然《舊唐書·經籍志》載李少通《俗語難字》，《新唐書·藝文志》載張推《證俗音》、顏愍林《證俗音略》[2]、李虔《續通俗文》，皆在小學類中。以類相從，古有此例，故今仍列之小學焉。

【校記】

[1]肯，浙本作"肎"。

[2]顏啟林，浙本作"顏啟楚"。

連文釋義一卷　通行本

國朝王言撰。言字愼旃，仁和人。是編凡二字連文及一名而兼兩義、與兩字各爲一義者，均分別訓釋，釐爲十門。詞頗淺近，蓋爲課蒙而作。視方以智《通雅》所載，相去遠矣。

右小學類訓詁之屬，八部，六十四卷，皆附存目。

別本干祿字書二卷　直隸總督採進本

唐顏元孫撰。其原本已著錄，此本乃栢鄉魏裔介所刊[1]。卷端加以考證，其題"炎武按"者，當爲顧炎武語。亦有不標姓名者，不知出於誰手，或卽裔介所加歟？元孫是書，本依韻編次，而不標韻部之目，石本可據。此依《廣韻》加之。然原本與《廣韻》次序實不相同，如覃、談列陽、唐之前，蒸列鹽之後，仄聲亦並相應。考夏竦《古文四聲韻》，稱用《唐韻》部分者，其次序亦與此同，知非謬誤。蓋當時韻書非一本，炎武議其顚倒，亦非通論也。

【校記】

[1]栢鄉，浙本作"柏鄉"。

說文解字五音韻譜十卷　通行本

宋李燾撰。燾字仁父，《桯史》云"一字子眞"，號巽岩[1]，丹稜人。①紹興八年進士，官至敷文閣學士，贈光祿大夫，諡文簡案《文獻通考》作"諡文定"。事蹟具《宋史》本傳。

初，徐鍇作《說文韻譜》十卷，音訓簡畧，粗便檢閱而已，非改許愼本書也。燾乃取《說文》而顚倒之，其初稿以《類篇》次序，於每部之中易其字數之先後，而部分未移。後復改從《集韻》，移"自一至亥"之部爲"自東至甲"，《說文》舊第遂蕩然無遺。

考徐鍇《說文繫傳》，仿《易·序卦傳》例作《部》、《敘》二篇，述五百四十部以次相承之故。雖不免有所牽合，而古人學有淵源，要必有說，未可以臆見紛更。又徐鉉新附之字，本非許愼原文，一槩混淆，亦乖體例。後人援引，往往以鉉説爲愼説，實燾之由。其中惟手部"撝"字，徐鉉作"許歸切"一條，能糾本書之謬。其餘如"䤨"字本作"似醉切"，乃改爲"房九切"，"頁"字本"模結切"[2]，乃改爲"徒結切"，則多所竄亂[3]。《説文》西部有"舍"字，音"咽嗛切"，而燾刪去不載，則有所遺漏。甚至"氂"字本"里之切"[4]，而誤作"莫交切"；"牦"字本"莫交切"，而誤作"里之切"：顛倒錯亂，全乖其本義本音，尤爲疎舛。顧其書易於省覽，故流俗盛行。

明人刊《文獻通考》，又偶佚此書標題，而連綴其前後《序》文於徐鍇《繫傳》條下，世遂不知燾有此書。明陳大科作《序》，竟誤以爲許愼舊本。茅溱作《韻譜本義》，遂推闡許愼《説文》所以始於東字之意，殊爲附會。顧炎武博極羣書，而所作《日知録》亦曰"《説文》原本次第不可見。今以四聲列者，徐鉉等所定也"，是雖知非許愼書，而又以燾之所編悮歸徐鉉。信乎考古之難矣。

【校記】
[1]巽岩，浙本作"巽巖"。
[2]頁，浙本作"苜"。
[3]"則多所竄亂"前，浙本有"又敗字本苦閑切，乃改爲邱耕切"。
[4]氂，浙本作"犛"。

【辨正】
①胡氏補正：一字仲仁，見《楊誠齋集謝諤墓碑》。（頁316）

續千文一卷

宋侍其良器撰。良器里貫未詳。①官左朝散大夫，知池州軍事。是編皆摭周興嗣《千字文》所遺之字，仍仿其體製，編爲四言韻語，詞采亦頗可觀。其孫嘗刻石浯溪，後有乾道乙酉鄉貢進士謝褒《跋》。②

【辨正】
① 胡氏補正引陸氏《儀顧堂續跋》云：良器名璦，一作瑋，長洲人。漢廣野君之裔，賜氏食其，後有仕武帝爲侍中者，因又合官與氏而稱侍其。家世以武顯，祖憲，始自建業遷長洲，良器獨學儒學，皇祐二年進

士，累知建德、固始、永豐縣，通判全州，擢化州，移知池州，致仕。（頁316）

②余氏辨證據繆筱珊年丈《藝風堂藏書記》卷一謂：《提要》謂其孫刻石浯溪者，乃曾孫耳。（頁121）

四聲篇海十五卷　通行本

金韓孝彥撰。孝彥字允中，真定松水人。

是編以《玉篇》五百四十二部依三十六字母次之。更取《類篇》及《龍龕手鏡》等書，增雜部三十有七，共五百七十九部。凡同母之部，各辨其四聲爲先後；每部之內，又計其字畫之多寡爲先後，以便於檢尋。其書成於明昌、承安間。迨泰和戊辰，孝彥之子道昭又改併爲四百四十四部，韓道昇爲之序。殊體僻字，靡不悉載。然舛謬實多，徒增繁碎。道昇《序》稱："泰和八年，歲在強圉單閼。"攷泰和八年乃戊辰，而曰"強圉單閼"，則丁卯矣。①刻是書者又記其後云："崇慶己丑，新集雜部，至今成化辛卯，刪補重編。"攷崇慶元年壬申，明年即改元至寧，曰己丑者亦誤。

道昭又因《廣韻》改其編次，爲《五音集韻》十五卷。明成化丁亥僧文儒等校刊二書，合稱《篇韻類聚》。"篇"謂孝彥所編，以《玉篇》爲本；"韻"謂道昭所編，以《廣韻》爲本。二書共三十卷。較之他本，多《五音類聚徑指目錄》，餘無所增損云。

【辨正】

①胡氏補正引陸氏《藏書志》之明刊本《改併五音類聚四聲篇海》所載道昇序謂：改併在八年，道昇序安得在七年乎，當是誤記。（頁316）

【附錄】

《翁稿》

五音類聚

謹按：《五音類聚》十五卷，金真定韓孝彥及其子道昭所編也。自梁大同時黃門侍郎顧野王增許氏《說文》為《玉篇》三十卷，凡字之偏旁同者皆區別而類聚之。至金浚陽王與祕推廣《玉篇》，區其畫段爲《篇海》，皆類形以統聲，六書之義綦詳矣。昌黎韓孝彥字允中，真定松水人，於明昌丙辰改《玉篇》歸於五音，逐三十六母以取字。至泰和戊辰，其子道昭字伯暉，又改併增修之。孝彦之姪道昇爲之序，序稱"泰和八年，歲在彊圉單閼"。考泰和八年是戊辰，正道昭增修之歲，其云"彊圉單閼"者，蓋誤也。"閼"又誤刻爲"閹茂"之"閹"，觀此一條，則書中之訛誤多矣。又其篇序云"崇慶己丑新集雜部"，崇慶是金衛紹王改元之號，正與泰和增修之年相接，顧崇慶元年壬申下距哀宗正大六年己丑尙十八年，而崇慶瑜即改至寧，並無己丑也，此則又有誤矣。是書雖係昌黎韓氏之書，而校刊則出明金臺大隆福寺文儒、思遠、文通數人之手，自成化丁亥至辛卯，五易寒暑而始開板，以釋氏而訂正六書，可謂勤矣。今應合取《類篇》、《龍龕》諸本細校而重刊之。

六書統溯原十二卷[1]　江蘇巡撫採進本

元楊桓撰。桓有《六書統》，已著錄。

《六書統》備錄古文篆籀[2]，此書則專取《說文》所無，或附見於重文者錄之。《六書統》所載古文，自憑胸臆，增損改易其字，已多不足信。至於此書，皆《說文》不載之字，本無篆體，乃因後世增益之譌文，爲之推原作篆。

卷一以會意起，僅一十一字，次指事，僅十四字，合轉注爲兩卷。其卷三至卷十二皆諧聲字，獨缺象形一門[3]。名之曰六書，實止五也。桓好講六書，而不能深通其意，所說皆妄生穿鑿，不足爲憑。其論指事、轉注尤爲乖異。大抵從會意形聲之內，以己見強爲分別。故其指事有以形指形、以注指形、以聲指形、以意指形、以聲指意之屬。其轉注有從二文、三文、四文及從一文一字、從二文一字、從一文二字之屬。

蓋字學至元明諸人，多改漢以來所傳篆書，使就己見，幾於人人可以造字。戴侗導其流，周伯琦揚其波，猶間有可採，未爲太甚。至桓與魏校而橫溢旁決，矯誣尤甚。是固宜懸諸戒律[4]，以杜變亂之源者矣。

【校記】

[1]浙本作"六書溯原"。

[2]備錄，浙本作"備列"。

[3]缺，浙本作"闕"。

[4]懸，浙本作"宣"。

【附録】

《翁稿》

六書統泝原

謹按：《六書統泝原》十二卷，元楊桓著。桓字武子，曲阜人。官國子司業。是書前無序目。桓所著《六書統》二十卷，按六書分門，以統衆字，大意以許慎《說文》詳於形聲，而略於象形、會意、指事、轉注、假借，故作《六書統》，先以象形、會意為主，其餘四者皆從此二者推之。又《六書統》自序謂其所學皆出自許慎，且曰：“於慎之言，所明者則取之，不明者則不取。”而所引許氏語者，止形聲一門所引爲多，其他諸門則凡許慎所云“從某某聲”者，皆易爲“從某從某”。考許慎之書雖爲六書而作，實則專於小篆，至古文、籀文尚不及什之一，而《六書統》一書則獨悉六書未備，窮溯上下，先以古文之正者，次以古文之變者，又次以古文之可疑者，而大、小篆以次薈萃其中，信許氏之功臣矣。至此編名曰“六書統泝原”，而其所載之字則轉皆小篆，不似《六書統》之博極古籀，而反以“泝原”名者何也？蓋以字體論之，則此書似爲竟委而非所以泝原也。桓著此書之意，則不主乎篆、籀字體之區分，而主乎偏旁、系屬之取意，此所以名“泝原”也。所載之字皆《說文》所無者，則或以爲衍《說文》而廣之，或以爲窮《說文》而上之，其理一而已矣。書止十二卷，而形聲之部居其十，會意、指事、轉注居其二，而象形、假借二門無之。則所謂“本聲”、“諧聲”、“近聲”者，仍取《說文》之意爲多。是書與《六書統》相爲表裏，而傳本甚少，應刊刻之。（頁71）

增修復古編四卷　　浙江汪啓淑家藏本

舊本題“吳均撰”，但自署其字曰仲平。不著爵里，亦不著時代。[①]其《凡例》稱“注釋用黃氏《韻會》”，而書中分部全從周德清《中原音韻》，則元以後人也。

初，張有作《復古編》，辨別篆隸之訛異，持論甚平。又惟主辨正字畫，而不復泛引訓詁，其說亦頗簡要。均乃病其太畧，補輯是編。所分諸部，皆以俗音變古法；而所載諸字，又皆以古文繩今體。其拘者，如童子必從人作僮之類，率滯礙而不可行。其濫者，如“仝”字之類，引及道書，又蕪雜而不盡確。所分六書，尤多舛誤。如“朡”字爲國名、“孫”

字爲人姓、"階"字訓等差、"賓"字訓客、"環"字訓繞之類，皆謂之假借，則天下幾無正字矣。其書自平聲至入聲，首尾完具，而每韻皆題曰"上卷"，殆尚有下卷而佚之，然其佚亦無足惜也。

【辨正】

①胡氏補正引張氏《藏書志》之明初刊本《增修復古編》所載張美和序謂：其書採及《六書本義》，則均當爲元末明初人。（頁317）

【附錄】

《浙江採集遺書總錄》

增修復古編二册（刊本）

右《復古編》已見前，增之者爲元吳均也。（頁355）

蒙古譯語一卷　　永樂大典本

不著撰人名氏。前有自序稱："言語不通，非譯者無以達其志。今詳定譯語一卷，好事者熟之，則問答之間，隨叩隨應，而無鯁喉之患"云云，似乎元代南人所記。然其書分類編輯，簡畧殊甚，對音尤似是而非，殊無足取。

華夷譯語一卷　　永樂大典本

明洪武二十二年，翰林侍講火源潔奉勅撰。錢曾《讀書敏求記》作"史源潔"，字之訛也。

前有劉三吾《序》稱"元初未制文字，借高昌之書，後命番僧造蒙古字，反復紐切然後成文，繁複爲甚。翰林侍讀火源潔乃朔漠之族[1]，遂命以華文譯之。聲音諧和，隨用各足"云云。其分類編輯，與《蒙古譯語》畧同，而差爲詳備，然粗具梗槩，訛漏孔多。《欽定元國語解》已有成書，源潔此編，直付之覆瓿可矣。《讀書敏求記》又別載《華夷譯語》二卷，云爲囘囘館所增定。今雖未見其本，然明人於繙譯之學，依稀影響，十不得一，其書亦可想像而知也。

【校記】

[1]翰林侍讀，浙本作"翰林侍講"。

篇海類編二十卷　江蘇周厚堉家藏本

舊本題"明宋濂撰，屠隆訂正"。濂字景濂，浦江人。元至正末召爲國史院編修官，不就。洪武中官至翰林學士承旨。事跡具《明史》本傳。隆字長卿，鄞縣人。萬曆丁丑進士，官至禮部主事。《明史·文苑傳》附見《徐渭傳》中。

其書取韓道昭《五音篇海》以部首之字分類編次，舛漏萬狀。無論宋濂本無此書，即以所引之書而論，如田汝耔、都俞、李登、湯顯祖、趙銘、章黼、楊時喬、劉孔當、趙宧光，皆明正德至萬曆時人，濂何從見之？至於以趙撝謙列林罕、李陽冰間。既有一"鄭樵"，注曰"著《六書畧》"，又有一"鄭漁"，注曰"字仲明，夾漈人"。他如以《玉篇》爲陳新作，以《韻會箋》爲黃紹作，以高似孫爲高衍孫，以《洪武正韻》爲毛晃作，以《古文字號》爲馬融作、鄭元注，以《五聲韻》爲張有作，以《別字》十三篇爲孫強作，以《六書精蘊》爲孫恂作，殆於醉夢顛倒，病狂譫語。屠隆雖不甚讀書，亦不至於此，殆謬妄坊賈所托名也。

童蒙習句一卷　通行本

明趙撝謙撰。撝謙有《六書本義》，已著錄。焦竑《筆乘》載"撝謙著書十種，此書居第八。惟《六書本義》及《學範》行世，餘書則邱濬、李東陽、謝遷先後訪於嶺南，不獲"，則此書爲明人所未見，亦僅存之本矣。

其例凡列一字，必載篆、隸、眞、草四體。然小篆及眞書各有定格，而隸、草變體至多，不能賅備，姑見崖畧而已。撝謙本以小學名，此則鄉塾訓課之作，非其精義所在也。

從古正文五卷[①]　禮部尚書曹秀先家藏本

明黃諫撰。諫字世臣，蘭州人。天順壬戌進士，官至翰林院侍講學士，[②]後坐與石亨交，謫廣州府通判。

其書考正字畫之訛，以《洪武正韻》隸字。每字大書正文，而分疏訓詁，註"作某某，非"於其下。所推論六書之義，未嘗不確。而篆變八分，八分變楷，相沿既久，勢不能同。故楷之不可繩以小篆，猶小篆之不可繩以籀文。諫乃一一以小篆作楷，奇形怪態，重譯乃通。而究其底蘊，實止人人習見之《說文》九千字，非僻書也。無裨義理，而有妨施用。所謂其言成理，而其事必不可行者，此類是矣。

【辨正】

①胡氏補正：《提要》所見本五卷，殆隆、萬間本，非天順原本歟？（頁318）

②杨氏辨誤：天順無壬戌，"天順壬戌"爲"正統壬戌"之誤。（頁46）

六書精蘊六卷、音釋一卷　　兩淮馬裕家藏本

明魏校撰。校有《周禮沿革傳》，已著錄。是書《自序》謂"因古文正小篆之訛，擇小篆補古文之缺"，又謂"惟祖頡而參諸籀，斯篆可者取之，其不可者釐正之"云云。然字者孳也，輾轉孳生如子孫之於祖父，血脉相通，而面目各別。校必以古文正小篆，是子孫之貌有不似祖父者，即謂非其子孫也。又擇小篆以補古文，是子孫之貌有偶似其祖父者，即躋之於祖父之列，以補其世系之缺也。元以來好異之流，以篆入隸，如熊忠《韻會舉要》所譏者，已爲駁俗。校更層累而高，求出其上。以籀改小篆之文，而所用籀書都無依據，名曰復古，實則師心，其說恐不可訓也。末附《音釋》一卷，乃其門人徐官所作，以釋註中奇字者。書有難解，假注以明，而其注先需重譯，則乖僻無用可知矣。

集古隸韻五卷　　兩淮馬裕家藏本

明方仕撰。案是時有二方仕：一爲固始人，正德戊辰進士；一即此方仕，字伯行，寧波人也。其書以漢碑隸書分四聲編次，全襲宋婁機《漢隸字源》，而變其一、二、三、四等目，以《千字文》天、地、元、黃諸字編之，體例甚陋。又摹刻拙謬，多失本形。前有嘉靖丙戌市舶太監賴恩《序》，葢仕爲恩題射廳榜，恩因爲捐貲刻之。又有浙江進士章滔《序》，亦頌恩之功，葢均不足道云。

石鼓文音釋三卷、附錄一卷　　浙江范懋柱家天一閣藏本

明楊慎撰。慎有《檀弓叢訓》，已著錄。是編第一卷爲《石鼓古文》，第二卷爲《音釋》，第三卷爲《今文》，《附錄》則自唐韋應物至明李東陽

所作石鼓詩，凡五篇。前有正德辛巳慎《自序》，稱："東陽嘗語慎，及見東坡之本，篆籀特全，將爲手書上石，未竟而卒。慎因以東陽舊本錄而藏之。"《金石古文》亦言升庵得唐時拓本，凡七百二字，乃其全文。馮惟訥《詩紀》遂據以載入《古逸詩》中[1]。當時葢頗有信之者。

後陸深作《金臺紀聞》，始疑其以補綴爲奇。至朱彝尊《日下舊聞考》，證古本以"六轡"下"沃若"二字、"靈雨"上"我來自東"四字，皆慎所强增。第六鼓、第七鼓多所附益，咸與《小雅》同文。又鼓有"界"文[2]，郭氏云"恐是'臭'字，白澤也"。慎遂以"惡獸白澤"入正文中，尤爲欺人明證。且東陽《石鼓歌》云："拾殘補缺能幾何？"若本有七百餘字，東陽不應爲是言云云。其辨託名東陽之僞，更無疑義。今考蘇軾《石鼓歌》自註，稱可辨者僅"維鱮貫柳"數句，則稱"全本出於軾"者妄。又韓愈《石鼓歌》有"年深缺畫"之語，則稱"全本出唐人"者亦妄。卽眞出東陽之家，亦不足據，況東陽亦僞託歟？

【校記】

[1]遂，浙本作"亦"。

[2]界文，浙本作"叒文"。

六書索隱五卷　　江蘇巡撫採進本

明楊慎撰。自序謂"取《說文》所遺，彙萃成編。以古文籀書爲主。若小篆，則舊籍已著，予得而畧"云云，葢專於爲古篆之學者[1]。

然其中所載古文籀書，實多畧而未備。卽以首卷而論，如東韻"工"字，考之鐘鼎釋文，若乙酉父丁彝、穆公鼎、龙敦九工鑑之類，各體不同，而是書均未載及。又如"共"字止載汾陰鼎，而好畤鼎、上林鼎、綏和鼎之類，亦均不取。且古文罕見者，必著所自來乃可傳信，而是書不注所出者十之四五，使考古者將何所據依乎？

【校記】

[1]葢專於爲古篆之學者，浙本作"葢專爲古文篆字之學者"。

經子難字二卷　　浙江吳玉墀家藏本

明楊慎撰。上卷乃讀諸經注疏所記[1]，凡《易》、《書》、《詩》、三傳、三禮、《爾雅》十書。下卷乃讀諸子所記，凡《老子》、《莊子》、《列子》、《荀子》、《法言》、《中說》、《管子》、《十洲記》、《戰國策》、《太玄經》、《逸周書》、《楚詞》、《文選》十三書。或摘其字音，或摘其文句，絕無異聞。蓋隨手雜錄之本，本非著書。其孫宗五過珍手澤，編輯成帙，而王尚修序刻之，均失慎本意也。

【校記】
[1] 注疏，浙本作"義疏"。

石鼓文正誤二卷　兩淮馬裕家藏本

明陶滋撰。滋字時雨，絳州人。正德甲戌進士。是編以薛尚功、鄭樵、施宿等石鼓訓釋不免舛譌，因親至太學石鼓旁，抉剔刻文，一一校定。然年深缺畫，仍多影響揣摩。其《後序》踵楊慎之說，謂曾見蘇軾摩本六百一十一字，亦失考也。

金石遺文五卷　兩淮鹽政採進本

明豐道生撰。道生即豐坊所更名也。所著《古易世學》，已著錄。坊頗能篆籀[1]，其諸經僞本，多以古文書之，至今爲世所詬厲。此書雜采奇字，分韻編次，但以眞書一字直音於下，無所考證，亦不注所出，體例畧近李登《摭古遺文》。雖未必全出依托，然以道生好撰僞書，凡所論撰遂無不可疑，故世無遵而用之者。此本又傳寫失眞，益不足據矣。

【校記】
[1] 篆籀，浙本作"篆籀書"。

同文備考八卷、附聲韻會通、韻要粗釋二卷　浙江范懋柱家天一閣藏本

明王應電撰。應電有《周禮傳》，已著錄。是編考辨文字聲音。其學出於魏校，而乖僻又過其師。前有《自序》，謂《洪武正韻》間以小篆正楷書之譌，而未嘗以古文正小篆之謬。於是著爲是書，取古文篆書而修定之，并欲以定正許愼《說文》之失。襲戴侗之遺法，分爲八類：曰天文，曰地理，曰人容，曰人道，曰人體，曰動物，曰植物，曰用物。舉是八

綱，以領其目；又舉諸目，以附綴偏旁，系屬諸字。

攷書有古文，有大篆，有小篆。三代以下，得以考見六書大畧者惟賴小篆之存，得以考見小篆本旨者惟賴《說文》始一終亥之目。州居部次，不相淩亂，是以上通古籀，下貫隷楷，猶可知其異同因革之由。若大篆，則見於《說文》者不及二百字。卽岐陽石鼓傳爲籀書，尙不能盡目爲大篆。況古文見於《說文》與出於鐘鼎者，已自不同，必欲併合論之，名爲復古，實則鑿空。遂至杜撰字體，臆造偏傍，竟於千百世後，重出一製字之倉頡，不亦異乎？且旣不信《說文》矣，而於《說文》引述諸經文句互異者，乃反據以駁正經文。不知漢代經師，多由口授，被諸竹帛，往往異文。馬、鄭以來諸儒，商搉折衷，乃定爲今本。愼書所據，如《易》用孟喜之類，其序本有明文，不過當時一家之學，應電乃執爲古經，拘泥殊甚！

至所附《聲韻會通》、《韻要粗釋》二卷，改字母爲二十八，改韻類爲四十五，爲橫圖以推衍之。其於古今異宜，南北異讀，皆所不考。合其所不當合，分其所不當分。又每字合以篆體，端緒叢雜，如治亂絲，亦可云勞而鮮功矣。

【附錄】

《翁稿》

同文備考附聲韻會通、韻要粗釋

謹按：同文備考八卷、附聲韻會通、韻要粗釋二卷，明王應電著。應電字昭明，又號明齋，崑山人，師事魏校。校有《六書精蘊》，故應電是書以繼之。前有應電自序，謂《洪武正韻》間以小篆正楷書之譌，而未嘗以古文正小篆之謬，於是著爲是書，取古文篆書而修定之，並欲以定正許愼《說文》之失考。書有古文、有大篆、有小篆，由今得以六書之大指者賴有小篆爾，而小篆賴《說文》始一終亥之目，州居部次，不相淩亂，是以上通古籀、下貫隷楷者也。若大篆則見於《說文》者不及二百餘字，與出於鐘鼎者已自不同，安可與大、小二篆併合論之乎。是書分爲八卷，曰天文，曰地理，曰人容，曰人道，曰人體，曰動物，曰植物，曰用物。舉是八綱，以領其目；又舉諸目，以附綴偏旁，系屬諸字。不思許愼《說文》始一終亥，遞相聯貫，於形、聲、事、意無所不該，非可執一端以求之。徐鍇演爲《繫轉》，倣《周易》序卦之例，特許氏書中之一義，而非可以盡《說文》之指也。應電是書，立綱分條，已爲自逞臆見，而尤可異者，則杜撰字體、妄造偏傍，實爲自古未見之事，其奇怪百出，依類附會，視趙宧光之草篆，謬殆十倍過之。且既不信《說文》矣，而《說文》中引述諸經則反據以駁正經文，又不思許氏所據在當日或有別本，如《周易》則孟喜本也。且《說文》之引經又有出許鉉、許鍇者，揆其實總出於好奇自用而已矣。后附《聲韻會通》、《韻要粗釋》二卷，改字母爲二十八，改韻類爲四十五，爲橫圖以推衍之。其於古今異宜，南北異讀，皆所不考。又每字合以篆書，牽紊夾雜，徒見其多事立異耳。或僅存目。（頁72）

《浙江採集遺書總錄》

同文備考九卷（刊本）

右明王應電撰。其論篆不宗《說文》，自有《別解》九卷，分《法書指南》一、《翻楷舉要》一、《字聲定母》一、《經傳正譌》一、《音韻會通》一、《韻要辨識》四，別有《聲韻會通》一卷、《韻要粗釋》一卷附于後。（頁360）

古俗字畧七卷　兩江總督採進本

明陳士元撰。士元有《易象鉤解》，已著錄。是編標題之下題曰"歸雲別集"，與所注《周易》同[1]，蓋亦其別集之一種也。其例仿顏元孫《干祿字書》而小增損之，亦以韻分字。所列首一字，即元孫所謂正也。所列古體及漢碑借用字，即元孫所謂通也。所列俗用雜字，即元孫所謂俗也。

古字多以鐘鼎之文改爲隸體，已失其眞，又不註所出，彌爲難據。他如慇之爲脑，旹之爲莕，則周伯琦之訛文。傤之爲天，卍之爲萬，則釋典之謬體。一槩濫收，殊乏考正。其有已見經典者，如《左傳》"民生敦厖"、《毛詩》"民之方殿屎"等字，皆斥爲俗字。而徐鉉校正《說文》所云俗書，如亶、个等二十八字，反未刊正，棄取亦殊失倫。士元撰述之富，幾與楊愼、朱謀㙔相埒，而是編疎舛不一而足，亦貪奇愛博之過歟？

【校記】

[1]注，浙本作"著"。

字考啓蒙十六卷　浙江巡撫採進本

明周宇撰。宇字必大，自署關中人。前有萬曆十一年《自序》。考《太學進士題名碑》，萬曆癸丑科有周宇，崇禎初所定逆案中亦有其名，然碑稱"四川成都人"，與自題"關中"不合。《序》作於萬曆十一年，已自稱老且病[1]，則不應尚及媚魏忠賢。

惟《咸寧縣志》載"周宇，西安左衛人，嘉靖己酉舉人，官戶部主事，精識古文奇字"云云，當卽其人也。是編辨字學之訛，分爲四考：曰《正形》，曰《殊音》，曰《辨似》，曰《通用》。前三門俱以《洪武正韻》分部編次，惟《通用》一門分《實名》、《虛聲》、《疊字》三篇，別爲一例。其《正形》多以篆繩隸，如"東"字、"同"字皆以起鈎爲譌體字。如其所說，必八法全廢，殊拘礙難通。《殊音》卽韻書之互注，然辨古音、今音及雙聲、轉讀，均不甚精核。《辨似》一門尤爲瑣屑。如壺之與壼，傳之與傅，稍把筆者皆知之，何必縷縷乎？《通用》一門雜收假借之字，旣多挂漏，又頗泛濫，均不足以言小學也。

【校記】

[1]病，浙本作"疾"。

六書賦音義三卷①　兩江總督採進本

明張士佩撰。士佩，號據濱[1]，韓城人。嘉靖丙辰進士，官至南京戶部尚書。《明史·鄒元標傳》載其與禮部尚書徐學謨俱爲元標劾罷。其事迹始末，則史未詳也。

是書取《洪武正韻》所收諸字，依偏旁分爲八十五部。每部之字，皆仿周興嗣《千字文》體，以四言韻語聯貫之。文義或屬，或不屬，取便誦讀而已。每字皆粗具訓詁，疏明大義。凡字有數體者，惟載一體，而各體皆附於後；有數音者亦然。蓋專爲初學而設。然其所分諸部不遵《說文》、《玉篇》之舊，如月字入肉部、戶字入尸部、支字入支部之類，皆與六書不合。又如源字音于權切、江字音居良切、沂字音延知切之類，亦皆沿《正韻》之誤，於聲音多乖。其注釋亦多譌舛[2]。

【校記】

[1]據濱，浙本作"濾濱"。

[2]"其注釋亦多譌舛"後，浙本有"無足觀也"。

【辨正】

①胡氏補正據丁氏《藏書志》謂：三當爲二十之誤。（頁318）

【附錄】

《浙江採集遺書總錄》

六書賦一卷、音義二十卷（刊本）

右明侍郎，韓城張士佩撰。集字爲賦八十五篇，各以偏旁爲類，其音義即因賦字之次第編而釋焉。（頁366）

古器銘釋十卷　浙江巡撫採進本

明卞蓘撰。蓘，揚州人。是書成於嘉靖中，皆抄襲《博古圖》及薛尚功《鐘鼎款識》之文，前後失次，摹刻舛訛，殊不足依據。

【附錄】

《翁稿》

古器銘釋

謹按：《古器銘釋》十卷，明廣陵卞蓘輯。皆抄襲《博古圖》及薛尚功《鐘鼎款識》之文。前後失次，摹刻舛訛，殊不成書。其末云"嘉靖壬戌金陵謄錄刻字人某某"，蓋是坊賈所爲。不應存目。（頁73）

字義總畧四卷　浙江巡撫採進本

明顧充撰。充字囘瀾，上虞人。隆慶丁卯舉人，官至南京工部都水司郎中。

是書辨諸字音義點畫，分四十四門，體例最爲冗碎，又不明六書本旨與古字假借之例。如《字始門》註"爾朱"字云[1]："《百千家姓》皆無，始見唐神仙爾朱洞。"是併《魏書》亦未考矣。《避忌門》註"齒"字云："張萬歲牧馬，衆以張諱，因以馬歲爲齒。"是併《公羊傳》、《禮記》亦未考矣。甚至《字始門》註"囘文"字云："始於溫嶠。"註"雲土"字云："雲土夢作乂，舊誤作雲夢土。宋太宗得古本，始詔改正。"已與字義無涉。至《避忌門》註"海棠"字云："杜子美母名海棠，故集中無詩。"注"道"字云:"師道淵避蕭道成諱,稱師淵。"註"崇"字云:"姚元之避開元年號,改名崇。"是與字義不更風馬牛乎?

《半字通用門》中如廈廖、彌弥、濰灘、污汙、幬幞之類,本一字而體分今古,乃區別爲二,強指曰通。《各音門》中如"庚桑"作"亢倉","裂繻"作"履繻",本音之轉,非"庚桑"即音"亢倉"、"裂繻"即音"履繻"。"俠累"作"韓傀",本名之訛,更非"俠累"即音"韓傀"。乃又混合爲一,謂上字即讀下音。凡斯之類,不可縷數。他若《一字分書門》[2],既收旱旰、星胜諸字,而別卷又以愈愉、怠怡等字立心忄,各開一門,則互相重複[3]。《正音門》"積"字註,既云"音恣,非",《動靜門》中"積"字註又云:"凡指所聚之物,音恣。取物而積聚之,音迹。"《字始門》"車"字註云:"尺遮切。自漢以來,始有居音。"正音門"下"字註又云:"古音虎。魏了翁云:'六經無下馬一韻。'[4]故下皆音虎。"則自相矛盾。其餘如俎豆當作俎斗,周人避文王諱,讀昌爲去聲者,更不知其何據也。

【校記】

[1]"如《字始門》"後,浙本有"註'景'字云:即影字,葛洪《字苑》始加彡。是誤據《顏氏家訓》之說,不知漢高誘註《淮南子》已云'景,古影字也'"。

[2]一,浙本作"二"。

[3]"則互相重複"下,浙本有"矣"字。

[4]六經無下馬一韻,浙本作"六經凡下皆音戶"。

【附錄】

《浙江採集遺書總錄》

字義總畧四卷(刊本)

右明上虞顧充撰。究論字義,訂譌辨疑,凡分類四十有四。(頁360)

問奇集一卷　　兩江總督採進本

明張位撰。位字明成,新建人。隆慶戊辰進士,官至吏部尚書,武英殿大學士。事迹具《明史》本傳。

是書考論諸字形聲訓詁,分十九門:一、《六書大義》,一、《三十六字母》,一、《早梅詩切字例》,一、《好雨詩切字例》,一、《辨聲音要訣》,一、《辨五音訣》,一、《四聲三聲例》,一、《分毫字辨》,一、《誤讀諸字》,一、《奇字考》,一、《假借圈發字音》,一、《畫同音異舊不旁發諸字》,一、《音義同而書畫異諸字》,一、《音義異而可通用諸字》,一、《一字數音例》,一、《誤習已久難改字音併正韻不載諸字》,一、《相近字音》,一、《各地鄉音》。

辨論頗詳,而不免拿陋。如合併字母,已非古法。所用直音,如龜音圭,冰音兵之類,併部分不辨。又如倒景之景即影本字,而誤云音影。虹即虹之別體,而誤云音虹。李陽冰之名出木華《海賦》,而泥於所篆之碑,自書爲冰,誤云音佞。甚至臺駘誤音胡苔,而註曰:"《左傳》人名。"考《左傳》,子產稱"臺駘汾神",註"無胡苔之音"。又"臧之狐裘敗我于狐駘",註云"駘音貽",亦無苔音。惟《檀弓》引之,作"敗于臺駘",註云[1]:"臺音壺。"又非《左傳》人名,殊爲剌謬。如此之類,不可毛舉,不足以言小學也。

【校記】
[1] "註云"上,浙本有"雖"字。

【附錄】
《浙江採集遺書總錄》
問奇集一冊(刊本)
右明大學士南昌張位輯。分十二門,考辨音學始于六書,大義終于各地鄉音。(頁366)

大明同文集五十卷　浙江巡撫採進本

明田藝衡撰。藝衡字子藝,錢塘人。以歲貢生官休寧縣訓導。《明史·文苑傳》附見其父《汝成傳》中。是編割裂《說文》部分,而以其諧聲之字爲部母。如東字爲部母,即以棟、涷之屬從之。顛倒本末,務與古人相反。又自造篆文,詭形怪態,更在魏校《六書精蘊》之上。考沈括《夢溪筆談》曰:"王聖美治字學,演其義以爲右文。如水類其右皆從水。所謂右文者,如戔,小也。水之小者曰淺,金之小者曰錢,貝之小者曰賤,如斯之類,皆以戔爲義也"云云。《夢溪筆談》非僻書,藝衡不應不見。殆剿襲其說，而諱所自來，不知王聖美之說先不可通也。

【附錄】

《浙江採集遺書總錄》

大明同文集五十卷刊本

右明錢塘田藝蘅撰。自立部分，不仍前人舊次，劉賢序云"每字先楷，使知字之名也，次篆，次隸，次草，使知字之變也，楷之下四聲備焉，篆之下大小殊焉"，又以一字爲母，偏旁近似者爲子，各從其類，前有《舉要章則》一卷。（頁364）

正韻彙編四卷　浙江巡撫採進本

明周嘉棟撰。嘉棟字隆之，貴州人[1]。萬曆己丑進士，官至監察御史。其書取《洪武正韻》以偏旁分八十部。所分之部，與部中所列之字，皆以字畫多少爲序。每字之下，仍各註曰"某韻"。特因韻書之本文，編爲字書，以便檢尋[2]。其分部頗多乖迕。至於乃字、丹字之類，以爲無偏旁可歸，編爲雜部，附於末，尤不考古矣。

【校記】

[1]貴州人，浙本作"黃州人"。
[2]"以便檢尋"後，浙本有"無所損益"。

六書指南二卷　浙江巡撫採進本

明李登撰。登字士龍，自號如真居士[1]，上元人。官新野縣知縣[2]。是書成於萬曆壬辰。用《千字文》體，以四字爲句，辨俗傳訛體之字，以誨童蒙[3]。

【校記】

[1]登字士龍，自號如真居士，浙本作"登字士龍，自號如真居生"。
[2]知縣，浙本作"縣丞"。
[3]"以誨童蒙"後，浙本有"亦顏氏《干祿字書》之類，然俗字頗多，書中不能該載，又不爲剖析其義，於初學仍無所啟發也"。

【附錄】

《浙江採集遺書總錄》

六書指南二卷（刊本）

右明上元李登撰。編字爲四言韻語，大書以正其體，旁注以釋其義，蓋取便童習而作。（頁365）

摭古遺文二卷、補遺一卷　浙江巡撫採進本

明李登撰。是書本夏竦《篆韻》之體，取鐘鼎古文以韻分編。其韻併冬於東[1]，併江於陽，併侵於眞，併肴於蕭，分齊、微二韻之字於支、灰，分覃、咸、鹽三韻之字於寒、先，分蒸韻之字於青、庚，而從《廣韻》分眞、諄、桓、寒各爲二，大抵皆以意杜撰。所列古文亦皆不著所出，未可執爲依據，又出《金石韻府》之下矣。

【校記】

[1]併冬於東，浙本作"併東於冬"。

諸書字考二卷　江蘇周厚堉家藏本

明林茂槐撰。茂槐字穉虛，福清人。萬曆乙未進士，官至吏部郎中。

是編辨別字音，分四十四類。其例有八：一、字有異音而讀訛者，如格澤音鶴鐸之類；一、偏旁譌者，如洺音炭之類；一、假借通用者，如霸本音魄之類；一、音同可通用者，如辟厯爲霹靂之類；一、以譌書而讀譌者，如颶音具之類；一、字有動靜二音，如解音蟹、壞音怪之類；一、二音通用，如字有佩音之類；一、古今音異，如鴻臚音廬、太守音狩之類。

然於古字古音皆未明其根柢，故捃摭成編，頗傷疏畧。如《詩》"南"音尼心反，"風"音孚金反，"天"音汀因反，此自古今韻異，非關字有重音。若斯之類，浩如烟海，何爲僅收三五字？又如擁篲之擁音湧，北邙之邙音茫，此自人人能曉，何必作音？至於謂張翰之名當作平聲，是未見李商隱詩"越桂留烹張翰膾"也。謂寧馨之寧當音甯，是未見劉禹錫詩"幾人雄猛得寧馨"也。觀其訓哉爲始，不引《爾雅》而引《韻會》；謂烟熅曰氤氳，不引班固賦，而引《周易》註，知其爲餖飣之學，未能悉考源流矣。

五侯鯖字海二十卷　　安徽巡撫採進本

不著撰人名氏，題曰"湯海若訂正"。考湯顯祖號曰若士，亦曰海若，臨川人。萬曆辛丑進士，官至禮部主事，終於遂昌縣知縣。《明史》有傳。①則當爲顯祖所作矣。前有陳繼儒《序》云"取《海篇》原本，遵依《洪武正韻》，參合成書"，然其註釋極爲簡畧，體例亦頗蕪雜。每字皆用直音，尤多訛謬。至卷首以四書五經難字別爲一篇，則弇陋彌甚。顯祖猶當日勝流，何至於此？蓋明末坊賈所依託也。

【辨正】
①楊氏辨誤：辛丑爲萬曆二十九年。湯顯祖成進士在癸未（十一年），非辛丑也。（頁47）

字學指南十卷　　浙江巡撫採進本

明朱光家撰。光家字謙甫，上海人。是書成於萬曆辛丑。首二卷：一曰《辨體辨音》，次曰《同音異義》，三曰《古今變體》，四曰《同音互體》，五曰《駢奇解義》，六曰《同體異義》，七曰《正誤舉例》，八曰《假借從譯》。自三卷以下，則以韻隸字，併爲二十二部。每一部以一字調四聲如東、董、凍、篤之類。各標一字爲綱，而同音之字列於其下，如蝀從東、懂從董、楝從凍，督從篤之類，蓋本諸章黼《韻學集成》。惟黼聚四聲於一韻，仍各自爲部，此則四聲參差聯貫，併爲一部，爲小變其例耳。其前二卷所列，大抵漫無考證。如斷斷、燈灯、來来，皆上正下俗。而此書斷音短，断音段；燈爲燈籠，灯爲灯火；來爲往來，来爲来牟。均以臆自爲分別，非有根據也。

【附錄】
《浙江採集遺書總錄》
字學指南十卷（刊本）
右明廣漢朱應奎輯。其《併音連聲》與章黼、毛曾所撰體例相近，中分二十二紐，又考音義異同及變體互體等類爲二卷列于首。（頁370）

字學訂譌二卷　　浙江巡撫採進本

明李當泰撰。當泰字元祉，泗州人。是書乃萬曆丁未，殷城黃吉士督學江南，命當泰合張位《問奇集》、焦竑《字學》二書，纂爲一編。首《六書大畧》，而終以《俗用雜字》，共二十四門，義例殊爲錯雜。至《分門訂譌》內所載，若甘露名天酒、酒名紅友之類，直是類書，豈復小學訓詁乎？

【附錄】

《浙江採集遺書總錄》

字學訂譌二卷（刊本）

右明㕛猶宇當泰取張氏《問奇集》、焦竑《字學》二書合訂成編，自言凡字明白顯易者不載，怪誕不經者不載，惟魯魚、亥豕疑似難明者考之。（頁 371）

合併字學集篇集韻二十三卷　內府藏本

明徐孝編，張元善校。孝，順天布衣。元善，永城人，彭城伯騏之後，襲封惠安伯。

是書凡《集篇》十卷，分二百部，附《拾遺》一卷。皆不究《說文》、《玉篇》之旨，偏旁多誤。若䅳、䄏二字，从禾，禾讀若稽，木曲頭也，與禾稼之禾迥異，而乃并䅳、䄏入禾部，則於六書本義茫無考據可知。又《集韻》十卷，分一百部，附《四聲類率譜》一卷、《等韻》一卷，亦不究陸法言、孫愐舊法，如并肩、登、等字於東韻、合箴、簪與眞、臻同入根韻之類，皆乖舛殊甚。又刪十六攝爲十四攝，改三十六母爲二十二母，且改濁平、濁入爲如聲，事事皆出刱造，較《篇海》、《正韻》等書變亂又加甚焉。

字考二卷　浙江汪啟淑家藏本

明夏宏撰。宏字用德，號銘乾，海陽人。

是書上卷凡三類：曰《誤寫字》，曰《疑似字》，曰《誤讀字》。下卷凡二類：曰《通用古字》，曰《通用聯字》。意在訂六書之訛，而不能深研古義，但稗販於近代韻書、字書之間。如謂"雞"字必從佳[1]，不知古文實從鳥，見於《說文》；謂"豸"字連獬則稱𤝋，不知本字實作廌，其豸乃蟲豸字，亦見於《說文》：頗爲失考。"㶷"字於誤寫字條下註"音梭，楚歌聲"，於"通用聯字"條下以"楚㶷"標目，而註曰"梭去聲"，亦自相矛盾。又不通翻切，多用直音。如攙搶之搶云音當、臨邛之邛云音穹者[2]，尤不一而足。其去《佩觿》《字鑑》諸書，蓋不可以道里計矣。

【校記】
[1]謂，浙本作"說"。
[2]如攙搶之搶，浙本作"如欃槍之槍"。

【附錄】
《浙江採集遺書總錄》
字考二卷刊本
右明海陽夏宏撰。考字義之疑譌及俗體古體之辨，亦分韻編。（頁370）

類纂古文字考五卷　安徽巡撫採進本

明都俞撰。俞字仲良，錢唐人。仕履未詳。考其《序》、《跋》，蓋萬曆間人也。是書以古文爲名，而實則取《洪武正韻》之字，以偏旁分類編之。凡爲部三百一十有四，冠以《辨疑》一篇、《切字》一篇，而末附以《雜字》。其字皆用直音。直音不得，則用四聲。四聲不得，乃用翻切。如鈞音君，銘音明，全乖沈、陸之舊。又分部別凡於舟，別灬於火，揆之六書，亦多失許、顧之本義。惟其每部之中以字畫多少分前後，較《說文》、《玉篇》、《類篇》頗易檢尋，故後來字書皆用其體例云。

【附錄】
《浙江採集遺書總錄》
類纂古文字考五卷（刊本）
右明都俞撰。取《洪武正韻》所載字，自分部類而纂次之。（頁368）

《翁稿》
類纂古文字考
謹按：《類纂古文字考》五卷，明都俞輯。俞，杭人。前序後跋皆在萬曆二十四年。又自述凡例，並"辨疑"、"切字"於卷前。然卷前既有

"辨疑"，而所載之字筆畫仍有訛誤；卷前既有"切字"，而所載之字音注多無反切。其所遵者《洪武正韻》，而其書名爲"古文"，實則並無古字也。自昔《說文》、《玉篇》部分次第雖有不同，然皆不失始一終亥之指，至《字彙》、《正字通》改部首之次第，則以筆畫多少積算。此書又無說以申之，且有部首一字不另立訓者，則某字從某概無義例可知矣。又以一、二等部別爲"雜部"，附於卷末。"雜部"之義於古未聞，別"月"於"舟"，別"灬"於"火"，揆之六書亦屬未通。或存其目。（頁73）

六書正義十二卷　江蘇巡撫採進本

明吳元滿撰。元滿字敬甫，歙縣人。萬曆中布衣。焦竑《筆乘》曰："新安吳敬甫，博雅士也。精意字學，所著有《六書正義》十二卷。"今觀是書，大抵指摘許慎而推崇戴侗、楊桓，根本先已顛倒。又體例冗瑣，既署仿《六書故》，分數位、天文、地理、人倫、身體、飲食、衣服、宮室、器用、鳥獸、蟲魚、草木十二門，分隸五百三十四部，又署仿《六書統》而蔓延之，象形、指事、會意、諧聲廣爲二十九體，轉注、假借敷衍爲一十四門，殆於紛若亂絲。其附會、存疑、闕疑、備考、楷書、備用、俗借、俗轉諸條，亦多舛漏。所論轉注，以曲逆讀去遇之類當之。所論假借，以一本數名，借爲太一貴神；九本數名，借爲陽九；眞本僞之對，借爲眞州眞姓之類當之，尤爲不確。至於以市爲帝，以卍爲萬，昂字上加三圈，火字直排四畫，或誤採梵書，或造作僞體，乃動輒云《說文》篆訛，尤可異矣。

六書總要五卷　江蘇巡撫採進本

明吳元滿撰。是書亦分數位、天文、地理、人倫、身體、飲食、衣服、宮室、器用、鳥獸、蟲魚、草木十二部，蓋承戴侗、楊桓之緒餘[1]，而變本加厲。所分部首皆以象形爲主，謂之正生。而指事、會意以下，則有正生、變生、兼生之別；不取許慎《說文》槩爲諧聲之說。其字皆以柳葉篆寫之，謂其有鳥跡遺意，足排斥小篆方整妍媚之態。

然所謂古文，大抵出於杜撰，又往往自相矛盾。如於"三"字下註云："俗作叁、弎"，是以《說文》之弎爲俗字矣。於"一"字下云"或加弋作弌"，又用《說文》之說。豈三從弋則俗、一從弋則不俗乎？至所引經傳諸文，率以意改。如二字下引《詩》"衣服不二"、《論語》"不二過"、"米"字下引《左傳》"不米菽麥"之類，尤爲疎舛矣[2]。

【校記】
[1]蓋承戴侗、楊桓之緒餘，浙本作"蓋承戴侗、楊桓之緒論"。
[2]不米菽麥，浙本作"不釆菽麥"。

【附錄】
《浙江採集遺書總錄》
六書總要五卷（刊本）
右明新安吳元滿撰，考析形聲事意諸義，亦分五百四十部。（頁365）

六書泝原直音二卷　江蘇周厚堉家藏本

明吳元滿撰。是書主於辨別字體。所分十二門，亦與《六書正義》同，其龐雜瞀亂亦同。所用直音，尤多舛誤。如凡音煩、千音僉[1]、必音碧、禎音眞，皆參雜方言，有乖舊讀。至於士、是，本皆上聲，既注"士音是"矣，又注"叶上聲"，尤自相牴牾也。

【校記】
[1]千音僉，浙本作"千音簽"。

諧聲指南一卷　浙江汪啟淑家藏本[1]

明吳元滿撰。其說六書以諧聲爲多，而古有數字同從一字諧聲、而數字之讀乃迥異者，於是爲之說曰："諧本聲，諧叶聲，諧本音，諧叶音，諧轉聲，諧轉叶聲，諧轉音，諧轉叶音，有是八者之別。"夫古字本止一聲，所從諧聲之字，其讀要不相遠。後人讀字，自與古殊，乃謂古作字時有所謂諧叶、諧轉之聲，祇憑臆說，故設多岐，實非六書之本旨也。

【校記】
[1]汪啟淑，浙本作"汪啟"。

【附錄】
《浙江採集遺書總錄》

諧聲指南一冊（刊本）

右前人撰，前編統論六書，此則分述諧聲之義，凡標一千三百字，以子該母。（頁 365）

說文長箋一百四卷　安徽巡撫採進本

明趙宧光撰。宧光字凡夫，吳縣人。

是書前列《解題》一卷，載其平生所著字學之書七十餘種，其虛實存佚，皆不可考。次列《凡例》一卷，次列《說文》原《序》、宋初官牒，附以《自撰通誤釋文》及徐鍇《部》、《敘》二篇，合爲卷首上。次列其少時所撰《子母原》一篇，泛論字學大意。又取《說文》五百四十部原目，竄亂易置，區分門類，撰《說文表》一篇，合爲卷首下。其書用李燾《五音韻譜》之本，而《凡例》乃稱爲徐鍇、徐鉉奉南唐敕定，殊爲昧於源流。所列諸字，於原書多所增刪。增者加方圍於字外，刪者加圓圍於字外。其字下之注，謂之"長語"，所附論辨，謂之"箋文"，故以"長箋"爲名。

然所增之字往往失畫方圍，與原書淆亂，所注所論亦疏舛百出。顧炎武《日知錄》摘其以《論語》"虎兕出於柙"誤稱《孟子》，爲《四書》亦未嘗觀，雖詆之太甚，然炎武所指摘者，如《詩》"錦衾爛兮"，本有"衾"字，乃以爲"青青子衿"之"衿"即"衾"字；"瓜"分字見《史記·虞卿傳》及《漢書·賈誼傳》，乃以爲"瓜"當作"爪"；"竈突"字見《漢書·霍光傳》，乃以爲"突"當作"突"；"民愁則墊隘"見《左傳》，"鵲鴝醜其飛也"、"駮驢馬白州也"並見《爾雅》，而以爲未詳；顧野王，陳人也，而以爲晉之虎頭；陸龜蒙，唐人也，而以爲宋之象山；王筠，梁人也，而以爲晉；王禹，偁宋人也，而以爲南朝；"防風氏身橫九畝"，本《穀梁傳》之文，而引於野字注下，誤以爲"身橫九野"，又誤以爲《左傳》；《後漢書·劉虞傳》"故吏尾敦，于路刼虞首歸葬之"，而以爲後漢尾敦路刼劉虞首歸之莽；《晉書·虞嘯父傳》"爲孝武帝所親愛，侍飲大醉，拜不能起。帝顧曰：'扶虞侍中'"，而以爲晉獻帝醉，虞侍中命扶之；漢宣帝諱詢，乃以爲諱恂；漢平帝諱衎，乃以爲諱衍；以至簿正祭器見《孟子》，而以爲唐中晚詩文始見"簿"字，前此無之；夏州至唐始置，而以爲中國稱華夏從此起；[①]叩地在京兆藍田，而以爲地近京口，故從口；禰衡漁陽三摻，本音七紺反，而以爲當作操。凡十餘條，皆深中其失。[②]然則炎武以寏光爲好行小慧，不學墻面，不爲太過矣。

【辨正】

[①]楊氏辨誤據《日知錄》卷二一《說文長箋》條謂：顧氏謂夏州，后魏始置，不始於唐，《總目》述顧氏文意，卻爲"夏州至唐始置"，豈非剌謬之甚？

[②]又"邟"，《日知錄》作"邟"。按，《說文》："邟"，京兆藍田鄉，从邑，口聲。"其字偏旁从"邑"，則不得作"邟"，《總目》字亦誤。（頁48）

【附錄】

《浙江採集遺書總錄》

說文長箋一百卷（刊本）

右明吳郡趙寏光輯。寏光以篆學聞，于時此書繁稱博引，可謂言之詳矣，然未免有不衷于古處，近世顧炎武頗議其失。（頁369）

《翁稿》

說文長箋

謹按：《說文長箋》一百卷，明趙寏光著。寏光字凡夫，吳縣人。卜築寒山之麓，以篆書名於時，稍用草書體書之，號曰"草篆"。其子均，亦習六書之學，日與賓客搜金石篆籀，講論古文奇字。《說文》一書，賴徐鍇《繫傳》，疏解已極詳備，是書則謂"補許氏之未盡，糾徐氏之誤失"。卷前先爲"解題"一卷以綜其概，"凡例"一卷以舉其要。又取前人所爲譜、表、釋文、繫傳者，附以自撰"字母原"、"說文表"，通爲二卷。又取前人六書之說，斷以己意，爲"漢義"之卷。其名"漢義"者，猶推許氏之意也。而其書百卷，則始東終甲，綴以篆文，蓋自謂許、徐功臣，發前人所未發矣，而近日如崑山顧炎武、秀水朱彝尊皆頗議其失。彝尊之說則謂："寏光草篆全無所本，小學放絕，篆法日微。"然以今考寏光是書，初不爲草篆而作，即其中所列篆書，間以古文奇字諸體，然《說文》原本載古文者四百二十九、籀文一百九十有二，前人謂是呂忱所增，則附見之字已非許慎之舊，不始於寏光父子。但均之所篆，筆畫增減伸縮不無小異，則或有不衷於古者，然亦止於其字畫之非古，而與其解義無涉，通部立意未嘗有自爲草篆疏解者。是彝尊因草篆而駁是書，不足爲是書之定論明矣。炎武之說則摘其刊改經文、援據失誤凡十餘條，實皆宧光之疎謬。然炎武所駁，尚皆是其中援引諸條，而非其書之大局。今考是書之弊，則尤在誤認《五音韻譜》一書爲許鉉所編也。先是，許鉉、許鍇兄弟並精小學，鉉苦許氏之書偏旁奧密，不可意知，因令弟鍇以《切韻》譜其四聲爲之篆，名曰《說文韻譜》。此《韻譜》者，乃分《說文》之字以韻編之，則宋李燾所編，燾自序曰："某在武陵，嘗與賈直孺之孫端修，因徐楚金兄弟《說文解字韻譜》，別以類編所次五音先後，作《五音譜》。茲來遂寧，與余杭虞仲房相遇，仲房能爲古文奇字，因參取《集韻》次第，起東終甲，而偏旁各以形相從，於檢閱愈徑捷。"是許氏之書一變於徐鍇，再變於李燾。燾於徐鍇，而許氏之書固並行不悖；變於李燾，而許氏之舊遂積重難返，此《說文》一書先後源委不同也。然世所刊李燾之《說文韻譜》，率刪去李燾原序而仍載許慎之序，是以觀者但所見有"徐鉉等校定"之文，遂以此書爲鉉所改編。而宧光是書，徑謂徐鉉奉南唐勅竄易其部首，仿四聲韻爲之先後，其部中所屬字亦依韻次之，今《長箋》如其次，以便探討，是直指李氏之書爲徐氏之書，則於徐氏作《繫傳》而復編《韻譜》之本意皆失之矣。又鍇作《韻譜》，係兄鉉命撰，而此引以爲奉南唐勅，尤爲無據。又因鍇卒於南唐而鉉歸宋，乃置徐鍇於鉉之前。凡此皆有乖文義者。然明代學者精於考證者少，而研究六書者尤少，有如是書綱目繁富，而攟拾前人緒論，資後人辨證者亦復不少。且於所自撰之"子母原"一編，謂少時之作，識鑒未定，存之以識其失，則亦見其虛懷好古，非護己自是者。而其中所究六書義指亦皆尚有發明之處，顧炎武固嘗謂其於六書之指不無管闚者也。當此書初出時，爭新尚異者或喜之，而不究其底裏，至今既經炎武輩抉發其弊，則作者之苦心轉有所不可沒者。應鈔錄其書，而以顧炎武所論諸條附著於卷末焉。（頁74）

六書長箋七卷　安徽巡撫採進本

明趙宧光撰。此書與《說文長箋》合刻，本一書也。以許氏《敘》內釋六書之義者，分爲前六卷之首。又備列班固、衛恒、賈公彥、徐鍇、張有、鄭樵、戴侗、楊桓、劉秦、余謙、周伯琦、趙古則、王應電、王鏊、僧眞空、朱謀㙔、張位、熊朋來、吳元滿十九家之說，逐條辨論，更以己說列於後。其中轉注一條，許氏引考、老二字證之。裴務齊《切韻》

謬》言考字左迴，老字右轉，本非許氏之旨，寔光乃悮以左迴右轉爲許氏之說，譏其自相矛盾，殊爲疎舛。末又列《六書餘論》一卷，亦支離敷衍，於制字之精意皆無當也。

集鐘鼎古文韻選五卷　通行本

朙釋道泰撰。黃虞稷《千頃堂書目》載此名，註曰"字來峯，泰州人"。其書分韻集鐘鼎古文，然所收頗雜。秦權、漢鑑與三代之文並載之，殊乖條貫。他如《滕公石槨銘》本屬僞迹，收之已失別裁，又鉤摹全非其本狀，則傳寫失眞者多矣[1]。

【校記】

[1]"則傳寫失眞者多矣"後，浙本有"其分韻改佁爲開，改添爲凡，上平有元、魂，而無痕，下平多三宣一部，皆與《廣韻》不同，蓋徐鍇《篆韻譜》也"。

正字通十二卷　通行本

舊本或題明張自烈撰，或題國朝廖文英撰，或題自烈、文英同撰[1]。考鈕琇《觚賸·粵觚下篇》，載此書本自烈作，文英以金購得之，因掩爲己有，敘其始末甚詳。然其前列國書十二字母，則自烈之時所未有，殆文英續加也。裘君宏《妙貫堂餘談》又稱："文英歿後，其子售板於連帥劉炳。有海幢寺僧阿字知本爲自烈書，爲炳言之，炳乃改刻自烈之名。"諸本互異，蓋以此也。其書視梅膺祚《字彙》考據稍博，然徵引繁蕪，頗多舛駁。又喜排斥許愼《說文》，尤不免穿鑿附會，非善本也。自烈字爾公，南昌人。文英，字百子，連州人康熙中官南康府知府，故得鬻自烈之書云。①

【校記】

[1]或題自烈、文英同撰，浙本作"或題自烈、文英仝撰"。

【辨正】

①余氏辨證據震澤吳山愚《復社姓氏傳略》卷六所引《西江志》謂：知（張自烈）確爲宜春人。（頁122）

篆韻五十卷　江蘇巡撫採進本

不著撰人名氏。其書每頁右側印"欽賜商河王勉學書樓之記"十一篆字，上下與朱絲闌齊。考《明史·諸王表》，衡王祐楎之孫載塨，於嘉靖三十五年襲封商河王。萬曆二十五年，其長子翊鐄襲封。至四十四年薨，無子，國除。書無序跋，不知爲載塨所鈔、翊鐄所鈔也。首題"篆書正韻"四字，而考其部分，乃用《壬子新刊禮部韻》，與《洪武正韻》截然不同。書中別無考證，惟據周伯琦《六書正譌》註"俗作某某，非"而已。蓋藩邸偶錄，以備檢閱，非著書也。

字韻合璧二十卷　內府藏本

不著撰人名氏，但題"明鄱東朱孔陽訂正刊行"。編中分上、下二層[1]，上辨音韻，下別偏旁。而謬悠舛誤，不可枚舉。如天音添，則以兩韻爲一聲。吳作吴，則以俗字爲正體。分韻則從《洪武》併合之本，分部則紊許愼《說文》之例。蓋於六書之義，茫乎其未解者也[2]。

【校記】
[1]編，浙本作"篇"。
[2]茫乎其未解者也，浙本作"茫乎其未窺者也"。

廣金石韻府五卷　浙江巡撫採進本

國朝林尚葵、李根同撰。尚葵字朱臣，莆田人。根字阿靈[1]，晉江人。是書用朱墨二色校，以四聲部次，朱書古文籀篆之字，墨書楷字領之，亦各註其所出。乃因明朱時望《金石韻府》而作，故名曰"廣"。①然所引諸書，今已什九不著錄。尚葵等何自得觀？今核所列之目，實即夏竦《四聲韻》而稍摭薛尚功之書以附益之。觀其備陳羣籍，而獨遺竦書之名，則諱所自來，故滅其迹可知也。

【校記】
[1]"字阿靈"後，浙本有"一字雲根"。

【辨正】
①胡氏補正謂：丁氏《藏書志》有朱雲《金石韻府》五卷，是時望

乃朱之字，《提要》之例當稱名。蓋未見此書，故四庫亦未著錄。（頁318）

【附錄】

《浙江採集遺書總錄》

廣金石韻府五卷（刊本）

右國朝閩中林尚葵李根同輯，集各篆體而統以韻，乃因宋時望原編增廣之者。（頁374）

他山字學二卷　安徽巡撫採進本

國朝錢邦芑撰。邦芑字開少，丹徒人。晚爲僧，號大錯。其書辨正字畫及音讀之誤，凡四十三目。大抵本於郭忠恕《佩觿》及李文仲《字鑑》諸書，而蒐輯未廣。如《一字數音考》內"苴"字重至十五音[1]，爲書中極多之數。而《韻會小補》載此字實有十八音。他若《廣韻》、《集韻》所載重音、開卷可見者，亦百不得其一、二。

【校記】

[1]重至，浙本作"載至"。

六書準四卷　內府藏本

國朝馮調鼎撰。調鼎字雪鷗，華亭人。其書分象形、指事、會意、諧聲四類，每類分平、上、去、入，而假借、轉注卽見於四類之中。然其書雖力闡古義，而於六書本旨，多所未明。如"社"之一字，《說文繫傳》"从示土聲"，此書不見《繫傳》，乃以"社"爲會意字。又如"風"之一字，《說文》"从虫、凡聲"，此書不知風之古音，而以爲"从蟲省聲"，則其他槩可知矣。

六書通十卷　江蘇巡撫採進本

國朝閔齊伋撰。齊伋字寓五，烏程人。世所傳朱墨字板、五色字板謂之"閔本"者，多其所刻。是書成於順治辛丑，齊伋年八十二矣。大致仿《金石韻府》之例，以《洪武正韻》部分編次《說文》，而以篆文別體之字類從於下。其但有小篆而無別體者，則謂之附通，亦併列之。不收鐘鼎文，而兼采印譜。自稱通許慎之執，不知所病正在以許慎爲執也。

韻原表一卷　兩淮馬裕家藏本

國朝劉凝撰。凝有《稽禮辨論》，已著錄。凝初作《文字韻原》一編，謂《說文》以形相次，《韻原》以聲相從。又以《韻原》限於篇幅，其層次排列，未免間斷，而生生之序不見，乃倣《史記》諸表之例，從各字偏旁，序其世系，分其支派，以濟《韻原》之窮。然篆隸屢更，變化不定，必一一謂某生於某，終未免失於穿鑿也。

石鼓文定本二卷　兩江總督採進本

國朝劉凝撰。是書上卷爲《石鼓音訓釋文》，下卷爲附錄古今人辨說及詩歌。石鼓刻文，且以殘闕搨本漸不可辨，惟以摹本及釋文相傳。釋文之中，潘迪最著。摹本之中，薛尚功、楊愼最著。案宋金以前，爭石鼓之時代，斷斷不休。元以來眞僞論定矣，而爭文字者，又閧而聚訟。凝作此書，既不以今日所存之三百二十餘字以考定其眞，又不詳列諸家之本以糾其異，徒以楊愼僞本猶屬全文，而據以爲主，根本先謬。

又加以意爲增減，彌起糾紛。如第四鼓"其寫"上之"吾"字，第五鼓"霝雨"下之"淒"字，爲各本所無，莫知何以增入。至於後卷《辨說》第一條，卽載薛尚功云云，而薛尚功《跋》語內亦無其文，皆不可解。又以石鼓之文强合於《說文》之籀體。案趙師尹《石鼓文考》注所摭《說文》與石鼓相同之字，員、辭、皮、樹、西、則、旁、中、囿九字而已。然"旁"字石鼓無之，乃楊愼以壬鼓"䛐其用導"，"用"字妄改爲"旁"。其餘諸字，亦均有同異。凝必欲附會其文，亦鄭樵以秦權一二字之合，定爲秦鼓之類矣。

【附錄】

《翁稿》

石鼓文定本

謹按：《石鼓文定本》上、下二卷，國朝劉凝輯。凝字二至，南豐人。是書上卷則音訓、釋文，下卷則附錄古今人辨說、詩歌也。石鼓刻文既殘闕不全，其諸家著錄流傳最多者，釋文則潘迪，摹本則薛尚功、楊愼。愼本久爲人所詆訶，凡依楊愼本者皆流俗之本也。尚功本雖近古而實多錯訛，凡依薛尚功本者皆好古而未嘗深考者也。潘迪《音訓》勒石於鼓旁，宜其爲定本矣。然考石鼓必先以見存之字爲主，方不病於傳會，居今日而考此十章之文，雖潘本亦尚有未可盡泥者，況薛本以下乎。劉凝是編號稱"定本"，然實從楊慎本摹出，而加以糾紛舛錯，強作解事，又加以增補杜撰，如第四鼓"其寫"上之"吾"字、第五鼓"霝雨"下之"薆"字，是各本所無者。至於後卷"辨說"，第一條即載"薛尚功"云云，而薛尚功跋語内並無其文，其撰錄不足信如此。皆不可解。至於辨鼓文之籀體，是欲強附於《說文》之籀，而反致有改篆之嫌。其多事紛歧，殊爲陋妄，且恐後人遂以爲石鼓之定本，則是轉滋之惑者也。似不應存目。（頁78）

黃公說字　湖北巡撫採進本

　　國朝顧景星撰。景星字黃公，蘄州人。①康熙己未薦舉博學鴻詞。其學自稱推本《許愼》[1]，而大抵以梅膺祚《字彙》、廖文英《正字通》爲稿本，仍以楷字分編。如"丑"字"从彐，从丨，象手有所執也"，而列之"一"部，於六書之義，未免有乖。至於西域梵文，尤自別爲一體，儒書所載，已改爲楷畫，非其本眞。一槩收載，亦爲泛濫。其註皆雜采諸書，不由根柢。所列各書：唐《說文》、蜀《說文》、葛洪《字苑》、何承天《纂文》、呂靜《韻集》、李啟《聲韻》、呂忱《字林》、陽休之、夏侯該《韻畧》、孟昶《書林韻會》、林罕《字源》等目，不知何從見之。又以李燾《說文五音譜》爲徐鉉，以楊桓《六書泝原》爲吳元滿[2]，以趙明誠《金石錄》爲歐陽修，以張守節《史記正義》爲《六書正義》，以司馬貞《史記索隱》爲《六書索隱》，舛誤不一而足。至於司馬光《集韻解》，諸家目錄未著斯名，米芾《大宋五音正韻》僅名見所著《畫史》中，蓋欲爲之而未成，亦非眞有其書也。

【校記】
[1]其學，浙本作"其說"。
[2]《六書泝原》，浙本作"《六書溯原》"。

【辨正】
①胡氏補正引盧弼《四庫湖北先正遺書札記》所引《小學考》云：

書實一百卷，黃公原稿本並自繕正本，皆見存武昌柯氏息園。其書先列篆文，次以今隸，而著其義說，意在明偏旁點畫嬗變源流，以正廖氏《正字通》之謬誤，雖未盡綜覈，要爲宏著矣。（頁318）

讀書正音四卷　浙江巡撫採進本

國朝吳震方撰。震方字青壇，石門人。康熙己未進士，官至監察御史。是書卷一以一音異讀者分門編輯，其無類可歸者附以通用一門；卷二別爲六類：曰字音清濁辨，曰同音借義，曰借同音不借義，曰因義借音，曰音借而借，曰語詞之借；卷三以四聲編錄僻字；卷四則各依部分編習見字樣，以正時師誤讀。

前有毛奇齡《序》，頗稱其精審，然實於六書音韻源流，多所舛漏。其謂本字不讀本字者，如隋時去肉爲隋[1]，本文帝之臆造。在《說文》"隋，裂肉也"，徐鉉音"徒果切"，乃其本音。他如在支韻者，作"旬爲切"，順裂肉也。又翾規切，《周禮・大祝》"隋釁"通作"綏"是也。在歌韻者，作"土禾切"，《集韻》"中高四下"是也。在寘韻者，作"呼恚切"，《周禮・守祧》"旣祭則藏其隋"是也。此所謂本字不讀本音者也。今震方誤以隋、隨爲一音，反以音妥者爲非本音。而在支、歌、寘三韻者乃不見錄，未免失考。又如"厪"之爲僅，"厸"之爲隣，"夵"之爲攀，俱列在《本字不讀本音》卷內。考《漢書・賈誼傳》曰："其次厪得舍人。"註曰："厪與僅同。"《揚雄傳》曰："纍旣夵夫傅說兮，奚不信而行。"註曰："夵，古攀字"。《敘傳》曰："東厸虐而殲仁兮，王合位乎三五。"註："厸，古隣字。"震方槩附諸同字異讀，亦未悉今字、古字之殊。至於景爲影之本字，睲爲晴之本字，丣丣爲卯酉之本字，顯著《說文》，震方亦與古字不讀本音者一例列之[2]，益乖迕矣。若此類者，不一而足。

其餘耳目之前，亦多遺失。《漢地里志》曰"屯留"，師古："屯音純。"替亭，師古："替音潛。"修亭，應劭："修音條。"計斤，師古："音介根。"甸氏道，李奇："甸音縢。"卑水，孟康："卑音班。"樸劇，孟康："音蒲環。"澤索，師古："澤音鐸。"驪軒，李奇："音遲虔。"祖厲，師古："音宜賴。"莫黜，師古："音忉怛。"遼隊，師古："隊音遂。"黏蜩蟬[3]，服虔："蟬音提。"麓令，孟康"音螟蛉"，師古："音麋零。"芍陂，師古："芍音鵲。"凡此皆字同音異之顯然者，震方俱弗收輯，則僻書槩可知也。葢以正塾師之謬讀，則所得爲多，以言古人之小學，則又當別論耳。

【校記】

[1]如隋時去辵爲隋，浙本作"如隨，隋時去辵爲隋"，疑底本脫"隨"字。

[2]古字，浙本作"本字"。

[3]黏蜩蟬，浙本作"黏蟬"。

篆文纂要四卷　　浙江汪啟淑家藏本

國朝陳策撰。策字嘉謀，錢塘人。其書亦依韻分編，每字下首列《說文》，次大篆，次鐘鼎文。然不載所引書名，注亦率畧。於字體無所辨證，殆僅爲鎸刻印章之用也。

【附錄】

《翁稿》

篆文纂要全宗

謹按：《篆文纂要全宗》五卷，國朝陳策撰。策字嘉謀，自號揖石老人，杭州人。其書以四聲隸字，每字以小篆居首，而大篆、鼎文、籀文以次附焉。前有陳晉、項繼甲二序，皆作於康熙壬子。其分韻部次用《洪武正韻》，舉明代所不能行之法用之，於今日已爲謬妄。至其卷首所刊字體，大略尚古籀文，及所謂"續字"、"俗文"者，文義、體例皆甚爲陋畧。其卷中所列諸字，則所謂"鼎文"者不著所出，無以考其是非。而其最謬者，尤在所謂"大篆"，大篆之字於今已多不可考，雖《說文》之籀、篆，石鼓文之籀文，已皆不可目爲大篆，而況九疊篆文乃刻符摹印之支流，全非古法，何以名之爲"大篆"乎。或姑存目。（頁78）

字辨七卷　　安徽巡撫採進本

國朝熊文登撰。文登字于岸，南昌人。是書詳辨字音、字義、字形，分爲十門：一曰誤寫辨，二曰誤讀辨，三曰一字數音數義辨，四曰宜寫古文奇字辨，五曰宜讀經史眞字辨，六曰形相類字辨，七曰聲相類字辨，八曰形聲相類字辨，九曰從今從古辨，十曰楷篆異體辨。皆從梅膺祚《字彙》分部，大意在糾俗學之誤，反之於古。然不知古文，亦不知古音，遂至不古不今，進退無據。如謂回本作囘[1]，不知篆文作回，本一筆旋轉，若變而五筆，已非本義。謂册本作冊，不知篆文作册，本象以韋貫簡，僅縮其一畫，彌失眞形。又如謂泽音降，又音紅，不知東、江古本一音也。謂彭音朋，又音滂，不知庚、陽古亦一音也。至謂逍遙必當作消搖，伏羲必當作虑戲，渤海必作渤澥[2]，躊躇必當作籌著，皆見一古字之省文，遂謂凡書是字者無不當省；見一古字之假借，遂謂凡書是字者無不當借[3]。所謂知其一不知其二者也，殆愈辨而愈遠矣。

【校記】
[1]如謂回本作囘，浙本作"如謂囘本作回"。
[2]渤海必作渤澥，浙本作"渤海必當作勃澥"。
[3]遂謂凡書是字者無不當借，浙本作"遂謂凡用是字者無不當借"。

六書分類十二卷　　兩江總督採進本

國朝傅世垚撰。世垚字寶石，歸德人。其書分部，一依梅膺祚《字彙》之例，每字以小篆、古文次於楷書之後。古文之學，漢魏後久已失傳，後人所釋鐘鼎之文，什九出於臆度，確然可信者無幾。況古器或出剝爛之餘，或出偽作，尤不足爲依據。謂之好古則可，謂有當於古義，則未然也。

【附錄】
《浙江採集遺書總錄》
六書分類十二卷（刊木）
右國朝傅世垚輯。每字先正書，而連系古文，大小篆籀以備其體。（頁376）

說文廣義十二卷　　浙江巡撫採進本

國朝程德洽撰。德洽字學瀾，長洲人。是書本許氏《說文》，而旁採諸家篆文，並列於下。然不著出處，蓋李登《摭古遺文》之流，又不及《金石韻府》尚云"某字本某書"矣。

【附錄】

《浙江採集遺書總錄》

說文廣義十二卷（刊本）

右國朝程德洽輯。注語悉仍原本，但于各字下增廣變體，而部次則以韻爲先後，非自一至亥之舊也，汪份序。（頁 377）

篆字彙十二卷　通行本

國朝佟世男編，世男，滿洲鑲黃旗人。康熙中官知縣。其書本梅膺祚《字彙》，各繫以篆文，篆文所無之字則依楷書字畫以意造之，不可以爲典據也。

【附錄】

《翁稿》

篆字彙

謹按：《篆字彙》，依今《字彙》之部爲十二集，國朝遼陽佟世男偉夫編。前有康熙辛未南海梁佩蘭序。其書按筆畫偏旁排列，每字先標楷書，次列大、小篆以及古籀奇字。然其中不免有誤，未可據以爲信也。（頁 79）

鐘鼎字源五卷　河南巡撫採進本

國朝汪立名編。立名[1]，婺源人，官工部主事。是編成於康熙丙申。《自序》稱："金石雖皆傳自三代，而銘器與篆碑之文不容強同。乃專採鐘鼎文，以今韻編次爲五卷[2]。其石刻之類於銘欸者，惟附錄《石鼓文》，其他碑篆則皆不收。"然立名知鑄金刻石，古文體制有殊，而不知鐘鼎之中又有時代之分、音釋之異與眞僞之別。三代固均爲古文矣，至秦權、秦斤，如𣂰字、𧰼字、皆字、焉字之類，已頗近小篆。漢鐙、漢壺，如綏和壺之供字，汾陰宮鼎之共字、汾字，首山宮鐙之年字，併時參隸體。一槩目爲鐘鼎之文，混淆殊甚。又如歐陽修《集古錄》所載晉姜、毛伯諸鼎，楊南仲、劉敞訓釋互異者，不一而足，既莫能考定是非，《嘯堂集古錄》所載比干銅槃銘，宋人顯斥其僞托，亦不免併載。且卷末列二合、三合、四合之字，並不注出典，尤無根據[3]。

【校記】

[1]"立名"後,浙本作"號西亭"。

[2]以,浙本作"依"。

[3]"尤無根據"後,浙本有"蓋僅以《金石韻府》爲主,而取博古、考古諸圖參校之,故不免瑕纇耳"。

天然窮源字韻九卷　兩江總督採進本

國朝姜日章撰。日章字旦童,如皋人。是編成於康熙丁酉。分日、月、水、火、木、金、土七部,又冠以首部曰《字說》,綴以末部曰《韻說詩易二叶》。日、月二部爲字書。不以偏旁分部,而以筆畫多寡分部,自一畫至四十八畫止。水、火、木、金四部爲韻書。併爲天、星、風、山、官、上、地、支、郊、階、州、波、夫、下十四韻。每韻分爲中、平、上、去、入五音。土部則古文奇字也。自明以來,字畫莫陋於《字彙》、《正字通》,而日章遵以講字畫;韻書莫乖於《洪武正韻》,而日章執以分韻等;收字之妄濫無稽,莫甚於《篇海》,而日章據以談奇字。其餘偶有援引,不過從此四書採出而已,宜其不合於古也[1]。

【校記】

[1]不合於古也,浙本作"不合於古義也"。

【附錄】

《翁稿》

七太天然窮源字韻

謹按:《七太天然窮源字韻》九卷,國朝姜日章撰。日章字旦童,如皋人,自稱海濱散人。其說謂一字有五聲,於平聲外添出中聲,又有"正平"、"副平"之目,又撰出十四韻、六十四母,皆古所未聞,此人所自謂獨得者。其名"七太"者,其說云:日爲太陽,月爲太陰,水爲太易,火爲太初,木爲太始,金爲太素,土爲太極。日、月居額應顪,水居脣,火居齒,木居牙,金居舌,土居喉,以此攝諸韻爲中間七部,合之首末爲九卷。前後所列筆畫名目,雜以篆籀。師心自用,語多不經,文理亦多未成順。不應存目。(頁79)

六書辨通五卷　浙江巡撫採進本

國朝楊錫觀撰。錫觀字顓若[1]，無錫人。是書大吉謂六書假借，於義可通，爲變而不失其正。其不可通者，即不得不著辨以明之。因分韻編次，於每字之下，各標出處，并著本字之義，而於其誤通者則一一辨正。然古人假借，多取音同，不求義合。若是書所載漢《孟郁碑》借"舟"爲"周"，《堯廟碑》云"委曲舟帀"，亦借"舟"爲"周"，是其例也。而錫觀謂周借舟，於義不通。漢碑"舟"字當"匊"字之誤，匊音周，帀徧也。不知《經典釋文》"鶻鵃"之"鵃"與"雕"字通，《類編》"五月鳴蜩之蜩"，一作"蚪"，則周、舟二字本通，是其顯證。鵃、蚪非有周帀之義，豈亦得指爲從匊耶？又如《家語》"望羊"，《左傳》則作"望陽"[2]，《漢書》歐陽漢碑則作"歐羊"之類，近在耳目之前，乃多失載，亦未爲賅備也。

【校記】
[1]字顓若，浙本作"字容若"。
[2]《左傳》則作望陽，浙本作"《左傳》注作望陽"。

【附錄】
《浙江採集遺書總錄》
六書辨通五卷（刊本）
右國朝金山楊錫觀輯，取兩字至四五字可通假者，標而辨之，以韻爲次，自述云"兹編專辨通假，而每文下分注形聲事意轉注五義者，以本義明始假借明也"。（頁379）

六書例解一卷、附六書雜說一卷、八分書辨一卷浙江巡撫採進本

國朝楊錫觀撰。是書首冠黃之雋《篆學三書序》，蓋錫觀嘗作《秦篆韻編》、《正字啟蒙短箋》二書，與此書爲三也。書凡六篇，分論六書。以鄭玄注《周禮》"六書"以象形爲首，失制字之序，改從許愼《說文》之次，首以指事。其論指事，謂"有籠統言之者，有指其一點一畫言之者"。其論象形，謂"小篆日月作蟎蠰，已不如古文之作⊙㋣"，又謂

"凡字之从舟旁者，皆當改爲月旁，以象倉廪"。其論形聲謂"爲因形而附聲，不取《周禮》註諧聲之說"，併謂"《三百篇》之韻皆不足據"。其論會意，列字至三百之多，至謂"寞下从六，乃取六爲老陰；名上从夕，爲陰晦之義"。其論轉注，則從許慎之說而廣之：一爲意可相通，老字轉爲耆、壽之類；一爲兩字相反，如可轉爲叵、正轉爲乏、與半木爲片、連水爲川之類；一爲輾轉註釋而後可通，如元轉爲仁、仄轉爲丸之類。其論假借，極論隸書之非，併經典通用之字如恭作共、齋作齊、而作如者，皆斥爲乖謬。

大抵陽尊許慎《說文》，而陰以魏校《六書精蘊》爲藍本。故於制字之義，多所未明。其《六書雜記》論六書分界，亦多強生辨別。至《八分書說》一卷，申歐陽修、洪适之說，以八分爲隸，而謂今之楷書爲八分。引據牽合，亦失於考證也。

【附錄】

《浙江採集遺書總錄》

六書例解一卷（刊本）

右前人撰，節舉六書之義，此例解之，別附《雜說》十條，《八分書辨》一篇于後。（頁380）

五經字學敚五卷　山西巡撫採進本

國朝成端人撰。端人字友端，陽城人。此書分五經各一卷。每字先以訓詁，並及形聲，兼辨俗寫之譌。然引據未能淹博，考證亦未能精密。如《春秋·隱公》之彄字，此爲公子彄名訓也，而註曰："從弓，區聲，音摳。又人名，公子彄。"《文公》之頵字，此爲楚成王名訓也，而註曰："從頁，君聲。徐曰：頭大也。又楚成王名。"此反以本義爲旁義也。又如《易·坤卦》馴字註曰："音同旬。《字彙》引徐邈讀作訓，蛇足。"案徐邈之說出陸德明《經典釋文》，以爲出自《字彙》，已不求其本。至經師異讀，自古並存，乃以爲蛇足，更不確矣。

【校記】

《翁稿》

五經字學敚

謹按：《五經字學攷》五卷，國朝成端人撰。端人字友端，陽城人。其書分五經各一卷。每字間或辨其俗寫，大多不出《字彙》之學，而謂之"字學"。又每卷皆謂之"上卷"，而題其書首曰"下卷嗣出"，不知其所謂"下卷"者如何也。或作里塾訓蒙之書存目亦可。（頁80）

六經字便無卷數　　江蘇巡撫採進本

　　國朝劉臣敬撰。臣敬字恭邵，江陰人。是書載六經字體，自一畫至二十九畫，頗能辨正偏旁點畫。又於諸字之轉音、不轉音者，分類釐訂，亦易於省覽。特所見古籍無多，故舛誤時復不免。如謂《易》"亢龍"之"亢"音剛，非康，去聲。不知《說文》人頸之"亢"、及"角亢"、"龍亢"、"亢父"，固均音剛。而"亢龍"之"亢"見於《經典釋文》者，止若浪切一讀。又謂《易·觀卦》之觀，《正韻》附去聲爲非；《解卦》之解，《正韻》讀音蟹爲非。然《經典釋文》載："觀官喚反，示也。解音蟹，緩也。"先儒授受於二卦，各止一讀，迄今未改。《正韻》收之附音，猶爲近古。臣敬皆以爲非是，未考古之失也。
　　至謂"陰疑於陽"，疑字不當轉擬。考《禮記》"前疑後丞"，或作擬。《周官·司服》云："大夫疑衰。"鄭玄注云："疑之言擬也。"又《漢書·食貨志》："遠方之能疑者。"顏師古註云："疑讀爲擬。"則疑之爲轉擬，顯有義例。又讀社字不當有杜音[1]，考《史記·秦本紀》，"蕩社"明作"蕩杜"，"社"、"杜"字通，其爲一音可知，而以爲"社無杜音"，尤誤。蓋自漢以後，經史各有專家，即各分音讀。遞稟師傳，不能偏廢。臣敬以啟迪蒙穉，難於博引繁徵，固不妨止取一音。其所不取，則置之不論可矣。槩斥爲誤，豈通方之論乎？

【校記】
　　[1]讀，浙本作"謂"。

字學正本五卷　　江蘇巡撫採進本

　　國朝李京撰。京字元伯，陽高人[1]。是書《凡例》謂："以小篆爲本，而正偏旁之不正者，故名'正本'。"凡所根據，多得之周伯琦《六書正譌》、張有《復古編》。如《復古編》"崇"字下註云："別作崈，俗。"不知《漢郊祀志》曰："封崈山。"又曰："莽遂崈淫鬼神祀。"又

《漢隸字源》載《韓良碑》，亦有宓字，未可云俗。是書能引《郊祀志》以證其誤，頗爲近古。又於周伯琦杜撰之説，時爲駁正，亦間有可採。

然如東韻"戒"字，《復古編》謂"隸作戎"，而此書乃謂"俗作戎"，不知《泰山都尉孔宙碑》"戒"已作"戎"，與《復古編》所云"隸作戎"合。京謂之俗字，則考之不審矣。又於周氏書採摭頗備，而張氏書反多挂漏。卽以東之一韻考之，《復古編》載"艨誤作䑃，䑦誤作䑛，酕誤作鰲，垵誤作稷，濛誤作霪，襛誤作穠，功誤作玒"，此書均逸不載，亦殊疎畧。且誤依《中原音韻》分部，全乖唐、宋之舊法。既有變古之嫌，而以《説文》篆體盡改隸字，或窒礙而不可行，又不免泥古之過，均不可以爲訓者也。

【校記】

[1]陽高人，浙本作"高陽人"。

字學同文四卷　江蘇巡撫採進本

國朝衛執轂撰。執轂字子觀，韓城人。是書凡分十三目：曰上類、下類、上下中類、上下左右類、上下左類、上下右類、上左類、下左類、上右類、下右類、左類、右類、左右類。轇轕破碎[1]，皆從古未有之例。其中又多所謬誤，如"元"在一部，從一兀聲，今入儿部[2]；"夐"在目部，從目，支在穴上，今入文部；"南"字本在宋部，從宋、羊聲[3]，今入十部；"壹"字本爲部首，從壺從吉，今入士部；"今"字本在亼部，從亼從㇉[4]，今入人部；"吳"字本在矢部，從矢、從口，今入口部。知於六書偏旁未之深講也。

【校記】

[1]轇轕破碎，浙本作"類各統部"。

[2]儿部，浙本作"兀部"。

[3]從宋羊聲，浙本作"從宋羊聲"

[4]從亼從㇉，浙本作"从亼从㇉"。

文字審一卷　浙江巡撫採進本

不著撰人名氏，亦無序跋。中間頗有塗乙。相其紙墨，蓋近人手稿也。其書取李燾《說文五音譜》，鈔其大畧，仍以燾之部分爲序，而不標部分之名。篆文筆意頗圓潤，字下隸書，字字皆从古體。葢亦留心六書者特偶然鈔錄，自備檢核，非欲著書問世，故漫無體例耳。

右小學類字書之屬，六十八部，六百二卷[1]內二部無卷數。皆附存目。

【校記】

[1]六百二卷，浙本作"六百六卷"。

小學類存目二

韻經五卷　安徽巡撫採進本

舊本題梁吳興沈約撰類，宋會稽夏竦集古，明宏農楊愼轉注，江夏郭正域校。

前有正域《自序》曰："近體詩惟宗沈韻。今所傳韻非沈也，唐禮部韻也，故唐詩宗之。沈韻上平有九哈、十八痕，下平有二十二凡，上有十六混、十九縑，去有八祭、十代、十七燉，入有十六昔，而今韻無之。"其《凡例》又稱："家藏有《四聲韻》乃約故本。"案《梁書》、《南史》、《沈約傳》並載約撰《四聲譜》，《隋志》載其書一卷，而《唐志》已不著錄。觀陸法言《切韻序》，歷述呂靜、夏侯該、陽休之、周思言、李季節、杜臺卿六家之韻，獨不及約書，是隋開皇時其書已不顯。唐李涪作《刊誤》，但詬陸韻，而不及沈書，則僖宗時已佚矣。正域何由於數百年後得其故本？且沈韻雖不可見，而其集猶存。今以所用之韻，一一排比鈎稽之，惟東、冬、鍾三韻同用，魚、虞、模三韻同用，庚、耕、淸、青四韻同用，而蒸、登兩韻各獨用，與《廣韻》異，餘則四聲並同。又安得如正域所云"九哈"之類。其爲贗託，殆不足辨。

至夏竦《古文四聲》五卷，本采鐘鼎奇字，分韻編次，以便檢尋，乃字書非韻書，乃古文非今文。正域乃稱夏竦集古，尤爲乖迕。觀其首列徐蕆所作吳棫《韻補序》、楊愼《轉注古音畧自序》，而不及竦《序》，知並未見其書，而但以名勦說也。王宏撰《山志》，乃指此爲沈約眞本，譏屠隆未見《韻經》，誤指《平水韻》爲約書，不亦傎乎！

又朱彝尊《重刊〈廣韻〉序》曰："近有嶺外妄男子，僞撰沈約之書，信而不疑者有焉。"考王士禎《居易錄》，記康熙庚午廣東香山縣監生楊錫震，自言得沈約《四聲譜》古本於廬山僧今啫。因合吳棫《韻補》而詳考音義，博徵載籍，爲《古今詩韻注》，凡二百六十一卷，赴通政司疏上之。奉旨付内閣與毛奇齡所進《古今通韻》訂其同異。彝尊所指當即其人。今内府書目但有奇齡之書，而錫震之書不錄，未知其門目何如。疑其所據，即正域此本也。

【附錄】
《浙江採集遺書總錄》
韻經五卷（刊本）

右明華亭張之象輯，江夏郭正域序而重刊之，近時龍爲霖曰郭正域《韻經》采吳才老《韻補》、楊升菴《轉注》餖飣成書，別無發明，又引沈約、夏竦之名，于前自稱家藏有約《四聲韻》本，蓋作僞以欺人耳。因卷首施以轉注古音原序，遂有譌爲升菴本者，今按，龍說是也。惟以張書爲郭書，則由郭《序》本不分曉意若襲爲已有者，然故龍又有此誤云。（頁363）

書學正韻三十六卷　安徽巡撫採進本

元楊桓撰。桓既著《六書統》、《六書溯原》，又依韻編次是書。兼以字母等韻各分標一、二、三、四，以辨其聲之高下。然或有或缺，體例不一。所列之字，兼存篆隸二體，逐字之下，注云"統指、統形、統聲、統意、統注"者，見於《六書統》者也。注云"原指、原形、原聲、原意、原注"者，見於《六體溯原》者也。指即指事，形即象形，聲即諧聲，意即會意，注即轉注，省其文耳。

其所分韻目，大槩因《集韻》之舊，而稍有訂改。如眞韻三等合口呼"麕、囷、齋、筠"等字移入於諄，諄韻四等開口呼趣字移入於眞[1]，則眞與諄一爲開口呼，一爲合口呼，兩不淆雜[2]。陸法言以魂、痕次元後，許敬宗等遂注三韻同用。是書移痕、魂於前，與眞、諄、文、欣爲一類，移元於後，與寒、桓、刪、山、先、仙爲一類[3]。於古音以侈歛分二部者，亦各從其類。然一以今讀移舊部，一以古音移今韻，雖言之有故，執之成理，究不免變亂之嫌。至於平聲併臻於眞，少一韻目，而入聲不併櫛於質。且隱韻、焮韻内二等開口呼"觫、齔"等字，不知其卽臻、櫛之上、去聲。是四聲一貫之故猶未盡知，其亦好爲解事矣。

【校記】

[1]"趣"字，浙本作"'逡'字"。
[2]兩不淆雜，浙本作"兩不相雜"。
[3]仙，浙本作"僊"。

蒙古字韻二卷　兩淮鹽政採進本

元朱宗文撰。宗文字彥章，信安人。前有劉更《序》，又稱爲朱巴顔，蓋宗文嘗充蒙古字學弟子，故別以蒙古語命名也。

按《元史·釋老傳》，元初本用畏烏爾字<small>按畏烏爾原作畏吾兒，今改正</small>，以達國言，至世祖中統元年，始命帝師製蒙古新字。其字僅千餘，其母凡四十有一。其相關紐而成字者則有韻關之法，其以二合、三合、四合而成字者則有語韻之法，而大要以諧聲爲宗。字成，詔頒行天下。又於州縣各設蒙古字學教授，以教習之，故當時頗有知其義者。宗文以蒙古字韻字與聲合，而諸家漢韻率多譌誤，莫知取舍，因重爲校正。

首列各本誤字及重入漢字，次列總括變化之圖；次字母三十六字；次篆字母九十八字；次則以各蒙古字分韻排列，始一東，迄十五麻，皆上冠蒙古文，下注漢文對音。先平聲而附以上、去、入聲。每一蒙古字以漢字音注，自四、五字至二、三十字。末附迴避字樣一百六十餘字，蓋文移案牘通行備檢之本也。

元代國書國語，音譯久已傳訛。宗文生於至大間，雖自謂能通音譯，而以南人隔膜之見，比附推尋，實多不能脗合。卽如陶宗儀《輟耕錄》載："元國字以可侯字爲首，而是書又依《韻會》以見、經、堅、乩字爲首[1]，其字母已不相合。而《元史》旣稱有二合、三合、四合之法[2]，而此書乃用直對，而不用切音。甚至累數字以釋一音，清濁重輕，毫無分別。又字皆對音，而不能翻譯成語。"

觀《元史》及諸書所載蒙古字詔旨行移，皆能以國語聯屬成文。是當日必別有翻譯之法，而是書槩未之及，遂致湮沒而不可復考。蓋其時朝廷旣無頒行定式，官司胥史，輾轉傳鈔[3]，舛謬相仍。觀於國姓之却特而訛作奇渥溫，載之史冊，則其他錯互，大概可知。且刊本久佚，今所存者惟寫本。其點畫既非鈔胥所能知，其舛誤亦非文士所能校。不過彷彿鉤摹，依稀形似，尤不可據爲典要。我國家同文盛治，邁越古今。《欽定元史·蒙古國語解》考訂精確，凡相沿之踳謬，盡已闡剔無遺。傳譌之本，竟付覆瓿可矣。

【校記】

[1] 乩，浙本作"訇"。
[2] "有二合"上，浙本有"首"。
[3] 輾轉傳鈔，浙本作"輾轉傳習"。

正韻牋四卷　　江西巡撫採進本

明楊時偉撰。時偉有《春秋編年舉要》，已著錄。是書前有崇禎辛未《自序》，大旨以《洪武正韻》不行於當代，故因其原本增注於下，謂之補箋。又取吳棫《韻補》、陳第《古韻攷》諸書所據古書之音，附於各韻之後，謂之古音。又取熊忠《韻會舉要》、楊慎《丹鉛錄》諸書所收字，增附於韻後，謂之逸字。其用意頗勤。然《洪武正韻》分合舛誤，窒礙難通，雖以天子之尊，傳國十餘世，懸是書爲令甲，而終不能使行於天下。二百六七十年之中，若存若亡，無人置議。時偉乃於舉世不用之中出奇立異，冀以匹夫之力顛倒千古之是非，抑亦難矣！且所著古音，雜取吳棫、陳第二家，不知其體例各別。所收逸字，不能究《廣韻》、《集韻》之源，僅據楊慎等之書，尤爲疎畧。所補箋亦皆轉輾稗販，如日在木中爲東，此許慎所引官溥說，明載於《說文》，而乃引鄭樵《通志》，足知非根本之學矣。

【附錄】

《翁稿》

正韻牋

《正韻牋》四卷，明楊時偉撰。明楊時偉補牋《洪武正韻》而作也。時偉字去奢，長洲人。治胡氏《春秋》，著《春秋賞析》二卷。是書依《洪武正韻》原本而增注其下，謂之"補牋"。又取吳棫《韻補》、陳第《古韻攷》諸書所據古書之音，附於各韻之後，謂之"古音"。又取黃公紹《韻會》、楊慎《丹鉛錄》諸書所收字，增附於韻後，謂之逸字。要其意則恪守《洪武正韻》者也。前有自序、凡例。應存目。（頁80）

聲音文字通三十二卷　浙江范懋柱家天一閣藏本

明趙撝謙撰。撝謙有《六書本義》，已著錄。是書乃所定韻譜也。考《皇極經世聲音唱和圖》，日、月、星、辰凡一百六十聲爲體數，去太陰、少陰、太柔、少柔之體數四十八，得一百一十二，爲日、月、星、辰之用數。水、火、土、石凡一百九十二音爲體數，去太陽、少陽、太剛、少剛之體數四十，得一百五十二，爲水、火、土、石之用數。撝謙此書，則取音爲字母，聲爲切韻，各自相配，而註所切之字於上。凡有一音，和以十聲，蓋因邵子之圖而錯綜引伸之。然以一卦配一音，又以一卦配十聲，使音與聲爲唱和，卦與卦爲唱和，欲於邵子《經世圖》之外增成新義，而不知於聲音之道彌滋穿鑿，殊無足取。焦竑《筆乘》載："撝謙歿後，其門人柴廣敬以是書進於朝，未及板行。"《明史·藝文志》載是書爲一百卷，此本尙存三十二卷，蓋別本之流傳者。然卷首起自一之四，亦殘缺之書，不足取證，以敗楮視之可矣。

【附錄】

《浙江採集遺書總錄》

聲音文字通三十二卷（天一閣寫本）

右明瓊山教諭餘姚趙謙撰。大抵本張行成皇極通變祝泌經世鈐之說而推之，審音辨聲若爲圖譜，分配卦象其義深而難明，此書流傳絕少。焦氏《經籍志》作十二卷，《明史藝文志》及黃氏《千頃堂書目》作一百卷，或聞見互異耳，今本無序目可查，首有缺頁，從蒙卦起並失第九、第十、第十一、第十二卷，不知海內尚有足本否。（頁357）

韻學集成十三卷　浙江鮑士恭家藏本

明章黼撰。黼字道常，嘉定人。[①]是書分部，一準《洪武正韻》。每部之中，以平仄相從。四聲具者九部，三聲無入者十一部。其隸字先後，則從《韻會舉要》之例，以字母爲序。其分配五音，以影、曉二母，從《玉篇》舊圖屬宮，不從《韻會舉要》屬羽；通、喻二母從《韻會舉要》屬羽[1]，不從《玉篇》圖屬宮；帮、滂、並、明四母從《玉篇》屬宮，不從《韻會舉要》屬羽[2]；非、敷二母則以舊譜均誤屬宮，而改爲屬徵。其字多收《篇海》、《龍龕手鑑》之怪體，其音兼載《中原音韻》之北聲。凡四萬三千餘字。《自記》稱始於宣德壬子，成於天順庚辰。計其用力凡二十九年，可謂專精於是。然以《正韻》爲主，根本先謬，其他不足言矣。

【校記】

[1]通、喻，浙本作"匣、喻"。

[2]《韻會舉要》，浙本作"《韻會》"。

【辨正】

①楊氏辨誤引雍正《江南通志》卷一六六太倉州人物·章輔傳、嘉慶《一統志》太倉直隸州人物章輔條謂：其人名輔，非黼。"輔車相依"，見《左傳》僖公五年。輔與行車有關，故其字爲"道常"，輔之行於常道也。《總目》以撰人之名爲"黼"，蓋形近而訛。《明史·藝文志》經部小學類作"章輔"，則因"黼黻"常連文且形近而誤也。（頁49）

【附錄】

《浙江採集遺書總錄》

韻學集成十三卷（刊本）

右明嘉定章黼撰。龍爲霖曰此書頗費苦心，惜其編次全踵七音、韻鑑三十六字母之說，未免宮羽混淆，商徵顛倒，其弊與黃直翁《韻會》等。（頁360）

韻畧易通二卷　兩淮馬裕家藏本

明蘭廷秀撰。廷秀字止庵，正統中人。爵里未詳。其書併平聲爲二十部，三聲隨而隸之。以東、洪、江、陽、眞、文、山、寒、端、桓、先、全、庚、晴、侵、尋、緘、咸、廉、纖有入聲者十部爲上卷，以支、辭、西、微、居、魚、呼、模、皆、來、蕭、豪、戈、何、家、麻、遮、蛇、幽、樓無入聲者十部爲下卷。又併字母爲二十攝，以"東風破早梅，向暖一枝開。冰雪無人見，春從天上來"二十字，盡變古法，以就方音。其《凡例》稱："惟以應用便俗字樣收入，讀經史者當取正於本文音釋，不可泥此。"則固已自言之矣[1]。

【校記】

[1]則固已自言之矣，浙本作"則亦自知其陋矣"。

韻學大成四卷　江蘇巡撫採進本

明濮陽淶撰。淶字貞庵，廣德人。嘉靖丁酉舉人，官南昌府通判。是書大抵本之《中原音韻》，而不取其入聲隸三聲之說。又廣其十九部爲二十，如魚、模之分爲須、魚、蘇、模，江、陽之分爲江黃，姜陽是也。其字母則專以新、鮮、仁、然等立法，稍增益之，爲三十母，而不用見、溪、羣、疑四等門法，意在簡捷。然新、鮮等母，仍卽字母之變，不識字母，又烏從而識之？其所分各部，亦無義例。既云宏、萌不宜入東、鐘，又不附之庚、青。且分京、青爲庚、生、京、青二部，眞所謂進退失據者也。

讀易韻考七卷　浙江吳玉墀家藏本

明張獻翼撰。獻翼有《讀易紀聞》，已著錄。此書專考《易》中之韻。案《易·象傳》實有韻，至於《彖詞》、《繫詞》之類，則無常格，亦如《淮南子》諸書，偶然叶讀耳。獻翼一舉而韻之，非惟漢魏以下之音雜然並陳，甚至釋氏之偈言，道家之章咒，亦泛引以證聖經，殊傷蕪雜。卽如《爻詞》潛龍"龍"字，忽以爲"勿用"之"用"音庸，是從本音也，《文言傳》則謂："'龍'當音性，與'遯世無悶'叶。"又曰："'龍'當音麗，與'不成乎名'叶。"顛倒瞀亂，豈復有體例乎？此眞不知而作也。

【附錄】

《翁稿》

讀易韻考

謹按：《讀易韻》考七卷，明張獻翼著。獻翼早年撰《周易記聞》、《約說》等，凡五種。此書專考《易》中之韻。《易》爲占筮而作，自卦爻象已開聲韻之元，焦、揚而後或踵焉，此在觀玩之辭，隨舉見端，自無不可。獻翼是書，則謂一部《易》皆有韻，處處引他書以實之，鑿矣。

或姑存其目。（頁80）

古今韻分注撮要五卷　江蘇巡撫採進本

明甘雨撰，陳士元注。雨字子開，永新人。萬曆丁丑進士，由翰林院檢討謫德安府推官，遷南京刑部郎中。士元有《易象鉤解》，已著錄。是書首列今韻，而以古韻附後。今韻誤稱沈約[1]，古韻又誤執通轉之說，既云東通冬，轉江、陽，則四韻爲一部矣，而東後韻所列之古韻與冬韻、江韻、陽韻後所列之古韻[2]，乃各有其字。是其隨叶取讀，知有通而不知所以通。徵引愈繁愈，治絲而棼之矣[3]。

【校記】

[1]"今韻誤稱沈約"後，浙本有"足見其茫無根據"。
[2]東後韻，浙本作"東韻後"。
[3]徵引愈繁愈，治絲而棼之矣，浙本作"徵引愈繁愈亂，似治絲而棼之矣"，疑底本脫"亂"、"似"字。

書文音義便考私編五卷、附難字直音一卷　浙江巡撫採進本

明李登撰，登有《六書指南》，已著錄。此書刻於萬曆丁亥，前有姚汝循、焦竑、王兆雲《序》并登《自序》及例論。

其部分既不合於古法，又不盡合於《洪武正韻》。如灰、皆既分，支、微、齊反不分；庚、青既分，江、陽反不分。而且眞之兼侵，寒之兼覃，咸、先之兼鹽，尤錯亂無緒。至於三十六母中，知、徹、澄、孃、非五母之複出，前人亦有疑之者，然竟去之。而又改并母爲平母，定母爲廷母，則未免勇於師心。若如其說，卽敷、奉二母，端、定、穿、牀二母[1]，心、邪二母，亦皆歸併矣，而何以仍不併乎？又字之平、仄雖分，而紐之從來無二；入聲部分雖少，而上去轉軸則同。今謂平則三十一母，仄則二十一母，以臆改創，誰其信之？其謂仄聲純用清母，似爲直截；然清濁相配，猶陰陽律呂之義，六律可該六呂，而不容盡刪六呂之名。如平聲之清濁既分，則四聲依轉，自可從流溯源，如葉從枝，枝從幹，不可以平聲而廢仄也。所論殊爲偏枯。又其每韻所收古字，多沿篆籀之體，雖其例剏自《集韻》，然亦不怪僻至此。登嘗作《摭古遺文》，捃摭麤襍，加以杜撰。以爲字書尚不可，以爲韻書，益以僨矣！其難字直音，尤爲舛

漏，如佟音同、偵音稱之類，皆粂襍方言，豈可以注韻書乎？

【校記】

[1]二母，浙本作"四母"。

【附錄】

《浙江採集遺書總錄》

書文音義便考三冊、附難字直音一卷（刊本）

右前人撰。併韻爲七十五部，刪字母爲三十一母，其《例》論云"字學有三：一曰文欲，點畫不乖；二曰音欲，所呼不謬；三曰義欲，訓釋有據"，三者類非吾疎讅所能也，勉自考索因成此編。（頁365）

併音連聲字學集要四卷　浙江巡撫採進本

不著撰人名氏。明萬曆二年，會稽陶承學得此書於吳中，屬其同邑毛曾刪除繁冗，以成是編。承學自爲之序，其書併上下平爲二十二部，以上、去、入三聲分隸平聲之下，併署爲箋釋字義。前列《切字要法》，刪去羣、疑、透、牀、禪、知、徹、孃、邪、非、微、匣十二母，又增入勤、逸、嘆三母。蓋以勤當羣，以逸當疑，以嘆當透，而省併其九母，又無說以申明之，殊爲師心自用。承學《序》乃疑爲徐鍇《說文韻譜》與李燾《說文五音譜》[1]。作者、刪者與刻者均可謂漫無考證矣。

【校記】

[1]疑爲，浙本作"擬爲"。

【附錄】

《浙江採集遺書總錄》

併音連聲字學集要四卷（刊本）

右明越州毛曾輯。亦以四聲之字貫穿相屬，仍取前人音釋注焉，乃因宋李巽岩所輯韻書而重定之者。（頁370）

交泰韻一卷　左都御史張若溎家藏本

明呂坤撰。坤有《四禮疑》，已著錄。是編乃所立切韻簡要之法。僅有序文、凡例、總目，而未及成書。然書之體要，則已具括于是。其法：於平聲之字各以陰陽相切，如同字舊用徒紅切，通字舊用他紅切，坤則以爲他、紅二字仍切同字，不切通字，改通字爲他翁切；又上、去二聲，各以本聲爲母，如寵字用楚龍切[1]、送字用素瓮切之類；平、入二聲，則互相爲母，如空字用酷翁切、酷字用空屋切之類。其交泰韻之名，卽以平入互爲終始之義也。

蓋因古來合聲之法更加以辨別，故不用字母攝法。而於字母攝法相輔而不相礙。其論定首領一條謂："東、董、凍、篤何等明白，乃舊譜相沿，領韻則以東、董、送、屋，領聲則以公、孔、貢、穀，殊爲淆亂。"其說亦極中理[2]。惟其分部純用河南土音，併鹽於先，併侵於眞，併覃於山，支、微、齊、佳、灰五部俱割裂分隸，則太趨簡易。於無入之部，强配入聲，復以强配之入聲轉而離合平聲之字，則太涉糾纏，未免變亂古法，不足立訓矣。

【校記】

[1]楚龍切，浙本作"楚隴切"。

[2]中理，浙本作"有理"。

音聲紀元六卷　通行本

明吳繼仕撰。繼仕有《六經圖》，已著錄。是書大旨以沈約以來諸韻書但論四聲、七音，而不以律呂風氣爲本，未爲盡善，惟邵子《皇極經世書》、李文利《律呂元聲》爲能窮天地之原而正律呂之誤，於是根據二家，作爲此書。綜以五音，合以八風，加以十二律，應以二十四氣。有圖有表，有論有述，而以風雅十二詩附焉。

然所見未精，得失參半。如八風之配八卦，本之服虔《左傳註》。十二律之配十二支，八風之分爲十二風，以及十二支、十二律之配二十四氣，本之鄭康成《周禮註》，其說尚有根據。至於黃鍾律長九寸，歷代相傳，初無異說。惟李文利獨據《呂氏春秋》謂黃鍾之長三寸九分，而以司馬遷九寸之說爲誤。又卽其三寸九分之說推之，以爲黃鍾極清，而以宮聲極濁之說爲誤。單文孤證，乖謬難憑。而此書獨以之爲本，遂致宮羽舛錯，清濁逆施。以是審音，未睹其可。又論與表自相矛盾，亦爲例不純。他如以風雅十二詩譜爲傳自漢儒，以《禮部韻》爲毛晃作，以《平水韻》

爲《韻會》，以《禮部韻畧》爲《唐韻》，又云是今所傳詩韻。失於考據之處，不一而足，更不必論矣。

【附錄】

《浙江採集遺書總錄》

音聲紀元六卷（刊本）

右明徽州吳繼仕撰，專審音聲，以闡六書之元，大要以律統音，以音叶韻，蓋皆出于心悟者。（頁372）

字學元元十卷　內府藏本

明袁子讓撰。子讓字仔肩，郴州人。萬曆辛丑進士，官至眉州知州[1]。是編因劉鑑《切韻指南》所載音和、類隔二十門，出切、行韻，參差不一，其取字有憑切者，有憑韻者，學者多所轇轕，因爲疏明，使有條理。又廣《等子門法》爲四十八類，較《玉鑰匙》、《貫珠集》諸書頗爲分明。名曰"元元"，蓋取班固"元元本本"語也。然惟憑脣吻，未見古書。至謂《禮部韻畧》爲陸明德作，故分元、魂爲二，而合東、冬、清、青爲一。又忽論七音，忽論六書，體例糅襍，茫無端緒。所論六書，亦純以臆測，不考許、顧以來之舊義。所謂聰明過於學問者，其子讓之謂乎！

【校記】

[1]官至眉州知州，浙本作"官眉州知州"。

韻表無卷數　浙江鮑士恭家藏本

明葉秉敬撰。秉敬有《字孿》，已著錄。是編凡《韻表》三十，又《聲表》三十。其《韻表》用劉淵舊部，而以東、冬、江、陽、魚、虞、佳、灰、支、微、齊、寒、刪、先、蕭、肴、豪、歌、麻、尤二十部爲居中開口音，謂之中韻；以庚、青、蒸三部爲向內開口音，謂之內韻；以眞、文、元三部爲向外開口音，謂之外韻；以侵、覃、鹽、咸四部爲向外合口音，謂之合韻。故顚倒其次序，不與舊同。其《聲表》於三十六字母中刪除知、徹、澄、孃、敷、疑六母，僅存三十。

其法以輕清爲陰，重濁爲陽；以齶、舌、脣、齒、喉、半舌、半齒七音爲經，以納口、出口、半出口三陰聲、半出口、出口、半納口三陽聲爲緯。改舊譜四等爲二等，而以粗大、細尖、圓滿、圓尖分庚干、經堅、觥官、肩涓四紐爲四派祖宗，以筦攝之。又以眞、文、元諸部向外之韻非四祖宗所能統，又於庚干派中附以根干一派，經堅派中附以巾堅一派，觥官派中附以昆官一派，肩涓派中附以君涓一派。其用法不爲不密，然亦自爲葉氏之法而已，乃自云"聖人復起，不易吾言"，談何容易乎！舊稱無入，十三部分配入聲自章黼始，然考黼《韻學集成》皆仍舊譜，其以意分配實始自秉敬此書，說者誤以爲黼也。

【附錄】

《浙江採集遺書總錄》

韻表三十卷（刊本）

右明西安葉秉敬撰。取四聲之字聯屬爲表，而以見、溪、羣、疑等字母分標其上，每表各有辨證，仍列聲表三十韻於後，以相爲經緯，其首列《法門》一卷，則自述其檢尋之法也。（頁371）

音韻日月燈七十卷　　河南巡撫採進本

明呂維祺撰。維祺有《四禮約言》，已著錄。是書凡《韻母》五卷，《同文鐸》三十卷，《韻鑰》三十五卷。其說譏沈約知縱有四聲而不知衡有七音，司馬光知衡有七音而不知縱有四等，故作此三書以正其謬。總名《音韻日月燈》，象三光也。亦名《正韻通》，以遵用《洪武正韻》及《續刊洪武通韻》二書也。

其《韻母》以一百六韻爲經，以三十六母四等爲緯，而以開口合口標於部上，獨音、衆音註於字旁。其《同文鐸》舉一百六部之字，以三十六母易其先後，大致本之《韻會》，而註則稍減。蓋《通韻》卽孫吾與《韻會定正》之改名也。所註古韻通轉，則吳棫《韻補》之緒餘耳。其《韻鑰》則仍以《同文鐸》所收之字，刪其細註，但互註其字共幾音幾叶，以便檢尋，故名曰"鑰"。《自序》稱《同文鐸》如編年、此如紀傳是也。維祺於等韻之學頗有所見，而今韻、古韻之源流未能深考。觀其稱古韻二百六部沈約併爲一百六部，則其他可知矣。

律古詞曲賦叶韻十二卷　　江蘇周厚堉家藏本

明程元初撰。元初字全之，歙縣人。是編成於萬曆甲寅，首有《自序》及《凡例》。大旨以古韻、律韻、詞韻、曲韻、賦韻、叶韻合爲一書。其例每部以四聲相從，而緯以三十六母，諸通轉之法，則冠於各部之首。體例冗雜，持論亦無根據。其《凡例》稱沈休文因律詩分四聲作詩韻，夫齊、梁時安有律詩，又安有詩韻乎？

【附錄】
《翁稿》
律古曲韻
謹按：《律古曲韻》十二卷，明新安程元初編。元初字全之。前有萬曆甲寅自序。其大指亦見於目錄、凡例內。每卷前題曰"律古詞曲賦叶韻統"，蓋欲使作賦、作詞、作詞曲者皆可用也。上援三百篇，而下摭平水韻，每韻以四聲遞轉，通紐共編，而以三十六母之部分標於上方。其論聲質、職、物、錫諸部，及論轉注之說，皆於韻學未見精審。且律詩與古詩雖可類及，而詞、曲之韻必不可同語，今欲彙為一書，適形其膠葛而鮮通耳。或僅存目。（頁80）

韻譜本義十卷　　江蘇巡撫採進本

明茅溱撰。溱字平甫，丹徒人。其書成於萬曆間。就世所通行韻書，每字下作一篆文，畧採《說文》原註，列於其下，故云本義。然《說文》所有之篆文，此書或取或否，皆無義例。又每韻後附以通叶，不標出典，亦茫無根據也。

韻總持三卷　　浙江汪啟淑家藏本

明朱簡撰。簡字修能，萬曆中人。其書一卷爲《古韻》。以干、葛、該等十四字標全韻，使各歸其類。又取安、千、丁等三十八字爲陰、陽平之準，分註於各類中。與陳第、顧炎武所考古韻，未嘗有一字之合，不知其何以稱"古韻"也。二卷爲《唐韻》。乃世傳《平水韻》本，以爲唐韻，尤誤。三卷爲《元韻》，卽周德清《中原音韻》也。其《前例》謂古人有上平、入、下平三聲，而無上、去，舉《詩》、《離騷》上、去之讀爲平者作證。不知此乃四聲通用，非必無上、去二音也。《釋文》一字數讀，多兼四聲，《類篇》、《集韻》亦同，簡未之詳考耳。

【附錄】

《浙江採集遺書總錄》

韻總持三冊（開萬樓寫本）

右明休寧朱簡輯。分《古韻》、《唐韻》、《元韻》三編，《古韻》自立部分，以七字爲提綱；《唐韻》據孫偭本；《元韻》據周德清本。彙而列之，欲人知古今韻部同異之由也。（頁367）

韻會小補三十卷　江蘇巡撫採進本

明方日升撰，日升，字子謙，永嘉人。萬曆間館於京山李維楨家，成此書。維楨門人周世顯令建陽時刻之[1]。《韻會》原收一萬二千六百五十二字，是書一從其舊，無所增減；惟每字考其某音爲本音，某義爲本義，其餘音義次第附後。註文多所增益，凡一字有數音者，列於前；如止有一音者，則云獨音，列於後。若字在他韻而可讀入此韻者，則云古讀，可叶入此韻者，則云古叶，亦並附於後。

其搜討頗勤，於原書之外多有援引辨正，然亦時有譌誤。如一東瞳字、犝字、矓字之類，皆引《說文》不知爲徐鉉新附字，實《說文》本書所無。又如《韻會》稯字注引《周禮》注："四秉曰筥，十筥曰稯，十稯曰秅"，不知此《儀禮·聘禮》之文。鍐字注引《後漢·輿服志》金鍐，不知《輿服志》本作鏒，音亡范切。凡此之類，多未能駁正。其他古音、古讀，舛謬尤多。顧炎武《音論》詆其勞脣吻，費簡册，有甚於前人者，亦非無故云然矣。

【校記】

[1]周世顯，浙本作"周士顯"。

【附錄】

《浙江採集遺書總錄》

韻會小補三十卷（刊本）

右明永嘉方日升輯。字數悉仍《韻會》之舊，其音義有未備者則採《說文》以下百家說補焉。（頁367）

篇韻貫珠集一卷　　兩淮馬裕家藏本

明釋眞空撰。眞空，號清泉，萬曆中京師慈仁寺僧也。是書分爲八門，編成歌訣。一曰五音篇首歌訣，二曰五音借部免疑海底金，三曰檢五音篇海捷法總目，四曰貼五音類聚四聲篇海捷法，五曰訂四聲集韻卷數並韻頭總例，六曰貼五音四聲集韻捷法總目，七曰創安玉鑰匙捷徑門法歌訣，八曰類聚襍法歌訣。大旨以《五音集韻》、《篇海》爲本，二書卷帙稍繁，門目亦碎，故立捷法檢尋之，無所發明攷證。又俗僧不知文義，而強作韻語，讀之十九不可曉，註中語助之詞亦多誤用，其難通更甚於《篇韻》也。

【校記】
《翁稿》
篇韻貫珠集附門法

謹按：《篇韻貫珠集》八卷，後又附"門法"一卷，明大慈仁寺僧眞空輯。其書分撰歌訣等門，爲查字之法。其所指定切法，與孫愐已多不合，而且字形則篆、隸互出，字音則儒、釋錯雜。又撰書効昌黎刱立四等之法，則與三十六母亦有未合者。至於所列秦八體書，尤為訛謬。然其書是繼《五音集韻》而作者，沙門之屬留心《篇韻》，本難責以精審。或附存其目而著其不合。（頁 81）

西儒耳目資無卷數　　兩江總督採進本

明金尼閣撰。金尼閣字四表，西洋人。其書作於天啟乙丑，成於丙寅。以西洋之音通中國之音。中分三譜：一曰譯引首譜；二曰列音韻譜，皆因聲以隸形；三曰列邊正譜，則因形以求聲。

其說謂元音有二十九：自鳴者五，曰了、額、依、阿、午；同鳴者二十，曰則、測、者、撦、格、克、百、魄、德、忒、日、物、弗、額、勒、麥、搦、色、石、黑；無字者四。自鳴者爲萬音之始，無字者爲中國所不用也。故惟以則、測至石、黑二十字爲"字父"。其列音分一了，二額，三依，四阿，五午，六愛，七澳，八盎，九安，十歐，十一硬，十二恩，十三鴉，十四葉，十五藥，十六魚，十七應，十八音，十九阿紀切，二十阿惑切[1]，二十一瓦，二十二五石切，二十三尾，二十四厓[2]，二十五而，二十六翁。二十七至二十九非中國所有之聲，皆標西字而無切。三十隘，三十一堯，三十二陽，三十三有，三十四烟，三十五月，三十六用，三十七雲，三十八阿蓋切，三十九無切，四十阿剛切，四十一阿于切[3]，四十二阿限切，四十三歪，四十四咸[4]，四十五王，四十六彎，四十七五庚切，四十八溫，四十九碗，五十遠，皆謂之字母。其輾轉切出之字，則曰子、曰孫、曰曾孫，皆分清、濁、上、去、入五聲。而五聲又各有甚次，與本聲爲三。大抵所謂"字父"，卽中國之字母所謂"字母"，卽中國之韻部；所謂"清濁"，卽中國之陰平、陽平；所謂"甚次"，卽中國之輕重等子。

其三合、四合、五合成音者，則西域之法，非中國韻書所有矣。考句瀆爲穀，丁寧爲鉦，見《左氏傳》；彌牟爲木，見於《檀弓》。相切成音，蓋聲氣自然之理。故《華嚴》字母，出自梵經，而其法普行於中國。後來雖小有增損，而大端終不可易。由文字異而聲氣同也。鄭樵《七音畧》稱："七音之韻出自西域，雖重百譯之遠，一字不通之處，而音義可傳。所以瞿曇之書能入諸夏；而宣尼之書不能至跋提河，聲音之道有障礙耳。"是或一說歟？歐邏巴地接西荒，故亦講於聲音之學。其國俗好語精微，凡事皆刻意研求，故體例頗涉繁碎，然亦自成一家之學。我皇上耆定成功，拓地蔥嶺，《欽定西域同文志》兼括諸體，巨細兼收。歐邏巴驗海占風，久修職貢，固應存錄是書，以備象胥之掌。惟此本殘缺頗多，《列音韻譜》惟存第一攝至十七攝，自十八攝至五十攝皆佚，已非完書，故附存其目焉。

【校記】

[1]十九阿紀切，二十阿惑切，浙本作"十九阿荅切，二十阿德切"。
[2]二十四厓，浙本作"二十四屋"。
[3]阿于切，浙本作"阿干切"。
[4]四十四咸，浙本作"四十四威"。

元韻譜五十四卷　浙江巡撫採進本

明喬中和撰。中和有《說易》，已著錄。是書以上平爲陽，下平爲陰，上聲爲陰，去聲爲陽，入聲則陰極而陽生。刪三十六母爲十有九，四重之爲七十六。去蒙音四得七十有二。而七十二母之中又析之爲柔律、柔呂、剛律、剛呂。又據律法十二宮分十有二佸，以佸統母，以母統各韻之字。凡始英終穀，五十有四韻。條分縷析，似乎窮極要眇，而實則純用俗音，沈、陸以來之舊法蕩然俱盡。如以東、佟併入英韻，岑、林併入寅韻之類，雖《洪武正韻》之合併[1]，尚未至是也。

【校記】

[1] 合併，浙本作"乖謬"。

【附錄】

《浙江採集遺書總錄》

元韻譜五十四卷（刊本）

右明内邱喬中和輯，有同邑崔數仭實叅訂之書，頗浩衍約，其大旨則增四聲爲五聲也，合衆韻爲十二也，分十二爲則柔律呂也，列剛柔律呂以七音也，析七音清濁之響而各立以字母也，皆崔《序》也。（頁373）

皇極圖韻一卷　　江西巡撫採進本

明陳藎謨撰。藎謨字獻可，嘉興人，黃道周之門人也。是書本邵子《皇極經世》聲音倡和之說而推衍之，專以經緯子母之說，實即邵子之言陰陽、剛柔也。其說以爲天數九，地數十二。平、上、去、入爲四聲，每聲各有闢闢闢、翕翕翕、闢之翕、翕之闢四等。每等九聲，得三十六聲，則四天九也。開、發、收、閉爲四音，每音有純清、次清、純濁、次濁四等，每等十二音，共得四十八音，則四地十二也。又推其數合於九宮、八卦、九疇，雖理有相通，然聲氣之原實不在於是也。

元音統韻二十八卷　　浙江巡撫採進本

明陳藎臣撰[1]，其門人胡邵瑛增修。凡《通釋》二卷，《類音》六卷，《統韻》十卷，《古韻疏》二卷，《唐韻疏》二卷，共二十二卷。其後六卷爲《字彙補》，則國朝吳任臣所撰，范廷瑚補入者也。其《通釋》詳論七音三十六母，本邵子《皇極經世》天聲地音之法，推爲《四聲經緯圖》，以標舉條貫。其《類音》取梅膺祚《字彙》諸部，刪其訓釋而各註以韻部音紐，以便檢核。其《統韻》平、上、去三聲各分三十六部，入聲分二十部，每部之字各以三十六母爲序。其部母改用一弓、二枑[2]、三卣、四居之屬，分合易置，全改《廣韻》以來之舊。其《古韻疏》用吳棫叶音之說，實非古韻。《唐韻疏》用近韻一東、二冬、三江之部，而以字母顛倒之，亦非唐韻。蓋於辨別等韻或偶有所得，而於音學源流，則未之有考也。其《字彙補》六卷，多收俗字，未爲精核。既附此書以見，今亦不別著錄焉。

【校記】
[1] 陳藎臣，浙本作"陳藎謨"。
[2] 二柸，浙本作"二柸"。

【附錄】
《浙江採集遺書總錄》
元音統韻二十八卷（刊本）
右明嘉興陳藎謨撰。遠本皇極經世之說而推衍之，以闡聲音字韻之元，凡分五種：曰《通釋》、曰《類音》、曰《統韻》、曰《古韻疏》、曰《唐韻疏》，共二十二卷，後六卷乃吳任臣所纂《字彙補》，其義例曰《補字》、曰《補音義》、曰《較訛》，專以補正梅氏之失，康熙間范廷瑚合二書，序而刊之。（頁373）

青郊襍著一卷、文韻考衷六聲會編十二卷　湖南巡撫採進本

明桑紹良撰。紹良字遂叔，零陵人。是編前列《青郊襍著》一卷，發凡起例，併舊韻爲東、江、侵、覃、庚、陽、眞、元、歌、麻、遮、皆、灰、支、模、魚、尤、蕭十八部，又以重、次重、輕、次輕分爲四科，以喉、舌、齶、齒、脣分爲五位，以啟、承、進、止、衍分爲五品，以浮平、沉平、上仄、去仄、淺入、深入分爲六聲，以國、開、王、向、德、天、乃、資、禎、昌、仁、壽、增、千、歲、苞、盤、民、弗、忘分爲二十母，又衍爲三十母、七十二母之說。皆支離破碎，憑臆而談。觀其尊蘭廷秀《韻署易通》，而詆徐鉉兄弟爲《說文》之蟊賊，韓道昭父子爲《集韻》之蟲蠹，既是非顛例，輕肆譏彈。又稱《廣韻》每聲分五十餘部，《唐韻》約爲三十，則於韻書沿革尚未詳考矣。

古叶讀五卷　通行本

明龔黃撰。黃爵里無考。是書考究古韻，自屈原《離騷》及漢、晉

以後詞賦，皆徵引衆證，而大抵以吳棫《韻補》爲指歸。其紕繆在於根柢，其餘不必深詰矣。

詩音辨畧二卷　編修汪如藻家藏本

明楊貞一撰。貞一字孟公，新都人。是書以朱子《毛詩》叶韻未爲盡善，因取吳棫《韻補》、熊忠《韻會舉要》之說，叅攷成書。其實皆以《洪武正韻》爲準，於音韻源流，未能博考。

重訂馬氏等音外集一卷、內集一卷　江蘇巡撫採進本

此本爲康熙戊子宣城梅建所刊，內自稱"槃什馬氏自援"。建《序》惟稱得自霑益州明經張聖功，亦不知自援何許人。今考其書，引梅膺祚《字彙》，則當在明末。又自稱籍本秦而生於滇，則雲南人。得自霑益，蓋其鄉里也。又稱所學得自江右楊夫子、嘉興李夫子，不著名字，則莫知爲誰矣。

其書自立新意，併三十六母爲見、溪、疑、端、透、泥、邦、滂、明、精、淸、心、照、穿、審、曉、影、非、微、來、日二十一母，而緯以光、官、公、裩、囗、乖、囗、規、戈、國、孤、骨、瓜十三韻。以舊譜四聲爲未備，增爲五聲：曰平、上、去、入、全。又謂舊譜有無入之韻，皆爲錯誤，立借入之法以通之。其刪併字母，卽蘭廷秀《韻畧易通》括以《早梅詩》之說也。其四聲外增一全聲，卽周德淸《中原音韻》陰平、陽平之說也。其借用入聲，卽葉秉敬《韻表》之說也。其末附《傳響射字法》矜爲神妙者，卽宋趙與時《賓退錄》"擊鼓射字"法也。而實皆未見諸書。檢所引證[1]，不過據《洪武正韻》及《字彙》韻法橫直二圖，私心揣測，以成是編。其中惟平分陰陽稍合古法。米芾《畫史》嘗明此義，而晉李登《聲類》以宮、商、角、徵、羽各爲一篇，當卽其源。然以全聲列入聲後，如通、桶、痛、突、同、灘、坦、炭、宊、壇，則究非先發後歛之序。總之，一知半解，自生妄見而已矣。

【校記】

[1] "檢所引證"前，浙本有"觀其謂《禮部韻》爲沈約作，其陋可想"。

【附録】

《翁稿》

重訂馬氏等音外集、内集

謹按：《重訂馬氏等音》，外集、内集，國朝梅建重訂馬自援之書也。其删三十六母爲二十一母，不爲無見。而論入聲有本聲、有借聲之說，獨爲得之。至於疏晰上、下平韻，則誤以清、濁爲上下。其分陰陽近似，而涉瑣碎。至於平、上、去入之外，又增出"全聲"一門，則誤認陰陽、清濁之義而變爲支離之說，從來未之前聞也。或竟不必存目，或存目而著其妄。（頁81）

古韻通八卷　兩淮馬裕家藏本

國朝柴紹炳撰。紹炳字虎臣，仁和人。其書大旨即今韻部分立三法，以求古韻之通。一曰全通，東、冬、江之類是也。二曰半通，元入寒、删、先、魂、痕入眞、文之類是也。三曰旁通，則俗所謂叶韻是也。分平、上、去爲十一部，分入聲爲七部。其引據甚繁，其攷證亦甚辨。然今韻以今音讀之，則一部之内字字相諧。如以古音讀之，則字字各歸本音，難復齊以今部。如支部之"儀"字古實音俄，齊部之"西"字古實音先，槩曰支與齊通，實已使俄與先叶[1]，則紹炳所謂全通半通者，與古韻皆不免牴牾。又今韻固與古殊，古韻亦自與古别，如東、冬、江自爲部，至漢而東已通陽；魚、虞、尤自爲部，至魏、晉而虞兼通灰。輾轉漸移，各隨時代。紹炳乃上薄風雅，下迄晉宋，凡未定四聲以前，總名之曰"古韻"，襍然並編。此讀甫諧，彼音已礙。條例益廣，蹊徑滋繁。所謂"旁通"者，淆亂古音尤甚。至於以許敬宗之所定指爲忱約，以陳彭年之所音指爲孫愐，又其小節矣。

【校記】

[1] 實，浙本作"是"。

古韻叶音六卷　陝西巡撫採進本

國朝楊慶撰。慶字憲伯，秦州人。前明諸生。是書首爲《類從》，註部分之通轉；次爲《審音》，列每部相叶之字；次爲《集引》，則襍采古書以證之。其《凡例》稱《類從》仿之焦弱侯、陳季立、吳才老、周伯溫。不知四家之中，惟焦竑、陳第其論相合，餘則南轅北轍。慶合而一之，自不得不棼如亂絲。又分上平東至山二十三部，下平仙至嚴二十三部，上聲董至范四十四部，去聲送至梵四十八部，入聲屋至乏二十六部，共一百六十四部，與《廣韻》之二百六部、壬子《禮部韻略》之一百七部俱不相符，亦不知其所據也。

佐同錄五卷　陝西巡撫採進本

國朝楊慶撰。是編據其《自序》當有四集，共百餘卷。此本題曰"潛齋更刪補釋佐同錄類要集"。冠以《五音圖》；次爲《更刪補釋舉要》，則皆論六書偏旁，欲改隸從篆；次爲《釋略》；次爲發例；次爲《俚嚋》，體例龐襍，無自尋其端緒；次乃爲《新定等韻》考原等子舊法。

自"果"字至"流"字十六攝，分開口爲二十四，有通、廣、狹、侷、內、外六門，各有四聲。每等分四層，秩然不紊。慶則統以"如是觀"三字，分爲前後六攝。其字母敷、奉二字，改爲凡、弦二字。凡敷母諸字歸之非母，而以奉母諸字收入凡母。弦母下止收弦、威、魂、篕、碗、汪、盦七字。至《分韻輯呼合圖》，共分四十三轉：前二十八轉皆平、上、去三聲；後十五轉，皆入聲。未免好事新奇，轉滋淆亂[1]。蓋有志於小學，而既無師授，又未多見古書，徒率臆以爲之者也。

【校記】
[1]轉滋淆亂，浙本作"反滋淆亂"。

聲韻叢說一卷、韻問一卷　浙江巡撫採進本

國朝毛先舒撰。先舒字稚黃，一名驥，字馳黃，仁和人。是編襍論三百篇及古來有韻之文，凡四十條。所見略與柴紹炳《古韻通》同。其《韻問》一卷，則設爲問答，以自暢其說也。

韻學通指一卷　浙江汪汝瑮家藏本

國朝毛先舒撰。是編與柴紹炳《古韻通》、沈謙《詞韻》同時而出。三人本相友善，故兼舉二家之說，其得失離合亦略相等。如謂"風"字可以入侵韻，非東韻之字"全"可入侵，"舒"字可以入支韻，非魚韻之

字全可入支，謂古韻之差等有三，今韻之差等有四。

　　所見皆視前人爲确，惟所稱沈約韻、孫愐韻及唐人韻入聲表、孫愐二百六部、唐人一百七部之說，則多無依據，以意爲之。夫沈約四聲久佚，不必言矣語詳《韻經》條下。孫愐《唐韻》，惟《廣韻》之首僅存其《序》。徐鉉校正《說文》，僅存其反切。書則久佚，又安得以宋人韻目爲司法本書。且二百六部之分，據其末則陳彭年等之書，有《廣韻》可考。原其初，則沈約之舊，有約集諸詩賦可考。孫愐但增加其字，補綴其註，並無分部之說。忽舉而歸之於愐，古無典記也。

　　至其同用、獨用之註，在唐則許敬宗所定，見封演《見聞記》；在宋則賈昌朝移併窄韻十三部，見《東齋記事》，亦見《玉海》。自昌朝以前，無一百七部之說也。又唐人程試則用官韻，自爲詠歌則多用私韻，如東與冬、鍾爲二部，官韻也；其他如孟浩然《田家元日》詩、杜甫《雨晴》詩、魏兼恕《送張兵曹起營田》詩之類，皆近體律詩，以東、冬、鍾通押，則私韻也。蕭、宵、肴、豪爲三部，官韻也；李商隱《送從翁赴東川尚書幕》詩之類，亦五言長律，以蕭、宵、肴、豪通押，則私韻也。"畫"字在卦部，官韻也，李商隱《無題詩》與衩同押；婦字在有部，官韻也，白居易《琵琶行》與故同押；亦皆私韻也。是其時自程試以外，韻原不一，安有所謂徧考唐人無不合於一百七韻者哉？尤可異者，上下平聲五十七部，有入者三十四，無入者二十三，自唐以來，絕無異說。至明葉秉敬作《韻表》，始以後世方音割裂分配，使部部有入。先舒祖其說，而小損益之，乃標曰"唐人韻入聲表"，則不但考之不詳，併依託古人，如郭正域之沈約《韻經》矣。

【附錄】

《浙江採集遺書總錄》
　　韻學通指一冊（刊本）
　　右國朝錢塘毛先舒撰。皆論韻之言，前列《四聲表》、《釋七聲》、《畧例十九》、《韻說》等件，又有《韻問》六篇、《聲音縠說》四十六則、《雜辨聲曲》七篇合爲一帙。（頁376）

韻白一卷　浙江汪汝瑮家藏本

　　國朝毛先舒撰。皆雜論古韻、今韻、詞韻、曲韻，蓋其《韻學通指》

之緒餘也。其中"駁古詩三聲相通"一條，最爲失考。古無四聲，聲近者即可諧讀，諸書不一而足。即以習見者而論，古詩《上山採蘼蕪》一首，素、餘同押。劉琨《握中有元璧》一首，膠、叟並用。豈亦未檢耶？駁蘇軾《屈原廟賦》，謂東部本不與陽合。此拘於三百篇之例。不知《易·象傳》固"中"諧"當"，《老子》固"盲"諧"聾"也。又謂宋人塡詞韻，始江與陽合，是又泥魏晉以前之例。不知沈演之《嘉禾頌》、徐陵《鴛鴦賦》，江已通陽久矣。大抵審定今韻之功多，而考證古書之力少，故往往知其一不知其二焉。

韻統圖說無卷數　兩江總督採進本

國朝耿人龍撰。人龍字書升，號岵雲，江陰人。是書於三十六母刪知、徹、澄、娘、敷、微六母，定爲三十位。以呼、呵、嘻、噓四聲分配宮、商、角、羽。一聲之中，兼攝平、上、去、入，而又分清紐、濁紐，別爲十二，通析爲四十八韻。又於十二通之中，別爲三轉。其圖有橫直二母，以直母統三十位，橫母統四十八韻，故名"韻統"。

其苦思密審，亦竭一生之力。然千古之音，隨時而異；一時之音，隨地而異；一地之音，隨人而異；一人之音，隨年而異，一父之子，宜其音同；當其隔垣而語，相習者能別爲某某，其必有不同者在矣。況乎古今之遠，南北之遙，而欲同以一人之脣吻哉[1]？故周公以聖人之才行天子之事，而《周禮》"保氏以六書教國子"，"小史掌達書名於四方"，皆以同天下之文，而不能同天下之音。三百篇中，今有不能得其韻者，非本無韻，韻不同也。歷代韻書，大抵守其大綱以存古，通其小節以隨時。以漸而變，莫知其然，未有能毅然決裂，盡改前代舊法者。知聲音萬變，不可以一人之私意定也。人龍乃欲以一人之口吻，強天下萬世而從我。其自謂窮極精妙者，以叩他人則扞格矣，豈能行之事乎？

其不用見、溪、羣、疑等字爲字母，而以一英軒、二英烟至三十焚煩爲聲母，不過改頭換面，其用實同。其所論反切之法，以爲切密於反，切可通反，而反不可通切。反爲翻讀，其途易泛。切爲疾讀，其用尤的。不知自孫炎以來，但稱某字某反，唐人諱反，乃皆稱切，唐元度《九經字樣》具有明文。其後乃兼稱反切，不必穿鑿字義，橫生分別。其謂徵音不立專部，寄之角部轉音唏韻之中，而宮、商各部，皆雜入正徵、變徵諸音，此即徵音爲事，散見於君臣民物之理，亦殊爲附會。至論今韻無入十三部，古皆有入，今韻有入之部古皆無入，此卽回互通轉之所由生。則又故示顚倒，冀聾俗聽者矣。

【校記】

[1]"一父之子"至"而欲同以一人之脣吻哉"，浙本無。

韻叢一卷　江蘇巡撫採進本

國朝徐世溥撰。世溥有《夏小正解》，已著錄。此其所著韻書。前有《自序》，其所謂華嚴字母如曲澗泉行，諸韻遞及如九歷重階，四聲順次如司天刻漏，經世交切如機中織錦。後復爲圖以釋之，所見未嘗不合。至其論韻，則以《洪武正韻》爲主，而於《廣韻》似未寓目者。第執今所行《平水韻》以上下古今之韻學，陋矣。又欲於三十六母影、喻之外，增以烏、汪等母，與其辨上、下平之說，大抵皆師心自用之學也。

【附錄】

《翁稿》

韻叢

謹按：《韻叢》一卷，國朝徐世溥撰。世溥字巨源，新建人。著《榆豀集》。此其所著韻書。前有自序，其所謂"華嚴字母如曲澗泉行"，"諸韻遞及如九歷重階"，"四聲順次如司天刻漏"，"經世交切如機中織錦"，後復爲圖以釋之。四語所見未嘗不合，至其論韻則以《洪武正韻》爲主，而於《廣韻》竟似未寓目者。第執今所行《平水韻》以上下古今之韻學，陋矣。又欲於三十六母影、喻之外，增以烏、汪等母，與其辨上、下平之說，徒爲多事耳。或存其目。（頁82）

詩韻更定五卷　內府藏本

國朝吳國縉編。國縉字玉林，全椒人。順治壬辰進士。韻書之作，所以辨別聲音，不專爲詩而設，流俗名曰"詩韻"，莫知所本。毛奇齡《古今通韻》，以爲詩韻者試韻之訛，然唐、宋以來並無試韻之名，奇齡不免於臆說。考吳澄《支言集》，有張壽翁《事韻擷英序》曰："荊國、東坡、山谷始以用韻奇險爲工。蓋其胸中蟠萬卷書，隨取隨有。倘記覽之博不及前賢，則不能免於檢閱，於是乎有詩韻等書。然其中徃徃陳腐，用之不能起人意"云云。然則其始以《韻府》之類便於作詩押用,遂謂之"詩韻"。其後但收韻字,不載詞藻者,亦遂沿用其名耳。

國縉此本,以"詩韻"爲名,已失於不考。又每部之字分一選、二選、三選、汰字四類,大抵以最熟易押者爲上選,稍難用者次之,不常用者則汰除。如一東汰"潼"字,二冬汰"淞"字,是併"臨潼"、"吳淞"亦爲僻字禁用也。其詩當作何等語耶?

聲韻源流考無卷數　浙江巡撫採進本

國朝萬斯同撰。斯同有《廟制圖考》,已著錄。其作此編,蓋欲詳考聲韻之沿革。首列歷代韻書之可考者,次列歷代韻書之無考者,而採摭其序文、凡例、目錄,以存梗概。

上起魏李登《聲類》,下迄國朝顧炎武、毛奇齡、邵長蘅之書,無不採錄。而草創未終,畧無端緒,匡廓粗具,挂漏宏多。如首列李登、呂靜、周顒[1]、沈約、蕭該、陽休之、陸法言、唐元宗、孫愐、顏元孫、顏真卿、李丹、李涪、徐鍇、陳彭年、丁度、吳棫、毛晃、劉淵、周德清、韓道昭、黃公紹、陰時夫、宋濂、孫吾與[2]、楊臨案《韻學集成》著者章黼,此作楊黼,誤。[3]張之象、潘恩之書,已爲不備。而李涪《刊誤》,不過偶論韻一條,並非韻書,尤爲循名失實。

續列歷代韻書總目,自周研至張貴謨,凡三十二家,皆宋以前人,註云"已見前篇者不錄"。然其中有名可考者,如唐僧智猷《辨體加字切韻》五卷見於《唐志》、《宋志》,宋僧《鑒聿韻總》五篇見於歐陽修集,皆前篇所遺,竟漏不載。又載李啟《聲類》十卷,註曰"魏校書令"。隋、唐二《志》俱無,不知斯同何所本。殆輾轉稗販,誤左校令爲校書令,誤李登爲李啟,而未能考正耶?

所列諸韻目錄,僅《廣韻》、《平水韻》、《韻會》、《正韻》、《韻經》五家,其他卽姑勿論。《廣韻》繁簡二本,有殷、文各獨用,欣、文同用之分,《集韻》與《唐韻》有改併窄韻十二部之別。乃韻書沿革之大者,亦竟遺之。至於論古韻,則吳棫、陳第、顧炎武、毛奇齡、邵長蘅諸說,南轅北轍,互相攻擊,而並全錄其文,無一字之考訂。知爲襍抄之本,不過儲著書之材,而尙未能著書。後人以其名重,遂錄傳之,故觸處罅漏如是也。

【校記】

[1]周顒,浙本作"周容"。

［2］"宋濂"與"孫吾與"之間，浙本有案語"此書樂韶鳳爲首，其序則濂，殊誤"。

［3］誤，浙本作"亦誤"。

【附録】

《浙江採集遺書總録》

聲韻源流考二册（寫本）

右國朝葛斯同輯。首述魏晉以來各家著論音學之見，于列史志者加案其下，次列宋《廣韻》、《禮部韻畧》、元《韻會》以迄近代諸家所撰聲韻等編，各舉其書中要領條件與辨証得失之語而彙次焉。（頁375）

諧聲品字箋無卷數　內府藏本

國朝虞德升撰。德升字聞子，錢塘人。其書以字韻之學向來每分爲二，不相統攝，因取六書諧聲之義品列字數。其法總五十七聲，分三十九字，合九十六音，共千六百母，而六萬有奇之字畢歸之，使學者可因聲以檢字。蓋本其父咸熙草創之本，而復爲續成之者也。不知諧聲僅六書之一，不能綜括其全。故自來字書、韻書，截然兩途，德升必強合而一之，其破碎支離，固亦宜矣。

類音八卷　編修汪如藻家藏本

國朝潘耒撰。耒字次耕，號稼堂，吳江人。康熙己未召試博學鴻詞，授翰林院檢討。耒受業於顧炎武。炎武韻學欲復古人之遺[1]，耒之韻學則務窮後世之變。其法增三十六母爲五十母，每母之字橫播爲開口、齊齒、合口、撮口四呼。四呼之字各縱轉爲平、上、去、入四聲。四聲之中各以四呼分之。惟入聲十類，餘三聲皆三十四類。凡有字之類二十二，有聲無字之類二。以有字者排爲韻譜，平聲得四十九部，上聲得三十四部，去聲得三十八部，入聲得二十六部，共爲一百四十七部。

蓋因等韻之法，而又推求以己意，於古不必合，於今不必可施用，亦獨成一家之言而已。李光地《榕村語録》曰："潘次耕若肯將其師所著《音學五書》撮總纂訂，令其精當，豈不大快。却自出意見，欲駕亭林之上，反成破綻。以自己土音影響意揣，便欲武斷從來相傳之緒言，豈可乎？"是亦此書之定評也。

【校記】

［1］炎武韻學，浙本作"炎武之韻學"。

韻學要指十一卷　浙江巡撫採進本

國朝毛奇齡撰。奇齡有《仲氏易》，已著錄。先是，奇齡撰《古今通韻》十二卷，進呈御覽，久經刊板單行。因其卷帙繁重，乃檃括其議論之尤要者，以爲此書。李天馥序之。然較《通韻》特削去各部所收之字，而存其條例及考證耳。意在簡徑易明，而韻字不存，等於有斷而無案，欲究其說，彌費檢閱。編《西河合集》者，廢《通韻》而存此書，非其韻學之全矣。

韻雅五卷　兩淮馬裕家藏本

國朝施何牧撰。何牧，蘇州人。康熙乙丑進士。其書仍用劉淵之部分，以收字必從經典，故以"雅"爲名。所載古通，不甚謬誤，而引據皆非其根柢。其裦論十條，則語多影射[1]，至謂元之取士不以詩而以曲，無稽殊甚[2]。又末附《識餘》數十條，每韻下裦采故事，掛一漏萬，似乎欲爲韻府而不成者，益無體例矣。

【校記】

［1］影射，浙本作"影響"。
［2］殊甚，浙本作"實甚"。

古音正義一卷　江西巡撫採進本

國朝熊士伯撰。士伯字西牧，南昌人。官廣昌縣教諭。是書成於康熙丙子，又重訂於戊寅。板心書首皆題"卷一"，似乎尚有別卷，而核其目錄，已首尾完具，且附錄三篇亦在焉，則刊板誤也。

是書所論大抵以《說文》諧聲爲古音之原，以後世方言爲古音之轉，而以等韻經緯於其間。言之似乎成理，而其實不然。夫韻始諧聲，其來古矣。然許愼《說文》主於解字，不主於辨聲。所謂某字某聲，不過約畧近似。如䘒，今音"雙顚切"[1]，而云"讀若寧"，寧、年雙聲之轉也。虡，今音"渠焉切"，而云"讀若矜"，矜、鰥古字之通也。此本不可據以定韻。

　　且以今韻、古韻互相紊考，其間有可解者，有不可解者。如"江"、"杠"，工聲，此諧聲之字已變，而所諧之字未變者也。"鬪"龜聲，"波"皮聲，此諧聲之字未變，而所諧之字已變者也龜古音邱，皮古音婆。"儀"、"議"，義聲，此諧聲之字與所諧之字俱變者也義、儀、議，古並音俄。"祖"且聲，"姐"亦且聲，此諧聲之字與所諧之字俱半變、半不變者也且字入虞韻，又入馬韻。諸、渚，者聲，奢亦者聲，此所諧之字全變，而諧聲之字半變、半不變者也者古音主，今讀諸、渚[2]，諧此聲，而奢字則入麻韻。風、鳳，凡聲，汎亦凡聲，此所諧之字不變而諧聲之字半變、半不變者也。皆與今說古韻者絕不相異。又如楷、佫聲，讀若皓，此蕭、肴、豪、尤之通用也。魔、麻聲，此歌、麻之通用也。哇，圭聲，讀若醫，此支、佳、齊之通用也。魂，云聲，此文、元之通用也。茜，西聲；移，多聲：此古今音別一字之通用者也西古音先，多古音夷。槐，鬼聲；遺，貴聲：此古無平仄三聲之通用者也。亦與今說古韻者絕不相異。凡此可以解者，何必待《說文》諧聲而後知。

　　若夫"衮"，公聲；"輅、賂、路"，各聲；"訐"，干聲；"莙"，君聲；而云"讀若威"；"摯"，執聲，而云"讀若晉"：此已難解。至於"熊"為炎省聲，"旬"為勻省聲，"杏"為可省聲，更茫不知其所云。甚至如"革"、"椑"，卑聲，"卑"又甲聲，則"革"、"椑"皆當讀若甲。"甤"，需聲，"需"又而聲，則"甤"當讀若而甤，羊豆切，去而音絕遠。更輾轉至於不可通。凡此不可解者，或為傳寫訛誤，或為漢時方音，均不可知，又豈可據以定古音哉？況經典初皆古文，許慎所說乃小篆。字體轉變，或相同，或不相同。如"慎"，眞聲，而古文作眘；"津"，聿聲，而古文作𣸁；"續"，賣聲，而古文作賡；"虹"，工聲，而古文作𧑃；"囿"，有聲，而古文作𡇞：皆無可諧之聲。即《說文》所載已不可枚舉，而欲據小篆偏旁以究三代之音，其亦左矣。

　　至方言則脣吻之間隨時漸變，亦隨地頓殊。其時同者，其地未必同。劉熙《釋名》所載天坦、天顯之別，五方異呼之證也。其地同者其時又未必同。《左傳》稱楚謂乳"穀"[3]，謂虎曰"於菟"，《穀梁傳》稱吳謂善"伊"，謂稻曰"緩"，狄謂貴泉曰"失台"。今驗諸土俗，皆無一合。是古今異語之證也。偶執其一字、二字援以為證，則曾慥《類說》載眞宗時閩人作賦，以"何"、"高"相叶，嶺南人作詩，以先、添並押者，亦將曰宋韻如是乎？

若夫等韻之辨，尤似是而非。考《隋書·經籍志》曰："自後漢佛法行於中國，又得西域書，能以十四字貫一切音，文省而義廣，謂之婆羅門書，與八體六文之義殊別。"是等韻久入中國，而審音者弗之用，唐以前無取以定韻者。自宋以後，其說漸行，乃以字母入韻書。實因韻而分等，非因等而定韻。古書所載，源委甚明。以等韻核今韻，已言人人殊，至以等韻定古韻，益本末倒置，全迷端緒矣。乃詆陳第《古音考》，不知等韻，是猶怪斷漢獄者不能引唐律也。大抵三代去今數千年，當日音聲但可以據經典有韻之文約其大畧，猶之考地理者，可以據名山大川知某省當為古冀州，某省當為古揚州耳。必以今之州縣村堡犬牙相錯之處定古某州之疆界，則萬無是事矣。故士伯此書，引証愈博，辨駁愈巧，而不合於古法乃愈甚。總由於不揣其本故也。至謂經典皆北人所作，即屈宋亦北學於中國，是以古無入聲，如周德清之《中原音韻》攤入三聲，則益為臆斷之談矣。

【校記】

[1]雙顛切，浙本作"奴顛切"。

[2]今讀，浙本作"今韻"。

[3]楚謂乳穀，浙本作"楚謂乳曰穀"。

等切元聲十卷　江西巡撫採進本

國朝熊士伯撰。是編成於康熙癸未，又其講明今韻之書也。案等韻之法，約三十六母為二十三行，排端精於一、四，知照於二、三。是以出切行韻，彼此轇轕。元劉鑑以類隔、交互等二十門法取字，後人咸遵其說。士伯是書[1]，於等子門法頗有駁正。至內外八轉、通廣侷俠之類，辨論尤為詳悉。然等韻之學，唯憑脣吻，雖精究此事者，不能不雜以方音，故彼亦一是非，此亦一是非。左右佩劍，相笑不休。自以為豪髮無憾，而聽之又未嘗不別有說也。

即如此書，內外以照二為限。內門二等，惟照有字，俱切入三等，所謂內轉切三也。外門則牙、舌、脣、齒、喉二等俱有字，仍切二等，所謂外轉切二也。內三外二門法，不過如此。然臻之開合二攝二等止照有字，何以謂之外轉耶？通廣侷狹，等子明列四門，而切法以三等切及第四為

"通廣"一門，四等切及第三爲"侷狹"一門。此外又有"小通廣侷狹"門，又有"通廣侷狹不定"門。是門法與等子互異也。又謂知、徹、澄同照，穿、床，泥同孃，敷同非，皆可省。按照、穿、床係齒音，知、徹、澄係舌音。士伯云莊之與章，是照與照別，非與知有異。不知章與章自別[2]，惟《中原音韻》中鐘、追錐之類，皆不分別，不可以律等子也。然則泥、孃以上下等爲別，非、敷以清濁之次爲別，又安可廢乎？獨其雙聲、叠韻及《五音九弄反紐圖》，剖析微至，足証前人之誤不可没耳[3]。

【校記】
[1]士伯是書，浙本作"是書"。
[2]不知章與章自別，浙本作"不知章與張自別"。
[3]"足証前人之誤"下，浙本有"爲"字。

【附錄】
《翁稿》
等切元聲十卷
謹按：《等切元聲》十卷，國朝熊士伯著。士伯字西牧，南昌人。官教諭。是書詳辨等韻字母及《說文》、《廣韻》以來諸家反切。所引之書極博，所載之說亦極備。遠宗許慎，近本邵子，而下採及趙宧光、方以智之屬。然其於反切，引孫愐而不引李舟、朱翱，又其疑《說文》處，於通轉之理該併"某從某聲"之法尚未深悉，則是見《說文》而未見《繫傳》者也。其於三十六字母，刪五、增十一，爲四十二母，並列諸圖雖極詳辨，然轉恐其分合刪併迄未有定矣。是書大意在以等韻、切韻準古書之本始，合天地之元聲。而古書之可據者無若《詩》三百篇，元聲之該括者無若國書十二字頭，是書於三百篇則備論其應叶、不應叶之故，於十二字頭，則併究其相生相貫之所以然，然而於《毛詩》之本讀亦未能盡合，於單字、連字之對音亦有未盡審確者。至其所見韻書之博，足以資音學之考核，則其志固專而力亦綦勤矣。前目止十卷，而後又有《古音正義》一卷，是又附著之一種耳。亦有士伯自記所疑古韻之通，未嘗無義，但此在隨舉一隅則可，而以概古今韻學之通例，則近沾滯矣。應存其目。（頁82）

古今韻表新編五卷　兩淮鹽政採進本

國朝仇廷模撰。廷模字季亭，寧波人。康熙辛卯舉人，官知縣。其書每韻分舌、齒、喉、脣、牙聲。至其末卷論古韻，則多遵毛奇齡兩界互通之說[1]。奇齡《古今通韻》欲以博辨勝顧炎武，已不免汗漫支離，廷模沿其緒論，又造爲經通、緯通、變、正叶、變叶、外通叶諸例，尤爲枝蔓。古人用韻之法，軌轍可尋，又安有是紛紛也？

【校記】
[1]互通，浙本作"五通"。

【附錄】
《浙江採集遺書總錄》
韻表新編二冊（刊本）
　　右國朝鄞縣仇廷樑輯，分二界、四畫、五綱、二十三目，列爲新表，別有《韻表後編》三種附于尾。（頁376）

八矢注字圖說一卷　兩江總督採進本

國朝顧陳垿撰。陳垿有《鐘律陳數》，已著錄。是編乃其所定韻書。八矢者，譬字爲的以八矢注之：一、分四聲，二、經聲，三、定清濁之界，四、審五音，五、分陰陽，六、分正變，七、分輕重，八、分留送，凡八門也。經聲分先天九聲，後天九聲。凡四聲直下爲先天。其《二九并入圖》，枯苦庫酷，伊倚意乙之類是也。四聲旁轉爲後天，空恐控酷，因引印一之類是也。四聲之外，又增一下聲，則亘古之所未聞矣。其《緯音清濁正變陰陽輕重留送圖》分宮爲濁、商爲清，實皆喉音。角、徵、羽皆分清、濁，而清、濁二徵之外，又增淺、中、深三徵音，其外又有清閏、濁閏二音，實卽非、敷二母之輕脣音也。其所謂正變者，正卽開口呼，變卽合口呼。又分輕重留送爲三成。皆變幻面目，別立名字，而反謂三十六母爲亂道，過矣。

聲韻圖譜無卷數　浙江巡撫採進本

國朝錢人麟撰。人麟字鑄庵，武進人。康熙庚子舉人，官蕭山縣知縣。①是書卽等韻舊法而變通之。以三十五母定韻，删徵音四、輕脣音二，析齒頭音五母。以十四攝定韻，併"江"於"宕"，併"曾"於"梗"，剔"蟹"之三等入正。以四十五韻爲圖譜，併恠於光，併黔於兼，併肱於觥，併諸四等字於三等。首列《諸母陰陽均變之圖》及《諸韻正閏內外等第之圖》。末爲《韻法》八條，《叢論》十八條，附《翻切古韻轉音例》及《詞曲韻通轉例》。

【辨正】

①楊氏辨誤引雍正《江南通志》卷一三四選舉志舉人篇、光緒《武進陽湖縣志》卷一九選舉志舉人表謂：雍正元年癸卯科有"錢人麟"，而康熙庚子科無此人。可知《總目》作"康熙庚子舉人"，誤。（頁49）

類字本意無卷數　浙江巡撫採進本

國朝莫宏勳撰。宏勳字誠齋，錢塘人。前有康熙庚子《自序》。其書取梅膺祚《字彙》之字，依其卷末所列《韻法橫直二圖》，一一分隸，平、上、去三聲爲一類，入聲自爲一類，盡改古來韻部之舊，并盡乖古來等韻之舊，不足據爲典要也。

韻學臆說一卷　直隸總督採進本

國朝王植撰。植有《四書參註》，已著錄。此書前列唐韻目、吳棫古韻目及所爲《臆說》十條。次列光、官、公、昆、高、乘、鈎、規、過、皆、孤、基、瓜等十三字首羣字譜。大抵不知韻學因革源流，而惟恃脣吻之間，以等韻辨別。猶之以近日詞曲之工尺而評定夔、曠之樂章。其辨愈精，其說愈密，而愈南轅北轍，畢世不得其所適。其所引據，不過宋吳棫、近時毛奇齡、馬自援之說，而抗詞以攻顧炎武，所見左矣。

韻學五卷　直隸總督採進本

國朝王植撰。音韻之學，自古迄今，變而不常，亦推而愈密。古音數變而爲今韻，歷代各殊，此變而不恒者也。今韻旣定，又剖析而爲等韻，此推而益密者也。古韻與今韻，音讀各異，部分亦殊。吳棫不知其故，而以音讀之異名爲叶，部分之殊注爲轉通，而古韻遂亂。今韻之定在前，等韻之分在後，實因韻字而分等，非因韻等而分字。韓道昭、熊忠不知其故，於是以字母顛倒韻字，而今韻又變[1]。自明以來，惟陳第、顧炎武及近日江永，識其源流。他若馬自援之講今韻，愈細而舊法愈失，毛奇齡之講古韻，愈辨而端緒愈淆[2]。植作此書，不能從源而分流，而乃執末以議本。攻所必不能攻，而遵所必不可遵，故用力彌勤，而彌於古法未合也。

【校記】
[1]變，浙本作"亂"。
[2]"愈辨而端緒愈淆"下，浙本有"矣"字。

五方元音二卷　浙江巡撫採進本

國朝樊騰鳳撰。騰鳳字凌虛，堯山人。是書論切字之法，以陰平陽平析四聲爲五，猶屬舊例。其部分則併爲十二，曰一天、二人、三龍、四羊、五牛、六獒、七虎、八駝、九蛇、十馬、十一豺、十二地。字母則併爲二十，曰梆、匏、木、風、斗、土、鳥、雷、竹、蟲、石、日、剪、鵲、系、雲、金、橋、火、蛙。皆純用方音，不究古義。如覃、鹽、咸之併入天，庚、青、蒸之併入龍，其變亂韻部，又甚於《洪武正韻》矣。

【附錄】
《浙江採集遺書總錄》
五方元音二卷（刊本）
右國朝樊騰鳳撰，創立十二韻目，自一天至十二地止，每目列二十字母，每母以五聲之字連系其下，專辨唇、舌、齒、牙、喉五音之分，前有《韻釋》、《韻畧》等條。（頁375）

詩經叶音辨訛八卷　通行本

國朝劉維謙撰。維謙字讓宗，自號雙虹半士，松江人。是書首列《等子圖》，次爲《分隸字母總音》，次爲《音叶互異彙辨》，次爲《叠韻雙聲》，次爲辨論顧炎武《音學五書》、毛奇齡《古今通韻》，及發明《康熙字典》[1]。其三百五篇之叶韻[2]，則一一逐句詳註，考論頗勤。然古音之學，自宋吳棫而晦，自明陳第乃漸明。國朝顧炎武諸家，闡發其旨，久有定論。維謙欲刱爲異說，以駕乎前人之上，反以吳棫爲是，陳第爲非，業已黑白倒置；而又以等韻三十六母牽合古音。夫等韻所別爲今音，而

《詩》三百篇則古音。音隨世變，截然不同。維謙乃執後以繩前，是何異執行草偏旁而釋倉頡、史籀之篆文哉？至於雙聲叠韻，乃永明以來之法，古人或偶爾相合，實非有意。維謙牽合經文，亦多附會。充其量之所至，將"覯閔既多，受侮不少"，亦且謂古詩有對偶乎？

【校記】
[1]及，浙本作"次"。
[2]叶韻，浙本作"叶音"。

詩傳叶音考三卷　江蘇巡撫採進本

國朝吳起元撰。起元字復一，震澤人。是書專論三百篇叶音。如《關睢》"服"古音匐，引《禮記》"扶服救之"爲証，亦間有可采。至如"吁嗟乎騶虞"不知爲無韻之句，乃謂"虞"、"乎"相叶。然則《周南》之"吁嗟麟兮"，《鄭風》之"狂童之狂也且"，又以何法叶之乎？大抵其病由於不知古音自有部分，惟以今韻部分取讀；又不知古無四聲，更以《華嚴》字母分等：故愈辨而愈遠也。

四聲切韻表一卷　兵部侍郎紀昀家藏本

國朝江永撰。永有《周禮疑義舉要》，已著錄。是書前列《凡例》六十二條，備論分析考定之意，而列表於後。其論古法七音三十六母不可增減移易，凡更定者皆妄作，最爲有見。

其論入聲尤詳，大旨謂顧炎武《古音表》務反舊說之非。然永亦不遵古法，頗以臆見改變。夫字有數而音無窮，故無無音之字而有無字之音。永既知冬韻無上聲字，臻韻無上去二聲字，祭、泰、夬、廢四韻無平、上二聲字，而入聲乃必使之備。或一部之字使分入於數部，或數部之字使合入於一部。自謂窮極精微，其用心不爲不至。然如"伐"之一字，《公羊》自有兩呼；"天"之一字，《釋名》亦復異讀，陸法言亦云"吳楚時患輕浮，燕趙多傷重濁"。顧炎武至謂孔子傳《易》亦不免於方音，其說永亦深取之。而乃欲以一人一地之音，改古來入聲之部分，豈沈、陸諸人惟能辨三聲、不能辨四聲乎？至其裒引偏旁諧聲以申交互之說，雖有理可通，而牽合亦甚。永作《古韻標準》，知不以今韻定古韻，獨於此書乃以古韻定今韻，亦可謂不充其類矣。①

【辨正】

①胡氏補正引粵雅堂本伍崇曜跋云：然是書論古法七音、三十六母不可增減移易，最爲有見，亦談古韻者必不可缺之書也。（頁319）

本韻一得二十卷　浙江巡撫採進本

國朝龍爲霖撰。爲霖字雨蒼，成都人。由拔貢生官至潮州府知府。

是書爲所定新韻。卷首載《答趙國麟論韻書》，有"此道自漢以後、如漆室長夜、千數百年於兹"之語，其自命甚高，故歷代相傳之舊法，無一不遭詆斥，亦無一不遭變亂。大抵以十二律分平聲，以七音分入聲，又以四聲不備五音，分陽平、陰平爲二，以合五聲之數。驟而觀之，以樂律定聲音，以聲音定部分，端緒井然，言之成理，似乎得聲氣之自然，其附會不能遽見，亦不能遽攻。然探其本而論之，律之作也應陰陽之氣，而寫之以音，此出乎天者也。至於文字之作，其始用以記載，別而爲形，因而宜諸語言，別而爲聲，其聲由點畫而起，不由律呂而起，此定於人者也。故古人律呂之妙，窮析毫芒，而音則並無平仄。此韻不與律俱生之明證矣。

顏之推《家訓·音辭篇》曰："鄭玄註六經，高誘解《呂覽》、《淮南》，許愼造《說文》，劉熙製《釋名》，始有譬況、假借以證音字。而古語與今殊別，其間輕重清濁猶未可曉。孫叔然創《爾雅音義》，是漢末獨知反語[1]。此韻之始萌，不言配律也。"封演《見聞記》曰[2]："魏時有李登者，撰《聲類》十卷，凡一萬一千五百二十字，以五聲命字。"此乃漸配五聲，然每聲之中，尚未析平仄也。《南齊書·陸厥傳》曰："沈約等文皆用宮商，以平、上、去、入爲四聲，以此製韻。"《梁書·沈約傳》曰："撰《四聲譜》，自謂入神之作。"此今韻平仄之始，亦不言叶樂也。自釋神琪始作《等韻》，其圖今載宋本《玉篇》之末，相傳爲北魏人，而其《自序》中乃稱昔梁沈約剏紐字之圖。又有南陽釋處忠撰《元和韻譜》。元和爲唐憲宗年號，則當爲晚唐時人。故唐一代詩人未言字母，至宋而其說乃大行。以韻配律，漸起於是矣。然沈括《夢溪筆談》曰："樂家所用，隨律命之，本無定音。常以濁者爲宮，稍清爲商，最清爲角，清濁不常爲徵、羽。切韻家則定脣、齒、牙、舌、喉爲宮、商、角、徵、羽，其間又有半徵、半商者，如來、日二字是也。"是盛談等韻之時，尚以韻與樂律截然分爲兩事。

今爲霖乃因字母有七音之例，遂更廣其例，以十二律爲斷，舉隋陸法言以來上下平聲五十七部併爲十二部。夫樂之有十二律。不猶天之有十二宮乎？古聖人畫地分州，建侯樹國，各因其山川之勢，初不取象於天。迨其後測驗之術興，乃以列宿分野隸十二宮之次。聲韻之始，隨呼取讀[3]，亦猶分州建國也。及其配以音律，亦猶列宿分野也。其理不必不相通，而其勢不能以彼改此。今以韻通於律，遂併爲一十二部以應律，亦將以地理通於星野，而合併天下之千百郡縣，割裂天下之疆界，合爲十二州以應天乎？

況自漢以來，有韻之書不一，有韻之文亦不一，一旦盡舉而廢之，獨標一爲霖之書爲千古韻學之聖，即其說果通，亦斷斷難行於天下。況倒置本末，併其理亦牽合乎？至於入聲併十二爲七，尤爲乖理。聲生於口，一呼皆備四聲。字生於六書，非有所取義，則無其字。故二百六部之中無入聲者二十七。此二十七部無平上二聲者又四。非無其聲，無其字也。爲霖必一一配合，使無入者皆有入，亦誤以字生於聲，而不知聲生於字，復倒置其本末也。今撮其大概，畧爲駁正如右，庶講韻學者不至以新說改古法焉。

【校記】

[1]漢末，浙本作"漢末人"。

[2]《見聞記》，浙本作"《聞見記》"。

[3]隨呼取讀，浙本作"隨呼吸取讀"。

【附錄】

《浙江採集遺書總錄》

本韻一得二十卷（刊本）

右國朝知府巴郡龍爲霖撰。悉取前人韻部，更張而自定之。其《答人書》有云"聲韻之道與樂律通，樂有宮、商、角、徵、羽之五音，而角不通徵，羽不通宮，數音則止，律遠則乖，理固然也。聖人和以變宮、變徵，而陰陽相生，循環不窮。韻即音也，音即樂也，安有舍五音七均、陰陽六律之外而別爲一韻者，故平韻止有十二，黃鐘、太簇、姑洗、蕤賓、夷則、無射、大呂、夾鐘、仲呂、林鐘、南呂、應鐘也；上、去隨之，無所謂東、冬、江、支三十韻之多者；入韻止七，宮、商、角、徵、羽、變宮、變徵也。入少于平者，歸宿之處，尾閭之所也，更無所謂屋、沃、覺、質二十餘韻之多者，故善論韻者自入聲始，如俗本所載一屋、二沃，皆宮韻也，即一東二冬之入聲，故東、冬當爲一韻，皆黃鐘也；江、陽爲一韻，皆太簇，商韻也。樂律宮與商通，故東、冬、江、陽古昔通用，而其文、侵爲一韻，則又變宮之相通者，餘可類推。創論前古未有，書意大率本此。其前《凡例》、《圖說》、《論辨》共六卷，蓋不憚反覆以自伸其所見云。（頁377）

《翁稿》
本韻一得
謹按：《本韻一得》二十卷，國朝巴郡龍爲霖著。有例無目。自陰陽、五行、七均、十二律，以至協韻、轉韻具有論述，又於四聲中各按五音、十二律分列諸字，但其書體式未爲古雅。或應存目。（頁83）

音韻源流五十卷　河南巡撫採進本

國朝潘咸撰。咸有《易薈圖說》，已著錄。其書分三部：一曰《倉沮元韻》，凡三十六卷，分翁、鶩、嚚、安、阿、丫、衣、埃、烏、隈、謳、爐、諳、屋、噩、搇、遏、匼一十八韻，而以其禽音、闢音謂之諧字，以其本音、轉音謂之分音。一曰《詩騷通韻》，一曰《中都雅韻》，各十卷，亦以十八韻分合之。《元韻》又有《卷首》二卷，《通韻》、《雅韻》亦各有卷首一卷。

大抵皆以意杜撰，戾於古而乖於今。其敘述古韻源流，如魏李登《聲類》、周顒《四聲》，《隋志》僅列其名，《唐志》已不著錄，而咸云獨得見之，其書皆分東、陽、耕、眞、寒、侵、覃、支、佳、魚、蕭、歌、尤十三類。陸法言之《切韻》、孫愐之《唐韻》，今皆不傳，惟愐之音切尚散見徐鉉所校《說文》中，而咸亦云獨得見之，共二百六部，爲法言所分，其獨用、通用爲愐所定，多與今不同。韓愈著作，班班可考，獨不聞其有韻書。而咸云獨見韓愈《唐韻》，其同用獨用與今《廣韻》同。又列《禮部韻畧》、毛晃《增韻》、劉淵《平水韻》於陳彭年《廣韻》之前，而謂《廣韻》比《禮部韻畧》多數部。又謂丁度《集韻》分七音，東部首公，不首東。核以諸書，亦不相合。蓋鄉曲之士，不知古書之存亡，姑以意說之而已。①

【辨正】
①余氏辨證：新、舊《唐志》小學類，皆有李登《聲類》十卷，安得云《唐志》已不著錄？《南史》卷三十四《周顒傳》云"始撰《四聲切韻》，行於時"。《南齊書》卷四十一顒本傳則併無此語，亦不見於《隋志》，蓋行世未久，旋即亡佚耳，安得云《隋志》僅列其名？夫鄉曲之士，不知古書存亡，固無足怪。若《四庫》纂修諸人，以石渠金馬之彥，典校秘書，乃於典籍源流茫昧若此，反脣相譏，恐無詞以自解矣。（頁123）

韻岐四卷　編修程晉芳家藏本

國朝江昱撰。昱有《尚書私學》，已著錄。是編於官韻之中，擇其一字數音者，各分別字義異同。蓋亦宋人押韻釋疑之類。

音韻鑑三卷[1]　江蘇巡撫採進本

國朝王祚禎撰。祚禎字楚珍，大興人。是書以金韓道昭《五音集韻》、元劉鑑《切字玉鑰匙》與周德清《中原音韻》合爲一書，而以己意竄改之。夫道昭書配三十六母，鑑書配內外十六攝，德清書則北曲之譜，以入聲配入三聲。祚禎既狃於方音，併四聲爲三，混淆古法，而乃屑屑然區分門目，辨別等次。非今非古，非曲譜非等韻，莫喻其意將安取。其《序》自稱博極諸家，如揚雄《訓纂》、許慎《說文》、《玉篇》、《唐韻》、《廣韻》、《韻會》、《篇海》、《集韻》、《正韻》、《呂氏同文鐸》、《日月燈》，無不繹其論說，證其異同。《說文》、《玉篇》以下，其書俱在，不知揚雄《訓纂》，孫愐《唐韻》，祚禎何從見之？又稱隱侯《四聲》、宣城《字彙》、《正字通》，戶誦家吟，又不知祚禎何由見沈約書也。

【校記】
[1]音韻鑑，浙本作"音韻清濁鑑"。

【附錄】
《翁稿》

善樂堂音韻清濁鑑

謹按：《善樂堂音韻清濁鑑》三卷，國朝大興王祚禎著。其序言三十六母與國書十二字頭之理相通，而按其中所列反切，尚不能曉十二字頭與字母所以相通之故。其每韻下附叶之音止依中原韻，而不本之經史子集，則猶是拘方之見。且以入聲之字歸入三聲，則遂無入聲矣。不應存目。（頁83）

聲音發源圖解一卷　　江蘇巡撫採進本

國朝潘遂先撰。遂先，句容人。是書爲遂先草創，其子命世續成之。

分四聲爲六聲，曰初平、次平、終平、初仄、次仄、終仄。初平屬少陽，出舌根。次平屬陽明，出舌後。終平屬太陽，出舌中。初仄屬少陰，居舌前。次仄屬太陰，屬舌梢。終仄屬厥陰，出舌尖。謂五音羽出在下之門牙，徵出在上之門牙，角出上下之槽牙，商出上下之盡牙，宮出上下之虎牙，而皆通於舌，以成五音。

又分舌根、舌後、舌中、舌前、舌梢、舌尖六舌爲十二舌。以黃鍾、大呂爲一舌、二舌，則舌根之一後一前也，主冬至以後。太蔟、夾鍾爲三舌、四舌，則舌後之一後一前也，主雨水以後。以姑洗、仲呂爲五舌、六舌；則舌中之一後一前也，主穀雨以後。以蕤賓、林鍾爲七舌、八舌，則舌前之一後一前也，主夏至以後。以夷則、南呂爲九舌、十舌，則舌梢之一後一前也，主處暑以後。以無射、應鍾爲十一舌、十二舌，則舌尖之一後一前也，主霜降以後。

又以宮分五音，音分五位，則二十五位。以韻五乘之，則一百二十五位。位具六聲，則七百五十聲。商分五音，音繞九位，則四十五位；以韻四乘之，則百八十位。位具六聲，則千有八十聲。角分五音，音繞八位。以韻三乘之，則百有二十位。位有六聲[1]，則七百二十聲。徵分五音，音繞七位，以韻七乘之，爲二百四十五位。位具六聲，爲千四百七十聲。羽分五音，音繞六位，以韻六乘之，爲百有八十位。位具六聲，爲千有八十聲。總計五音之韻，共二十有五。分音百二十有五，位凡八百五十，聲凡五千一百，而皆統之於元宗。

今考遂先所稱初平，以上聲之濁音當之。不知《指南》謂濁上當讀如去，實而有徵。即如臻攝羣母[2]，奇上爲技；蟹攝匣母，孩上爲亥；遇攝旁母，蒲上爲部；咸攝奉母，凡上爲范；果攝從母，矬上爲坐；効攝澄母，朝上爲肇。中音皆別作去[3]，今讀之實有此音，而遂先乃指以爲初平，未見其能合也。惟《皇極經世》多以上爲平，如通攝泥母，農上爲醲，邵以醲爲平，入乃母；蟹攝來母，雷上爲磊，邵以磊爲平，入吕母；臻攝微母，文上爲吻，邵以吻爲平，入武母；宕攝來母，良上爲兩，邵讀兩爲平，入吕母。今遂先以舌根爲初平，而上之爲平，不必皆舌根，則亦不得據以爲初平明矣。自六聲之說既誤，而支離穿鑿，盡廢齒、腭、唇、舌，而專以牙之一音定宮、商、角、徵、羽。又盡廢齒、牙、腭、唇，而以十二舌定平仄六聲，至以雨水後立夏前中商音，立夏後、大暑前中角音，與《月令》、《管子》、《逸周書》全反，尤無據也。

【校記】
[1]有，浙本作"具"。
[2]臻攝，浙本作"止攝"。
[3]中音，浙本作"上音"。

右小學類韻書之屬，六十一部，五百三十七卷內七部無卷數。皆附存目。

下　篇

《四庫全書總目》小學類提要研究

第一章

小學類提要的文本差异

《四庫全書總目》是我國古代最大的官修圖書目錄,是編纂《四庫全書》的衍生產品。校勘《永樂大典》纂修分校官、校辦各省送到遺書纂修官先行撰寫提要初稿,後經紀昀、陸錫熊等總纂官修訂改寫,復經紀昀加工定稿,最後由乾隆帝欽定刊刻發行,前後花費時間二十多年,參與的著名學者達300多位。

四庫開館之初,即著手進行編纂提要。乾隆三十七年正月初四日諭云:

> 各省蒐輯之書,卷帙必多,若不加之鑒別,悉令呈送,煩複皆所不免,著該督撫等,先將各書敘列目錄,注系某朝某人所著,書中要旨何在,簡明開載,具摺奏聞。候匯齊后,令廷臣檢核,有堪備覽者,再開單行知取進。庶幾副在石渠,用儲乙覽,從此四庫七畧,益昭美備,稱朕意焉[①]。

這是乾隆帝向各省督撫、學政下詔書所提的要求,從某種意義上說也是《總目提要》編纂的最初起因。詔書提及了《總目提要》的基本内容、編纂原則和編纂目錄的簡要辦法。

乾隆三十七年(1772)十一月,安徽學政朱筠上奏朝廷,論及開館校書一事。在奏摺中,他提出了編纂目錄的具體設想:

> 著錄校讎,當並重也。前代校書之官,如漢之白虎觀、天禄閣,集

[①] 《聖諭》,乾隆三十七年正月初四日奉上諭,《欽定四庫全書總目》(整理本),中華書局1996年版,第1頁。

諸儒較論異同及殺青；唐宋集賢校理，官選其人。以是劉向、劉知幾、曾鞏等，並著專門之業。列代若《七畧》、《集賢書目》、《崇文書目》，其書具有師法。臣請皇上詔下儒臣，分任校書之選，或依《七略》，或準四部，每一書上必校其得失，撮舉大旨，敘於本書首卷，並以進呈，恭俟乙夜之披覽。臣伏查武英殿原設總裁、纂修、校對諸員，即擇其尤專長者，俾充斯選，則日有課，月有程，而著錄集事矣①。

乾隆雖然看重朱筠的建議，但并沒有馬上作出編纂《總目提要》的決定，而是讓大學士劉統勳、于敏中等人先行討論，在參考他們意見的基礎上，提出自己主張：

至朱筠所奏每書必校其得失，撮舉大旨，敘于本書卷首之處，若欲悉仿劉向校書序錄成規，未免過於繁冗。但向閱內府所貯康熙年間舊藏書籍，多有摘敘簡明略節，附夾本書之內者，於檢查洵爲有益，應俟移取各省購書全到時，即令承辦各員，將書中要旨隱括，總敘崖略，粘開卷副頁右方，用便觀覽。②

有此一諭，四庫全書館確定了編纂《總目提要》的基本框架，草擬了編纂條例：

《永樂大典》內所有各書，現經臣等率同纂修各員逐日檢閱，令其將已經摘出之書迅速繕寫底本，詳細校正后即送臣等復加勘定，分別應刊、應抄、應刪三項。其應刊、應抄各本，均於勘定后即趕繕正本進呈、將應刊者即行次第刊刻，仍均仿劉向、曾鞏等目錄序之列，將各書大旨及著作源流詳悉考證，詮疏崖略，列寫簡端，並列總目，以昭全備。即應刪者，亦存其書名，節敘刪汰之故，附各部總目後③。

---

① 中國第一歷史檔案館：《安徽學政朱筠奏陳購訪遺書及校核〈永樂大典〉意見摺》（乾隆三十七年十一月二十五日），《纂修四庫全書檔案》，上海古籍出版社1997年版，第21頁。

② 中國第一歷史檔案館：《諭著派軍機大臣爲總裁官校核〈永樂大典〉》（乾隆三十八年二月初六日），《纂修四庫全書檔案》，上海古籍出版社1997年版，第55—56頁。

③ 中國第一歷史檔案館：《辦理四庫全書處奏遵旨酌議排纂四庫全書應行事宜折》（乾隆三十八年閏三月十一日），《纂修四庫全書檔案》，上海古籍出版社1997年版，第74頁。

第一章　小學類提要的文本差異

　　從著手編纂，到確定體例，再到定稿、刻板、發行，《總目》的形成共經歷了不同階段，提要也因此具有不同形態、不同版本和不同種類。要對不同提要文本差異進行研究，首先必須釐清它們之間的源流關係。

　　清廷下令向全國徵書，要求各省書局報送遺書時需初擬各書大意，以供酌選，故各省進呈之書均擬有提要，這就是所謂的"《四庫》徵書提要目錄"；[1] 各省徵集圖書彙集到四庫全書館后，分校官、纂修官於《四庫全書》中各原著撰寫一篇提要，即《四庫全書提要分纂稿》（以下簡稱分纂提要）；分纂提要撰寫完成後，修訂成冊，進呈清高宗御覽，名爲《四庫全書初次進呈存目》；[2] 提要分纂稿此後又經過不斷修訂，或者重新擬寫，最後定稿，列於《四庫全書》所收各書卷首，稱作"書前提要"，或"閣本提要"；將"書前提要"錄出，匯集起來，經總纂官、總目協纂官增刪潤色，統一體例，便成《總目提要》。

　　《總目提要》於乾隆四十六年（1781）二月修訂完畢，繕寫進呈，此後便有不同版本流傳，其中幾個著名的版本是殿本、浙本和粵本。乾隆六十年（1795），武英殿將紀昀等人"校勘完竣"之本刊刻印刷，此爲《總目》最早的刊本"武英殿本"，簡稱"殿本"；浙江的地方官府借文瀾閣本翻刻，是外省刊刻《總目》的最早版本，稱爲"浙江杭州本"，簡稱"浙本"；同治七年（1868）廣東書局以浙本爲底本覆刻，個別字句又據殿本校改，但同時又沿襲了殿本之誤，稱爲"粵本"。

　　另外，《總目提要》在編纂過程中還產生了不同種類。在編纂《總目提要》的同時，乾隆以爲各書提要數量太多，不便翻閱，於是下令編寫《四庫全書簡明目錄》。《簡明目錄》於乾隆四十七年（1782）七月繕寫進呈，其内容簡省，篇目不繁，與《總目》相輔而行。伴隨《四庫全書薈要》的編纂，又產生了"薈要本提要"，從現存的《摛藻堂四庫全書薈要》來看，其《薈要總目》與《薈要提要》各自分開，内容相互獨立，

---

[1] 徵書提要目錄現存《浙江採集遺書總錄》、《江蘇採輯遺書目錄》兩種，張昇將其收入《〈四庫全書〉提要稿輯存》。我們認爲徵書提要内容簡單，並沒有對後來的《總目提要》產生多大影響，但考慮到其是《總目提要》編纂過程的開始，故在上編《小學類提要匯校》中以附錄的形式收錄了《浙江採集遺書總錄》，以供大家參考。

[2] 據夏長樸考證，《四庫全書初次進呈存目》的編纂時間在乾隆四十年五月至四十一年正月之間，具體考證過程及其所具有的價值可參看論文《〈四庫全書總目〉研究的新資料——臺北國圖所藏〈四庫全書初次進呈存目〉》。

《薈要總目》主要載著錄書籍卷數、作者年代爵里、該書所依據的底本與來源，以及校對所參照的版本。《薈要提要》是指置於各書前關於本書的內容介紹。

以上所提到不同類型的提要，可以看作《總目》形成過程的不同形態，《總目》的不同版本，或者與《總目》並行的不同種類，它們緊密相關，但又互有差異。爲了說明不同類型提要之間的差異，我們選取了《總目》不同發展階段富有代表性的提要文本作爲參照：初級階段的分纂提要，過渡階段的書前提要和總目提要的殿本、浙本。

分纂提要、書前提要與《總目提要》產生的時間不同，每個時間段又面臨不同的修改，彼此必然存在諸多的差異。《總目提要》各個不同版本刊刻時間不同，在刻板印刷時由於所依據的底本不同，或者依據同一底本但校勘水平不同，不同版本之間（主要指殿本與浙本）也存在差異。

爲了深入考察《總目提要》不同種類、不同版本之間的差異，我們以小學類提要爲研究對象，仔細比對提要不同種類和不同版本之間存在的差異，作出詳細的校勘記，並以此爲基礎來探討《總目提要》與分纂提要、書前提要之間，以及殿本與浙本之間所存在的差異，分析差異產生的原因，揭示《總目提要》產生的過程以及四庫館臣在《總目提要》形成過程中所起到的作用。

第一節 《總目提要》與分纂提要之比較

《總目提要》先由各個纂修官根據分工撰寫提要初稿，然後經總裁等批閱，纂修官再進行改寫重撰，最後統一由總纂官紀昀等整理潤色，改定后隨書進呈。分纂提要是指四庫館各纂修官校閱圖書時所撰寫的整理記錄和提要初稿，亦稱"分纂稿"，是《總目提要》的初級形態。由最初之分纂提要發展至《總目提要》，內容和形式發生了很大改變，在持續修訂的二十年時間里，中國歷史上發生了諸多重要的學術事件，這些都可以在《總目》修訂過程中得到反映，因此整理現有的分纂提要，並將之與《總目提要》進行比較，是四庫研究的重要課題。

流傳至今的分纂稿，數量較多的主要有姚鼐、翁方綱、邵晉涵、陳昌圖、余集五家，其餘鄒奕孝、鄭際唐、程晉芳、莊通敏各有一篇，另有佚名稿六篇。① 其中姚鼐於四庫館服務時間較早且短，四庫館成立時即以薦任四庫館纂修官，參與校辦各省採進圖書，乾隆三十九年（1774）歸故里。其校閱圖書徧及四部，所撰分纂稿後多經修改，現存八十九篇。姚鼐分纂稿集中於《惜抱軒書錄》，此書有光緒五年（1879）桐城徐宗亮刻本。邵晉涵分纂稿以史部書爲主，内容多爲《總目提要》沿用，共三十七篇，曾結爲《四庫全書提要分纂稿》行世。陳昌圖分纂稿多涉及《永樂大典》輯本，其稿乾隆五十六年（1791）刻入所著《南屏山房集》（卷二十一）。余集分纂稿，共七篇，多爲經部詩類著作，道光間刻入所著《秋室學古錄》。

　　翁方綱於乾隆三十八年（1773）入四庫全書館，至乾隆五十七年（1792）因年邁體弱離開，參與《四庫全書》編纂共計二十余年。翁方綱分纂提要（以下簡稱翁稿）是翁氏任"校辦各省送到遺書纂修官"期間，校閱各省採進圖書時所撰劄記與提要之底稿，共一千一百餘篇（内含提要者為九百八十二篇），為現存篇幅最大、内容最爲豐富的《四庫全書》編纂原始記錄。翁稿因晚年生計窘迫散失流出，民國初曾爲江南著名藏書家吳興劉氏嘉業堂收藏。二十世紀四十年代初，自嘉業堂流出。1942 年爲長沙張叔平所得。四十年代後期，翁稿及部分嘉業堂藏書，又由張氏自滬寄港。1950 年，旅居澳門之葡萄牙學者 José maria Braga 購得此書。至 1958 年 José maria Braga 又將翁稿及其他十餘種嘉業堂遺書，售予何東圖書館。其後再經三十年之沉寂，至八十年代末，翁稿始重新引起注意。至九十年代末，翁稿獲影印流傳，2005 年，由吳格整理，上海科學技術文獻出版社、澳門中央圖書館聯合出版，題名《翁方綱纂四庫提要稿》。

　　翁方綱所撰寫的提要共 920 篇，所記載的圖書達 1137 部，就數量而言，要超過邵晉涵、姚鼐、余集等多家提要稿的總和數倍。翁稿還保存著一部分清代禁書的提要稿，由此可以窺見這些因遭到禁燬而現在無法見到的著作内容梗概，進而成爲清代禁書目錄的編纂和明代、清初相關著作輯佚的重要資料文獻。除内容提要外，翁稿有時還包括校書筆記、隨筆雜鈔，乃至繕錄說明等，這都直接反映了當年校書時撰寫提要的實際情形。

　　現今保存下來的小學類分纂提要只有翁方綱的 28 篇，且其中《字母

---

① （清）翁方綱等撰，吳格、樂怡標校整理：《〈四庫提要〉分纂稿》，上海書店出版社 2006 年版。

原》、《說文表》沒被《總目提要》收錄，只是在《說文長箋》中被順帶提及。將分纂提要與《總目提要》對應的 26 篇進行比較，我們發現兩者內容存在較大不同：其中基本相同者只有 1 篇，稍有差異者約有 23 篇，差異明顯者約有 2 篇。下面分三種情況舉例說明。

一 基本相同

分纂提要是《總目提要》的初創形態，它們要經過修改、抽換重寫、統一潤色等程序才能定稿，所經歷的時間間隔長，所經歷的審查修改程序複雜，因此"《總目》與今存各家提要稿，幾乎無一相同"。[1] 小學類之翁稿與《總目提要》之間也是一樣，只不過，我們認爲它們之間存在基本相同的情況。所謂基本相同，是指《總目提要》與分纂提要在内容的介紹、論證問題時所持有的觀點和所使用的材料，以及評論著作價值時的立場等重要方面一致，而在涉及上述方面的語言表達則有差異的現象。例如《韻蕞》（見表 1）：

表 1

《翁稿》	《總目》
謹按：《韻蕞》一卷，國朝徐世溥撰。世溥，字巨源，新建人。著《榆谿集》。此其所著韻書。前有自序，其所謂"華嚴字母如曲澗泉行"，"諸韻遞及如九巘重階"，"四聲順次如司天刻漏"，"經世交切如機中織錦"，後復爲圖以釋之，四語所見未嘗不合。至其論韻，則以《洪武正韻》爲主，而於《廣韻》竟似未寓目者。第執今所行《平水韻》以上下古今之韻學，陋矣。又欲於三十六母影、喻之外，增以烏、汪等母，與其辨上、下平之說，徒爲多事耳。或存其目	國朝徐世溥撰。世溥有《夏小正解》，已著錄。此其所著韻書。前有自序，其所謂"華嚴字母如曲澗泉行"、"諸韻遞及如九巘重階"、"四聲順次如司天刻漏"、"經世交切如機中織錦"，後復爲圖以釋之，所見未嘗不合。至其論韻，則以《洪武正韻》爲主，而於《廣韻》似未寓目者。第執今所行《平水韻》以上下古今之韻學，陋矣。又欲於三十六母影、喻之外，增以烏、汪等母，與其辨上、下平之說，大抵皆師心自用之學也

《韻蕞》提要，《總目》與翁稿基本相同，其中從《韻蕞》前面自序四語的介紹，到對其"未曾寓目《廣韻》"、"以《平水韻》爲上下古今之韻學"學術視野狹窄的批評，和對書中增加字母、辨別上下平聲的敘述都基本一致。《總目提要》只是在作者生平介紹、最後的評論上稍有不同。這可以看作翁氏撰寫的《韻蕞》提要稿被《總目提要》完整採納，總纂官只是在翁稿基礎上統一了體例，替換了幾個自己認爲準確的詞語，

---

[1] 黃愛平：《〈四庫全書〉纂修研究》，中國人民大學出版社 1989 年版，第 327—336 頁。

並沒有進行很大的改動。

二 部分相同

(一) 語言文字表達類

《總目提要》與分纂提要之間在語言文字表述上存在諸多不同，這與比較的對象相差太大不無關係，畢竟分纂提要只是毛坯，而《總目提要》卻是成品。兩種提要在敘述同一件事情，或者表達同一觀點時所運用的語言文字表達存在差異，這種差異主要體現在兩個方面：一是表達方式，一是文字詳略。

1. 表述方式不同

《總目提要》、翁稿有時會說到同一個問題，但彼此仍然有很大的不同，其中就有語言表達方式的因素。例如《四聲篇海》（見表2）：①

表2

《翁稿》	《總目》
孝彥之姪道昇爲之序，序稱"泰和八年，歲在強圉單閼"。考泰和八年是戊辰，正道昭增修之歲，其云"強圉單閼"者，蓋誤也"閼"又誤刻爲"閹茂"之"閹"，觀此一條，則書中之訛誤多矣。又其篇序云"崇慶己丑新集雜部"，崇慶是金衛紹王改元之號，正與泰和增修之年相接，顧崇慶元年壬申下距哀宗正大六年己丑尚十八年，而崇慶踰年即改至寧，並無己丑也，此則又有誤矣。	然舛謬實多，徒增繁碎。道昇序稱："泰和八年，歲在強圉單閼。"攷泰和八年乃戊辰，而曰"強圉單閼"，則丁卯矣。刻是書者又記其後云："崇慶己丑新集雜部，至今成化辛卯，刪補重編。"攷崇慶元年壬申，明年即改元至寧，曰己丑者亦誤

《總目提要》和翁稿都是講到《四聲篇海》這部著作粗製濫造，存在很多明顯的錯誤，爲了達到批判目的，甚至所使用的兩條材料也相同：道昇序"泰和八年，歲在強圉單閼"和後記"崇慶己丑新集雜部"。但兩種提要語言表述不同：《總目》論述採用的是總分式，且語言更加簡練。

又如《六書統溯原》（見表3）：

表3

《翁稿》	《總目》
書止十二卷，而形聲之部居其十，會意、指事、轉注居其二，而象形、假借二門無之，則所謂"本聲"、"諧聲"、"近聲"者，仍取《說文》之意爲多	卷一以會意起，僅一十一字，次指事，僅十四字，合轉注爲兩卷。其卷三至卷十二皆諧聲字，獨缺象形一門，名之曰六書，實止五也

---

① 翁稿之《五音類聚》與《總目提要》之《四聲篇海》，介紹的是同一本書。

下篇　《四庫全書總目》小學類提要研究

《總目提要》在介紹《六書統溯原》的內容上是與翁稿相同的，差別體現在語言表達的重點：翁稿意欲突出"形聲"地位的重要；而《總目》重點則在說明其缺象形，以突出其六書的不完整性。

再如《正韻牋》（見表4）：

表 4

《翁稿》	《總目》
是書依《洪武正韻》原本而增注其下，謂之"補牋"。又取吳棫《韻補》、陳第《古韻攷》諸書所據古書之音，附於各韻之後，謂之"古音"。又取黃公紹《韻會》、楊慎《丹鉛錄》諸書所收字，增附於韻後，謂之"逸字"。要其意則恪守《洪武正韻》者也。前有自序、凡例	是書前有崇禎辛未自序，大占以《洪武正韻》不行於當代，故因其原本增注於下，謂之補箋。又取吳棫《韻補》、陳第《古韻攷》諸書所據古書之音，附於各韻之後，謂之古音。又取熊忠《韻會舉要》、楊慎《丹鉛錄》諸書所收字，增附於韻後，謂之逸字。其用意頗勤

翁稿和《總目提要》都是依據自序來說明《正韻牋》的體例：補牋、古音、逸字。但具體到"補牋"體例的解釋，翁稿用的是下定義的方式，而《總目》還交代了這樣作的理由，用的是因果推理。另外，自序交代的位置不同：翁稿在前，《總目》在后。

2. 文字詳畧不同

分纂提要、《總目提要》在介紹著作內容和體例時存在文字詳畧不一致的現象，有時分纂提要詳細，而《總目提要》簡畧；有時分纂提要簡畧，《總目提要》反而詳細。例如《篆文纂要全宗》（見表5）：

表 5

《翁稿》	《總目》
其書以四聲隸字，每字以小篆居首，而大篆、鼎文、籀文以次附焉。前有陳晉、項繼甲二序，皆作於康熙壬子。其分韻部次用《洪武正韻》，舉明代所不能行之法用之，於今日已爲謬妄。至其卷首所刊字體，大略尚古籀文，及所謂"續字"、"俗文"者，文義、體例皆甚爲陋略。其卷中所列諸字，則所謂"鼎文"者不著所出，無以考其是非。而其最謬者，尤在所謂"大篆"，大篆之字於今已多不可考，雖《說文》之籀、篆，石鼓文之籀文，已皆不可目爲大篆，而況九疊篆文乃刻符摹印之支流，全非古法，何以名之爲"大篆"乎	其書亦依韻分編，每字下首列《說文》，次大篆，次鐘鼎文，然不載所引書名，注亦率畧，於字體無所辨證，殆僅爲鐫刻印章之用也

翁稿、《總目》都介紹《篆文纂要全宗》的內容、體例及其存在的不足，但文字多寡、詳畧不同。翁稿詳細地論述了該書在分韻部次、體例文

第一章 小學類提要的文本差異

義和字體等方面存在的缺陷，共 191 字，而《總目》將這段文字概括成一句話，即"然不載所引書名，注亦率畧，於字體無所辨證，殆僅爲鐫刻印章之用也"，僅用 28 字，簡潔凝練。

又如《律古曲韻》《篇韻貫珠集附門法》（見表 6）：

表 6

《翁稿》律古曲韻 　　前有萬曆甲寅自序，其大指亦見於目錄、凡例内	《總目》律古曲韻 　　是編成於萬曆甲寅，首有《自序》及《凡例》。大旨以古韻、律韻、詞韻、曲韻、賦韻、叶韻合爲一書。其例每部以四聲相從，而緯以三十六母，諸通轉之法，則冠於各部之首
《翁稿》篇韻貫珠集附門法 　　其書分撰歌訣等門，爲查字之法	《總目》篇韻貫珠集附門法 　　是書分爲八門，編成歌訣。一曰五音篇首歌訣，二曰五音借部免疑海底金，三曰檢五音篇海捷法總目，四曰貼五音類聚四聲篇海捷法，五曰訂四聲集韻卷數並韻頭總例，六曰貼五音四聲集韻捷法總目，七曰創安玉鑰匙捷徑門法歌訣，八曰類聚褯法歌訣

從表 6 兩例都是《總目》比翁稿詳細。《律古曲韻》，《總目》是將翁稿提到的"於目錄、凡例内"的"大指"具體化；《篇韻貫珠集附門法》，《總目》則是將"查字之法"的歌訣，全部列了出來，比翁稿詳細。

（二）增刪類

《總目提要》是在分纂提要基礎上增刪而成的，特別是在涉及書籍内容、作者觀點和著作價值評價等方面，文字的增加、刪除比較常見。

1. 增加的内容

將《總目提要》與翁稿比較，其增加的内容主要有：著作所存在的不足及其表現，補充說明著作的内容和著作價值的評論。

①著作所存在的不足及其表現

翁稿介紹著作内容和體例時都比較簡潔，文字簡短。這對想通過提要了解整部書大致内容的人就顯得不是很具體了，沒有直觀感受。因此，《總目提要》側重增加所介紹著作存在的不足及其表現，使得對書籍的介紹更加全面。下面將《總目》小學類提要在翁稿基礎上所增加的關於不足及其表現的文字予以列舉：

駢雅七卷　　浙江巡撫採進本
中間如：藻井，乃屋上方井，刻爲藻文，《西京賦》注引《風俗通》訓義甚明。而謀墇以爲刻扉之屬，改易舊文，殊爲未確。又謂都御史爲大司憲，詹事爲端尹，乃流俗之稱，亦乏典據。至如《釋天》內之歲陽月名，《釋地》內之五邱、四荒、太平、太蒙、丹穴、空桐之類，皆《爾雅》所已具，更爲複引，尤病冗蕪。

轉注古音畧五卷　　江蘇巡撫採進本

姑卽就愼書論之，所注轉音，亦多舛誤。如二冬之"龍"字，引《周禮》"龍勒雜色"，謂當轉入三江，不知《玉人》"上公用龍"，鄭司農云"龍當爲尨"；而《左傳》"狐裘尨茸"，卽《詩》之"狐裘蒙戎"。則尨當從龍轉，龍不當作"莫江反"也。又如蒸韻之"朋"字，愼引《逸詩》"翹翹車乘，招我以弓。豈不欲往，畏我友朋"，謂當轉入一東。不知"弓"古音"肱"，有《小戎》、《采綠》、《閟宮》及《楚詞·九歌》諸條可證。則"弓"當從"朋"轉，"朋"不當讀爲"蓬"也。如此之類，皆昧於古音之本。

彙雅二十卷、續編二十八卷　　兩淮馬裕家藏本

然如《釋詁》："肅、延、誘、薦、餤、晉、寅、蓋，進也。"郭注："寅，未詳。"萱於他注"義未詳"者，無所證據，而晉之爲進，人人皆解者乃反詳之，殊失體要。又若《釋詁》："詭，祖也。"萱釋之曰："詭，遠祖也。親在高尊之上，危矣。"此義尤爲未安。蓋明人不尙確據而好出新論，其流弊往往如此也。《續編》二十八卷，則皆割裂陸佃《埤雅》、羅願《爾雅翼》合爲一集，每條以佃、願之名別之。惟第一卷《說鳳》一門，有一條題"張萱曰"，爲所自釋耳。蓋未成之本，後人不察而誤刊之。陸氏、羅氏原書具在，亦安用此鈔胥爲哉？是尤畫蛇之足矣。

六書統溯原十二卷　　江蘇巡撫採進本

桓好講六書，而不能深通其意，所說皆妄生穿鑿，不足爲憑。其論指事、轉注尤爲乖異。大抵從會意形聲之內，以己見強爲分別。故其指事有以形指形、以注指形、以聲指形、以意指形、以聲指意之屬。其轉注有從二文、三文、四文及從一文一字、從二文一字、從一文二字之屬。蓋字學至元明諸人，多改漢以來所傳篆書，使就己見，幾於人人可以造字。戴侗導其流，周伯琦揚其波，猶間有可採，未爲

太甚。至桓與魏校而橫溢旁決，矯誣尤甚。

類纂古文字考五卷　安徽巡撫採進本
其字皆用直音，直音不得則用四聲，四聲不得乃用翻切，如鈞音君，銘音明，全乖沈、陸之舊。

以上所增加的內容具有共同的特點：都是基於全面介紹著作內容的考慮，單獨在翁氏提要稿基礎上增加了這些著作所存在的不足方面的材料。就新增材料在提要中所處位置而言，前後都會有內容的正面介紹或者著作價值的正面評價。例如，《駢雅》提要是承"徵引詳博，頗具條理，非鄉塾陋儒掇拾殘剩者可比"而提出著作中存在"改易舊文""乏典據""尤病冗蕪"等不足；《轉注古音畧》提要是在論証"叶韻與轉注沒有關聯"的基礎上，進一步指出楊愼所注的轉音"亦多舛誤"；《匯雅》提要增加的是其存在釋義不科學、體例不嚴密諸多不足之處；《六書統溯原》提要在介紹全書內容之後專門討論"桓講六書之乖異及其原因"。《類纂古文字考》提要指出其直音"全乖沈、陸之舊"。

②相關議論和著作價值的評價

總纂官針對分纂提要重介紹說明、輕議論的特點，在《總目提要》中補充了議論性段落，增加了一些評論作者學術水平和評判作品價值的文字，使《總目提要》學術價值了提升。我們將增加的這部分文字列舉如下：

駢雅七卷　浙江巡撫採進本
然奇文僻字，搜輯良多，擷其膏腴，於詞章要不爲無補也。

石鼓文定本二卷　兩江總督採進本
案：宋金以前，爭石鼓之時代，斷斷不休。元以來眞僞論定矣，而爭文字者，又閧而聚訟。凝作此書，既不以今日所存之三百二十餘字以考定其眞，又不詳列諸家之本以糾其異，徒以楊愼僞本猶屬全文，而據以爲主，根本先謬。

律古詞曲賦叶韻十二卷　江蘇周厚堉家藏本
體例冗雜，持論亦無根據。其《凡例》稱沈休文因律詩分四聲作詩韻，夫齊、梁時安有律詩，又安有詩韻乎？

  正韻牋四卷　江西巡撫採進本
  然《洪武正韻》分合舛誤，窒礙難通，雖以天子之尊，傳國十餘世，懸是書爲令甲，而終不能使行於天下，二百六七十年之中，若存若亡，無人置議。時偉乃於舉世不用之中出奇立異，冀以匹夫之力顛倒千古之是非，抑亦難矣！且所著古音，雜取吳棫、陳第二家，不知其體例各別。所收逸字，不能究《廣韻》、《集韻》之源，僅據楊慎等之書，尤爲疏畧。所補箋亦皆轉輾稗販，如日在木中爲東，此許慎所引官溥說，明載於《說文》，而乃引鄭樵《通志》，足知非根本之學矣。

  天然窮源字韻九卷　兩江總督採進本
  自明以來，字畫莫陋於《字彙》、《正字通》，而日章遵以講字畫；韻書莫乖於《洪武正韻》，而日章執以分韻等；收字之妄濫無稽，莫甚於《篇海》，而日章據以談奇字。其餘偶有援引，不過從此四書採出而已，宜其不合於古也。

《駢雅》提要增加正面的評價，主要是指其包含的內容及其能起到的作用。《石鼓文定本》提要增加的是案語，旨在說明作者劉凝學術研究既不合符潮流，又缺乏正確的理論基礎，從而揭示了《石鼓文定本》存在的缺陷。《律古詞曲賦叶韻》提要是在介紹完體例之後才做出評價的，并且對《凡例》存在常識性錯誤進行了反問。《正韻牋》提要指出作者立意本身就存在不足，並對其中古音、逸字和補箋展開討論。《天然窮源字韻》提要指出其所依據和參考的研究資料都不是權威，結論自然不可靠。
③著作內容、作者生平的補充說明
  《總目提要》增加的內容有的是著作內容、體例的介紹，或者是作者生平的介紹和考證。例如：

  四聲篇海十五卷　通行本
  是編以《玉篇》五百四十二部依三十六字母次之，更取《類篇》及《龍龕手鏡》等書，增雜部三十有七，共五百七十九部。凡同母之部，各辨其四聲爲先後；每部之內，又計其字畫之多寡爲先後，以便於檢尋。

類纂古文字考五卷　安徽巡撫採進本
惟其每部之中以字畫多少分前後，較《說文》、《玉篇》、《類篇》頗易檢尋，故後來字書皆用其體例云。

重訂馬氏等音外集一卷、內集一卷　江蘇巡撫採進本
此本爲康熙戊子宣城梅建所刊，內自稱"槃什馬氏自援"。建《序》惟稱得自霑益州明經張聖功，亦不知自援何許人。今考其書，引梅膺祚《字彙》，則當在明末。又自稱籍本秦而生於滇，則雲南人。得自霑益，蓋其鄉里也。又稱所學得自江右楊夫子、嘉興李夫子，不著名字，則莫知爲誰矣。

類纂古文字考五卷　安徽巡撫採進本
明都俞撰。俞字仲良，錢唐人。仕履未詳。考其《序》、《跋》，蓋萬歷間人也。

翁稿忽略了對《五音類聚》體例的介紹，《總目》在修訂中增加了這部分內容。《類纂古文字考》則補充了每部之中排序體例，彌補了翁稿只講字書檢字法沿革的缺憾。《重訂馬氏等音外集、內集》通過序言、書證引用等考證"槃什馬氏自援"的生平，而《類纂古文字考》通過其序、跋考證出作者都俞生活的具體朝代。

2. 刪除的內容
總纂官對分纂提要的加工包括對其中部分內容的刪除。經過對照，翁稿被刪除的內容主要包括：不相關的介紹、評價議論和一些版本信息。
①介紹、引用性文字

《翁稿》轉注古音略
徐鍇《說文繫傳》曰：轉注者，建類一首，同意相受。謂"老"之別名有"耆"、"耋"、有"壽"、有"耄"，又"孝子養老"是也。"一首"者，謂此"孝"等諸字皆取類於"老"，則皆從老，若"松"、"柏"等皆木之別名，皆同受意於木，故皆從木，後皆象此。

轉注之言，若水之出源，分歧別派，各受其名，而本同主於一水也。而今之俗說，乃謂左回爲"丂"，右回爲"ヒ"，此乃委巷之言。且又"老"、"考"之字皆不從丂，丂音考，"老"從ヒ、音化也。（委巷之言）又曰："散言之曰形聲，總言之曰轉注，謂耆、耋、壽、耄皆老也，凡五字，試依《爾雅》之類言之：耆、耋、壽、耄，老也。又老、耆、耋、壽、耄可同謂之老，老亦可同謂之耆，往來皆通，故曰'轉注'，總而言之也。"

《翁稿》 六書統溯原

桓所著《六書統》二十卷，按六書分門，以統衆字，大意以許愼《說文》詳於形聲，而略於象形、會意、指事、轉注、假借，故作《六書統》，先以象形、會意爲主，其餘四者皆從此二者推之。又《六書統》自序謂其所學皆出自許愼，且曰："於愼之言，所明者則取之，不明者則不取。"而所引許氏語者，止形聲一門所引爲多，其他諸門則凡許愼所云"從某某聲"者，皆易爲"從某從某"。考許愼之書雖爲六書而作，實則專於小篆，至古文、籀文尚不及什之一，而《六書統》一書則獨悉六書未備，窮澈上下，先以古文之正者，次以古文之變者，又次以古文之可疑者，而大、小篆以次薈萃其中，信許氏之功臣矣。至此編名曰"六書統溯原"，而其所載之字則轉皆小篆，不似《六書統》之博極古籀，而反以"溯原"名者何也？蓋以字體論之，則此書似爲竟委而非所以溯原也。桓著此書之意，則不主乎篆、籀字體之區分，而主乎偏旁、系屬之取意，此所以名"溯原"也。

上述被《總目》刪除的材料都是翁稿中具體的章節，即介紹內容體例，或引用別人文字部分：《轉注古音畧》提要刪除的是翁氏所引用的《說文繫傳》裏面關於轉注的觀點；《六書統溯原》提要則刪除了對《六書統》的介紹和"溯原"的含義。《總目》刪倂是與其纂寫主題和體例相協調的，使提要更加簡潔。

② 議論評價

《翁稿》轉注古音畧

又其所引"一字數義"之說，謂出《周禮》注。《周禮·地官》

"保氏養國子，教之六藝，五曰六書"，注："六書，象形、會意、轉注、處事、假借、諧聲也。"疏："轉注者，考、老之類是也，建類一首，文意相受，左右相注，故名'轉注'。"亦無"一字數義，展轉註釋"之語，則不知楊慎何由而引以為據也。

《翁稿》石鼓文定本

其多事紛歧，殊爲陋妄，且恐後人遂以為石鼓之定本，則是轉滋之惑者也。

《翁稿》律古曲韻

其論聲質、職、物、錫諸部，及論轉注之說，皆於韻學未見精審。且律詩與古詩雖可類及，而詞、曲之韻必不可同語，今欲彙為一書，適形其膠葛而鮮通耳。

《翁稿》篇韻貫珠集附門法

其所指定切法，與孫愐已多不合，而且字形則篆、隸互出，字音則儒、釋錯雜。又撰書效昌黎刱立四等之法，則與三十六母亦有未合者。至於所列秦八體書，尤為訛謬。

《翁稿》類纂古文字考

又自述凡例，並"辨疑"、"切字"於卷前，然卷前既有"辨疑"，而所載之字筆畫仍有訛誤；卷前既有"切字"，而所載之字音注多無反切。

議論和評價是基於一定事實的，前面的敘述不同，後面的議論就會因不相關、或聯繫不緊密而被刪除。《石鼓文定本》提要稿中"其多事紛歧，殊爲陋妄"和《總目》前面的主題"又加以意爲增減，彌起糾紛"相似，故予刪除；《律古曲韻》提要稿關於作者"韻學未見精審"、著作多種形式的雜糅，《總目》都沒有選擇；其他沒被採用的議論內容，有《轉注古音略》提要稿"一字數義"的出處，《篇韻貫珠集》提要稿切法、字形、字音、四等之法、秦八體書等的諸多不妥，《類纂古文字考》提要稿"辨疑""切字"在體例上的不嚴謹等。

③ 版本校勘

《翁稿》五音類聚

是書雖係昌黎韓氏之書，而校刊則出明金臺大隆福寺文儒、思遠、文通數人之手，自成化丁亥至辛卯，五易寒暑而始開板，以釋氏而訂正六書，可謂勤矣。

《翁稿》彙雅

此書世間久無傳本，今此本丹黃處尚有吳郡趙宧光手蹟，宧光亦究心六書之學者，洵爲校閱之善本矣。

《翁稿》古器銘釋

其末云"嘉靖壬戌金陵謄錄刻字人某某"，蓋是坊賈所爲。

這些與版本、校勘等相關信息的刪除，可以反映《總目》裁剪的痕跡，說明總纂官認爲明代書籍多作僞，價值不大，從而將這些內容徑直刪除。

（三）重擬類

語言文字的修飾，内容的增刪都沒有改變提要的性質，但如果總纂官對某一部著作的認識與分纂官不一致，或者介紹的著眼點不同，最終均導致重新擬寫提要。根據《總目提要》重擬的原因，可以將其分爲以下兩種情況。

1. 觀點不同

總纂官與纂修官在觀點看法上不一致，會造成提要的改動，如《六書統》。

《翁稿》

謹按：《六書統》二十卷，元楊桓著。桓字武子，曲阜人。官國子司業。

是書按六書分門，以統衆字。六書者，許慎則曰指事、象形、形聲、會意、轉注、假借，《周禮》鄭注則曰象形、會意、轉注、處事、假借、諧聲，桓是書則曰象形、會意、指事、轉注、形聲、假借。指事即處事，形聲即諧聲也。是書大意，謂許慎《說文》詳於形聲而略於五者，故作此書，先象形、會意二者爲六書之主，其餘四者皆從此二者出，猶之八卦以乾、坤爲主，而六子從乾、坤出也。

前有自序，謂其所學皆出自許慎《說文》，且曰於許慎之言，所明者則取之，不明者則不取。今觀其所引許慎之言，止形聲一門所取為多，其他諸門則凡許慎所云"从某某聲"者，皆易爲"从某从某"，以形而不以聲，則皆所謂未明也。

考許慎之書雖爲六書而作，實則專於小篆，雖古文、奇字、籀篆之屬間有附入，然古文僅四百二十九、籀文一百九十二而已。學者但能尚精小篆以通乎籀古，則六書之義本皆可賅也。是書獨患六書未備，窮源溯流，先以古文之正，次以古文之變，又次以古文之可疑者，而大、小篆咸輯其中，蓋不以篆體之先後爲主，而全以取形、取義、取聲之所自爲主。如燈取影而水赴壑，使天下之字一一得所歸宿統紀，而有的可指，信乎許慎之功臣而字學之總萃矣。然其中亦實有自生枝葉者。至於三畫之卦即目爲本字，而乾、坤等字皆不作卦名，則試問畫卦下筆必自下而上，書字則自上而下，不知此八字者以篆法論當如何下筆，恐亦未思之也。若其書之有資於字學，則不待言耳。應刊刻傳之。

翁稿介紹全書内容和楊桓學術淵源時都是圍繞許慎及其《説文》展開，另外，翁氏也非常讚賞《六書統》的釋字體例，認爲這樣"如燈取影而水赴壑，使天下之字一一得所歸宿統紀"，最後正面評價其"有資於字學"，"應刊刻傳之"。但是總纂官卻認爲"以六書論之，其書本不足取"，之所以著錄，是因爲要將之作爲反面教材，目的爲彰顯楊桓"穿鑿之失"。對著作價值的判斷截然相反，著錄提要的用意完全不同，提要自然得重擬。例如：

六書統二十卷 浙江汪啓淑家藏本
元楊桓撰。桓字武子，號辛泉，兗州人。中統四年以郡諸生補濟州教授，累官太史院校書，監察御史，終國子監司業。事蹟具《元史》本傳。

是書至大丙申其子守義進於朝，詔下江浙鏤板。前有翰林直學士硯堅《序》，又有國子博士劉泰《後序》，而桓《自序》爲尤詳。大旨以六書統諸字，故名曰"統"。

凡象形之例十，會意之例十有六，指事之例九，轉注之例十有八，形聲之例十有八案：《説文》本作諧聲，此作形聲。蓋從《周禮》之文。假借之例十有四。其象形、會意、轉注、形聲四例，大致因戴侗《六書故》門目而衍之。指事、假借二例，則桓以意鉤稽，自生分別。所列先古文、大篆，次鐘鼎文，次小篆。其說謂："文簡意足，莫善於古文、大篆。惜其數少，不足於用。文字備用者莫過小篆，而訛謬於後人之傳寫者，亦所不免。今以古文證之，悉復其舊。"

蓋桓之自命在是，然桓之紕繆，亦即在於是。故其說至於不可通，則變一例；所變之例復不通，則不得不又變一例；數變之後，紛如亂絲。於是一指事也，有直指其事，有以形指形，有以意指意，有以形指意，有以意指形，有以注指形，有以注指意，有以聲指形，有以聲指意。一假借也，有聲義兼借，有借聲不借意，有借意不借聲，有借諧聲兼義，有借諧聲，有借近聲兼義，有借近聲，有借諧近聲，有因借而借，有因省而借，有借同形，有借同體，有非借而借。輾轉迷瞀，幾於不可究詰。

蓋許慎《說文》爲六書之祖，如作分隸行草，必以篆法繩之，則字各有體，勢必格閡而難行。如作篆書，則九千字者爲高曾之矩矱矣，桓必欲價而改錯，其支離破碎，不足怪也。以六書論之，其書本不足取。惟是變亂古文始於戴侗，而成於桓。侗則小有出入，桓乃至於橫決而不顧。後來魏校諸人隨心造字，其弊實濫觴於此。置之不錄，則桓穿鑿之失不彰。故於所著三書之中，錄此一編，以著變法所自始。朱子所謂"存之，正以廢之者"，茲其義矣。

上述《六書統》提要可以說明總纂官與分纂官對一些著作的認識存在分歧，寫作風格和方式也有很大不同。但是我們也發現《總目》除了觀點和判斷與翁稿有差異，增加部分文字外，它們也有相通的地方，例如對楊桓的介紹、著作主旨的交代以及對其收字"以古文爲主"的批判等。這也是我們將《六書統》提要放在部分相同之重擬類的原因。

2. 著眼點不同

著眼點是指纂修人員介紹著作時的切入點和關注焦點，總纂官與分纂官著眼點不同，就意味著總纂官要對分纂提要進行大幅度的改寫，例如《五經字學攷》（見表7）：

表7

《翁稿》	《總目》
謹按：《五經字學攷》五卷，國朝成端人撰。端人，字友端，陽城人。其書分五經各一卷。每字間或辨其俗寫，大多不出《字彙》之學，而謂之"字學"。又每卷皆謂之"上卷"，而題其書首曰"下卷嗣出"，不知其所謂"下卷"者如何也。或作里塾訓蒙之書存目亦可	國朝成端人撰。端人，字友端，陽城人。此書分五經各一卷。每字先以訓詁，並及形聲，兼辨俗寫之譌。然引據未能淹博，考證亦未能精密。如《春秋·隱公》之彄字，此爲公子彄名訓也，而註曰："從弓，區聲，音摳。又人名，公子彄。"《文公》之頹字，此爲楚成王名訓也，而註曰："從頁，君聲。徐曰：頭大也。又楚成王名。"此反以本義爲旁義也。又如《易·坤卦》馴字註曰："音同旬。《字彙》引徐邈讀作訓，蛇足。"案徐邈之說出陸德明《經典釋文》，以爲出自《字彙》，已不求其本。至經師異讀，自古並存，乃以爲蛇足，更不確矣

翁氏介紹《五經字學攷》，重點對其只存在"上卷"而不見"下卷"感到疑惑。而總纂官重點卻在論述"引據未能淹博，考證亦未能精密"，即《五經字學攷》存在的不足之處。另外，其他因著眼點不同而導致大幅度改寫的提要還有：《洪武正韻》《等切元聲》《音韻鑑》等。

三 完全不同

《總目提要》与分纂提要对照，尚有提要内容完全不同者，即在《總目提要》中看不出分纂提要的痕跡。例如：

《翁稿》

謹按：《說文篆韻譜》五卷，一函五冊。

謹已逐字與《說文》原本并《繫傳》等書，及漢簡、鐘鼎各本細對改正外，其疑者粘簽，簽凡十五條。又從別本補入正文二頁、徐鉉後序一頁，即可照此鈔寫矣。惟是此刻本係明朝刻本，於《說文》原本之格眼不合，今鈔時須將每篆書一格展長一字之小半，大約每字長出二三分之格眼，作一字之格眼，則合於篆字之式。再，此內凡有反切、有訓注者皆是小篆，宜用玉筯筆法；其無反切而有古史等字者，宜用鐘鼎筆法，兩頭出鋒，與玉筯文不同。纂修官編修翁方綱恭校。

《總目》

說文解字篆韻譜五卷　兩江總督採進本

南唐徐鍇撰。其書取許慎《說文解字》以四聲部分，編次成書。凡小篆皆有音訓，其無音訓者，皆慎書所附之重文。注史字者籀書，注古字者古文也。所注頗爲簡畧。蓋六書之義已具於《說文繫傳》中，此特取便簡閱，故不更複贅耳。

據李燾《五音說文韻譜序》，此書篆字皆其兄鉉所書。鉉集載有此書序二篇。《後序》稱："《韻補》旣成，廣求餘本，孜孜讐校，頗有刊正。今承詔校定《說文》，更與諸儒精加研覈。又得李舟所著《切韻》，殊有補益。其間有《說文》不載而見於序例、注義者，必知脫漏，並從編錄。疑者則以李氏《切韻》爲正。"是此書鉉又更定，不僅出鍇一手。其以序例注義中字添入，亦鉉所爲也。《前序》稱"命鍇取叔重所記，以《切韻》次之。聲韻區分，開卷可睹"云云，考《後序》稱"又得李舟《切韻》"，則所謂《切韻》次之者，當卽陸法言書，卽《唐韻》、《廣韻》所因也。然鍇所編部分，與《廣韻》稍異。又上平聲內痕部併入魂部，下平聲內一先二仙後，別出三宣一部；又魂部之下注痕部附字；宣部則不著別分，似乎《切韻》原有此部，殆不可曉。或此書部分，鉉亦以李舟《切韻》定之，故分合不同歟？

是書傳本甚少，此爲明巡撫李顯所刻。寒部蘭、瀾、漣、灡、闌五字，當在乾、闌、讕、調四字之後；豪部高、皋、臯、羔、膏五字，當在獀、虓、號、虢、鄂五字之後：皆訛前一行。麻部媧、譁、諸、鰕、蔘五字，當在秅、耗、誇、侉、夸、家、加、茄、葭九字之前，訛後二行。蓋刻其書者，失於校讐。其《後序》一篇，亦佚去不載。今從鉉《騎省集》錄出補入，以成完帙焉。

翁氏《說文篆韻譜》提要稿与《總目提要》不具有任何的相似性，也沒有繼承、借鑒的痕跡。與翁氏其他提要相比，此篇提要也獨具特色：缺作者介紹，沒有對著作內容的介紹和評價，甚至沒有存目、刊刻、鈔錄等最終處理意見。它說明的是翁氏校閱《說文篆韻譜》的全過程：校勘時用到的叅考資料有《說文》原本、《繫傳》、漢簡、鐘鼎等；校對的結果爲其誤者改正，其疑者粘簽，其缺者補齊；最後說明"卽可照此鈔寫矣"，並特別囑咐鈔寫時所應該注意的版式和筆法。從翁氏這篇提要的內容，以及結尾處"纂修官編修翁方綱恭校"的標記，似乎可以說明"這是一篇典型的校对报告"。①

翁稿中校勘說明的內容只占很少一部分，同樣是提要，內容也有完全不同者。例如：

《翁稿》

謹按：《本韻一得》二十卷，國朝巴郡龍爲霖著。有例無目。自陰陽、五行、七均、十二律，以至協韻、轉韻具有論述，又於四聲中各按五音、十二律分列諸字，但其書體式未爲古雅。或應存目。

《總目》

本韻一得二十卷　浙江巡撫採進本

國朝龍爲霖撰。爲霖字雨蒼，成都人。由拔貢生官至潮州府知府。

是書爲所定新韻。卷首載《答趙國麟論韻書》，有"此道自漢以後、如漆室長夜、千數百年於兹"之語，其自命甚高，故歷代相傳之舊法，無一不遭詆斥，亦無一不遭變亂。大抵以十二律分平聲，以七音分入聲，又以四聲不備五音，分陽平、陰平爲二，以合五聲之數。驟而觀之，以樂律定聲音，以聲音定部分，端緒井然，言之成理，似乎得聲氣之自然。其附會不能遽見，亦不能遽攻。然探其本而論之，律之作也，應陰陽之氣，而寫之以音，此出乎天者也。至於文字之作，其始用以記載，別而爲形，因而宜諸語言，別而爲聲，其聲由點畫而起，不由律呂而起，此定於人者也。故古人律呂之妙，窮析毫芒，而音則並無平仄。此韻不與律俱生之明證矣。

顏之推《家訓·音辭篇》曰："鄭玄註六經，高誘解《呂覽》、《淮南》，許慎造《說文》，劉熙製《釋名》，始有譬況、假借以證音字。而古語與今殊別，其間輕重清濁猶未可曉。孫叔然創《爾雅音義》，是漢末獨知反語。此韻之始萌，不言配律也。"封演《見聞記》曰："魏時有李登者，撰《聲類》十卷，凡一萬一千五百二十字，以五聲命字。"此乃漸配五聲，然每聲之中，尚未析平仄也。《南齊書·陸厥傳》曰："沈約等文皆用宮商，以平、上、去、入爲四聲，

---

① 張升：《翁方綱纂四庫提要稿的構成與寫作》，《文獻》2009年第1期。

以此製韻。"《梁書·沈約傳》曰："撰《四聲譜》，自謂入神之作。"此今韻平仄之始，亦不言叶樂也。自釋神琪始作《等韻》，其圖今載宋本《玉篇》之末，相傳爲北魏人，而其《自序》中乃稱昔梁沈約剏紐字之圖。又有南陽釋處忠撰《元和韻譜》。元和爲唐憲宗年號，則當爲晚唐時人。故唐一代詩人未言字母，至宋而其說乃大行。以韻配律，漸起於是矣。然沈括《夢溪筆談》曰："樂家所用，隨律命之，本無定音。常以濁者爲宮，稍清爲商，最清爲角，清濁不常爲徵、羽。切韻家則定唇、齒、牙、舌、喉爲宮、商、角、徵、羽，其間又有半徵、半商者，如來、日二字是也。"是盛談等韻之時，尚以韻與樂律截然分爲兩事。

今爲霖乃因字母有七音之例，遂更廣其例，以十二律爲斷，舉隋陸法言以來上下平聲五十七部併爲十二部。夫樂之有十二律。不猶天之有十二宮乎？古聖人畫地分州，建侯樹國，各因其山川之勢，初不取象於天。迨其後測驗之術興，乃以列宿分野隸十二宮之次。聲韻之始，隨呼取讀，亦猶分州建國也。及其配以音律，亦猶列宿分野也。其理不必不相通，而其勢不能以彼改此。今以韻通於律，遂併爲一十二部以應律，亦將以地理通於星野，而合併天下之千百郡縣，割裂天下之疆界，合爲十二州以應天乎？況自漢以來，有韻之書不一，有韻之文亦不一，一旦盡舉而廢之，獨標一爲霖之書爲千古韻學之聖，即其說果通，亦斷斷難行於天下。況倒置本末，併其理亦牽合乎？至於入聲併十二爲七，尤爲乖理。聲生於口，一呼皆備四聲。字生於六書，非有所取義，則無其字。故二百六部之中無入聲者二十七。此二十七部無平上二聲者又四。非無其聲，無其字也。爲霖必一一配合，使無入者皆有入，亦誤以字生於聲，而不知聲生於字，復倒置其本末也。今撮其大概，畧爲駁正如右，庶講韻學者不至以新說改古法焉。

無論從篇幅還是從提要内容本身，《總目》和翁稿已經完全不同。《總目》雖然也提及了《本韻一得》主旨，但是與翁稿比，語言表述不同，而且被它提及的目的是想通過這樣一種方式引出需要批駁的觀點"以樂律定聲音，以聲音定部分"。《總目》的重點在於駁正《本韻一得》"韻由律生"觀點的荒謬，以及論述"入聲併十二爲七，尤爲乖理"。因此，翁氏《本韻一得》提要稿是介紹著作内容和提出審閱意見，而《總目》

則主要是駁正著作錯誤觀點，告誡"庶講韻學者不至以新說改古法焉"，兩篇提要無論從著眼點還是從内容安排、語言表達都是不同的。

《總目提要》由初纂至改定，其間經過多次修訂，分纂稿就是其處於初級階段的形態。小學類分纂稿保留至今的僅 28 篇，且全部由翁方綱撰寫，收錄在《翁方綱纂四庫提要稿》。我們將其中的 26 篇翁氏分纂稿與《總目提要》進行比較，比較結果爲部分相同 23 篇，約占總數的 88%；幾乎完全不同的 2 篇，占總數的 8%；基本相同的爲 1 篇，占總數的 4%。這個結果說明，分纂提要與《總目提要》之間差別是絕對的，而兩者之間的差異是由於《總目提要》在分纂提要基礎上進行了改換語言表達、增删文字内容、重新撰寫等修訂工作。分纂提要和《總目提要》屬於同一體系，但分屬不同的發展階段。

第二節　《總目提要》與書前提要之比較

書前提要，又叫"庫本提要""原本提要""閣本提要"，是指文淵、文溯、文源、文津、文匯、文宗、文瀾七閣提要，它们由各分纂官共同創作，列於《四庫全書》所收各書卷首，共三千四百多種。書前提要主要介紹著作之源流、内容體例，敘述著者之世次爵里，訂辨其書文字之增删和批評其敘述議論之得失。如今，書前提要只有文淵、文溯、文津三本保存完好，文瀾本則有散佚。

書前提要與《總目提要》是分總關係，理論上彼此應該一致。《總目》卷首《凡例》在述及提要撰寫緣起時，就說"今於所列諸書，各撰爲提要。分之則散弁諸編，合之則共爲《總目》"。但實際情況是，《總目提要》與書前提要存在諸多差異，形成差異的原因也是紛繁復雜。

最早關注書前提要與《總目》之間區別的學者，要算發起影印《四庫全書原本提要》活動的陳垣等人（1927），他們詳細羅列了該次活動的緣起：

> 現行《四庫全書總目》，本擷取各書提要而成，後經文達筆削以歸一貫，其間排列次第，與閣中所庋，出入固多，而尤與提要原文，相差太甚。（原本提要與現行《總目》相對，無有一篇無異同者，其通篇不同，各類皆有；與《總目》互校異同詳略，亦不勝其列舉也）

蓋文達《總目》，原離本書而孤行，複與各類相呼應，（現行《總目》中某人某書已著錄，其人爵里行事即不再詳）胎合提要原文，雅非所計。

　　有清學術之盛，當以乾隆時代為重心，其時編纂諸儒，又極一時之選。（戴東原主經部，邵南江主史部，周書昌主子部，紀文達主集部）各盡其長，探跡索隱，可以窺見專家批評之精神，亦可考覽各人文章之個性。其善二也。

　　現行《四庫總目》本為家弦戶誦之書，（《四庫總目》卷口版心並無提要二字，承學之士，未見原本提要，漫以其名假之）今得此原本提要，取以對校，則文達筆削之權衡，與諸儒專精之所在。皆能躍然紙上。辨章學術，推尋類例，其善三也。

1936年，遼海學社編《文溯閣四庫全書提要》一百二十卷，前有金毓黻所撰《解題》一篇，後有武英殿本《總目》與文溯閣提要異同表，聚珍版提要與四庫本提要異同表，把文溯閣四庫全書的書前提要與《總目》進行了詳細對校，為研究者提供了第一手材料。

　　郭伯恭（1936）認為書前提要亦經紀昀筆削貫一，《景印四庫全書原本提要緣起》之所謂"原提要"，"可以見分纂諸儒專精之所在，而現行《總目》經紀昀筆削一貫，足以窺紀氏權衡之力，此未詳考也"。他將文津閣書提要二十餘種與《總目》及邵氏《分纂稿》互校，對書前提要與《總目提要》的差別進行了簡要說明："書前提要乃供皇帝乙覽之便，故文體簡潔；而《總目提要》乃專詳於學術考證之材料，故文體煩瑣。"①

　　當代亦不少學者關注書前提要與《總目提要》的區別。羅琳（1987）概括了閣書提要主要內容，黃愛平（1989，1991）將文淵、文溯、文津三閣書前的近百種提要與《總目》加以對照，發現兩者完全相同或基本相同的占三分之二左右，全然迥異或不盡一致的約為三分之一，將《總目》與書前提要的異同詳略之處歸納為潤飾文字、劃一體例、增刪內容、全篇改寫四種情形，認為"閣書提要還不很成熟，在文字、體例、內容等方面都存在一些問題，反映了纂修官原纂提要向《總目》定稿進行過渡的情況。而《總目》則體例整齊，思想統一，注重指示學術門徑，詳於

---

① 郭伯恭：《〈四庫全書〉纂修考》，嶽麓書社2010年版，第203頁。

內容介紹、文字考訂、得失評論乃至源流敘述,在閣書提要的基礎上又有了進一步的提高"。①陳曉華(2005)將文溯閣提要、文淵閣提要與《總目》比較,認為"文溯閣書提要內容過於簡畧、單薄,其撰寫水準及其價值無法與《總目》相比",《總目》提要對文淵閣提要的改動主要是在以下兩個方面:對典籍有關情況作更為詳密的考辨,評論更爲審慎精確;按照正統觀念和朝廷意志對原有提要進行修改和補充。司馬朝軍(2005)指出《總目》與庫本之間差別主要表現體例、對象、著錄、內容等四個方面,並認為《總目》與庫本提要是一個體系的東西,分類體系一致,內容大同小異,思想大體相符。《總目》在庫本提要基礎上進行了大量的修辭加工,它們只是修正了庫本提要在知識方面的錯誤,一般不涉及思想觀點。至於評價方面的差異,也只是《總目》比原本提要更注重分寸感,更為準確,在整個思想體系方而並沒有大的突破,更不是完全推倒重來。熊偉華、張其凡(2007)將《總目》提要與書前提要進行比較,發現兩者在許多方面存在著差異,除去某些不影響全域的個別字詞改動之外,其差異主要表現在同書異名、卷數不同、作者情況不同、版本差異、內容不同、評價不同等六個方面,並解釋了差異的原因。

《總目提要》與閣本提要之間的差異客觀存在。對比它們存在的差異,歸納各自的特點,分析產生差異的原因,一方面可以加深我們對《四庫全書》和《總目》的認識,從而開拓《總目》提要研究的視野;一方面可以從中領畧到清代乾嘉時期諸儒的不同學術風格和其專精所在;一方面可以將《總目》的編纂與清代的社會政治、學術風氣聯繫起來。本書以小學類提要為範圍,仔細比較了武英殿刻本《總目提要》和文溯閣、文津閣提要之間的異同,發現它們之間的差別主要表現在以下幾個方面。

一 體例、格式不同

書前提要放於各種著作之前,對作者身世、著作的內容進行簡要的介紹,對相關問題進行扼要的評議。而《總目提要》是一部獨立的著作,注重"辨章學術,考鏡源流",有自己獨特的體例,與書前提要在體例上有很大的不同。

---

① 黃愛平:《〈四庫全書〉纂修研究》,中國人民大學出版社1989年版,第351頁。

1. 《總目提要》有序、案語，而書前提要沒有

《總目》小學類序共 234 字，是目錄學史上一篇經典的總結性文字，歷來被看作古代"小學"類書籍分類的理論依據。小學類序迴顧了"小學"概念的歷史沿革，概括了歷代主要目錄對於小學類書籍的分類思想和處理原則，將小學類典籍嚴格地界定為訓詁、字書、韻書三個部分。小學類序已經闡明了分類原則和分屬的種類，但每一種著作具體怎樣歸類，有的時候又需另外討論，這時《總目》採取的是加案語的方式。

小學類提要的案語共 6 處，其中 1 處為考證源流，專門討論了許慎自序中"孔氏古文《尚書》"，辨析了許慎所提到的《尚書》是古文還是今文，《尚書》的源流變化，糾正了《尚書古文疏證》中的錯誤，另外 5 處案語都是陳述分類理由。例如《總目提要》在《鐘鼎款識》後面所加的案語：

> 此書雖以《鐘鼎款識》為名，然所釋者諸器之文字，非諸器之體製，改隸字書，從其實也。至《博古圖》中之因器及銘者，則宜入譜錄，不在此例。《隋志》併石經入小學，以刻文同異可參考之故。然萬斯大《石經考》之類，皆但溯源流，不陳字體，與小學無涉，今仍附之金石焉。

《總目提要》與書前提要為什麼會存在這種差別，金毓黻給出了很好的解釋：

> 文達彙編提要為《總目》，整齊類例，非制序無以明之，勢使然也。若夫四庫本書以書為主，因書而撰提要，有名從主人之勢，所謂總序、小序、案語皆無從附麗。今既取其散見者合為一書，各從其類，自不必強其無者而使之有，且《總目》之書具在，可資核比，不得他求，而類例自明。本書各類之首不錄總序、小序及案語者其故在是。①

---

① 金毓黻：《四庫全書提要解說》，載於《文溯閣四庫提要》，遼瀋書社 1935 年版。

2. 書前提要行文有獨特的格式，而《總目》沒有

《總目提要》、書前提要形式上存在顯著差別。書前提要開頭、結尾處採用一種固定的格式。

書前提要開頭固定為"臣等謹案"，然後才交代是"×××書××卷×××撰"；其標題比較簡潔，且不標示卷數，也不交代版本的來源。《總目提要》的標題與之不同，既有著作的名稱、卷數，也交代版本的來源，例如"說文繫傳四十卷，兵部侍郎紀昀家藏本"。

結尾處書前提要必須標注寫作完成后上呈御覽的日期，和總纂官、總校官姓名，具體格式為"乾隆×年×月恭校上；總纂官臣紀昀臣陸錫熊臣孫士毅；總校官臣陸費墀"。

下面以《經史正音切韻指南》為例，文津閣書前提要爲：

經史正音切韻指南
　　臣等謹案：元劉鑑撰。鑑字士明，自署關中人。關中地廣，不知隸籍何郡縣也。切韻必宗《等子》，司馬光作《指掌圖》，等韻之法於是始詳。鑑作是書，即以《指掌圖》爲粉本，而叅用《四聲等子》，增以格子門法，於出切、行韻、取字，乃始分明。故學者便之。至於開合二十四攝，内外八轉，及通廣侷狹之異，則鑑皆畧而不言。殆立法之初，已多挂礙糾紛，故姑置之耶？然言等韻者，至今多稱《切韻指南》。今姑錄之，用備彼法沿革之由。原本末附明釋眞空《直指玉鑰匙》一卷，驗之，即眞空《篇韻貫珠集》中之第一門、第二門。又附《若愚直指門法》一卷，詞旨拙澁，與《貫珠集》相等，亦無可採，今並刪不錄焉。乾隆四十九年九月恭校上。
　　　　　　　　　　　　總纂官臣紀昀臣陸錫熊臣孫士毅
　　　　　　　　　　　　總校官臣　　　　陸　費　墀

二　著錄和作者項不同

提要內容包括著錄項和作者項，具體是指著作名稱、卷數、著作排列順序和作者。《總目提要》和閣書提要在這兩個項目上也存在不同。

1. 書名

《總目提要》書名的總體特點是簡明扼要，概括性強；而書前提要則

不然，其會在一些書名前增加修飾詞語，說明某書時代、內容範圍或歸屬于某人。例如，《總目》之《爾雅注》《方言》《鐘鼎款識》《唐韻考》，書前提要著錄的書名爲《爾雅鄭注》（文溯本）、《方言注》（文溯、文津本）、《歷代鐘鼎彝器款識法帖》（文溯、文津本）、《孫氏唐韻考》（文溯、文津本）。

《總目提要》將著作内容直接反映在標題上：如果著作是由幾部分並列組成，書名就會將這些内容直接標示，如果著作除了主體内容還有附錄，標題也一並反映。書前提要就要簡單很多。例如，《總目》之"古音叢目、古音獵要、古音餘、古音附錄"，"《說文字原》一卷、《六書正譌》五卷"，"《御製清文鑑》三十二卷、《補編》四卷、《總綱》八卷、《補總綱》二卷"，"《切韻指掌圖》二卷、《附檢例》一卷"，"《汗簡》三卷、《目錄敘畧》一卷"，而書前提要的書名分別爲《古音叢目等四種》《說文字原》《欽定增訂清文鑑》《切韻指掌圖》《汗簡》。

《總目》書名準確，能準確反映版本信息，在提要中有的還會對同一著作的名稱進行考證。例如文溯、文津二本之《急就篇》，《總目》改稱作《急就章》，符合提要對書名考證实際，即"《急就章》乃其本名，或稱《急就篇》，或但稱《急就》，乃偶然異文也"。另外，《總目》將文溯、文津閣本提要之《玉篇》，文溯閣之《廣韻》分別改稱爲《重修玉篇》《重修廣韻》也準確反映了這兩部著作的實際情況。就《玉篇》而言，無論是張士俊所刊的"上元本"、曹寅所刊的"重修本"，還是明内府所刊的"大中祥符重修本"，在經過陳彭年、吳銳、邱雍等人修訂後已有很大變化，已經不是唐代孫強作注的舊本，因此，稱之"重修玉篇"，更符合著作變化的實際，也與提要本身的論述統一。文溯本之《廣韻》，《總目》改稱《重修廣韻》，以示與上文《廣韻》區別。

《總目》在朝廷主導修纂的書籍前統一加上"御定"或"欽定"。文溯、文津二本之《音韻闡微》，文津本之《滿珠蒙古漢字三合切音清文鑑》，總目分別稱爲《欽定音韻闡微》《御定滿洲蒙古漢字三合切音清文鑑》。

2. 卷數

卷數不同表現爲兩種情況：書前提要卷數少，《總目》統計多；書前提要卷數多，《總目》統計數目少。例如，《爾雅註疏》，書前提要十一卷，《總目》爲十卷；《古音駢字》，書前提要二卷，《總目》爲一卷；

《篆隸考異》，書前提要爲四卷，《總目》爲二卷。《方言》，書前提要十卷，《總目》爲十三卷；《字孿》，書前提要二卷，《總目》爲四卷；《御定滿洲蒙古漢字三合切音清文鑑》，書前提要三十三卷，《總目》爲三十二卷。

　　書前提要與《總目提要》在卷數著錄方面頗有差異，其原因有三：一是採用版本不同，如《復古編》等；二是計卷方法不同，有的計附卷，有的不計，《總目》不計附錄卷數，而書前提要記附錄；有的以篇為卷等；三是部分趕制官書卷數未定，《總目》預計卷數，成書後實際卷數未及更改，如《御定滿洲蒙古漢字三合切音清文鑑》等。

　　3. 作者

　　書前提要與《總目提要》在著者項上也存在不同。

　　首先，作者姓名字號存在差異。例如《周秦刻石釋音》，書前提要所列的作者是"吾衍"，《總目》卻是"吾邱衍"；《匡謬正俗》的作者顔師古，其字號文津閣提要寫作"字籀"，《總目》寫作"名籀"；《九經補韻》作者伯昷，文津閣本提要作"字彦瞻"，《總目》作"字彦思"。

　　其次，《總目》在對著者身世，官宦經歷的介紹上與閣書提要不相同。例如，《周秦刻石釋音》，文溯本不僅介紹了作者的字和籍貫，還介紹了他的祖籍和相關作品，《總目》卻只是簡要地介紹作者的字和籍貫；《古今韻會舉要》，文溯本只有作者的名字，其他的畧而不談，《總目》卻比較詳細地介紹了作者的字號和籍貫。

　　《續方言》，書前提要介紹作者杭世駿的官職時爲"授翰林院編修"，而《總目》卻是"授翰林院檢討"；《爾雅註疏》，書前提要介紹郭璞的經歷爲"官著作郎，弘農太守，后為王敦所害"，而《總目》只說"官至宏農太守"，就只剩最後的結果。

　　有的時候《總目》只交代作者，其餘一概省畧。例如，《佩觿》，書前提要對郭忠恕的介紹很詳細："忠恕字恕先，河南洛陽人。周廣順初召爲宗正，兼國子書學博士，宋建隆初貶乾州司戶叅軍，太宗初召授國子監主簿，令刊定歷代字書。《蘇軾集》有《忠恕傳》，載其始末，甚詳。"而《總目》只有作者的名字。

　　《總目》有時又會比較細緻。例如，《說文解字》，文溯本提要介紹許愼爲"漢太尉南閣祭酒汝南許愼撰"，而《總目》卻很清晰，更有層次，"漢許愼撰。愼字叔重，汝南人，官至太尉南閣祭酒"。

4. 排列順序

《總目》與書前提要的排列順序有不一樣的地方。文津本提要《匡謬正俗》，列於"《群經音辨》"之後，《總目》相反；文溯本提要《班馬字類》《六書故》《隸辨》分別位於《漢隸字源》《字通》《篆隸攷異》之後，《總目》相反。

三　解題内容不同

《總目提要》與書前提要之間的不同不僅體現在體例和形式上，更體現在内容的差異上。書前提要作爲向《總目》進化的過渡形態，其與《總目》在總體上屬於同一系統。只是相對而言，《總目》對著作的介紹更加全面，對具體問題的論述更加嚴謹、探討更爲深入、在語言文字的表達上更加流暢。下面我們從三個方面來分析《總目》與文溯、文津本提要在内容上所存在的差異。

1. 重新撰擬、完全改寫類

《總目》與書前提要完全不同，主要表現爲從内容觀點到語言文字完全不同，内容觀點一致但語言文字完全不同，前者稱之爲重新纂擬，後者稱之爲完全改寫。

《總目》不是在書前提要基礎上修改潤飾，而是另闢蹊徑，重新纂擬，從而造成兩者完全不同。不過，這種情況並不常見，在小學類提要中僅《爾雅注疏》屬於此類。我們以此爲例，文溯、文津本提要：

> 臣等謹案：《尔雅注疏》十一卷，晋郭璞注，唐陸德明《音义》，宋邢昺疏。璞字景純，河東聞喜人，官著作郎，弘農太守，后爲王敦所害。昺字叔明，曹州濟陰人。九經及第，官至禮部尚書。治《爾雅》者，自犍爲文學而下凡十余家，璞薈萃爲注。陸德明謂其洽聞强識，詳悉古今，爲世所重。自是以後，爲解義者甚多，《釋文》而外傳者甚少。晁公武曰：'舊有孫炎、高璉疏。咸平初，以其淺略，詔昺與杜鎬、舒雅等別著此書。前有昺《序》，詳述經注原委，及奉勅校正之勤。'然據程敏正以爲，此《序》見《舒雅集》，内題曰'代邢昺作'，則此注當亦廣集眾長，而昺總其成耳。其後若陸佃之《埤雅》，羅願之《爾雅翼》，又因邢疏而廣之者也。明刻本不載《釋文》，今補入。又取鄭樵注本叅校，是正爲多，皆乾隆四年奉勅校正

第一章　小學類提要的文本差异　283

本也。

《總目》則爲：

爾雅註疏十卷　内府藏本

晉郭璞註，宋邢昺疏。璞字景純，河東聞喜人，官至宏農太守，事迹具《晉書》本傳。昺有《孝經疏》，已著錄。

案《大戴禮·孔子三朝記》稱"孔子教魯哀公學《爾雅》"，則《爾雅》之來遠矣，然不云《爾雅》爲誰作。據張揖《進廣雅表》，稱"周公著《爾雅》一篇案：《經典釋文》以揖所稱一篇爲《釋詁》。今俗所傳三篇案：《漢志》"《爾雅》三卷"。此三篇，謂三卷也。或言仲尼所增，或言子夏所益，或言叔孫通所補，或言沛郡梁文所考。皆解家所說，疑莫能明也"。於作書之人，亦無確指。其餘諸家所說，小異大同。今參互而考之，郭璞《爾雅註序》稱"豹鼠既辨，其業亦顯"，邢昺疏以爲漢武帝時終軍事。《七錄》載犍爲文學，"《爾雅註》三卷"案：《七錄》久佚，此據《隋志》所稱梁有某書亡，知爲《七錄》所載。陸德明《經典釋文》以爲漢武帝時人，則其書在武帝以前。曹粹中《放齋詩說》曰按：此書今未見傳本，此據《永樂大典》所引。"《爾雅》，毛公以前其文猶畧，至鄭康成時則加詳。如'學有緝熙于光明'，毛公云：'光，廣也。'康成則以爲'學於有光明者'，而《爾雅》曰：'緝熙，光明也。'又'齊子豈弟'，康成以爲'猶發夕也'，而《爾雅》曰：'豈弟，發也。''薄言觀者'，毛公無訓。'振古如兹'，毛公云：'振，自也。'康成則以'觀'爲'多'，以'振'爲'古'。其說皆本於《爾雅》。使《爾雅》成書在毛公之前，顧得爲異哉？"則其書在毛亨以後案：《詩傳》乃毛亨作，非毛萇作，語詳《詩正義》條下。大抵小學家綴緝舊文，遞相增益，周公、孔子皆依託之詞。觀《釋地》有"鶼鶼"，《釋鳥》又有"鶼鶼"，同文複出，知非纂自一手也。

其書歐陽修《詩本義》以爲學《詩》者纂集，博士解詁，高承《事物紀原》亦以爲大抵解詁詩人之旨。然釋《詩》者不及十之一，非專爲《詩》作。揚雄《方言》以爲孔子門徒解釋六藝，王充《論衡》亦以爲五經之訓故，然釋五經者不及十之三四，更非專爲五經作。今觀其文，大抵採諸書訓詁名物之同異，以廣見聞，實自爲一書，不附經義。如《釋天》云"暴雨謂之涷"，《釋草》云"卷施草，拔心不死"，此取《楚詞》之文也。《釋天》云"扶搖謂之猋"，《釋蟲》云"蒺藜，蝍蛆"，此取《莊子》之文也。《釋詁》云"嫁，往也"，《釋水》云"瀵大出尾下"，此取《列子》之文也。《釋地》云"西至西王母"，《釋獸》云"小領盗驪"，此取《穆天子傳》之文也。《釋地》云"東方有比目魚焉，不比不行，其名謂之鰈。南方有比翼鳥焉，不比不飛，其名謂之鶼"，此取《管子》之文也。又云"卭卭岠虛負而走，其名謂之蟨"，此取《呂氏春秋》之文也。又云"北方有比肩民焉，迭食而迭望"，《釋地》云"河出崑崙墟"，此取《山海經》之文也。《釋言》云"天、帝、皇、王、后、辟、公、侯"，又云"洪、廓、宏、溥、介、純、夏、幠"，《釋天》云"春爲青陽"至"謂之醴泉"，此《尸子》之文也。《釋鳥》曰"爰居雜縣"，此取《國語》之文也。如是之類，不可殫數。蓋亦《方言》、《急就》之流，特說經之家多資以証古義，故從其所重，列之經部耳。

璞時去漢未遠，如"遂幠大東"稱《詩》，"釗我周王"稱《逸書》，所見尚多古本，故所註多可據。後人雖迭爲補正，然宏綱大旨，終不出其範圍，昺疏亦多能引證。如《尸子》：《廣澤篇》、《仁意篇》，皆非今人所及睹。其犍爲文學、樊光、李巡之註，見於陸氏《釋文》者，雖多所遺漏，然疏家之體，惟明本註。註所未及，不復旁搜，此亦唐以來之通弊，不能獨責於昺。惟既列註文，而疏中時複述其文，但曰"郭註"云云，不異一字，亦更不別下一語，殆不可解。豈其初疏與註別行歟？今未見原刻，不可復考矣。

兩相比較，《總目》與書前提要內容上沒有任何相同點。文溯、文津本提要是通過晁公武、程敏正兩人的記錄來介紹《爾雅》注、疏的情況；《總目》篇幅長，但討論的問題與閣本完全不同：考證《爾雅》的作者和成書時間，闡釋《爾雅》的主旨，介紹著作的體例和內容，並對《爾雅注疏》進行了評價。由此可見，文溯、文津本提要重點在《爾雅注疏》的介紹上，而《總目》卻專注於《爾雅》相關問題的考辯，《總目》完全是重新撰寫的，與書前提要沒有聯繫。

第一章　小學類提要的文本差異

小學類提要中除了重新纂擬造成内容完全不同之外，還有一種情況就是条照書前提要的觀點完全改寫，兩者内容部分相同，但語言表達，章節組織則完全不同。以《音韻闡微》爲例，文溯、文津本提要：

　　臣等謹案：《音韻闡微》十八卷，始輯于康熙五十四年，聖祖仁皇帝指授大學士臣李光地等承修，而告成于雍正四年。世宗憲皇帝製序刊布自來，音韻之說至爲糾棼。梁沈約撰《四聲》，繼之者隋陸法言撰《切韻》，唐孫愐撰《唐韻》，其書並佚。若宋祥符之《廣韻》、景祐之《集韻》皆奉敕修，而《禮部韻略》獨列于學官，毛晃仍而增益之，劉淵復因而通併其部分，元黄公紹作《韻會》，亦仍劉韻，而箋注特詳明，洪武中詔宋濂等刊修正韻，又以意刪併部分，要其翻切，輕重緩急之間或因或改，均未能悉協。惟本朝字書合聲切法至爲簡易，實闡從來未發之蘊，是書翻切並以上一字生音，下一字收韻，審辨精微，萬古不易矣。

《總目》則爲：

　　欽定音韻闡微十八卷
　　康熙五十四年奉勅撰，雍正四年告成。世宗憲皇帝御製《序》文，具述聖祖仁皇帝指授編纂之旨，刊刻頒行。
　　自漢明帝時，西域切韻之學與佛經同入中國，所謂以十四音貫一切字是也，然其書不行於世。至漢魏之間，孫炎刱爲翻切。齊梁之際，王融乃賦雙聲。等韻漸萌，實闡合其遺法。迨神琪以後，其學大行。傳於今者，有司馬光《指掌圖》、鄭樵《七音畧》、無名氏《四聲等子》、劉鑑《切韻指南》。條例日密，而格礙亦日多。惟我國書十二字頭，用合聲相切，緩讀則爲二字，急讀則爲一音，悉本乎人聲之自然。證以《左傳》之丁寧爲鉦、句瀆爲穀，《國語》之勃鞮爲披，《戰國策》之勃蘇爲胥，於三代古法，亦復相協，是以特詔儒臣，以斯立準。
　　首列韻譜，定四等之輕重。每部皆從今韻之目，而附載《廣韻》之子部，以存舊制，因以考其當合當分。其字以三十六母爲次，用韓道昭《五音集韻》、熊忠《韻會舉要》之例。字下之音則備載諸家之異同，協者從之，不有心以立異；不協者改用合聲，亦不遷就以求同。大抵以上字定母，皆取於支、微、魚、虞、歌、麻數韻以此數韻能生諸音，即國書之第一部也。以下字定韻，清聲皆取於影母，濁聲皆取於喻母。以此二母乃本韻之喉音，凡音皆出於喉而收於喉也。其或有音無字者，則借他韻、他母之字相近者代之。有今用、協用、借用三例，使宛轉互求，委曲旁證，亦即漢儒訓詁某讀如某、某音近某之意。惟辨別毫芒，巧於比擬，非古人所及耳。自有韻書以來，無更捷徑於此法者，亦更無精密於此書者矣。

對比《總目》與書前提要，有些內容是相應但是敘述不同，語言的詳略也不相同。例如，《音韻闡微》的編纂時間，閣書提要和《總目》都有關於其編纂起止時間的交代，但是書前提要在介紹寫作時間的同時還說到了作者，而《總目》則是直截了當；為了突出清代的切音方法，閣本和《總目》都交代了這種方法產生的背景，但是介紹背景方式和內容是不相同的：閣本是從傳統韻書韻部分合刪併開始，《總目》是從西域的反切傳入中國開始。另外，《總目》對《音韻闡微》體例、內容的介紹以及對其學術價值的評價，這些又都是書前提要所沒有的。

與《音韻闡微》相類似的，都是《總目》在書前提要基礎上完全改寫而成的提要，在小學類中還有《康熙字典》《御製清文鑑》《欽定西域同文志》《欽定同文韻統》《欽定叶韻彙輯》等五篇。它們都是在清代皇帝勅命編纂的大型字書，由於當時最高統治者的倡導、參與，其書名都帶有"欽定"、"禦製"等字樣，這些著作也因此必須具有一定的實用性和很高的學術性，必須體現國家意志，從而便具有了一定的強制性。總纂官在面對這樣一些著作時是非常慎重的，為它們撰寫提要必須詳細地介紹著作內容，客觀地評價其在同類著作中的突出地位，有意突出其重要的學術價值。也正是基於這些考慮，總纂官在參考書前提要的基礎上，保留了部分重要內容，根據自己的理解和判斷進行了重新改寫。

2. 增加類

《總目》在書前提要的基礎上增加了部分內容，從而導致兩者之間出現了差異。這種差異只是局部的，並不是將原來的書前提要推倒重來，或者重新撰寫。總纂官在原提要基礎上增加相關例證、考辯文字等內容，從而使原來概括性的語言變得具體，使原來簡略的議論變得詳細，使原來單

第一章　小學類提要的文本差異　287

方面的介紹變得全面，使原來單純的介紹變得豐富。《總目》小學類提要因增加内容而使其與閣本存在差異的數目是42篇，① 占總數的54%。通過整理、研究《總目》小學類提要所增加的内容，我們發現其具有以下幾個方面的特點。

①辨正是非

《總目》極富考辨性質，這當然與《四庫全書》纂修官在撰寫提要之初堅持"辨章學術，考鏡源流"的宗旨有關，也與總纂官在最後階段刻意增加考辨文字，以駁斥錯誤觀點的行爲有關。《總目》小學類提要中所增加的辨正是非的文字可分兩類：一是對别人觀點的辨正，主要是針對序跋、或者其他著作中所提及與著錄圖書有關的觀點；一是對著作内容本身進行辨正，指出其存在的不足和缺陷。下面分類舉例説明。例如，《釋名》，文溯、文津閣本提要爲：

> 臣等謹案：《釋名》八卷，漢劉熙撰。熙字成國，北海人。其書二十篇。以音聲髣髴，推論稱名辨物之意，中間頗傷於穿鑿。又去古未遠，所釋器物，有可因以推求古人制度之遺者。如《楚辭·九歌》："薜荔拍兮蕙綢。"王逸云："拍，搏辟也。"今併"搏辟"二字，亦莫名其物。觀是書《釋牀帳》篇，乃知"搏辟"爲"以席搏著壁"。孔穎達《禮記義疏》"以深衣十二幅皆交裁謂之衽"，是書《釋衣服》篇云："衽，襜也，在旁襜襜然也"，則與《玉藻》"言衽當旁"合。《釋兵》篇云："刀室曰削，室口之飾曰琫，室末之飾曰琕。"又足證《毛詩詁訓傳》之訛。其有資考證者，非一也。别本或題曰《逸雅》，蓋明郎奎金取是書與《爾雅》、《小爾雅》、《廣雅》、《埤雅》合刻，名曰"五雅"，以四書皆有雅名，遂改題"逸雅"以從類。非其本目，今不從之。

《總目》在此基礎上增加兩段辨正文字，如：

> 釋名八卷　内府藏本
> 漢劉熙撰。熙字成國，北海人。其書二十篇。以同聲相諧，推論

---
① 該數目包括附錄的《六藝綱目》。

稱名辨物之意，中間頗傷於穿鑿，然可因以考見古音。又去古未遠，所釋器物，亦可因以推求古人制度之遺。如《楚辭·九歌》："薜荔拍兮蕙綢。"王逸註云："拍，搏壁也。""搏壁"二字，今莫知爲何物。觀是書《釋牀帳》篇，乃知"以席搏著壁上謂之搏壁"。孔穎達《禮記正義》"以深衣十二幅皆交裁謂之衽"，是書《釋衣服》篇云："衽，襜也，在旁襜襜然也"，則與《玉藻》"言衽當旁者"可以互證。《釋兵》篇云："刀室曰削，室口之飾曰琫，下末之飾曰琕。"又足証《毛詩詁訓傳》之訛。其有資考證，不一而足。

吳韋昭嘗作《辨釋名》一卷，糾熙之誤，其書不傳。然如《經典釋文》引其一條，曰："《釋名》云'古者車，音如居，所以居人也。今曰車，音尺遮反，舍也'案：《釋名》本作"古者曰車，聲如居，言行所以居人也。今曰車，車，舍也，行者所處，若居舍也。"此蓋陸德明約舉其文。又取文義顯明，增入"音尺遮反"四字耳。韋昭云：'車古皆因尺奢反，後漢以來，始有居音'。"案《何彼穠矣》之詩，以車韻華；《桃夭》之詩，以華韻家，家古音姑，華古音敷，則車古音居，更無疑義。熙所說者不訛，昭之所辨亦未必盡中其失也。①

別本或題曰《逸雅》，蓋明郎奎金取是書與《爾雅》、《小爾雅》、《廣雅》、《埤雅》合刻，名曰"五雅"，以四書皆有雅名，遂改題"逸雅"以從類。非其本目，今不從之。又《後漢書·劉珍傳》稱"珍撰《釋名》五十篇，以辨萬物之稱號"，其書名相同，姓又相同，鄭明選作《秕言》，頗以爲疑。然歷代相傳無引劉珍《釋名》者，則珍書久佚，不得以此書當之也。明選又稱此書爲二十七篇，與今本不合。明選，萬歷中人，不應別見古本，殆一時失記，悞以二十爲二十七歟？

這兩篇提要最大的不同是《總目》增加了兩段文字：一是通過對《辨釋名》"車古皆因尺奢反，後漢以來，始有居音"的辨正，認爲"車古音居，更無疑義"，"熙所說者不訛，昭之所辨亦未必盡中其失也"；一是鄭明選《秕言》懷疑"劉珍《釋名》"即爲"劉熙之《釋名》"，《總

---

① 將增加的文字變成粗體，以便直觀地閱讀，下同。

第一章　小學類提要的文本差異

目》對此進行了分析，否定了鄭氏的觀點。《總目》將這種辨正別人觀點的材料加入提要稿中，表現了總纂官寬闊的學術視野和深厚的學術功底，也增強了提要的思辨性。所增加的内容與此相類似，即駁正別人觀點的提要，《總目》小學類中還有《爾雅注》《爾雅翼》《說文解字》《重修玉篇》《洪武正韻》等5篇。

對某個觀點進行驗證性辨正，即證明其正確性、科學合理性，是《總目》增入内容"辨正是非"特點的另一個方面。我們以《附釋文互註禮部韻畧》《五音集韻》爲例。

   附釋文互註禮部韻畧五卷、附貢舉條式一卷　兵部侍郎紀昀家藏本
  凡有二本：一本爲康熙丙戌曹寅所刻，冠以余文焯所作歐陽德隆《押韻釋疑序》一篇、郭守正《重修序》一篇、《重修條例》十則、淳熙《文書式》一道。考守正所重修者，名《紫雲韻》，今尚有傳本，已別著錄，則此本非守正書。又守正《條例》稱德隆註疴僂、其拗之辨，似失之拘。今此本無此註，則亦非德隆書。觀守正《序》稱"書肆板行，漫者凡幾，一漫則一新，必增數註釋，易一標題"，然則當日《韻畧》非一本。此不知誰氏所刻，而仍冠以舊序及條例，其條例與書不相應，而淳熙《文書式》中乃有理宗御名，是則移掇添補之明證也。①

   五音集韻十五卷　内府藏本
  世稱以等韻顛倒字紐始於元熊忠《韻會舉要》，然是書以三十六母各分四等，排比諸字之先後，已在其前。所收之字，大抵以《廣韻》爲藍本，而增入之字則以《集韻》爲藍本。考《廣韻·卷首》云"凡二萬六千一百九十四言"，《集韻·條例》云"凡五萬三千五百二十五言，新增二萬七千三百三十一言"，是書亦云"凡五萬三千五百二十五言，新增二萬七千三百三十言"，合計其數，較《集韻》僅少一字，殆傳寫偶脫。《廣韻》"注十九萬一千六百九十二字"，是書云"注三十三萬五千八百四十言，新增十四萬四千一百四十八

---
① 考慮到篇幅，引文爲節選；加粗部分是《總目》新增加的内容，下同。

言"，其增多之數，則適相符合。是其依據二書，足爲明證。

從以上新增加的文字來看，《總目》考證了兩個問題：一是曹氏刻本《附釋文互註禮部韻畧》前面所列的序及條例與書不相符合，是後人隨意添加進去的；一是根據《廣韻·卷首》《集韻·條例》所列舉字頭、注文的數目，推測《五音集韻》收字來源，從而確認"所收之字，大抵以《廣韻》爲藍本，而增入之字則以《集韻》爲藍本"。

②列舉例證

書前提要置於各著作前，介紹作者生平，概述作品內容和評價其學術價值，篇幅短小，語言簡練，以概說爲主。《總目》則不然，它會在書前提要基礎上增加一些具體例證，以突出論述的觀點（或者特點），也會補充一些與已有事例不同的例證，說明著作存在的不足，使得對作品的介紹更加全面，讓讀者對作品的認識更加直觀。例如：

古音畧例一卷　兩江總督採進本（節選）
至如《老子》"朝甚除，日甚蕪，倉甚虛。服文彩，帶利劍，厭飲食，資財有餘，是謂盜夸"，慎據《韓非·解老篇》改"夸"爲"竽"，謂"竽"方與"餘"字叶，柳子厚詩仍押"盜夸"均悞。今考《說文》"夸从大，于聲"，則夸之本音不作"枯瓜切"明矣。故《楚詞·大招》"朱脣皓齒，嫭以姱只。比德好閑，習以都只"，《集韻》"姱，或作夸"，又《吳都賦》"列寺七里，俠棟楊路。屯營櫛比，廨署棊布。橫塘查下，邑屋隆夸。長干延屬，飛甍舛互"，是"夸"與"餘"爲韻，正得古音。而慎反斥之，殊爲失考。又《易》："《晉》晝也，《明夷》誅也。"慎謂："古'誅'字亦有之由切，與'晝'爲韻。孫奕改'誅'爲'昧'，'昧'叶音幕，殊悞。"今考《周禮·甸祝》"禂牲禂馬"亦如之，鄭讀"禂"爲誅，則慎說似有所據。但"晝"字古音讀如註，張衡《西京賦》"徼道外周，千廬內附。衛尉八屯，警夜巡晝"，又《易林·井之復》"晝"與"據"爲韻，《井之渙》"晝"與"故"爲韻，《渙之蠱》"晝"與"懼"爲韻，則古韻"晝"不作"涉救切"可知。何得舍其本音，而反取誅之別音爲叶？他若《莊子》"竊鉤者誅，竊國者爲諸侯"，慎讀"誅"爲"之由切"，而不知"侯"之古音胡，正與"誅"爲韻。又《易

第一章　小學類提要的文本差異

林》："蜘蛛之務，不如蠶之綸。"慎讀"務"爲蝥、"綸"爲鈎，不知"綸"古音俞，正與"務"爲韻。蓋其文由掇拾而成，故其說或離或合，不及後來顧炎武、江永諸人能本末融貫也。

　　增修互註禮部韻畧五卷　　江蘇巡撫採進本

　　宋毛晃增註，其子居正校勘重增。諸家所稱《增韻》，即此書也。晃嘗作《禹貢指南》，居正嘗作《六經正誤》，皆已著錄。

　　是書因《禮部韻畧》收字太狹，乃蒐采典籍，依韻增附。又《韻畧》之例，凡字有別體、別音者，皆以墨闌圈其四圍，亦往往舛漏。晃併爲釐定，於音義字畫之誤皆一一辨證，凡增二千六百五十五字，增圈一千六百九十一字，訂正四百八十五字。居正續拾所遺，復增一千四百二字。各標總數於每卷之末，而每字之下又皆分註。其曰增入、曰今圈、曰今正者，皆晃所加；曰重正者，皆居正所加。其辨論考證之語，則各署名以別之。父子相繼以成一書，用力頗爲勤摯。其每字叠收重文，用《集韻》之例；每字別出重音，用《廣韻》之例。

　　然不知古今文字之別，又不知古今聲韻之殊。如東部"通"字紐下據漢《樂府》增一"桐"字，是以假借爲本文；"同"字紐下據《齒風》增一"重"字，是以省文爲正體。又如先部"先"字紐下據《漢樂府》增一"西"字，是以古音入律詩；"煙"字紐下據杜預《左傳》註增一"殷"字，是以借聲爲本讀。皆所謂引漢律斷唐獄者，不古不今，殊難依據。較歐陽德隆互註之本，殆不止上下床之別。特其辨正訓詁，考正點畫，亦頗有資於小學。故後來字書、韻書多所徵引，而《洪武正韻》之註據是書者尤多焉。錄而存之，亦足以備簡擇也。明代刊板頗多訛舛。此本凡宋代年號皆空一格，猶從舊式，末題"太歲丙午仲夏秀巖山堂重刊"，蓋理宗淳祐四年蜀中所刻，視近本特爲精善云。

　　以上舉例的《古音畧例》《增修互註禮部韻畧》兩篇提要代表了《總目》增加例證的兩種類型：一與書前提要相似的例證，論述已有觀點；一是新例證，說明新增加的觀點。書前提要《古音畧例》爲了說明楊慎叶音失考之處，本來已經列舉了《莊子》《易林》中的例證，《總目》在此基礎上還增加了《老子》《易》事例。《總目》爲了說明《增修互註禮部韻畧》"不知古今文字之別，又不知古今聲韻之殊"，較書前提要又增加了東部、先部幾個例證。

③說明評議

《總目》有時會增加著錄說明和內容介紹，其中有些是統一體例的結果，有些是爲了彌補閣書提要過於簡單的缺憾。例如《增修校正押韻釋疑》，《總目》就正文前面所附加的內容依次鈔錄：

前載文焴《序》，次守正《自序》，次《重修條例》，次《紹興新制》，次《韻字沿革》，次《前代名姓有無音釋之疑》，次《韻畧音釋與經、史、子音釋異同之疑》，次《韻畧字義與經、史、子字義異同之疑》，次《經、史、子訓釋音義異同之疑》，次《本韻字異義異經、史、子合而一之之疑》，次《兩韻字同義同而無通押明文者》，次《押韻經前史後之疑》，次《經、史用古字今字之疑》，次《有司去取之疑》，次《世俗相傳之誤》，次《賦家用韻之疑》，次《疑字》，次《字同義異》，次《正誤》，次《俗字》，皆列卷首。

《總目》於提要的結尾處增加著錄說明，補充交代著錄的原因。例如：

以宋槧如是，今姑仍舊本錄之，而附訂其誤如右（《廣韻》提要）

錄而存之，亦足以備簡擇也。（《增修互註禮部韻畧》提要）

以與所著五書共爲卷帙，當並存以具一家之言。且其配隸古音，實有足糾吳棫以來之謬者，故仍錄備參考焉。（《古音表》提要）

《總目》增加了評議性文字，內容主要包括對著錄圖書的學術價值進行評論和對著錄圖書相關內容發表議論。例如：

然其詮釋諸經頗據古義，其所援引多今所未見之書，其推闡名理亦往往精鑿，謂之駁雜則可，要不能不謂之博奧也。（《埤雅》提要）

然古今世異，往往訓詁難通。有是一篇，區分類聚，雖間有出

第一章　小學類提要的文本差异　293

入，固不失爲考古之津梁也。(《班馬字類》提要)

　　大抵伯琦此二書，推衍《說文》者半，叅以己見者亦半，瑕瑜互見，通蔽相仿，不及張有《復古編》之精密，而亦不至如楊桓《六書統》之糅襍。采葑采菲，無以下體。姑存以備一解，亦兼收並蓄之意云爾。(《說文字原》《六書正譌》提要)

　　南宋以來，隨意叶讀之謬論，至此始一一廓清，厥功甚鉅。(《詩本音》提要)

《總目》增加的議論文字也不少，例如：

　　卷末別附糾正俗書八十二字，其中如壅塞必作邕塞、芝草必作之草、衣裳必作衣常、添減必作沾減、規矩必作規巨、心膂必作心呂、鐙炷必作鐙主、袒裼必作但裼、負荷必作負何、巾帨必作巾帥、竭力必作渴力、肘腋必作肘亦，是雖於古有據，而今斷斷不能行。(《字通》提要)

　　蓋許愼《說文》爲六書之祖，如作分隸行草，必以篆法繩之，則字各有體，勢必格閡而難行。如作篆書，則九千字者爲高曾之矩矱矣，桓必欲価而改錯，其支離破碎，不足怪也。(《六書統》提要)

　　濂在明初，號爲宿學，不應沿訛踵謬至此。蓋明太祖既欲重造此書，以更古法，如不誣古人以罪，則改之無名。濂亦曲學阿世，強爲舞文耳。然源流本末，古籍昭然，天下後世何可盡掩其目乎。(《洪武正韻》提要)

3. 語言文字潤飾類

　　潤飾是指《總目》調整、修飾書前提要的語言文字，使之合符《總目》的話語體系、行文範式和總纂官的寫作習慣。這種語言文字的潤飾只是針對書前提要的語句，或者詞語，不是大範圍的改寫，或大規模的增加內容，即在保證原來表達意義不變或者基本不變的情況下，改換表達方式，調整表達內容，選擇合適句式和詞語。[①] 下面是我們在研究《總目》

[①] 《總目》與書前提要之間存在大量異體字，雖然也可以算是同義，但由於他們只是形體差別，不影響語義的表達，另外這些異體字本身也比較複雜，故這裡不予討論。

經過修改潤色的語言之後歸納出來的《總目》的三種語言提煉方式。

①同義替換

《總目》對書前提要中的語句進行潤色，只是選擇了不同的表達方式，而沒有改變其表達的原義，這可以看作同義句式的替換。爲了看清《總目》是怎樣用同義語句去替換書前提要相應語句的，我們將被替換對象和替換者摘鈔下來，列爲表格，以供參考。例如，表8：

表8

提要篇目	書前提要	備註	總目提要
《爾雅注》	中亦間有駁正	文津本	中間駁正舊文
《釋名》	乃知"搏埩"爲"以席搏著壁"	文溯、文津本	乃知以"席搏著壁上"謂之"搏埩"
	則與《玉藻》言衽當旁合	文溯、文津本	則與《玉藻》言衽當旁者，可以互證
	其有資考證者，非一也	文溯、文津本	其有資考證，不一而足
《羣經音辨》	卷七曰《辨字訓得失》，所辯論者凡九字，則附錄也	文溯本	卷七附《辨字訓得失》一門，所辯論者僅九字
《埤雅》	著書二百四十二卷，如《埤雅》、《禮象》、《春秋後傳》，皆傳於世	文溯、文津本	所著《埤雅》、《禮象》、《春秋後傳》之類，凡二百四十二卷
	而蔓衍縱橫，旁推其理以申之	文溯、文津本	又推而通貫諸經，曲證旁稽，假物理以明其義
	其學問則未嘗异安石	文溯本	其學問淵源，則實出安石
	其學問則未嘗有异于安石	文津本	
《駢雅》	而謀埩以爲刻扅之屬，詮釋未確	文溯本	而謀埩以爲刻扅之屬，改易舊文，殊爲未確
《爾雅翼》	是書卷端有顧自序及王應麟序，又有方回及焱祖跋語	文溯本	是書卷端有顧自序，又有王應麟後序、方回跋及焱祖自跋
	是書卷端有顧自序、王應麟序，後有方回及焱祖跋語	文津本	
	今案之全書，名數皆合	文溯、文津本	今勘驗此本，名數皆合
	應麟序謂，以咸淳庚午刻之郡齋，而其所爲《玉海·藝文志》內乃失載，蓋偶疎也	文溯、文津本	應麟後序稱，以咸淳庚午刻此書郡齋，而《玉海》所列《爾雅》諸本乃不著於錄

第一章　小學類提要的文本差异

续表

提要篇目	書前提要	備註	總目提要
《續方言》	正可以續揚雄所闕，而俱佚之，以其引書過隘故也	文溯、文津本	正可以續揚雄之著，而俱佚之，豈舉遠者反畧近歟
《說文解字篆韻譜》	當指陸法言之《切韻》	文溯、文津本	當卽陸法言書
《五經文字》	因依樣繕寫	文溯、文津本	因舊樣繕寫
《佩觿》	又有與《篇》、《韻》音義異者十五字，及所辨證舛誤者一百十九字，均載卷後	文溯、文津本	末附與《篇》、《韵》音義異者十五字，又附辨證舛誤者一百十九字
	則姓氏之逢，雖通作逄，亦仍作皮江反，與忠恕說同	文溯、文津本	則姓氏之逢，雖通作逄，亦仍作皮江反，可証顏師古之訛
	證之漢四老神位神祚几石刻，甪里，本作角里，與忠恕之說亦合	文溯、文津本	證之漢四老神位神胙几石刻，甪里，實作角里，與此書合
	則知忠恕所據，實為精確，非以意穿鑿者矣	文溯、文津本	則知忠恕所論，較他家精確多矣
《鐘鼎款識》	是書見於晁公武《讀書志》者，二十卷，《宋史·藝文志》亦同，均與今本相合	文溯、文津本	是書，晁公武《讀書志》、《宋史·藝文志》均作二十卷，與本相同
《復古編》	可謂通人之論	文溯、文津本	所以爲通人之論
《班馬字類》	惟其中有如"降、古音洪"、"眉、古作睂"之類可以不載者；亦有如"璇璣玉衡"本《尚書》、"袗服振振"本《左傳》之類不得以《史》、《漢》爲出典者；與"幾至刑措"之幾、"不茹園葵"之茹，音義與今並同者。皆可無庸采錄，未免小失簡汰耳。末有機《自跋》二則，辨論字義，尤極明晰云	文溯、文津本	末有機自《跋》二則，辨論字義，亦極明析。其中有如"降古音洪"、"眉古作睂"之類，可以不載者；亦有如"璇璣玉衡"本《尚書》、"袗服振振"本《左傳》之類，不得以《史》、《漢》爲出典者；與"幾至刑措"之幾、"不茹園葵"之茹，音義與今並同者。一概捃拾，未免小失簡汰
《周秦刻石釋音》	其說不見於前人	文溯本	其說於古無所據
	其所見之本，固未可全執今本相詰難	文溯本	其所見之本或有異同，未可執今本相詰難
《字鑑》	於小學實深有裨益	文溯本	於小學深爲有裨
	於小學深有裨益	文津本	

295

续表

提要篇目	書前提要	備註	總目提要
《廣韻》	乃以原書爲在後	文溯本	乃以此本爲在後
	而陸德明《莊子釋文》亦引《廣韻》,則《廣韻》之名實在《唐韻》之前	文溯、文津本	則法言《切韻》亦兼《廣韻》之名
《重修廣韻》	朱彝尊《曝書亭集》有爲士俊所作序	文溯、文津本	朱彝尊序之
	潘耒《遂初堂集》亦有此書序,極以注文繁複爲可貴	文溯、文津本	潘耒序乃以註文繁複爲可貴
《切韻指掌圖》	則明初人矣	文溯、文津本	則元之遺民,入明尚在也
《古音表》	而論者終不能無異議焉	文溯、文津本	然變亂舊部,論者終有異同

　　《總目》用不同的語言形式,重新表達了書前提要所要表達的意思,前後之間意義並沒有發生改變。從表8可以看出,《總目》所使用的同義替換方式也有一些細微區別:一是改變語序,如《羣經音辨》,文溯本中有"卷七曰辨字訓得失,所辯論者凡九字,則附錄也",《總目》將原來的語序打亂,改為"卷七附辨字訓得失一門,所辨論者僅九字";一是改換語言表述方式,如《埤雅》,文津、文溯二本都有"而蔓衍縱橫,旁推其理以申之",《總目》一改原來的語言形式,變為"又推而通貫諸經,曲證旁稽,假物理以明其義"。無論是重新組織原來語句的順序,還是改變原來的語言形式,《總目》都沒有從根本上改變閣本提要所要表達的意思,其目的只是在於通過這樣一種方式來清晰準確地傳達觀點,使前後文銜接緊密和符合體例規範。

　　②詳細闡述、簡要概括

　　在語義不發生改變的前提下,語言有詳畧之分。由於《總目》追求與書前提要不同的表達效果,有時書前提要簡單的部分,《總目》詳細展開;有時書前提要詳細闡述的部分,《總目》卻簡明扼要。不管是詳細敘述,還是簡畧概括,它們與"同義替換"的相同之處是《總目》修改前後觀點沒有變化,不同之處是所使用的語言文字數量相差大。下面我們將校勘結果分類列舉:

詳細闡述（表9）

表9

提要篇目	書前提要	備註	總目提要
《說文解字》	所引《五經文字》與今本不相同，如"江有汜"，復作"江有洍"之類，亦時時自相違異，蓋漢人師說本不一家，各尊所聞，不為愼累，好奇者或據之以改經，則謬戾甚矣	文溯本	至其所引《五經文字》，與今本多不相同，或往往自相違異。顧炎武《日知錄》嘗摭其"汜"下作"江有汜"，"洍"下又作"江有洍"，"嗈"下作"赤鳥嗈嗈"，"鸒"下又作"赤鳥鸒鸒"，是所云《詩》用毛氏者，亦與今本不同。蓋雖一家之學，而宗派旣別，亦各不相合。好奇者或據之以改經，則謬戾殊甚
《佩觿》	上卷列造字、四聲、傳寫三科，中下以四聲分十條	文溯、文津本	此書上卷備論形聲訛變之由，分爲三科：曰造字，曰四聲，曰傳寫。中、下二卷則取字畫疑似者，以四聲分十段
《復古編》	以四聲分隸諸字，篆書正體，而別作俗體則附之註中	文溯、文津本	以四聲分隸諸字，於正體用篆書，而別體、俗體則附載註中，猶顏元孫《干祿字書》分正、俗、通三體之例
《六書統》	故其說至於不可通，則變一例；所變之例復不通，則不得不又變一例。數變之後，紛如亂絲，輾轉迷瞀，幾於不可究詰	文溯、文津本	故其說至於不可通，則變一例；所變之例復不通，則不得不又變一例；數變之後，紛如亂絲。於是一指事也，有直指其事，有以形指形，有以意指意，有以形指意，有以意指形，有以注指形，有以注指意，有以聲指形，有以聲指意。一假借也，有聲義兼借，有借聲不借意，有借意不借聲，有借諧聲兼義，有借諧聲，有借近聲兼義，有借近聲，有借諧聲，有因而借，有因省而借，有借同形，有借同體，有非借而借。輾轉迷瞀，幾於不可究詰
《韻補》	考《詩集傳》中音切為此書所無者，不可殫舉	文溯本	考《詩集傳》，如《行露篇》二"家"字，一音谷，一音五紅反；《騶虞篇》二"虞"字，一音牙，一音五紅反；《漢廣篇》"廣"音古曠反，"泳"音于誑反；《綠衣》篇"風"音孚愔反之類，為此書所無者，不可殫舉
《四聲等子》	若辨音和、類隔、廣通、侷狹、內外轉攝振救、正音及雙聲叠韻之例	文溯、文津本	若辨音和、類隔、廣通、侷狹、內外轉攝振救、正音憑切、寄韻憑切、喻下憑切、日寄憑切及雙聲叠韻之例

续表

提要篇目	書前提要	備註	總目提要
《洪武正韻》	當時以天子之力，濟以太祖之剛厲，竟不能行于天下，太祖子孫相傳二百餘年，雖懸此書于令甲，卒亦聽天下自用舊韻，不能申明祖宗之法則，是非之心終有不可奪者矣	文溯、文津本	李東陽《懷麓堂詩話》曰："國初顧祿爲宮詞，有以爲言者，朝廷欲治之。及觀其詩集，乃用《洪武正韻》，遂釋之。此書初出，亟欲行之故也。然終明之世，竟不能行於天下，則是非之心，終有所不可奪也。"又周寶所《識小編》曰："洪武二十三年，《正韻》頒行已久，上以字義音切尚多未當，命詞臣再校之。學士劉三吾言：'前後韻書惟元國子監生孫吾與所纂《韻會定正》，音韻歸一，應可流傳。'遂以其書進。上鑒而善之，更名《洪武通韻》，命刊行焉。今其書不傳"云云，是太祖亦心知其未善矣
《音論》	上卷分三篇，中卷分六篇，下卷分六篇，共十五篇	文溯、文津本	上卷分三篇：一、古曰音今曰韻；二、韻書之始；三、唐宋韻譜異同。中卷分六篇：一、古人韻緩不煩改字；二、古詩無叶音；三、四聲之始；四、古人四聲一貫；五、入爲閏聲；六、近代入聲之誤。下卷分六篇：一、六書轉注之解；二、先儒兩聲各義之說不盡然；三、反切之始；四、南北朝反語；五、反切之名；六、讀若。共十五篇

簡畧概括（表10）

表10

提要篇目	書前提要	備註	總目提要
《俗書刊誤》	第八卷音義同字異，若"庖犧之爲炮羲、神農之爲神由"是也，第九卷音同字義異，若"錕鋙之與琨珸，滄浪之與篢筤"是也	文溯本	第八、第九卷考音同字異，若"庖犧之爲炮羲、神農之爲神由"是也
《重修廣韻》	丁度譏其一字之左，兼載他切，既不該盡徒釀細文，又姓望之出，廣陳名系，既乖字訓，復類譜牒，其說當矣	文溯、文津本	宜爲丁度之所譏

　　從表9、表10可以清楚地說明，小學類中《總目》修飾書前提要的特徵是以詳細爲主，其結果是詳細列舉、說明之處要多於簡畧概括之處，這也可以說明《總目》在書前提要基礎是以擴充爲主要方式。《總目》擴

充主要有兩部分内容：一是著作内容和體例介紹部分，如上述《佩觿》《復古編》《四聲等子》《音論》等；一是論述時例證列舉部分，如《說文解字》《韻補》《洪武正韻》等。

當然，總纂官無論是用概述、詳述，抑或是前面提到的同義替換，都是考慮到不能改變書前提要的原來意義，而有些地方也存在語義信息的增删改變。

③增加删除

《總目》對書前提要的一些語言片段進行錘煉，很多是在原來的語義框架之下添加新信息，或者删除冗餘信息，雖說這些增删導致了信息總量的改變，但書前提要的表義主體並没有改變。下面分類列舉：

增加信息（表11）

表11

提要篇目	書前提要	備註	總目提要
《釋名》	以音聲髣髴，推論稱名辨物之意，中間頗傷於穿鑿	文溯、文津本	以同聲相諧，推論稱名辨物之意，中間頗傷於穿鑿，**然可因以考見古音**
《匡謬正俗》	故其註《漢書》，動以合聲爲言，遂開後來叶音之說	文溯、文津本	其註《漢書》，動以合聲爲言，**遂與沈重之音《毛詩》**，同開後來叶音之說
《駢雅》	中間徵引詳博，頗具條理，而亦間有舛誤	文溯本	故徵引詳博，頗具條理，**非鄉塾陋儒捃拾殘剩者可比**
《方言》	知當慎之時此書尚不以《方言》為雄作。	文津本	知當慎之時此書尚不名《方言》，亦尚不以《方言》爲雄作
《埤雅》	晁公武謂不專主王氏，亦似特立，是誤以論其人者論其書也	文溯本	晁公武《讀書志》謂其說不專主王氏，亦似特立，**殆未詳檢是編**，悞以論其人者論其書歟
《復古編》	此本爲明萬曆中黎民表所刊，不載鑰序	文溯、文津本	此本爲明萬曆中黎民表所刊，**字畫頗爲清析**，惟不載鑰序
《復古編》	鑰所云陳瓘、程俱前後序，則皆相符合云	文溯、文津本	然鑰所云陳瓘、程俱前後序，則皆相符，**蓋猶從舊本傳刻者也**
《龍龕手鑑》	殆皆傳聞紀載，故不免失實歟	文津本	**殆皆隔越封疆**，傳聞紀載，故不免失實歟

刪除冗餘（表12）

表 12

提要篇目	書前提要	備註	總目提要
《爾雅》注	樵以說經者拘牽文義多失本旨，乃掃除箋釋，以經解經，可通者說之，不可通者則闕之，故其書文似簡略，而無穿鑿附會之失，於說《爾雅》家爲善本	文津本	惟作是書，乃通其所可通，闕其所不可通，文似簡畧，而絶無穿鑿附會之失，於說《爾雅》家爲善本
	是則偏僻之過，習氣猶未盡除，別自觀之可矣	文溯本	是則偏僻之過，習氣猶未盡除
《匡謬正俗》	師古一代通儒，而拘於習俗，不能知音有古今，不知齊梁以前無平仄四聲之別	文溯、文津本	惟拘於習俗，不能知音有古今
《羣經音辨》	是連頎典二字爲形容之辭，不得單舉一典字，訓爲堅刃	文溯本	以頎典爲形容之辭，不得單舉一典字
《爾雅翼》	惟謂《獸》七十四名，今書乃有八十五，疑原跋字畫有誤，或後人有所附益，非復焱祖舊本矣	文溯本	惟《釋獸》七十四名，此本内有八十五名，與原跋互異，豈字畫傳寫有誤歟
	惟跋謂《釋獸》七十四名，今書乃有八十五名，疑原跋字畫有誤，或後人有所附益，非復焱祖舊本矣	文津本	
《駢雅》	《釋地》内之五邱、四荒、太平、太蒙、丹穴、空桐，諸名目皆《爾雅》所已具，而亦摭引無遺，尤不免於冗複。蓋其本意祇以供行文徵採之用，而不專於訓釋名義，故或不能盡免於雜糅	文溯本	《釋地》内之五邱、四荒、太平、太蒙、丹穴、空桐之類，皆《爾雅》所已具，更爲複引，尤病冗蕪
《埤雅》	陸宰記佃神宗時預修《說文》，進書召對	文溯、文津本	宰《序》稱佃於神宗時召對
《續方言》	惟是所引之書，既及王應麟《急就章補註》，則宋以前書皆當詳採，今即耳目之前，顯然遺漏者	文溯、文津本	惟是所引之書，往往耳目之前，顯然遺漏
《說文解字》	然愼書以小篆爲宗，其中兼收籀古，李燾已疑爲呂忱所加，至於隸書、行書、草書則各爲一體，孳生轉變，時有異同，不能悉以小篆相律	文溯本	然愼書以小篆爲宗，至於隸書、行書、草書則各爲一體，孳生轉變，時有異同，不悉以小篆相律

第一章 小學類提要的文本差異

续表

提要篇目	書前提要	備註	總目提要
《說文繫傳考異》	南唐徐鍇作《說文繫傳》四十卷，歲久散佚。**鄭樵《通志》所載"已亡二卷"，李燾蒐訪，歲久僅得七、八，闕卷誤字無所是正，見所作《五音譜序》。闕後雖有傳本，而其中第二十五卷迄不復得。據王應麟《玉海》，則宋時已無完帙矣。**自明以來，錢曾號富于藏書，而《讀書敏求記》中稱為驚人秘笈，方以智號精於小學，而《通雅》稱楚金所繫，今皆遺失。則世罕傳本，已非一日	文溯、文津本	南唐徐鍇作《說文繫傳》四十卷，歲久散佚。自明以來，方以智號精於小學，而《通雅》稱楚金所繫，今皆遺失。則世罕傳本，已非一日
增修互註禮《部韻畧》	是書因丁度《禮部韻畧》收字太狹，**元祐五年博士孫諤、陳乞添收，紹興十一年進士黃啟宗更為補輯，猶未完備**，乃蒐采典籍，依韻增附	文溯本、文津本	是書因《禮部韻畧》收字太狹，乃蒐采典籍，依韻增附

　　從《總目提要》增加的內容來看，幾乎全部是總纂官觀點的流露。例如《釋名》，書前提要和《總目》都是批評《釋名》以聲音相諧推求事物命名緣由的不科學，但《總目》增加"然可因以考見古音"一句，以此表明總纂官對《釋名》價值的肯定。《總目》删除的內容主要有兩方面：一是與表達重點不相關，或不太相關的冗餘信息；一是支撑某些不重要觀點的具體事例。

　　小學類著錄提要共83篇，將《總目提要》與書前提要兩相比較，相同僅5篇，不相同達78篇，占總數的94%，因此，《總目》與書前提要的差異是絕對的。在不相同的78篇提要中，《總目》與書前提要完全不同的有7篇，其中總纂官根據需要重新撰寫的僅《爾雅注疏》1篇，在書前提要基礎上完全改寫而成的有《音韻闡微》《康熙字典》《御製清文鑑》《欽定西域同文志》《欽定同文韻統》《欽定叶韻彙輯》等6篇，《總目》與書前提要部分不同的有71篇，占總數的91%，且這種不同大多都是字詞使用，語言表述的差異，因此，《總目》與書前提要的差異僅限於提要的局部和細節。

　　書前提要是在分纂提要的基礎上經過反復修改而形成的，其本身已經比較成熟，將書前提要彙集再經過修訂，由總裁官統一潤色，最後形成

《總目提要》，因此，書前提要可以看作分纂提要向《總目》過渡的中間狀態。書前提要與《總目》之間存在差異有諸多原因，但其中一個最重要的原因，就是《總目》針對書前提要所存在的問題，並結合編纂《總目》的實際需要，對其進行了修改提高。這種修改主要包括重新撰寫、完全改寫，增加例證和考辨性文字，語言文字的修飾等三個方面的工作。

第三節　浙本與殿本之比較

《四庫全書總目》於乾隆四十六年（1781）二月修訂完畢，繕寫進呈，總纂官紀昀、陸錫熊以及所有核對校勘人員受到了朝廷的褒獎。此後十餘年，隨著體例的變動、新增書籍的辦理完竣和違禁著作的撤燬，《總目》仍屢有改動，未能最後定稿。乾隆五十七年（1792），内廷四閣全書的兩次復校工作結束後，總纂官紀昀等人又對《總目》進行全面的復勘和最後一次審定。乾隆六十年（1795），武英殿將紀昀等人"校勘完竣"之本刊刻印刷，這就是《總目》最早的刊本"武英殿本"，或簡稱"殿本"。殿本《總目》的刊刻經過，竣工、刷印和裝潢時間，刷印數量及其具體用項，在辦理《四庫全書》副總裁曹文埴的奏摺中有詳細記載：

> 臣曹文埴謹奏，為刊刻《四庫全書總目》竣工，敬謹刷印裝潢，恭呈御覽事。臣竊於乾隆五十一年奏請刊刻《四庫全書總目》，仰蒙俞允，並繕寫式樣，呈鑒在案。續因紀昀等奉旨查辦四閣之書，其中《提要》有須更改之處，是以停工未刻。今經紀昀將底本校勘完竣，隨加緊刊刻畢工。謹刷印裝潢陳設書二十部，備賞書八十部，每部計十六函，共一千六百函，恭呈御覽。其版片八千二百七十八塊，現交武英殿收貯。再，紀昀曾知會臣于書刊成之日，刷印四部，分貯四閣，茲一併印就，請飭交武英殿總裁照式裝潢，送四閣分貯。查是書便於翻閱，欲得之人自多，亦應聽武英殿總裁照向辦官書之例，集工刷印，發交京城各書坊領售，俾得家有其書，以仰副我皇上嘉惠藝林

之至意。伏祈睿鑒①。

浙江地方官府借文瀾閣本翻刻，是外省刊刻《總目》的最早版本，稱爲浙本。浙本的產生經過，時任浙江学政阮元的《跋》有記載：

　　四庫卷帙繁多，嗜古者未及遍覽。而《提要》一書，實備載時地、姓名及作書大旨。承學之士，抄錄尤勤。毫楮叢集，求者不給。乾隆五十九年，浙江署布政使司臣謝啟昆、署按察使司臣秦瀛、都轉鹽運使司臣阿林保等，請于巡撫兼署鹽政臣吉慶，恭發文瀾閣藏本，校刊以惠士人。貢生沈青、生員沈鳳樓等，咸願輸資，鳩工蕆事，以廣流傳。六十年，工竣。②

《總目》後來在殿本、浙本的基礎上產生了諸如揚州小字本、粵本、石印本等多種版本，各個版本關係複雜。我們選擇武英殿本《四庫全書總目提要》與浙本《四庫全書總目》進行比較研究，以探求它們的差別，說明它們之間的關係。

殿本與浙本的不同，傅以禮於清光緒二十一年（1895）便已注意到這一現象。當時，廣雅書局翻刻《四庫全書總目》，主持校刊的傅以禮在《校刊殿本〈總目〉跋》中曾說："浙刻系從文瀾閣藏本鈔出，則與聚珍本亦應無不吻合。乃取各本糸考，匪特《總目》與《簡明目錄》時有糸差，即《總目》之聚珍、袖珍兩本，與《簡明目錄》之浙刻、鮑刻兩本，亦所載不盡相符。或此有而彼遺，或彼存而此闕，而卷數之多寡，字句之詳略，更無論已。"③

中華書局（1965）影印浙本《四庫全書總目》，認爲"浙本據殿本重刻，校正了殿本的不少錯誤"，且以浙本作底本，糸用殿本和粵本相校，將浙本與殿本的差別彙集成《四庫全書總目校記》，附於書後。經統計，校記共342條，其中小學類14條。王重民（1981）專門就這個《校記》

---

① 中國第一歷史檔案館：《纂修四庫全書檔案》，上海古籍出版社1997年版，第2374—2375頁。

② 阮元：《浙江刻四庫全書提要跋》，《四庫全書總目》，中華書局1965年版，第1837頁。

③ 轉引自崔富章《〈四庫全書總目〉傳播史上的一段公案——從傅以禮的〈跋〉談起》，《文史知識》2007年第12期。

研究過浙本與殿本之間的關係，主張"一些地方的確是刻錯、刻脫的字，但是還有一些地方是在翻刻過程中經過校刻人有意識改動的"，認爲"浙本與殿本的優劣問題是一百多年來使用《四庫全書總目》的人所關心的一個問題，但還沒有人作過研究比較和評價，就是因爲兩本的異同很少，而把兩百卷的一部大書從頭至尾兩本詳校一過，的確很不容易"。①

我們在研究工作中仔細對照了殿本、浙本小學類提要，發現它們之間共存在 226 處不同，差異的內容除去部分異體字、同義詞的運用外，主要有"浙本糾正了殿本存在的錯誤"，"增加了表現觀點的語句"，"完善了語言表達"等三個方面。

一　糾正訛誤

殿本與浙本之間在文字上的差異，有 68 處是浙本對殿本所存在錯誤的糾正，具體說來就是浙本糾正殿本的錯誤，補足其文字脫漏，刪除冗餘。

1. 改正錯誤

殿本文字存在錯誤，如書名、作者名錯誤，文字訛誤，引文與原文不合以及知識性錯誤等，浙本對此有意識地進行了改正。例如，表13：

表 13

篇目	殿本	說明	浙本
《說文解字》	其書今雖不傳，然如《廣韻》一東部烔字、䜛字，四江部𪊨字之類，云"出《字林》"者皆《說文》所無，亦大畧可見	殿本"烔"，當作"焆"	其書今雖不傳，然如《廣韻》一東部焆字、䜛字，四江部𪊨字之類，云"出《字林》"者皆《說文》所無，亦大畧可見
《說文繫傳》	鉉本"萊，耕多草"，此作"耕名"。鉉本"迎，前頡也"，此作"前頓也"	殿本"萊"，當作"𦯄"；"迎"，當作"迓"	鉉本"𦯄，耕多草"，此作"耕名"。鉉本"迓，前頡也"，此作"前頓也"
《說文繫傳考異》	其下卷則竟從刪汰，庶不以食博嗜奇破著書之體例焉	殿本"食"，當作"貪"	其下卷則竟從刪汰，庶不以貪博嗜奇破著書之體例焉
《說文解字篆韻譜》	據李燾《五音說文韻譜序》，此書篆字皆其兄鉉所書	《五音說文韻譜序》，當作"《說文五音韻譜序》"	據李燾《說文五音韻譜序》，此書篆字皆其兄鉉所書

---

① 《跋影印本〈四庫全書總目〉》，《吉林省圖書館學會會刊》1981 年第 1 期。

第一章 小學類提要的文本差異

续表

篇目	殿本	說明	浙本
《重修玉篇》	其勅牒所列字數，稱"舊一十五萬六百四十一言，新五萬一千一百二十九言，新舊總二十萬九千七百七十言。註四十萬七千五百有三十字"	一十五萬六百四十一言，當作"一十五萬八千六百四十一言"	其勅牒所列字數，稱"舊一十五萬八千六百四十一言，新五萬一千一百二十九言，新舊總二十萬九千七百七十言。註四十萬七千五百有三十字"
《類篇》	嘉定癸亥，董南一作光《切韻指掌圖序》	嘉定，浙本作"景定"	景定癸亥，董南一作光《切韻指掌圖序》
《六書統》	案《說文》本作諧聲，此作形聲。蓋從《周禮》之文	《說文》，當作"《周禮》注"；《周禮》，當作《說文》	案《周禮注》本作諧聲，此作形聲。蓋從許慎《說文》
《奇字韻》	如《說文》引《尚書》"嵎夷"，作"嵎銕"	嵎銕，當作"堣夷"	如《說文》引《尚書》"嵎夷"，作"堣夷"
	引《周禮》"膳膏臊"，臊作鱢；"孤乘夏巡"，巡作輓	巡，當作"篆"	引《周禮》"膳膏臊"，臊作鱢；"孤乘夏篆"，篆作輈
	至於岷之作汝，禱之作調，皆假借字，而亦概列為奇字，尤屬不倫	調，當作"禂"	至於岷之作汝，禱之作禂，皆假借字，而亦概列為奇字，尤屬不倫
《康熙字典》	至於增入之字，各依字畫多寡，例於其數之末	例，當作"列"	至於增入之字，各依字畫多寡，列於其數之末
《欽定西域同文志》	《公羊傳》稱"吳人謂善為伊，謂道為緩"	《公羊傳》，當作"《穀梁傳》"；道，當作"稻"	《穀梁傳》稱"吳人謂善為伊，謂稻為緩"
	又《輟耕錄》載：元杜本編《五聲韻》，自大、小篆、分、隸、真、艸，以外蕃書、蒙古新字，靡不收錄，題曰《華夏同音》	《華夏同音》，當作"《華夷同音》"	又《輟耕錄》載：元杜本編《五聲韻》，自大、小篆、分、隸、真、草，以至外蕃書、蒙古新字，靡不收錄，題曰《華夷同音》
《韻補》	考《詩集傳》，如《行露篇》二"家"字，一音谷，一音五紅反	五紅反，當作"各空反"	考《詩集傳》，如《行露篇》二"家"字，一音谷，一音各空反
	所引書五十種中，下逮歐陽修、蘇軾、蘇轍諸作與張商英之偽《三墳》，旁及《黃庭經》、《道藏》諸歌，故条錯冗雜，漫無體例	《三罢》，當作"《三墳》"	所引書五十種中，下逮歐陽修、蘇軾、蘇轍諸作與張商英之偽《三墳》，旁及《黃庭經》、《道藏》諸歌，故条錯冗雜，漫無體例
	然自宋以來，著一書以明古音者，實自棫始，而程迥之《韻式》繼之	《韻式》，當作"音式"	然自宋以來，著一書以明古音者，實自棫始，而程迥之《音式》繼之

续表

篇目	殿本	說明	浙本
《五音集韻》	合《廣韻》各本，儼移賺、檻之前，釅移陷、鑑之前	合，當作"今"	今《廣韻》各本，儼移賺、檻之前，釅移陷、鑑之前
《古今韻會舉要》	南宋劉淵《景定壬子新刊禮部韻畧》	景定，當作"淳祐"	南宋劉淵《淳祐壬子新刊禮部韻畧》
《古音畧例》	"四牡有驕，朱幘儦儦"，儦必叶音高	朱幘儦儦，儦必叶音高，當作"朱幘鑣鑣，驕必叶音高"	"四牡有驕，朱幘鑣鑣"，驕必叶音高
《六藝綱目》	惟其中論六書"轉注"一門，以轉注者，乃轉形互用，有例有側，有反有背	例，當作"倒"	惟其中論六書"轉注"一門，以轉注者，乃轉形互用，有倒有側，有反有背
《越語肯綮錄》	《新唐書·藝文志》載張推《證俗音》、顏愍林《證俗音略》、李虔《續通俗文》，皆在小學類中	顏愍林，當作"顏愍楚"	《新唐書·藝文志》載張推《證俗音》、顏愍楚《證俗音略》、李虔《續通俗文》，皆在小學類中
《說文解字五音韻譜》	"頁"字本"模結切"，乃改爲"徒結切"	頁，當作"眢"	"眢"字本"模結切"，乃改爲"徒結切"
	甚至"氂"字本"里之切"，而誤作"莫交切"	氂，當作"犛"字	甚至"犛"字本"里之切"，而誤作"莫交切"
《華夷譯語》	翰林侍讀火源潔乃朔漠之族，遂命以華文譯之	翰林侍讀，當作"翰林侍講"	翰林侍講火源潔乃朔漠之族，遂命以華文譯之
《六書指南》	官新野縣知縣	知縣，當作"縣丞"	官新野縣縣丞
《他山字學》	如《一字數音考》內"苴"字重至十五音，爲書中極多之數	重至，當作"載至"	如《一字數音考》內"苴"字載至十五音，爲書中極多之數
《讀書正音》	震方亦與古字不讀本音者一例列之	古字，當作"本字"	震方亦與本字不讀本音者一例列之
《字學同文》	如"元"在一部，從一兀聲，今入儿部	儿部，當作"兀部"	如"元"在一部，從一兀聲，今入兀部
	"南"字本在米部，從米、羊聲，今入十部	羊聲，當作"羊聲"	"南"字本在米部，從米、羊聲，今入十部
	"今"字本在亼部，從亼从㇆，今入人部	从亼，當作"从亼"	"今"字本在亼部，從亼从㇆，今入人部
《韻學集成》	通、喻二母從《韻會舉要》屬羽，不從《玉篇》圖屬宮	通，當作"匣"	匣、喻二母從《韻會舉要》屬羽，不從《玉篇》圖屬宮
《元音統韻》	明陳藎臣撰，其門人胡邵瑛增修	陳藎臣，當作"陳藎謨"	明陳藎謨撰，其門人胡邵瑛增修

续表

篇目	殿本	說明	浙本
《古音正義》	如郱,今音"雙顧切",而云"讀若寧",寧、年雙聲之轉也	雙顧切,當作"奴顧切"	如郱,今音"奴顧切",而云"讀若寧",寧、年雙聲之轉也
《本韻一得》	封演《見聞記》	《見聞記》,當作"《聞見記》"	封演《聞見記》
《聲音發源圖解》	卽如臻攝羣母,奇上爲技	臻攝,當作"止攝"	卽如止攝羣母,奇上爲技
	中音皆別作去	中音,當作"上音"	上音皆別作去

2. 補充脫文、刪除衍文

古籍中文字的脫漏或者冗餘都是很平常的現象,因此古籍校勘整理的一項重要任務就是指出這些現象的存在,並做出相應的改正。殿本也有很多脫文和衍文,如果不對它們進行糾正,勢必影響文義的表達和《提要》"指示讀書門徑"功能的發揮。浙本小學類提要共糾正了殿本 12 處脫、衍文現象。例如,表 14:

表 14

篇目	殿本	說明	浙本
《爾雅註疏》	又"齊子豈弟",康成以爲"猶發夕也",而《爾雅》曰:"豈弟,發也。"	殿本脫"言"字	又"齊子豈弟",康成以爲"猶言發夕也",而《爾雅》曰:"豈弟,發也。"
《說文解字》	尋其況趣,附託許愼《說文》,**而按偶章**,隱別古籀奇惑之字	殿本脫"句"字	尋其況趣,附託許愼《說文》,**而按偶章句**,隱別古籀奇惑之字
《增修校正押韻釋疑》	次《兩韻字同義同而無通押明文者》,次《押韻經前史後之疑》	殿本脫"次《出處連文兩音之疑》"	次《兩韻字同義同而無通押明文者》,**次《出處連文兩音之疑》**,次《押韻經前史後之疑》
《洪武正韻》	法言卽燭下握筆**署記**	殿本脫"綱要"兩字	法言卽燭下握筆**署記綱要**
《古音叢目等》	(宜字)下注云"**《易》而化之**"。	殿本脫"神"字	(宜字)下注云"**《易》神而化之**"
《讀書正音》	**如隋時去疌爲隋**,本文帝之臆造	殿本脫"隨"字	**如隨,隋時去疌爲隋**,本文帝之臆造
《字辨》	**渤海必作渤澥**,躊躇必當作籌著	殿本脫"當"字	**渤海必當作渤澥**,躊躇必當作籌著

续表

篇目	殿本	說明	浙本
《古今韻分注撮要》	是其隨叶取讀，知有通而不知所以通，**徵引愈繁愈**，治絲而棼之矣	殿本脫"亂""似"兩字	是其隨叶取讀，知有通而不知所以通，**徵引愈繁愈亂，似**治絲而棼之矣
《古音正義》	《左傳》稱"**楚謂乳穀，謂虎曰於菟**"	殿本脫"曰"字	《左傳》稱"**楚謂曰乳穀，謂虎曰於菟**"
《古音駢字》	《荀子·議兵篇》云："案角鹿埵，**隴動種東籠而近耳**。"	殿本衍"動"字；近，當作"退"字	《荀子·議兵篇》云："案角鹿埵，**隴種、東籠而退耳**。"
《增修校正押韻釋疑》	**辰陵余文焴爲之江序**	殿本衍"江"字	**辰陽袁文焴爲之序**
《讀書正音》	**黏蜩蟬**，服虔："蟬音提。"	殿本衍"蜩"字	**黏蟬**，服虔："蟬音提。"

二 增刪文字

殿本與浙本之間的差異體現在浙本在殿本的基礎上增加或刪除了部分文字。經過仔細比對，小學類提要因增刪而造成殿本、浙本不同的篇目共18篇，其中殿本將《漢隸字源》置《班馬字類》之後，而浙本相反，使得關於這兩部著作作者"婁機"的介紹文字出現在不同的提要之中，將之排除在外，就只剩16篇。這16篇提要，浙本在殿本基礎上增加文字共17處，刪除文字1處。下面分類說明。

1. 增加文字類

浙本所增加文字長短不一，作用也不相同。就小學類而言，所增加文字都是篇幅短小的，有些地方甚至3、4字，長的也不過51字，内容簡單，但其所起的作用卻不容小覷。其中有介紹說明性文字，主要介紹作者的字號、增設案語等；有評判議論性文字，主要發表議論、表明觀點和評判著作價值，有時富有點睛作用；有舉例性文字，主要採用與殿本相類似的例證，輔助論證觀點，或直觀展示細節。我們將浙本增加的文字與殿本比較，將可以看出它們所起的作用，以及理解浙本增加的意圖。例如，表15：

第一章　小學類提要的文本差异　309

表 15

篇目	殿本	浙本	備註
《說文解字篆韻譜》	或此書部分，鉉亦以李舟《切韻》定之，故分合不同歟？	或此書部分，鉉亦以李舟《切韻》定之，**非陸法言之《切韻》**，故分合不同歟？	介紹說明性文字
《廣金石韻府》	根字阿靈，晉江人	根字阿靈，**一字雲根**，晉江人	介紹說明性文字
《鐘鼎字源》	立名，婺源人，官工部主事	立名，**號西亭**，婺源人，官工部主事	介紹說明性文字
《聲韻源流考》	宋濂、孫吾與	宋濂此書樂韶鳳爲首，其序則濂，殊誤孫吾與	介紹說明性文字
《古音駢字》	古字之見於載籍者，十已得其四五矣	古字之見於載籍者，十已得其四五矣，**亦可云小學之善本矣**	評判議論性文字
《六書賦音義》	又如源字音于權切、江字音居良切、沂字音延知切之類，亦皆沿《正韻》之誤，於聲音多乖，其注釋亦多譌舛	又如源字音于權切、江字音居良切、沂字音延知切之類，亦皆沿《正韻》之誤，於聲音多乖，其注釋亦多譌舛，**無足觀也**	評判議論性文字
《正韻彙編》	特因韻書之本文，編爲字書，以便檢尋	特因韻書之本文，編爲字書，以便檢尋，**無所損益**	評判議論性文字
《六書指南》	用《千字文》體，以四字爲句，辨俗傳訛體之字，以誨童蒙	用《千字文》體，以四字爲句，辨俗傳訛體之字，以誨童蒙，**亦顏氏《干祿字書》之類。然俗字頗多，書中不能該載，又不為剖析其義，於初學仍無所啓發也**	評判議論性文字
《鐘鼎字源》	且卷末列二合、三合、四合之字，並不注出典，尤無根據	且卷末列二合、三合、四合之字，並不注出典，尤無根據，**蓋僅以《金石韻府》爲主，而取博古、考古諸圖參校之，故不免瑕類耳**	評判議論性文字
《集鐘鼎古文韻選》	又鉤摹全非其本狀，則傳寫失眞者多矣	又鉤摹全非其本狀，則傳寫失眞者多矣，**其分韻改哈爲開，改添爲凡，上平有元、魂，而無痕，下平多三宣一部，皆與《廣韻》不同，蓋徐鍇《篆韻譜》也**	評判議論性文字
《古今韻分注撮要》	今韻誤稱沈約，古韻又誤執通轉之說，既云東通冬，轉江、陽，則四韻爲一部矣，而東後韻所列之古韻與冬韻、江韻、陽韻後所列之古韻，乃各有其字	今韻誤稱沈約，**足見其茫無根據**。古韻又誤執通轉之說，既云東通冬，轉江、陽，則四韻爲一部矣，而東後韻所列之古韻與冬韻、江韻、陽韻後所列之古韻，乃各有其字	評判議論性文字

续表

篇目	殿本	浙本	備註
《重訂馬氏等音外集》	檢所引證，不過據《洪武正韻》及《字彙》韻法橫直二圖，私心揣測，以成是編	觀其謂《禮部韻》爲沈約作，其陋可想。檢所引證，不過據《洪武正韻》及《字彙》韻法橫直二圖，私心揣測，以成是編	評判議論性文字
《集韻》	入聲併迄於物，併業於葉、帖	入聲併迄於物，併業於葉、帖，併乏於洽、狎	舉例性文字
《古音叢目》	蔀古音蒲五切，斗古音滴主切，故九四"蔀"、"斗"二字與"主"爲韻。慎於《古音叢目》語、麋韻内"斗"字下，但注云"《毛詩》"	蔀古音蒲五切，斗古音滴主切，故九四"蔀"、"斗"二字與"主"爲韻，又《繫辭》傳，無有師保，如臨父母。母字與上度、懼、故爲韻。慎於《古音叢目》語、麋韻内"斗"字下，但注云"《毛詩》"，母字下但註云"《易林》"	舉例性文字
《說文解字五音韻譜》	"頁"字本"模結切"，乃改爲"徒結切"，則多所竄亂	"頁"字本"模結切"，乃改爲"徒結切"，又敺字本苦閑切，乃改爲邱耕切，則多所竄亂	舉例性文字
《字義總畧》	如《字始門》註"爾朱"字云"《百千家姓》皆無，始見唐神仙爾朱洞"，是併《魏書》亦未考矣	如《字始門》註"景"字云"即影字，葛洪《字苑》始加彡"，是誤據《顏氏家訓》之說，不知漢高誘註《淮南子》已云"景，古影字"也；註"爾朱"字云"《百千家姓》皆無，始見唐神仙爾朱洞"，是併《魏書》亦未考矣	舉例性文字

2. 刪除文字類

浙本在殿本基礎上刪除部分文字也導致兩者出現差異，不過與增加類比較，刪除類要少得多，只有《韻統圖說》一篇提要。

  韻統圖說無卷數 兩江總督採進本
  其苦思密審，亦竭一生之力。然千古之音，隨時而異；一時之音，隨地而異；一地之音，隨人而異；一人之音，隨年而異，一父之子，宜其音同；當其隔垣而語，相習者能別爲某某，其必有不同者在矣。況乎古今之遠，南北之遙，而欲同以一人之脣吻哉？故周公以聖人之才行天子之事，而《周禮》"保氏以六書教國子"，"小史掌達書名於四方",皆以同天下之文,而不能同天下之音。三百篇中,今有不能得其韻者,非本無韻,韻不同也。歷代韻書,大抵守其大綱以存古,通其小節以隨時。以漸而變,莫知其然,未有能毅然決裂,盡改前代舊法者。知聲音萬變,不可以一人之私意定也。人龍乃欲以一人之口吻,強天下萬世而從我。其自謂窮極精妙者,以叩他人則扞格矣,豈能行之事乎?

浙本刪除了上述黑體文字,但并沒有因此影響語義的表達,相反,卻使得整段文字更加簡潔,表義更加集中。

三 完善語言表達

浙本與殿本字詞方面的差異體現在多個方面,有異體字互用,如"故仍與字書並列焉"之"並列",浙本作"竝列";"越語肯綮錄"之"肯",浙本作"肎",此類異文共 38 處。有同義詞換用,如"其間轉寫失眞及校者意改,往往不免"之"轉寫",浙本作"傳寫";"故考證務期核實"之"考證",浙本作"考據",這類同義詞替換共 52 處。無論是異體互用,還是同義替換,它們所要表達的意義前後沒有發生很大的變化,我們不能因此推導是浙本在殿本的基礎上故意作出的調整。但如果浙本針對殿本在表義上存在的不足進行調整語序、添加詞語等完善語言表達的工作,我們就可以體會到浙本於語言表達方式上所作的努力了。

下面是我們列舉浙本完善殿本語言表達方面的事例,每個事例都有相應的說明(表16)。

表 16

篇目	殿本	浙本	說明
《說文繫傳考異》	然所收李燾序一篇,採自《文獻通考》,**本所作**《說文五音韻譜序》	然所收李燾序一篇,採自《文獻通考》,**本燾之**《說文五音韻譜序》	《說文五音韻譜序》爲李燾所作,浙本表義更加清楚
《佩觿》	此書上卷備論形聲訛變之由,分爲三科:曰造字,曰四聲,曰傳寫	此書上卷備論形聲訛變之由,分爲三科:一曰造字,二曰四聲,三曰傳寫	浙本表義更符合情理
《鐘鼎款識》	《博古圖》**釋父甲鼎**作"立戈父甲",此書作"子父甲"	《博古圖》**釋父甲鼎銘**作"立戈父甲",此書作"子父甲"	《博古圖》釋的是父甲鼎銘文,因此,浙本表義準確

续表

篇目	殿本	浙本	说明
《六書故》	鎊、鍾、黎、鋸、尿、屎等字，以世俗字作鐘鼎文，卯字解尤爲不典。**到此書，爲一厄矣**	鎊、鍾、黎、鋸、尿、屎等字，以世俗字作鐘鼎文，卯字解尤爲不典。**六書到此，為一厄矣**	殿本"到此書，爲一厄矣"，是病句，沒有主語，不知所云。修改后，浙本表義準確
《字彙》	是編乃取字形似而義殊者，分類註之，與郭忠恕《佩觿》大旨畧同。每字綴以四言歌訣，則秉敬自創之體例。《凡例》謂"彎子眉目髮膚雖無別，而伯仲先後弗淆"，當察乎子母相生之微，而引伸觸類	是編取字形似而義殊者，分類註之，與郭忠恕《佩觿》大旨畧同。每字綴以四言歌訣，則秉敬自創之體。《凡例》謂"彎子眉目髮膚雖無別，而伯仲先後弗淆"，當察乎子母相生之微，引伸觸類	浙本刪除了"乃""而"兩個虛詞，表義更爲流暢
《隸辨》	**卽以原碑尙存者**，如《韓勅造孔廟禮器碑》	**卽以原碑尙存者而論**，如《韓勅造孔廟禮器碑》	浙本"卽以原碑尙存者而論"承上啟下，能照應全文
《聲韻源流考》	宋濂、孫吾與、楊黼案《韻學集成》著者章黼，此作楊黼，誤。	宋濂此書樂韶鳳爲首，其序則濂，殊誤。孫吾與、楊黼案《韻學集成》著者章黼，此作楊黼，亦誤	浙本於"宋濂"處所加案語，符合《洪武正韻》編纂之史實，且前後案語能保持一致

殿本與浙本存在文字上的差異，這一點已是學界共識，目前爭論的焦點是浙本是否源出殿本，或者浙本是否據殿本覆刻。主張浙本據殿本重刻的一方，認為殿本產生的時間在浙本之前，卽乾隆六十年（1795）之前，但於殿本具體刊刻時間既沒有翔實考證，也沒有一致看法，他們關於殿本產生的時間主要有以下幾種觀點。

（1）乾隆五十四年（1789）刊本。首見於故宮博物院圖書館編印《故宮所藏殿本書目》卷二著錄，1936 年陶湘輯印《武進陶氏書目叢刊·清代殿版書目》沿襲之。中華書局（1965）影印浙本《總目》時在《出版說明》中稱："據現在所知，《總目》在乾隆五十四年已經寫定，並在這年由武英殿刻版。"中華書局在 1997 年 1 月排印殿本《總目》時也稱："《欽定四庫全書總目》完成之後，於清乾隆五十四年由武英殿首次刊印，是爲殿本。"

（2）大概是在乾隆五十五年（1790）。見臺北《故宮季刊》第 17 卷第 2 期載昌彼得《影印〈四庫全書〉的意義》。

（3）乾隆五十五年至五十九年之間（1790—1794）。見洪業《四庫全書總目引得‧序》，1931 年燕京大學引得編纂處排印本。郭伯恭（1936）《四庫全書纂修考》沿襲之。

（4）大概是在乾隆五十八年秋冬之間，最晚不過這一年的冬季（1793）。見王重民《論〈四庫全書總目〉》（1964）及《跋影印本〈四庫全書總目〉》（1981）。1999 年 5 月，海南出版社排印浙本，其《整理說明》稱殿本在"五十八年秋冬之間刻成"。

（5）乾隆六十年（1795），見臺北商務印書館影印殿本之《弁言》（1983）。

主張浙本產生早於殿本，對"浙本翻刻殿本"論進行批判的一方，以崔富章爲代表。崔富章（2005、2006、2007）的主要觀點如下。①

（1）浙本刊竣時間應不晚於乾隆六十年十月，刊刻依據的底本爲文瀾閣藏本，也就是文瀾閣《四庫全書》內的原鈔本《欽定四庫全書總目》一百二十五冊。

（2）殿本《總目》刊竣時間是爲乾隆六十年十一月十六日，所依據的底本是乾隆六十年紀昀修訂"完竣"之本。

（3）浙本早於殿本，浙本的底本更早於殿本的底本，浙本展現的是乾隆五十七年的《總目》修訂面貌，殿本展現的是乾隆六十年的《總目》修訂"完竣"面貌。

爭論雙方有些地方是一致的，如大家依據阮元《浙江刻四庫全書提要跋》，認爲浙本產生的時間是乾隆六十年十月，但是於殿本產生的確切時間，以及浙本所據底本之文瀾閣藏本與殿本之間的關係等問題仍然存在爭議。單從崔富章一方來看，他據曹文埴的奏摺斷定殿本產生的時間，據文瀾閣《四庫全書總目》15 冊殘卷推斷當時謝啟昆等人恭發的"文瀾閣藏本"正是文瀾閣《四庫全書》內的原鈔本《欽定四庫全書總目》，而不是殿本，這些都似乎已經是無可爭議。但我們從崔氏論證過程中也發現了一些破綻：將曹文埴奏摺上報朝廷的時間直接等同殿本產生的時間；討論"浙本與文瀾閣《四庫全書總目》殘卷完全一致""浙本與殿本非源自同

---

① 崔富章於浙本、殿本關係的論述和觀點，體現在他 2005 年以來發表的系列論文，如《文瀾閣〈四庫全書總目〉殘卷之文獻價值》（2005）、《〈四庫全書總目〉武英殿本刊竣年月考實——"浙本翻刻殿本"論批判》（2005）、《〈四庫全書總目〉傳播史上的一段公案——從傅以禮的〈跋〉談起》（2007）。

一底本，各有短長"之類關鍵問題時，只採用舉例的方式，根本不涉及文本之間完整比較。

其實，解決殿本與浙本的關係問題途徑有二：一是發現殿本產生確切時間的文獻記載；二是殿本、浙本與文瀾閣《四庫全書總目》之間的文本比較。現在，第一種方法行不通，唯有第二種方法才能說明它們之間的關係。可是面對兩百余卷的《總目》這樣一部大書，還要求從頭至尾的比較，完成這麼艱巨的任務，又談何容易，於是，大家根據自己所設定的論題，隨便挑幾個材料，各說各話。

我們暫時無法終結這個難題，但又確實以殿本爲底本，以浙本爲對校本，將小學類提要從頭至尾詳細地對校過一徧，並且記錄下 226 條校勘記。以這二百多條校勘記爲研究對象，通過比較分析，我們發現，除異文和同義詞換用之外，殿本存在訛誤而浙本卻正確無誤的共 68 處，浙本於殿本相應位置增刪部分文字以輔助論證的共 18 處；浙本對殿本語言表達進行完善的共 7 處。統而言之，浙本對殿本進行有意修訂的地方達 93 處，約占總數的 42%。這樣的數據只來源於小學類，如果將之推及經部，然後整個《總目》，最後數量一定非常可觀。假如崔富章"浙本早於殿本""浙本、殿本並非源自同一底本"的觀點準確無誤，不知道該如何解釋這些數據的產生和浙本這麼明顯的修訂痕跡。

用事實說話，單就小學類而言，浙本確實是在殿本基礎上進行過修訂，其工作包括三個方面：糾正殿本的訛誤；調整其信息量（通過增刪文字的手段）；完善其語言表達。

第二章

小學類提要的基本結構和主要內容

由分纂提要，書前提要到總目提要，經過纂修官不斷地修改潤色，提要正文發生了很大改觀：語言變得更加精煉，內容裁剪更加合理，體例更加嚴謹，評點議論更加客觀。《總目》也因此成爲既能著錄圖書信息，指導讀書門徑的目録學巨著，又能成爲闡明學術、考鏡源流的學術著作。

《總目》編纂有自己的體例，其《凡例》有簡要闡述：

> 劉向校理祕文，每書具奏。曾鞏刊定官本，亦各製序文，然鞏好借題抒議，往往冗長，而本書之始末源流轉從疏略。王堯臣《崇文總目》、晁公武《郡齋讀書志》、陳振孫《書録解題》稍具崖略，亦未詳明。馬端臨《經籍考》薈萃群言，較爲賅博，而兼收竝列，未能貫串折衷。今於所列諸書，各撰提要，分之則散弁諸編，合之則共爲《總目》。每書先列作者之爵里以論世知人。次考本書之得失，權衆説之異同。以及文字增删、篇帙分合，皆詳爲訂辨，巨細不遺。而人品學術之醇疵，國紀朝章之法戒，亦未嘗不各昭彰癉，用著勸懲。其體例悉承聖斷，亦古來之所未有也。①

《凡例》表明，《總目》力求革除歷代各種解題目録所存在的"本書之始末源流"處理不當之弊病，要求單篇提要需敍作者之爵里，考本書之得失，權衆説之異同，同時還應包括考辯文字篇章，品評人品學術，彰顯朝廷意志等内容。這種内容規範既是纂修官撰寫、修改提要所必須遵循的準則，也是他們工作所追求的目標。具體到每篇提要，其寫作結構會有變動，彼此間的内容也有不同。我們嘗試以小學類提要爲例，在仔細研讀每

---

① 卷首《凡例》，《四庫全書總目》，中華書局1965年版，第17頁。

篇提要的基礎上，歸納《總目》的基本結構和概括提要的主要内容，並以此爲綱目來展開後續研究。

第一節　小學類提要的基本結構

　　學者研究《總目》歷來都有一種慣性思維，就是根據自己研究的問題，先期將與之相關的材料從《總目》中提取出來，然後歸納證明。這樣一來，《總目》就變成了研究問題的材料庫，而很少有人關心《總目》的體例結構及其所包含的主要内容。

　　我們在仔細研讀小學類220篇提要的基礎上，對其基本結構進行了歸納，除去標題項（包括著作名稱，卷數，採輯）外，提要正文共有三個結構層次（大類），每個層次包括各種不同内容（小類）。具體結構和排列，大致如下：

　　①作者生平簡介類。

　　介紹作者（抑或"注釋者"）生平，姓名字號，籍貫，官爵，學術成就和主要學術觀點，生平事蹟及其在正史中的記載情況。

　　②文獻介紹與整理類。

　　書名：說明書名異同變化，考查書名差異的原因，解釋書名意義，辨正各種書目著錄書名的失誤。

　　卷數：說明卷數分合、增減，分析卷數差異的原因，確定卷數，辨正各種書目著錄卷數的失誤。

　　内容：交代著述緣由，介紹著作内容、體例，以及敘述著作流傳和被歷代目錄著錄情況。

　　版本：鑒定版本、考訂版本源流。

　　校勘：校正文字、校定内容。

　　辨僞：考辯書籍作者、成書年代和著作内容。

　　著錄說明：點明著錄原則和存目之原因。

　　③學術批評類。

　　提要纂修者的點評考證；分析與評判歷代學者（或者相關著作）對該書的評價；全面評價著作的學術價值及其所具有的歷史意義。

　　這是小學類提要的基本結構。其中有幾個必須說明的問題：第一，上面所歸納出的作者生平簡介、文獻介紹與整理、學術批評三大類，以及它

第二章 小學類提要的基本結構和主要內容

們之間的排列順序，雖說是基於小學類提要實際，但也可作爲歸納《總目》其他類的參考；第二，並不是所有的提要都必須具備以上結構所包含的所有内容，總是各有側重，因爲體例結構的歸納是概括性的，必須面向研究的所有對象；第三，項目與項目之間並非界限分明，特别是有些小類存在内容相互交叉，彼此滲透的現象；第四，各個類别在提要的位置並非完全固定的，由纂修者根據所討論的問題來確定，如有的批評議論是針對著作内容某一個方面而展開，這時它的位置肯定是緊隨被批評觀點之後，而不用規定其必須在提要的中間或者末尾。

爲了展現提要的結構層次和説明小學類提要基本結構歸納的來龍去脈，我們以《班馬字類》提要爲例進行解説：

  班馬字類五卷　　内府藏本
  宋婁機撰，機字彦發，嘉興人，乾道二年進士，寧宗朝累官禮部尚書，兼給事中，權知樞密院事，兼太子賓客，進參知政事，提舉洞霄宫。事迹具《宋史》本傳。
  是書前有樓鑰《序》，稱爲"史漢字類"，案司馬在前，班固在後，倒稱"班馬"起於杜牧之詩，於義未合，似宜從鑰《序》名，然機《跋》實自稱"班馬"，今姑仍之。
  其書采《史記》、《漢書》所載古字、僻字，以四聲部分編次，雖與《文選雙字》、《兩漢博聞》、《漢雋》諸書大概畧同，而考證訓詁，辨别音聲，於假借通用諸字，臚列頗詳，實有裨於小學，非僅供詞藻之捃摭。末有機自跋二則，辨論字義，亦極明析。
  其中有如"降古音洪"、"眉古作睂"之類，可以不載者；亦有如"璇璣玉衡"本《尚書》、"衵服振振"本《左傳》之類，不得以《史》、《漢》爲出典者；與"幾至刑措"之幾、"不茹園葵"之茹，音義與今並同者。一概捃拾，未免小失簡汰。又袁文《甕牖閒評》議其引《史記·禮書》"不禀京師"之禀，當從示，不當從禾；《漢書·西域傳》"須諸國禀食之禀"，當從禾，不當示，二字交誤，亦中其失。然古今世異，往往訓詁難通，有是一篇，區分類聚，雖間有出入，固不失爲考古之津梁也。

這則提要著者介紹簡練，内容詳略得當，點評分析到位，價值評論允當，結構層次清楚、條理清晰。首先，介紹了作者的時代、姓名字號、官爵、官宦歷程和史書著錄情況。其次，分析"班馬"之稱雖不合理但又選擇其作爲書名的原因。再次，簡要介紹《班馬字類》和婁機自跋的內容，並分別予以點評。最後，論述著作所存在的不足：小失簡汰，釋字有誤。隨後，纂修官對《班馬字類》這部著作的價值進行了中肯評價"然古今世異，往往訓詁難通，有是一篇，區分類聚，雖間有出入，固不失爲考古之津梁也"。這篇提要，纂修官的高明之處在於，既完成了解題任務，又適時地發表議論，表明自己的觀點，且兩者結合緊密，沒有任何不自然的地方。

要做到內容安排合理，層次排列清晰，纂修官提要撰寫，或者修改潤飾時必須思考如下幾個問題：選擇什麽樣的內容來介紹，挑選什麽樣的材料來論證，如何介紹和論證，怎樣讓自己的觀點與著作內容的介紹融合在一起，等等。思考的結果，就是如今呈現在我們面前的文獻介紹詳畧各有不同，各有側重，議論評價各有千秋的《四庫全書總目》。我們通過小學類220篇提要歸納出來的結構是具體提要抽象概括出來的框架，實際上沒有哪一篇提要可以包括它所列舉的所有內容，每一篇提要都有自己特點，如《韻譜本義》提要、《元音統韻》提要等除了作者簡介外，只介紹著作的體例和內容，再無其他內容。《詩韻更定》提要側重考查"詩韻"這個名稱的來歷，《本韻一得》通篇都在討論"韻不與律俱生"的觀點，《爾雅注疏》提要絕大部分篇幅都在考證《爾雅》的作者，成書時間和其具體性質，《韻經》提要就是一篇辨僞力作，其列舉所有材料都爲辨僞服務。如此這般特色鮮明的提要在小學類還有很多。

第二節 小學類提要的主要內容

《總目》包含的內容非常豐富，單就書名而言，在提要中就可能含有引用書目說明、考證書名的異同、糸考各種資料確定書名，探討書名差異的原因，解釋書名的意義，以及辨正各種書目著錄書名的失誤等多方面的內容。因此，我們研究小學類提要的內容時主要採取抓主要內容和抓內容主要特點的方法，不在某一篇提要或者某一個內容要點上徘徊不前。經過歸納，我們將主要內容確定爲：作者、書名、卷數、內容（介紹）、著錄說明、版本、校勘、辨僞、學術評議等。由於版本、校勘、辨僞、學術評議等內容後面會有專門的章節討論，此處從畧。

一 作者

作者生平簡介包括很多與作者有關的信息，這些信息在小學類提要中一是盡可能地全面介紹；一是對有疑問或者不確定的信息、觀點進行考證。

1. 作者介紹

《總目》對作者介紹的內容比較多，纂修官會根據自己掌握的材料和作者信息在當時被知曉的程度靈活安排。這也就意味著提要在介紹作者生平事蹟時，所涵蓋的內容會有不同。例如：

（1）國朝毛奇齡撰。（《韻學要指》提要）

（2）明卞裦撰，裦，揚州人。（《古器銘釋》提要）

（3）國朝汪立名編，立名，婺源人，官工部主事。（《鐘鼎字源》提要）

（4）國朝馮調鼎撰，調鼎，字雪鷗，華亭人。（《六書準》提要）

（5）明周嘉棟撰，嘉棟，字隆之，貴州人，萬歷己丑進士，官至監察御史。（《正韻彙編》提要）

（6）明張士佩撰，士佩，號澽濱，韓城人，嘉靖丙辰進士，官至南京戶部尚書，《明史·鄒元標傳》載其與禮部尚書徐學謨俱爲元標劾罷，其事迹始末，則史未詳也。（《六書賦音義》提要）

（7）宋陸佃撰，佃，字農師，越州山陰人，少從學於王安石，熙寧三年擢進士甲科，授蔡州推官，選爲鄆州教授，召補國子監直講，歷轉至左丞。未幾，罷爲中大夫，出知亳州，卒於官。事蹟具《宋史》本傳。（《埤雅》提要）

從上文可以看出，《總目》在記錄作者生平時並沒有追求所謂的一致，而是根據實際情況來確定介紹內容。具體信息包括作者時代、姓名、字號、籍貫、官爵、行事、史書記載情況等，每篇提要取捨各異，詳略不同。對作者的介紹不詳，主要有以下兩個原因：一是與作者生平有關的信息記載較少。纂修官面對有些書籍無法確定作者身份或者作者信息不全的情況時，會實事求是地寫明"不著撰人名氏""爵里無考"，不存在杜撰和胡編亂造；二是在此之前已經有對作者比較詳細的介紹，爲了避免重複，著錄在後面的提要只是簡單的交代作者的姓名，如毛奇齡的介紹在《仲氏易》提要中已經比較詳細，故《韻學要指》提要只是簡單地提及。

2. 作者考證

作者考證，是指《總目》對作者身份真僞進行考辨，對作者生平、字號、籍貫等基本信息進行推測證明，對別人的與作者眞實情況不相符合的觀點進行糾正和駁斥。關於考辨作者是否爲僞託的內容，後面會有專門的章節討論，此處暫不涉及。下面只就其餘兩類，予以舉例說明。

（8）宋楊伯嵒撰。伯嵒，字彥思，號泳齋，自稱代郡人，然南宋時代郡已屬金，蓋署郡望也。淳祐間以工部郎守衢州。周密《雲烟過眼錄》載伯嵒家所見古器，列高克恭、胡泳之後，似入元尚在矣。（《九經補韻》提要）

（9）舊本題"吳均撰"，但自署其字曰仲平，不著爵里，亦不著時代。其《凡例》稱"注釋用黃氏《韻會》"，而書中分部全從周德清《中原音韻》，則元以後人也。（《增修復古編》提要）

例（8）、（9）都是關於作者具體生活年代的考證。《九經補韻》提要介紹了作者楊伯嵒的時代、字號，對其籍貫進行了特別說明，指出"代郡"並不是其籍貫，因爲代郡是古郡名，戰國時屬趙，秦朝爲三十六郡之一，隋文帝時就已經廢除，"代郡"這個名稱從此走入歷史。楊伯嵒之所以稱自己爲"代郡人"，是因爲歷史上有"郡望"連用的習慣，表示某一地域範圍內的名門望族，楊伯嵒這樣做只是附庸風雅，並不代表其籍貫就是"代郡"。此外，提要還從《雲烟過眼錄》中高克恭、胡泳、楊伯嵒三人的排名順序推測其"入元尚在"。《增修復古編》提要沒有提作者具體在什麼時代，但根據《凡例》所提及的其注釋叅考了《古今韻會舉要》，全書又是依據《中原音韻》排列順序等信息，推斷作者爲"元以後人"。

（10）宋郭忠恕撰，忠恕字恕先，洛陽人。是書首有李建中題字，後有附題兩行，稱"忠恕，仕周朝，爲朝散大夫，宗正丞，兼國子書學博士"，疑亦建中所記。然據郭若虛《圖畫見聞志》及《蘇軾集》所載《忠恕小傳》，並稱"宋太宗時，召忠恕爲國子監主簿，後流登州，道卒"，則不得爲周人。又陶岳《五代史補》載"周祖入京師時，忠恕爲湘陰公推官，面責馮道之賣國"，則先已仕漢，題周更誤矣。(《汗簡》提要)

（11）元周伯琦撰，伯琦字伯温，饒州人，官至兵部侍郎。明郎瑛《七修類稿》載其降於張士誠，士誠破後，爲明太祖所誅，謂《元史》稱"其後歸鄱陽病卒"爲誤考。徐禎卿《翦勝野聞》先有此說，然宋濂修史在太祖時，使伯琦果與士誠之黨同誅，濂等不容不知。至《翦勝野聞》本出依托，不足爲據。瑛所言殆傳聞，失實也。(《說文字原》提要)

例（10）、（11）分別對李建中、郎瑛的觀點進行了糾正。《汗簡》提要利用《忠恕小傳》、《五代史補》等資料，考證出郭忠恕生活年代跨越後漢、后周、宋三個朝代，且在後漢時就已經入朝爲官，因此李建中關於郭忠恕生平的記載是錯誤的。《說文字原》提要主要針對周伯琦是怎麼死的，提出了自己的主張：周伯琦從張士誠處離開后，迴到了故鄉江西，最後死在家中。其用推理的方式指出郎瑛《七修類稿》"周伯琦爲明太祖所誅"觀點的不合事理，並揭示這種觀點的來源是僞書《翦勝野聞》，因此不足爲憑。

二　書名

《總目》著錄書名本是依據典籍本身情況進行，而對有些難以理解、或者易產生歧義的書名，《總目》會進行專門解釋，以便了解書名意義，去除疑誤；對有些典籍存在多個不同書名的，《總目》引用史志、各種書目所著錄之書名，加以辨正說明；對有些典籍存在多個名稱，且無法確定其本來書名爲何時，《總目》利用各種資料加以考證。

1. 解釋書名意義

（12）是書爲章表、書判而作，故曰"干祿"。(《干祿字書》提要)

（13）是編標字體之稍異者，類以四聲，故曰"奇字"。(《奇字韻》提要)

（14）其交泰韻之名，即以平入互爲終始之義也。(《交泰韻》

提要)

（15）其書仍用劉淵之部分，以收字必從經典，故以"雅"爲名。（《韻雅》提要）

（16）但即本經所用之音互相參考，證以他書，明古音原作是讀，非由遷就，故曰"本音"。（《詩本音》提要）

（17）是書《凡例》謂："以小篆爲本，而正偏旁之不正者，故名'正本'。"（《字學正本》提要）

2. 辨別書名差異

（18）舊本題曰《輶軒使者絕代語釋別國方言》，其文冗贅，故諸家援引及史志著錄皆省文，謂之《方言》，《舊唐書·經籍志》則謂之《別國方言》，實即一書。又《容齋隨筆》稱此書爲《輶軒使者絕域語釋別國方言》，以"代"爲"域"，其文獨異，然諸本並作"絕代"，書中所載，亦無絕域重譯之語，洪邁所云，蓋偶然誤記，今不取其說焉。（《方言》提要）

（19）別本或題曰《逸雅》，蓋明郎奎金取是書與《爾雅》、《小爾雅》、《廣雅》、《埤雅》合刻，名曰"五雅"，以四書皆有雅名，遂改題《逸雅》以從類。非其本目，今不從之。（《釋名》提要）

（20）其書因《爾雅》舊目，博採漢儒箋註及《三倉》、《說文》諸書，以增廣之，於揚雄《方言》亦備載無遺。隋秘書學士曹憲爲之音釋，避煬帝諱，改名《博雅》。故至今二名並稱，實一書也。（《廣雅》提要）

（21）宋人諸家書目多作《刊謬正俗》，或作《糾謬正俗》，蓋避太祖之諱。錢曾《讀書敏求記》作《列謬正俗》，則刻本偶誤也。（《匡謬正俗》提要）

例（18）記載了《方言》有多個別名，其中《輶軒使者絕代語釋別國方言》《別國方言》所指相同，實即一書，而《輶軒使者絕域語釋別國方言》的名稱，以"代"爲"域"，是因洪邁偶然誤記所致。例（19）、（20）、（21）記載了改易書名的經過和原因，《釋名》改題《逸雅》，是爲了與其合刻的其他書命名保持一致；《廣雅》改名《博雅》，《匡謬正俗》改作《刊謬正俗》《糾謬正俗》，是因爲避諱。《總目》辨別同一著作不同書名之間的關係，可以避免後人編錄書名時見名不見書，或者因異名重複著錄等弊病。

3. 考證書之本名

（22）是書《漢志》但作"《急就》一篇"，而小學類末之敘錄則稱"史游作《急就篇》"，故晉夏侯湛抵疑，稱"鄉曲之徒，一介之士，曾諷《急就》，通甲子"，《北齊書》稱"李鉉九歲入學，書《急就篇》"。或有篇字，或無篇字，初無一定。《隋志》作"《急就章》一卷"，《魏書·崔浩傳》亦稱"人多托寫《急就章》"，是改"篇"爲"章"在魏以後。然考張懷瓘《書斷》曰："章草者，漢黃門令史游所作也。"王愔云（案此蓋引王愔《文字志》之語）"漢元帝時，史游作《急就章》，解散隸體，漢俗簡惰，漸以行之是也"。然則所謂章草者，正因游作是書，以所變草法書之，後人以其出於《急就章》，遂名"章草"耳。今本每節之首俱有"章第幾"字，知《急就章》乃其本名。或稱《急就篇》，或但稱《急就》，乃偶然異文也。（《急就章》提要）

經考證，《急就章》是本來書名，期間經過幾次變化：《漢志》《北齊書》作"急就""急就篇"；魏以後，《魏書》《隋志》改爲"急就章"。

三 卷數

《總目》於書名後標注卷數，此爲通例，但當著錄典籍之卷數與其他版本之卷數，或者與各種書目著錄之卷數不一致時，《總目》便會對此進行專門的探究，以了解其實際情況。小學類所記載的這種不一致，是由多種原因造成的。例如：

1. 卷數分合

（23）前有揖《進表》，稱"凡萬八千一百五十文，分爲上、中、下"，《隋書·經籍志》亦作三卷，與《表》所言合，然註曰"梁有四卷"，《唐志》亦作四卷，《館閣書目》又云"今逸，但存音三卷"。憲所註本，《隋志》作四卷，《唐志》則作十卷。卷數各參錯不同，蓋揖書本三卷，《七錄》作四卷者，由後來傳寫析其篇目，憲註四卷，即因梁代之本。後因文句稍繁，析爲十卷。又嫌十卷煩碎，復併爲三卷。觀諸家所引《廣雅》之文，皆具在，今本無所佚脫，知卷數異而書不異矣。然則《館閣書目》所謂逸者，乃逸其無註之本，所謂存音三卷者，即憲所註之本。揖原文實附註以存，未嘗逸，亦未嘗缺。惟今本仍爲十卷，則又後人析之以合《唐志》耳。（《廣雅》提要）

《廣雅》被記錄的卷數古往今來差別較大，有三卷、四卷，十卷等不同數目，其卷數在歷史上還變化無常，有由三卷變爲四卷，四卷分爲十卷，十卷併爲三卷，三卷再析爲十卷，比較複雜。《總目》不僅理清了《廣雅》不同卷數之間的分併離合，而且對每一次卷冊的分合都作出了合理的解釋。

2. 版本不同

（24）是書晁公武《讀書志》、《宋史·藝文志》均作二十卷，與今本相同。惟陳振孫《書錄解題》作"《鐘鼎法帖》十卷"，卷數互異，似傳寫脫"二"字。然吾邱衍《學古編》亦作十卷，所云"刻於江州"，與振孫之說亦符，蓋當時原有二本也。（《鐘鼎款識》提要）

典籍的版本不同，文字、內容會有差別，卷數的分合也會不同，例（24）就提到了這類因版本不同而導致計卷數目相差很大的現象。

3. 記載有誤

（25）自序云"編成七卷，凡五門"，紹興中王觀國後序亦云"凡五門，七卷"，惟《宋史·藝文志》作三卷。此本爲康熙中蘇州張士俊從宋槧翻雕，實爲七卷，則《宋志》所載，爲字畫之誤明矣。（《羣經音辨》提要）

（26）又《文獻通考》載此書三卷，而此本實作四卷，智光原《序》亦稱四卷，則《通考》所載顯然誤四爲三。（《龍龕手鑑》提要）

以上兩例都說明四庫著錄典籍卷數與史志、書目記載的不同，其原因是它們關於典籍卷數的記載有誤：《宋志》誤將"七"寫作"三"，《文獻通考》誤將"四"寫作"三"。

四 著作內容

《總目》中介紹著錄典籍內容的部分，地位非常重要，單就小學類來看，含有記載內容的提要占絕大多數，而存目提要這部分內容地位更加突出，因爲有的提要除了作者簡介外，就只剩下著作內容的介紹了。如果從讀者閱讀或者查閱《總目》目的的角度來看，提要介紹著作內容的文字無疑是最實用和直接的，他們是想通過書目了解感興趣書籍的内容，然後再判斷是否有必要找到原著進行更加深入的閱讀研究，提要這部分介紹著作的内容便起到了很好的橋樑作用。小學類提要中所謂著作內容的介紹，實際包括著作寫作背景、主旨、著作體例，章節內容等多方面的信息，下面我們以舉例的形式分類呈現。

1. 成書背景

（27）古小學存於今者，惟《說文》、《玉篇》爲最舊。《說文》體皆篆籀，不便施行。《玉篇》字無次序，亦難檢閱，《類篇》以下諸書，則惟好古者藏弆之，世弗通用。所通用者，率梅膺祚之《字彙》，張自烈之《正字通》，然《字彙》疏舛，《正字通》尤爲蕪雜，均不足依據。康熙四十九年，乃諭大學士陳廷敬等刪繁補漏，辨疑訂訛，勒爲此書。（《康熙字典》提要）

（28）是書凡《韻母》五卷，《同文鐸》三十卷，《韻鑰》三十五卷，其說譏沈約知縱有四聲而不知衡有七音，司馬光知衡有七音而不知縱有四等，故作此三書以正其謬。（《音韻日月燈》提要）

例（27）介紹了《康熙字典》產生的歷史背景：古代流傳下來的《說文》等歷史悠久的字書，在當時已經不太可能作爲大眾日常翻檢的工具書，而明代的兩部字典《字彙》和《正字通》又有很多錯誤，也就是說清代當時面臨著沒有合適、權威字典使用的境況。《總目》正是從字書發展歷史的角度出發闡述了編纂《康熙字典》的必要性和重要性，說明了其產生的歷史背景。例（28）交代了呂維祺編著《音韻日月燈》的真正原因，即爲了糾正沈約、司馬光在韻字的排列和歸類上的錯誤。

2. 體例内容

（29）其書取《洪武正韻》以偏旁分八十部，所分之部與部中所列之字，皆以字畫多少爲序，每字之下仍各註曰"某韻"，特因韻書之本文，編爲字書，以便檢尋。（《正韻彙編》提要）

（30）是編辨字學之訛，分爲四考：曰《正形》，曰《殊音》，曰《辨似》，曰《通用》。前三門俱以《洪武正韻》分部編次，惟《通用》一門分《實名》、《虛聲》、《疊字》三篇，別爲一例。其《正形》多以篆繩隸，如"東"字、"同"字皆以起鈎爲譌體字，如其所說，必八法全廢，殊拘礙難通。《殊音》即韻書之互注，然辨古音、今音及雙聲、轉讀，均不甚精核。《辨似》一門尤爲瑣屑，如壺之與壼，傅之與傳，稍把筆者皆知之，何必縷縷乎？《通用》一門雜收假借之字，既多挂漏，又頗泛濫，均不足以言小學也。（《字考啓蒙》提要）

《四庫全書》小學類所著錄的典籍都是關乎訓詁、文字、音韻等方向的專著，有的具有工具書性質，因此，《總目》在介紹這些典籍的內容時非常注意闡述其編排、註釋體例。例（29）說的是《正韻彙編》編排體例：按偏旁分部，每部以字畫爲序；例（30）則是先分四門介紹了《字考啓蒙》的大致内容，然后指出前三門：《正形》《殊音》《辨似》，是按《洪武正韻》韻部編排。

五 著錄說明

《總目》會對書籍之著錄與存目進行特別說明，以說明四庫館臣將某書著錄、或存目的原因。這種說明最早來源於校閱各省採進圖書時所提出的"刻、鈔、存目"等處理意見，後來，《總目》在分纂稿所提出的意見基礎上進行了詳細地說明。提要所記載的著錄說明有很多，表現形式多樣，有通過評論說明著錄或存目原因的，有直接在提要末尾或者中間單獨說明的，我們選擇小學類提要中富有明顯標誌的單獨說明作爲研究對象，以此討論《總目》著錄的原則和存目的原因。

1. 著錄之原則

（30）苐於各部之下辨別六書之體，頗爲詳晰，其研索亦具有苦心，故錄而存之，以不没所長焉。（《六書本義》提要）

（31）以其援据繁富，究非明人空疎者所及，故仍錄其書以備節取焉。（《古音叢目》提要）

（32）其書本不足錄，以其爲有明一代同文之治，削而不載，則韻學之沿革不備，猶之記前代典制者，雖其法極爲不善，亦必錄諸史册，固不能泯滅其迹，使後世無考耳。（《洪武正韻》提要）

（33）書雖牴牾百端，而後來言古音者皆從此而推闡加密，故闕其繆而仍存之，以不没篳路藍縷之功焉。（《韻補》提要）

（34）以字學中論等韻者，司馬光《指掌圖》外，惟此書頗古，故並錄存之，以備一家之學焉。（《四聲等子》提要）

（35）以六書論之，其書本不足取。惟是變亂古文始於戴侗，而成於桓，侗則小有出入，桓乃至於横决而不顧，後來魏校諸人隨心造字，其弊實濫觴於此。置之不錄，則桓穿鑿之失不彰，故於所著三書之中，錄此一編，以著變法所自始，朱子所謂"存之，正以廢之者"，兹其義矣。（《六書統》提要）

從以上說明著錄原因的文字可以看出四庫館臣之著錄原則：一是考證清楚，論辯明確，具有足夠多的優點；二是在學術史上具有重要地位；三是鑒戒後學。其中（30）、（31）分別說明了《六書本義》《古音叢目》所具有的價值；例（32）、（33）、（34）所說明的著錄原因是他們在學術史上的地位，其中《洪武正韻》是明代官修韻書，《韻補》是古韻研究的開山之作，《四聲等子》也是等韻學的代表作之一；例（35）說明《四庫》著錄《六書統》的真正原因是彰顯楊桓講六書的失誤，以此警戒後學不可隨意講字，更不可隨心造字。

2. 存目之原因

（36）相傳已久，姑存其目，若其文則已見《孔叢子》，不複錄焉。《小爾雅》提要）

（37）然其書分類編輯，簡畧殊甚，對音尤似是而非，殊無足取。

（《蒙古譯語》提要）

　　（38）惟此本殘缺頗多，《列音韻譜》惟存第一攝至十七攝，自十八攝至五十攝皆佚，已非完書，故附存其目焉。（《西儒耳目資》提要）

　　付之存目的行爲本身就已經說明四庫館臣對該書價值的判定，但存目的具體原因卻又是不同的，提要對此有些記載。例（36）說明《小爾雅》在《孔叢子》中已被錄入《四庫》，所以單篇（本）不重複錄入；例（37）說明《蒙古譯語》內容無甚可取，價值不大；例（38）說明《西儒耳目資》是因卷帙殘闕而附存其目。

第三章

《總目》小學類提要的版本考析

最初，公私書目著錄書籍，並不注明版本。南宋尤袤《遂初堂書目》兼載衆本，開版本目錄之先河。清代是我國目錄學發展的鼎盛時期，書目的內容更加豐富，結構更加完善，有很多書目記載了詳細的版本信息，其中《天祿琳琅書目》便是這方面官修書目的代表，它於經史子集四類中，按時代順序分列宋、金、元明刊版及影鈔宋本，每書解題內容都詳細記載版本相關信息，注重考析版本源流。私家書目《讀書敏求記》更是專記宋元精刻，對書的次第完缺，古今異同加以標明和考訂，是一部具有很高學術水平的版本目錄。《總目》雖然不是專門的版本目錄，但其仍蘊含著比較豐富的版本學思想，如它有挑選版本的原則，"諸書刊寫之本不一，謹擇其善本錄之。增刪之本亦不一，僅擇其足本錄之"，[1] 即以足本、善本爲重，有鑒定版本的不同方法，有深入的版本源流的考訂，等等。我們將小學類提要中與版本有關的內容集中起來，從版本的鑒定和版本源流的考訂兩個角度來討論《總目》在版本考析方面的成就。

第一節 版本鑒定

版本鑒定是指從圖書形式上研究版本，是版本研究的基礎工作。沒有正確可靠的版本鑒定，版本源流的考訂，版本優劣的比較和選擇，就失去了正確可靠的前提。四庫館臣在面對眾多各地呈送圖書和內廷各處藏書的時候肯定要對有些圖書進行版本鑒定，以確定版本的時代、地區、類別等，但《總目》並沒有展示著錄圖書版本鑒定的細節，當時四庫館臣斟酌不同版本的眞實場景自然也就無從得知。我們現將散落在小學類提要中

---

[1] 卷首《凡例》，《四庫全書總目》，中華書局1965年版，第17頁。

關於版本鑒定的片段彙集起來，但求窺見四庫館臣整理小學類古籍時的眞實情況。

一　依據版本的形式特徵來鑒定

版本形式的差異和風格是鑒別的重要依據，它具體是指版刻的字體、版式以及所用的紙張等。版本鑒定有所謂的"觀風望氣"，其"風"和"氣"就是指版刻的特徵和風格。小學類提要中就有類似的實踐，例如：

（1）舊刻久佚，此本爲明崇禎中朱謀垔所刊，《自序》稱購得尚功手書本，雖果否眞跡，無可證明，然鈎勒特爲精審，較世傳寫本爲善云。（《鐘鼎款識》提要）

（2）其書未有刊板，此本爲康熙丙辰長洲文倉所手錄，篆文頗爲工整，迥非鈔胥所能，驗其私印，有"小停雲"字，蓋文徵明之裔，故筆法猶有家傳歟？（《篆隸考異》提要）

（3）此本凡宋代年號皆空一格，猶從舊式，末題"太歲丙午仲夏秀巖山堂重刊"，蓋理宗淳祐四年蜀中所刻，視近本特爲精善云。（《增修互註禮部韻畧》提要）

（4）世所傳朱墨字板、五色字板謂之"閔本"者，多其所刻。（《六書通》提要）

前兩例關乎字體：朱謀垔刊本字體"鈎勒特爲精審"；文倉鈔本其"篆文頗爲工整"，並從"小停雲"的印章判斷，筆法受到了明代中期最著名書法家文徵明的影響。例（3）在確定版本爲宋刻本時，就提到了宋代刻板特點：宋代年號皆空一格。例（4）提到了明代一個重要的版本形態，閔刻本，其版式風格就是：朱、墨兩色套印，或者五色套印。

二　依據刻本的文字記錄來鑒定

古籍序跋大都有版刻緣起、經過的翔實記載，是版本鑒定的重要依據，而題跋和記載文獻資料的專門書籍也是鑒定版本的重要參考。例如：

（5）是書永徽二年其子符璽郎揚庭表上於朝，高宗勅錄本付秘閣，卷首載揚庭《表》，稱"藁草纔半部，帙未終"，蓋猶未竟之本。

(《匡謬正俗》提要)

（6）晁公武《讀書志》謂"此書卷首僧智光《序》題云'統和十五年丁酉七月一日'"，沈括《夢溪筆談》乃謂"熙寧中，有人自契丹得此書，入傳欽之家，蒲傳正取以刻版。其《序》末舊云'重熙二年五月序'，蒲公削去之"云云，今按此本爲影抄遼刻，卷首智光原《序》尚在，其紀年實作"統和"，不作"重熙"，與晁公武所說相合，知沈括誤記。(《龍龕手鑑》提要)

（7）焦竑《筆乘》載揭謙歿後，其門人柴廣敬以是書進於朝，未及板行，《明史·藝文志》載是書爲一百卷。此本尚存三十二卷，蓋別本之流傳者，然卷首起自一之四，亦殘缺之書，不足取證，以敗楮視之可矣。(《聲音文字通》提要)

《匡謬正俗》前面揚庭《表》的記載，成爲確定其爲"未竟之本"的依據；《龍龕手鑑》卷首智光《序》之紀年，對判斷遼刻本產生的時間起了重要作用，提要還對晁公武、沈括兩人的觀點進行了比較。纂修官確定《聲音文字通》爲"殘缺之書"，其所依據的是《焦氏筆乘》和《明史·藝文志》。

記錄版刻情況的文字還有避諱字和卷端題名。其中避諱是中國古代特有的風俗，而依據諱字鑒定版本的道理，陳垣《史諱舉例序》中有闡釋：(避諱)其流弊足以淆亂古文書，然反而利用之，則可以解釋古文書之疑滯，辨別古文書之真偽及時代，識者便焉。[1] 卷端題名有時也能爲版本鑒定提供一點線索。例如：

（8）此書本出蘇頌，所傳篆文，爲監察王聖美、翰林祗候劉允恭所書，卷末題"子容"者，即頌字也。(《說文繫傳》提要)

（9）據吾衍《學古編》，稱"夏竦《古文四聲韻》五卷，前有《序》併全銜者好，別有僧翻本不可用"，又據全祖望《鮚崎亭集》，有是書《跋》，稱"借鈔於范氏天一閣，爲紹興乙丑浮屠寶達重刊"，蓋即吾衍所謂僧翻本也。此本從汲古閣影寫宋刻翻雕，有慶曆四年竦自序，卷首題"開府儀同三司、行吏部尚書、知亳州軍州事夏竦

---

[1] 陳垣：《史諱舉例》，中華書局2004年版，第3頁。

集"，是吾衍所謂"前有《序》及全銜者"矣。（《古文四聲韻》提要）

（10）其書每頁右側印"欽賜商河王勉學書樓之記"十一篆字，上下與朱絲闌齊。考《明史·諸王表》，衡王祐楎之孫載塨，於嘉靖三十五年襲封商河王。萬歷二十五年，其長子翊錫襲封。至四十四年薨，無子，國除。書無序跋，不知爲載塨所鈔，翊錫所鈔也。（《篆韻》提要）

（11）此本爲蘇州張士俊從宋槧翻雕，中間已缺欽宗諱，蓋建炎以後重刊。（《重修廣韻》提要）

蘇頌，字子容，宋仁宗慶曆二年（1042）進士，曾任館閣校勘、集賢校理等職，《四庫》收錄之《說文繫傳》卷末有"子容"的標識，正是蘇頌的字，由此確定該底本產生時間爲宋代。《古文四聲韻》卷首"夏竦"題名，可以驗證此本正是《學古編》所提到的"前有《序》併全銜者"。《篆韻》每頁右側所印"欽賜商河王勉學書樓之記"十一篆字，可以確定其爲明商河王載塨所鈔，翊錫所鈔，是明鈔本。《重修廣韻》中沒有避欽宗諱，由此斷定其宋版誕生於南宋建炎之後。

小學類提要中鑒定版本除了上述文字記錄以外，還有通過專業性文字鑒定版本的事例。例如：

（12）考唐元度《九經字樣序》，稱音字改反爲切，實始於唐開成間。憲雖自隋入唐，至貞觀時尚在，然遠在開成以前，今本仍往往云某字某切，頗爲疑竇。殆傳刻臆改，又非憲本之舊歟？（《廣雅》提要）

（13）（《附釋文互註禮部韻畧》）凡有二本：一本爲康熙丙戌曹寅所刻，冠以余文焴所作，歐陽德隆《押韻釋疑序》一篇、郭守正《重修序》一篇、《重修條例》十則、淳熙《文書式》一道。考守正所重修者，名《紫雲韻》，今尚有傳本，已別著錄，則此本非守正書。又守正《條例》稱德隆註疴僂、其捌之辨，似失之拘。今此本無此註，則亦非德隆書。觀守正《序》稱"書肆板行，漫者凡幾，一漫則一新，必增數註釋，易一標題"，然則當日《韻畧》非一本。此不知誰氏所刻，而仍冠以舊序及條例，其條例與書不相應。而淳熙文書式中乃有理宗御名，是則移掇添補之明證也。一本爲常熟錢孫保家影鈔宋刻，前五卷與曹本同，但首無序文條例，而末附《貢舉條式》一卷，凡五十三頁。所載上起元祐五年，下至紹興五年，凡一切增删韻字、廟諱、祧諱、書寫試卷格式以及考校章程，無不具載，多史志之所未備，猶可考見一代典制，視曹本特爲精善。惟每卷之末各以當時避諱不收之字附錄一頁，據《跋》乃孫保所加，非原書所有。今削去不載，以存其舊。（《附釋文互註禮部韻略》提要）

反切早期不用"切"字，只叫"某某反"或"某某翻"，唐開成年間文宗因害怕老百姓起來造反，忌諱"反"字，下令將"反"字改爲"切"字。而附曹憲音釋的《廣雅》仍然用"反"而不用"切"，纂修官由此判斷《四庫》所用的《廣雅》已經不是曹憲音釋的原本。《附釋文互註禮部韻略》的兩個版本：康熙丙戌曹寅所刻，常熟錢孫保家影鈔宋刻，經鑒定前一個爲偽造的版本。辨偽的依據是條例與書不相應和淳熙文書式中有理宗御名。

第二節　版本源流的考訂

版本源流，是指版本的歷史淵源。考訂版本源流，就是對圖書版本的發生、發展過程及其相互間關係的研究，這是版本研究工作中的一項重要內容。摸清理順版本的產生過程以及在過程中形成的相互關係，有助於辨別各個版本的親疏遠近，對版本的優劣比較有著十分重要的意義。《總目》小學類提要保存了許多考訂版本源流的資料，辨明了眾多典籍刊刻傳播的複雜情況，也反映了《四庫全書》選擇著錄圖書的審慎態度。

一　直接交代版本來源

《總目》雖然不是每一篇提要都交代其著錄的底本，但有時會在提要的末尾或者其他位置交代其所依據版本的來源。例如：

（1）此本爲康熙中蘇州張士俊從宋槧翻雕。（《羣經音辨》提要）
（2）是書傳本甚少，此爲明巡撫李顯所刻。（《說文解字篆韻譜》提要）

（3）其書久無傳本，康熙中朱彝尊從古林曹氏抄得，始付長洲張士俊刊行之云。（《字鑑》提要）

（4）此本及《屈宋古音義》皆建寧徐時作購得舊刻，復爲刊傳。（《毛詩古音考》提要）

（5）今所傳本，則《孔叢子》第十一篇抄出別行者也。（《小爾雅》提要）

纂修官直截了當地說出底本來源，是因爲著錄圖書版本流傳脈絡清晰，以及他對該書版本情況的熟悉。情況稍微複雜的，纂修官會簡要交代版本流傳线索和他在此基礎上所進行的整理工作，例如：

（6）是二書前有至正乙未國子監丞宇文公諒《總序》，《說文字原》之首有伯琦自序，題至正己丑，而《六書正譌》則無序，意其佚脫也。明嘉靖元年，滁陽于器之重刊於浙中，瓊州黃芳爲序。崇禎甲戌，胡正言又重刊之。（《說文字原》《六書正譌》提要）

（7）大曆九年，眞卿官湖州時，嘗書是編勒石。開成四年，楊漢公復摹刻於蜀中。今湖本已泐缺，蜀本僅存。宋寶祐丁巳，衡陽陳蘭孫始以湖本鋟木。國朝揚州馬曰璐得宋槧翻刻之，即此本也，然證以蜀本，率多謬誤。如卷首序文本元孫作，所謂"伯祖故秘書監"，乃師古也。蘭孫以元孫亦贈秘書監，遂誤以爲眞卿稱元孫，而以序中"元孫"二字改爲"眞卿"以就之。曰璐亦承其訛，殊爲失考。其他缺誤，亦處處有之。今以蜀本互校，補缺文八十五字，改訛體十六字，刪衍文二字，始稍還顏氏之舊。（《干祿字書》提要）

以上都是纂修官闡述著錄圖書版本流傳情況，線索清楚，文字簡潔。《說文字原》《六書正譌》二書元順帝至正合刻在一起，明嘉靖元年在浙中重新刊印，崇禎甲戌又由胡正言重印；《干祿字書》有兩個版本，湖本和蜀本。宋代陳蘭孫據湖本重刻，清代馬曰璐又據宋版翻刻，四庫本《干祿字書》即以馬氏翻刻本爲底本，以蜀本爲參校本，重新整理，改正了底本的不少錯誤。

二　考訂版本源流

在古籍版本發生發展的過程中，每一種版本都不是孤立的，或來源於稿本、古本，或出自於某鈔本，某刻本，一定會有所繼承，有所本源。此外，每一種古籍版本的產生，總是會同其他版本發生聯繫，或據以校改，或據以增刪。古籍版本的源流正是在這種多方向、多層次的相互關聯中形成的。《四庫》收錄的小學類著作都是經典名著，歷史悠久，流傳廣泛，影響巨大，因此而形成的版本種類繁多，版本源流複雜。纂修官選擇書籍，撰寫提要首先就必須分析其複雜的版本系統，辨別不同版本之間存在的關係。例如，《重修玉篇》提要：

  今世所行凡三本：一爲張士俊所刊，前有野王《序》一篇，《啓》一篇，後有神珙《反紐圖》及《分毫字樣》，朱彝尊序之，稱"上元本"；一爲曹寅所刊，與張本一字無異，惟前多大中祥符勅牒一道，稱"重修本"；一爲明内府所刊，字數與二本同，而每部之中次序不同，註文稍畧，亦稱"大中祥符重修本"。

  按：《文獻通攷》載"《玉篇》三十卷"，引晁公武《讀書志》曰"梁顧野王撰，唐孫強又嘗增字釋，神珙《反紐圖》附於後"，又載"《重修玉篇》三十卷"，引《崇文總目》曰"翰林學士陳彭年與史館校刊吴銳、直集賢院邱雍等重加刊定"，是宋時《玉篇》原有二本。彭年等《進書表》稱"肅奉詔條，俾從詳閱，訛謬者悉加刊定，敷淺者仍事討論"，其勅牒所列字數，稱"舊一十五萬六百四十一言，新五萬一千一百二十九言，新舊總二十萬九千七百七十言。註四十萬七千五百有三十字"，是彭年等大有增刪，已非孫強之舊，故明内府本及曹本均稱重修，張本旣與曹本同，則亦重修本矣。乃刪去重修之牒，詭稱"上元本"，而大中祥符所改"大廣益會"之名及卷首所列字數，仍未及削改，可謂拙於作僞。彝尊《序》乃謂"勝於今行大廣益本"，殆亦未見所刊而以意漫書歟。

  元陸友《研北襍志》稱："顧野王《玉篇》惟越本最善，末題'會稽吳氏三一孃寫'，楷法殊精。"又考《永樂大典》，每字之下皆引"顧野王《玉篇》"云云，又引"宋《重修玉篇》"云云，二書並列，是明初上元本猶在，而其"篇"字韻中所載《玉篇》全部，乃仍收大廣益會本，而不收上元舊本。顧、孫原帙，遂不可考，殆以重修本註文較繁，故以多爲貴耶？當時編纂之無識，此亦一端矣。

《玉篇》是由顧野王於梁大同九年（543）編纂的楷書字典，在中國語言文字學史上占有極其重要的地位。唐高宗上元年間（674—675），孫強對顧氏《玉篇》進行修訂，減少注文，增加大字，世稱"上元本"或"孫氏增本"。宋真宗大中祥符六年（1013），陳彭年等奉旨重修《玉篇》，天禧四年雕版印行，名爲《大廣益會玉篇》。

《大廣益會玉篇》流行至清代，其版本又有變異：一是《四庫》所收禮部尚書紀昀家藏本，爲明内府所刊宋大中祥符六年重修《大廣益會玉篇》，即提要所謂"大中祥符重修本"；一是宋刊上元本，由張士俊整理出版，朱彝尊爲之作序的宋版《大廣益會玉篇》，即提要所謂"上元本"；一是曹寅所刊《株亭五種》版，其於張本無異，即提要所謂"重修本"。

提要闡述了《大廣益會玉篇》大中祥符重修本、上元本、重修本等三個版本之間的關係，並強調了幾個觀點：張氏所刊的上元本與其他兩個版本一樣，都經過了修改，已經不是唐上元年間的孫強增字本，因此，這三個版本都是"重修本"；朱彝尊作序的上元本，仍然叫《大廣益會玉篇》，有作僞未成的嫌疑。

不同版本產生時間的先後，也是考訂版本源流的重要方面。例如，《廣韻》提要：

> 考世行《廣韻》凡二本：一爲宋陳彭年、邱雍等所重修，一爲此本，前有孫愐《唐韻序》，注文比重修本頗簡。朱彝尊作《重修本序》，謂"明代内府刊板中涓欲均其字數，取而刪之"，然《永樂大典》引此本，皆曰"陸法言《廣韻》"，引重修本，皆曰"《宋重修廣韻》"。
>
> 世尚有麻沙小字一本，與明内府板同，題曰"乙未歲明德堂刊"，内"匡"字紐下十二字皆闕一筆，避太祖諱，其他宋諱則不避。邵長衡《古今韻畧》指爲宋槧，雖未必然，而平聲"東"字注中引東不訾事，重修本作"舜七友"，此本訛作"舜之後"。熊忠《韻會舉要》已引此本，則當爲元刻矣，非明中涓所刪也。
>
> 又宋人諱殷，故重修本改二十一殷爲欣，此尚作殷，知非作於宋代。且唐人諸集，以殷韻字少，難於成詩，間或附入眞、諄、臻韻。如杜甫《東山草堂詩》、李商隱《五松驛詩》，不一而足。《說文》所載《唐韻》翻切，"殷"字作於身切，"欣"字作許巾切，亦借眞韻

中字取音，並無一字通文。此本注殷獨用，重修本始註"欣與文通"，尤確非宋韻之一徵。

　　考《唐志》、《宋志》，皆載"陸法言《廣韻》五卷"，則法言《切韻》亦兼《廣韻》之名。又孫愐以後，陳彭年等以前，修《廣韻》者尚有嚴寶文、裴務齊、陳道固三家，重修本中皆列其名氏。郭忠恕《佩觿》上篇尚引裴務齊《切韻序》，辨其"老"、"考"二字左回右轉之訛，知三家之書，宋初尚存，此本蓋即三家之一。故彭年等所定之本不曰"新修"，而曰"重修"，明先有此《廣韻》。又景德四年勅牒稱舊本注解未備，明先有此注文簡約之《廣韻》也。彝尊精於考証，乃以此本爲在後，不免千慮之一失矣。

此段文字主要考證了《廣韻》與《重修廣韻》產生時間的先後問題。朱彝尊《重修本序》的觀點，其實是明內府刻本《廣韻》在重修本基礎上刪減而成，就產生時間而言，《重修廣韻》在前，《廣韻》在後。《總目》纂修官不同意朱氏的觀點，並對此展開論證：首先，引《永樂大典》，說明《廣韻》《重修廣韻》明代同時存在，不存在誰刪改誰；其次，引《韻會舉要》，說明《廣韻》當爲元刻；再次，從避諱、韻目同用獨用的角度判斷，非宋韻；最後，確定《廣韻》當爲嚴寶文、裴務齊、陳道固三家之一，產生時間爲孫愐以後，陳彭年以前，早於《重修廣韻》。

第四章

《總目》小學類提要的校勘成果

　　古籍因傳鈔的增刪訛誤或版刻的剜改缺失，必然會產生虛虎、魚魯之訛，因此作爲以存真復原爲最高要求，以爲閱讀或研究提供接近原稿的善本爲目的的古籍校勘整理工作，具有非常重要的作用和意義。古籍校勘萌芽於先秦，西漢成、哀帝時，劉向父子等人校理群書，編著《別錄》《七略》，留下了相當豐富而具體的校勘記載，對校勘學、目錄學做出了巨大貢獻。漢儒擅長注書，亦擅長校勘，其中鄭玄徧注羣經，成果突出。宋代校勘無論在方法，還是所利用的資料，都發展得更加完備，出現了獨立完整的校勘專著。清代校勘碩果累累，湧現了一大批優秀的學者和出色的著作，提出了許多卓越的校勘學理論觀點，產生了兩個主要派別：一派以盧文弨、顧廣圻爲代表，強調對校；一派以戴震、段玉裁、王念孫、王引之爲代表，強調理校。產生於乾隆盛世、成就於眾多校勘名家的《四庫全書總目》，彙集了四庫館臣校理群書的成果，其校勘古籍的範圍涵蓋經史子集，内容豐富，其校勘觀點和方法既受當時學術氛圍影響而又能保持獨立，特色鮮明。下面我們便以小學類提要中的校勘材料爲研究對象，探討其校勘内容和校勘特色。

第一節　小學類提要校勘内容

　　《四庫全書》編纂時，有些古籍因缺乏整理出現了文字訛誤脱漏、篇章殘闕、卷次混亂等現象，情況嚴重的，甚至無法正常閱讀，這給館臣提出了極爲迫切的校勘任務。四庫全書館精心組織，館臣仔細校勘，最後編纂出舉世矚目的《四庫全書》，他們校勘工作的亮點都記載於《總目》之中了。小學類著作的校勘更加突出文字、篇章内容。

一　校正文字

校正文字是校勘的基本任務，包括補充脱文、删除衍文、改正訛誤和指明歧異等方面的内容，其中補充脱文和删除衍文又是校正文字的重要環節。小學類提要有相關記載，如顏元孫《干禄字書》提要中，《總目》以湖本爲底本，蜀本爲校本，對其進行校勘，其結果爲"補缺文八十五字，改訛體十六字，删衍文二字，始稍還顏氏之舊"。而同樣是馬曰璐刻本的《五經文字》，在收入《四庫全書》時，館臣以馬曰璐新刻本爲底本，以石刻本爲校本，也對它進行了校勘，"今以石刻校之，有字畫尚存而其本改易者。又下卷幸部脱去'睪'字註十九字，'螯'字併註凡八字。今悉依石刻補正，俾不失其真焉"。

補足脱漏的文字，删除多餘的文字，是校勘的基礎工作，其所涉及的具體環節比較煩瑣，工作持續的時間比較長，因此《總目》只是將這種工作成果用概述的語言表述，至於具體的校勘記很少有直接寫入提要正文的。當然，在面對文字脱誤嚴重，校勘難度大的情況時，《總目》會簡要交待校勘的前因後果，以說明古籍整理工作的原委，突出校勘工作的成就與意義。例如，《方言》提要：

> 其書（《方言》）世有刊本，然文字古奥，訓義深隱，校讐者猝不易詳，故斷爛訛脱，幾不可讀。錢曾《讀書敏求記》嘗據宋槧駁正其誤，然曾家宋槧今亦不傳，惟《永樂大典》所收猶爲完善，檢其中"秦有榛娥之臺"一條，與錢曾所舉相符，知即從宋本錄入。今取與近本相校，始知明人妄行改竄，顛倒錯落，全失其初，不止錢曾所舉之一處。是書雖存而實亡，不可不亟爲釐正，謹參互考訂，凡改正二百八十一字，删衍文十七字，補脱文二十七字。神明焕然，頓還舊觀，併逐條援引諸書，一一疏通證明，具列案語，庶小學訓詁之傳，尚可以具見崖略，併以糾坊刻之謬，俾無迷悮後來。

明末清初錢曾述古堂曾得藏宋郡齋刻本，《讀書敏求記》云："舊藏宋刻本方言，牧翁爲予題跋，紙墨絶佳，後歸之季滄葦。"此書後自季振宜處散出，此後二百年不見蹤影，以致乾嘉諸老皆未得見。四庫館臣只能用《永樂大典》本校明刊本，糾正訛誤，始還《方言》真實面貌。這則提要除了直接說明校勘工作的簡要過程和結果外，還注重交待校勘的背景，所依據的版本以及此項工作的重大意義。當然，《總目》有時也會間接引用他人的校勘成果。例如，《爾雅注》提要：

> 又《汪師韓集》有書此書後一篇，……至於議其《釋言》篇內經文脫"弇，同也"三字，《釋水》篇內經文脫"水之由膝以下爲揭"至"爲厲"十八字，《釋草》篇內經文脫"葦醜，芀"三字，《釋魚》篇內經文脫"蛭，蟣"二字，《釋鳥》篇內脫"倉庚，鵹黃也"五字，皆當爲毛氏刊本之惧，併以訿樵則過矣。

汪師韓康熙四十六年（1707）生，雍正十一年（1733）進士，曾爲《爾雅注》題跋，他將鄭樵注與郭璞注進行了比較，指出《爾雅注》所引經文存在文字脫漏的情況。四庫館臣引用了汪師韓的校勘成果，以此說明毛氏刊本的文字錯誤。

文字訛誤也是古籍普遍存在的問題，《總目》在校勘古籍時會將所發現的文字錯誤直接指出來，有時會針對這些字詞訛誤進行說明、分析和考證，以說明它們錯誤的表現和產生錯誤的原因。例如，《佩觿》提要就直接指出了兩個誤字："陶侃本字士行，而誤作士衡，東方朔以來來爲棗，本約畧近似，而遂造棶字，均病微疎。"《說文解字篆韻譜》提要則針對明刻本中所收字位置排列的錯誤進行了糾正。例如：

> 是書傳本甚少，此爲明巡撫李顯所刻。寒部蘭、瀾、漣、瀟、闌五字，當在乾、闌、讕、讕四字之後；豪部高、皋、羔、羔、膏五字，當在犉、號、號、號、郛五字之後；皆訛前一行。麻部媧、譁、譆、魼、夢五字，當在秅、耗、誇、侉、夸、家、加、茄、葭九字之前，訛後二行。蓋刻其書者，失於校讎。其《後序》一篇，亦佚去不載。今從鉉《騎省集》錄出補入，以成完帙焉。

《說文解字篆韻譜》由徐鍇編寫，徐鉉校補，按205韻排列，每個韻部所收的字數各不相同，但都有一定的排列順序。《總目》在此指出了他們所依據的李顯刻本中存在排列位置不當的問題，究其原因，實際是因刻版時刻者將原書的行列顛倒了，從而導致其豪、麻兩部部分字頭排列混

第四章 《總目》小學類提要的校勘成果　　341

亂。這則提要有涉及訛誤原因的闡述，在小學類中，說明文字訛誤原因最清楚的要算《隸辨》提要。例如：

　　即以原碑尚存者，如《韓勅造孔廟禮器碑》，并碑陰、碑兩側，字數較多，文義尚大概可考。碑云"莫不驟思，嘆卬師鏡"，而師字下引之，誤截"師鏡"二字，連下文"顏氏"二字爲句。碑云"更作二輿，朝車威熹"，而車字下引之，誤以"作二輿朝車"爲句。碑云"仁聞君風燿，敬咏其德"，而聞字下引之，誤以"聞君風燿"爲句，其君字下所引亦然。
　　碑云"長期蕩蕩於盛"，而長字下引之，誤截去"於盛"二字。碑云"於是四方士"，而方字下引之，誤連下文"仁"字爲句。碑陰有"陳國苦虞崇"之文，苦者縣名，虞崇者人姓名也，而虞字下引之，誤作"陳國苦虞"。碑陰有"雒陽李申伯"之文，而申字下引之，誤截去伯字。又有"蕃加進子高"之文，而進字下引之，誤截去蕃字。碑側有"河南匽師度徵漢賢"文，其旁別有"河南匽師"，骨鄰、通國一人，顯然可証，乃匽字泐痕似厚字，遂悞以爲厚。又不知匽、偃通用，復贅辨："河南有偃師，無厚師。"至於鄉字下引碑側題名"金鄉師耀"，不知此乃碑陰小字，後人所加，非漢字，亦非碑側。又於鄉字下引碑陰"魯孔方廣率"，不知碑文明是"廣平"，惟明王雲鷟刊《隸釋》，始誤爲"廣率"。是併現存之碑，亦僅沿襲舊刻，未及詳考，乃云採摭漢碑，其亦誣矣！

《隸辨》於師、車、君、長、方、申、虞、匽、鄉、鄉等字頭的引文都用到了《韓勅造孔廟禮器碑》的碑文，然而《隸辨》所引用的碑文與原碑字詞有差異，文字有錯誤。《總目》除了指出這些錯誤之外，還分析了每個錯誤產生的原因，歸納起來有"誤截誤連導致斷句錯誤"，"不解通假導致改字錯誤"，"沿襲舊刻導致文字訛誤"等。
　　《總目》對一些文字訛誤會進行分析和簡單考證，以說明自己判斷的理由。例如，《羣經音辨》提要：

　　書中沿襲舊文，不免謬誤者。如卷一言部"謙，慊也"下云"鄭康成說謙以慊。慊，厭也，厭爲閉藏貌"。據《禮記》註曰"謙，讀爲慊。慊，厭也"，此解正文"自謙"；注又曰"厭讀爲黶，閉藏貌也"，此乃解正文"厭然"，與上注"厭足"之"厭"，絕不相蒙。昌朝混而一之，殊爲失考。又卷二兀部："典，堅刃貌也。"據《考工記》"輈欲頎典"，注曰"頎典，堅刃貌"，以頎典爲形容之辭，不得單舉一典字。卷三巾部"幓頭，括髮也"，幓本幦字之訛。據《儀禮》注"一以解婦人之髽，以麻申之。曰以麻者，如著幓頭焉。一以解括髮以麻免，而以布申之。曰此用麻布爲之，狀如今著幓頭矣"。是括髮免髽皆如著幓頭，幓頭自是吉服。揚雄《方言》："帕頭，自河以北趙魏之間曰幞頭。"劉熙《釋名》作"綃頭"，又有"鬠帶"、"髲帶"等名，豈可以括髮釋之？是皆疎於考證之故。

這則提要指出了《羣經音辨》在沿用經書原文時所出現的幾處錯誤，其中一處爲兩個不同的註釋混合在一起，一處爲經文脫落，另一處爲文字錯誤。在具體考證過程中，四庫館臣特別注意原文語言事實的調查核實和基於事實的論證，如在確定"頎典"爲形容詞（單純詞）之後，認爲《羣經音辨》此處脫一"頎"字，在確定"括髮"爲喪服，而"幓頭"爲吉服之後，認爲此處"幓"乃"幦"字之誤。

二 校定内容

卷帙殘闕，抑或首尾完具，是古籍校勘工作必須明確的問題，也是館臣在《四庫全書》編纂過程中評判是否應將某著作收入其中的一個重要標準。有的著作就是因爲内容缺漏太多，卷帙殘闕太甚，從而導致其不能著錄於《四庫》，竟付存目。如《西儒耳目資》提要"惟此本殘缺頗多，《列音韻譜》惟存第一攝至十七攝，自十八攝至五十攝皆佚，已非完書，故附存其目焉"。《西儒耳目資》是一部具有劃時代意義的著作，其首次運用羅馬字標注漢語音節，並進行音素分析，《總目》也認爲"其國俗好語精微，凡事皆刻意研求，故體例頗涉繁碎，然亦自成一家之學"，但是由於第二冊《列音韻譜》亡佚大半，故不能著錄於《四庫》，只能於存目之中介紹其大致内容。

古籍在歷代傳刻過程中有部分亡佚，或者脫漏，這在所難免，也是十分正常的現象，只要殘缺部分没有影響到整體，其價值仍然很大。古籍的校勘整理就是要特別注意卷帙部分殘缺的識別，小學類提要也有比較多的

第四章 《總目》小學類提要的校勘成果

對殘卷的校勘記載。例如：

> 刊本《釋天》之末注"後缺"字，然則併此書亦有佚脫，非完本矣。(《埤雅》提要)
> 大曆九年，眞卿官湖州時，嘗書是編勒石。開成四年，楊漢公復摹刻於蜀中，今湖本已泐缺，蜀本僅存。(《干祿字書》提要)
> 是二書前有至正乙未國子監丞宇文公諒總序，《說文字原》之首有伯琦自序，題至正己丑，而《六書正譌》則無序，意其佚脫也。(《說文字原》提要)

《總目》記載了很多此類缺卷信息，從中我們可以發現四庫館臣在校訂篇章時所關注的細節，如上面事例中的"後缺"提示等，他們這樣做是力圖準確反映古籍現狀。如果古籍殘缺的部分被後人以各種方式補充，校勘工作實際上除了判斷其是否殘缺之外，還得面臨如何甄別哪些内容是後人增加的，新增加的是些什麽内容等問題。例如，《說文繫傳》提要：

> 鍇嘗別作《說文篆韻譜》五卷，宋孝宗時李燾因之作《說文解字五音譜》，燾《自序》有曰"《韻譜》當與《繫傳》並行，今《韻譜》或刻諸學官，而《繫傳》迄莫光顯，余蒐訪歲久，僅得其七八闕卷，誤字無所是正，每用太息"，則《繫傳》在宋時已殘闕不完矣。今相傳僅有抄本，錢曾《讀書敏求記》至詫爲"驚人秘笈"，然脫誤特甚。卷末有熙寧中蘇頌記云"舊闕二十五、三十，共二卷，俟別求補寫"，此本卷三十不闕，或續得之以補入，卷二十五則直錄其兄鉉所校之本，而去其所附之字。殆後人求其原書不獲，因撼鉉書以足之，猶之《魏書》佚《天文志》，以張太《素書》補之也。其餘各部闕文，亦多取鉉書竄入。考鉉書用孫愐《唐韻》，而鍇書則朝散大夫行秘書省校書郎朱翱別爲反切，鉉書稱某某切，而鍇書稱反，今書内音切與鉉書無異者，其訓釋亦必無異，其移掇之迹，顯然可見。至示部竄入鉉新附之"桃、祆、祚"三字，尤鑿鑿可證者。《錯綜》篇末，其文亦似未完，無可采補，則竟闕之矣。

《總目》依據李燾《說文解字五音譜序》、錢曾《讀書敏求記》和蘇頌記等資料判斷當時校勘的鈔本爲殘缺本，通過內容的比對發現《繫傳》第二十五卷和第三十卷原本亡佚，後人從徐鉉校本《說文》中鈔出補入，其餘各部闕文也是一樣。四庫館臣面對這樣一部僅有鈔本流傳，殘缺多處，且已經被後人從大徐本陸續補入的《繫傳》，必須謹慎判斷，詳細校勘，唯有此方能校訂篇章，還其本來面貌。他們的校勘之功，《簡目》有過概括："原本殘缺，多以徐鉉所校《說文》竄補，今悉爲考訂釐正，俾無舛訛。"①

　　缺卷是卷帙殘缺的一個類型，校勘時容易發現。但如果僅僅憑藉兩個版本卷數是否一致來判斷其是否殘缺，是遠遠不夠的，因爲卷數不同可能由多種原因造成，而卷帙殘缺的判斷標準則爲內容是否一致。例如，《廣雅》提要：

> 前有揖《進表》稱"凡萬八千一百五十文，分爲上、中、下"，《隋書·經籍志》亦作"三卷"，與《表》所言合，然註曰"梁有四卷"，《唐志》亦作"四卷"，《館閣書目》又云"今逸，但存音三卷"。憲所註本，《隋志》作四卷，《唐志》則作十卷。卷數各參錯不同，蓋揖書本三卷，《七錄》作四卷者，由後來傳寫析其篇目。憲註四卷，即因梁代之本，後因文句稍繁，析爲十卷，又嫌十卷煩碎，復併爲三卷。觀諸家所引《廣雅》之文，皆具在，今本無所佚脫，知卷數異而書不異矣。然則《館閣書目》所謂逸者，乃逸其無註之本，所謂存音三卷者，即憲所註之本。揖原文實附註以存，未嘗逸，亦未嘗缺。惟今本仍爲十卷，則又後人析之以合《唐志》耳。

《廣雅》的卷數有不同的記載：三卷、四卷、十卷，但其內容古今並沒有增加或者減少，因此不能根據卷數的變化來斷定其有亡佚，或者殘缺，館臣最后認爲今本《廣雅》爲完本，且在提要中對卷數的分合進行了合理解釋。

　　卷帙內容重复、內容前後不一致，或者相互矛盾是因爲古籍成於衆手，典籍後世不斷被增補，或者被人篡改。這類典籍的校勘一般和辨僞緊密結合在一起，如《爾雅注疏》提要在考證《爾雅》作者之後，認爲

---

① 《四庫全書簡明目錄》，洪氏出版社1982年版，第44頁。

《爾雅》不是由一個人在某一時間完成的，而是由很多人在不同時間逐漸積累而成，而周公、孔子都是偽託。四庫館臣在校勘時還注意到《爾雅注疏》的正文存在同一詞條復出的情況，卽"觀《釋地》有'鵜鶘'，《釋鳥》又有'鵜鶘'，同文複出，知非纂自一手也"，這種內容重複的細節驗證了他們關於《爾雅》爲偽書的判斷。又例如：

> 然所收李燾序一篇，採自《文獻通考》，本所作《說文五音韻譜序》，因《通考》刻本悮脫標題一行，遂聯屬於《說文繫傳》下，乃不辨而收之，殊失考訂。（《說文繫傳考異》提要）

> 別本《禮部韻畧》，註文甚簡，與此不同，而亦載文焻、守正二《序》及《重修條例》十則。然其書與條例絕不相應，疑本佚其原《序》，而後人移掇此書以補之也。（《增修校正押韻釋疑》提要）

這兩則提要都涉及到部分內容與著作其他內容不脗合的問題，四庫館臣校勘發現內容突兀之後，具體考證了其來源並對其偽誤進行了解釋。李燾《說文五音韻譜序》之所以被收入《說文繫傳考異》，是因爲刊刻者沒有仔細考辨《文獻通考》的失誤；別本《禮部韻畧》前面也載有文焻、守正二《序》，是由於胡亂添加所致。

有的內容重複、或者內容前後矛盾，是因爲著作體例不嚴，作者失於照應。例如：

> 且如"水"字、"火"字，旣入上兩點類，而下三點內又出"水"字、"火"字，旁三點示字類又再出"水"字，下四點內又出"火"字、"水"字，如此之類，凡一百二十三字，破碎冗雜，殊無端緒。（《字通》提要）

> 《正音門》"積"字註，旣云"音恣非"，《動靜門》中"積"字註又云"凡指所聚之物音恣，取物而積聚之音迹"。《字始門》"車"字註云"尺遮切，自漢以來，始有居音"，《正音門》"下"字註又云"古音虎，魏了翁云'六經無下馬一韻'，故下皆音虎"，則自相矛盾。（《字義總畧》提要）

《字通》以隸書的點畫給其所收的601個字分類，這與部首排序不同，但從其收字體例來看，《總目》認爲其分類不科學，收字"破碎冗雜，殊無端緒"，如其所舉實例，"水""火"二字竟然可以分別同時歸屬於幾個類別。《字義總畧》對部分字的注音前後也是自相矛盾，缺乏照應。這些著作內容本身存在的關於內容重複等方面的問題，實際與校勘有很大關係，即只有通過前後內容的互證，才能找出其中的不足。《總目》對這類問題的處理方式是，指出其失誤，提醒讀者注意。

第二節　小學類提要校勘的特點

時至康乾盛世，中國的學術發展和經驗積累已經有幾千年的歷史，這爲《總目》校勘提供了良好的物質基礎，也爲校勘方法的使用提供了更多選擇。清代學術的全面繁榮，特別是其在小學方面的成就更是達到了歷史頂峯，爲《總目》工作的順利展開提供了堅實的學術基礎和保障。在這種條件下，《總目》小學類提要的校勘實踐表現出了鮮明的的個性特徵。

一　緊密結合版本研究

從事校勘實踐的第一項工作，或者說，在進入具體校勘一種古籍之前必須完成的準備工作，就是調查研究具體的工作對象，即這種古籍的基本情況。《總目》在調查基本情況過程中最看重的是搜集版本，分析版本源流，選擇底本和參校本，這也是《總目》校勘的最大特點。

搜集古籍的各種不同版本，是對讀比較各本異同，列出異文，發現疑誤等校勘實踐的前提，也是古籍整理的一項最重要工作。所搜集的版本是否完全，這些版本是否權威和富有代表性，直接關係校勘質量和古籍整理水平的高低。爲編纂《四庫全書》，清政府要求各省督撫、學政搜訪書籍，以行政命令的手段強力徵集到了眾多古籍的珍惜版本。這爲四庫全書館的校勘提供了得天獨厚的條件，因爲廣泛搜集古籍的不同版本，有利於挑選有代表性的版本用於校勘，也有利於校正版本之間的異同和辨別、審定其中的是非。《總目》對所搜集到的版本，或者校勘時所用到的版本，會有所記載。例如，《重修玉篇》提要就說明了其所用到的三個版本：一爲張士俊所刊，稱"上元本"；一爲曹寅所刊，稱"重修本"；一爲明內府所刊，稱"大中祥符重修本"。《廣韻》提要交代當時流行的兩個版本：

一爲宋陳彭年、邱雍等所重修，一爲此本（"明代内府刊板"）。

分析版本的源流就是對搜集到的某一古籍今存各種版本的源流關係進行揭示，以便確定校勘可靠的底本和校本。而要獲取與版本流傳變化相關的信息則必須根據今存各本的刊印年代和序跋說明，以查考各本所依據的底本，分析它們之間的親疏關係。《總目》在據序跋敘錄的說明來查考祖本方面的成就比較多，下面僅以《爾雅翼》提要爲例：

> 是書卷端有顧自序，又有王應麟後序、方回跋及焱祖自跋。應麟後序稱，以咸淳庚午刻此書郡齋，而《玉海》所列《爾雅》諸本乃不著於錄。據方回跋稱，《序》見《鄂州小集》，世未見其書，回始得副本於其從孫裳，蓋其出在《玉海》後也。越五十年，爲元延祐庚申，郡守朱霽重刻，乃屬焱祖爲之音釋，而顧序及應麟後序隸事稍僻者亦併註焉。焱祖跋稱：《釋草》八卷，凡一百二十名；《釋木》四卷，凡六十名；《釋鳥》五卷，凡五十八名；《釋獸》六卷，凡七十四名；《釋蟲》四卷，凡四十名；《釋魚》五卷，凡五十五名。今勘驗此本，名數皆合。惟《釋獸》七十四名，此本内有八十五名，與原跋互異，豈字畫傳寫有誤歟？

《尔雅翼》是一部產生於南宋，專門解釋名物的訓詁著作，其流傳至清，刊刻的版本比較複雜，但《總目》依據校勘底本的序跋理清了《尔雅翼》版本流傳的基本線索：據羅願自序和方回跋語可以確定其成書時間爲宋孝宗淳熙元年（1174）；據王應麟後序方回跋語考知，《尔雅翼》成書時並未刊行，而是於宋咸淳庚午年（1270），由徽州郡守王應麟刻版行世；此後五十年，即元延祐庚申年（1320），又由郡守朱霽重刊，請洪焱祖作音釋，分別附於每卷之後，同時也將羅願自序和王應麟序收入，並爲二序作注，洪焱祖作跋附於書末。《四庫全書》收錄《尔雅翼》的底本就是元刻本，《總目》還對洪焱祖的跋與著作内容進行了校勘。

搜集不同版本和分析版本源流，其目的就是選好底本和參校本。《總目》總是千方百計地選擇善本、足本，並以此作爲底本進行校勘。如揚雄《方言》的參校本爲《永樂大典》本，而《永樂大典》是從宋版錄入；《鐘鼎款識》爲明崇禎中朱謀㙔所刊，勾勒特爲精審；《古文四聲韻》是從汲古閣影寫宋刻翻雕；《龍龕手鑑》爲影鈔遼刻；《增修互註禮部韻畧》

是理宗淳祐四年蜀中刻本，此類不一而足。《總目》底本的選擇充分利用了版本知識，儘量挑選出版本可靠，刻印精良，首尾完具的善本、足本，爲校勘工作的順利進行奠定了基礎。

二　靈活運用校勘方法

校勘古籍就必須搜集異文，並對其正誤是非作出判斷，以存眞復原。《總目》在判斷各種版本所存在的差異時運用了不同的校勘方法，通過總結它記載的校勘内容，我們發現，陳垣先生後來歸納出的"校勘四法"在提要中均有體現，且校勘方法的選用往往根據所掌握的校勘資料來確定，具有靈活性。

對校法是用同一種書的不同版本相互對校的校勘方法。《總目》使用這種方法，會從搜集的各種版本中選擇一個比較可靠的本子作爲底本，然後與其他版本校勘。如《急就章》，共有師古本、王應麟補注本、黄庭堅本、李燾本、朱子越中本多個版本，最後選擇王應麟本爲底本，因爲"應麟所註，多從顏本，蓋以其考證精深，較他家爲可據焉"；《干祿字書》，是以國朝揚州馬曰璐之宋槧翻刻本（湖本）爲底本，以蜀本爲參校本，即"以蜀本互校，補缺文八十五字，改訛體十六字，删衍文二字，始稍還顏氏之舊"。這些都是《總目》所記載的紙質版本之間的校勘，《總目》也有紙質版本與石刻版本校勘的内容。如《五經文字》，以馬曰璐摹刻本爲底本，參校石刻本，將底本中誤改原文，文字脱漏等問題悉數補正。《九經字樣》，是依石刻殘碑，詳加覆訂馬曰璐刻本"轉寫失眞及校者意改"之處。

本校法者，以本書前後互證，而抉摘其異同，則知其中之謬誤。[1]《總目》也使用了這種利用上下文校勘典籍的方法。例如，《說文繫傳考異》中竟然收錄了李燾《說文五音韻譜序》，《總目》認爲這是刻者"不辨而收之，殊失考訂"；《附釋文互註禮部韻畧》提要就曾記載，其曹寅刻本前面的歐陽德隆《押韻釋疑序》、郭守正《重修序》《重修條例》、淳熙《文書式》，與書籍内容並不脗合，《總目》經過校勘后判斷這些都是刻印者自以爲是加上去的。這類都是《總目》利用著作上下文内容，相互證明，以校出其訛誤疏漏。

---

[1]　陳垣：《校勘學釋例》，中華書局 2004 年版，第 130 頁。

第四章　《總目》小學類提要的校勘成果　　349

　　他校法就是搜集、掌握他書有關本書文辭的資料來校本書的校勘方法。《總目》在校勘中充分利用了類書《永樂大典》，且在小學類利用率極高。例如，《方言》提要載"其書世有刊本，然文字古奧，訓義深隱，校讎者猝不易詳，故斷爛訛脫，幾不可讀。錢曾《讀書敏求記》嘗據宋槧駁正其誤，然曾家宋槧今亦不傳，惟《永樂大典》所收猶爲完善。檢其中'秦有榛娥之臺'一條，與錢曾所舉相符，知卽從宋本錄入。今取與近本相校，始知明人妄行改竄，顛倒錯落，全失其初，不止錢曾所舉之一處"。《方言》當時脫誤嚴重，而有沒有權威版本，《總目》據《永樂大典》中的材料補明刊本之脫漏，正其舛錯，這就是他校法的运用。

　　理校法是校勘四法中最难以把握的，也是最危險的，只有在"遇无古本可据，或数本互异，而无所适从时"方可使用。如《群經音辨》提要就是用理校法指出其卷二兀部"典，堅刃貌也"，卷三巾部"幓頭，括髮也"等正文存在錯誤，通過考證最後得出結論：典，當爲"頎典"，此處脫"頎"字；幓頭，當爲"幧頭"，幓爲"幧"字之誤。另外，《說文解字篆韻譜》提要在沒有參考任何資料的情況下，利用理校法，指出寒部、豪部、麻部韻目排列的錯誤。理校法的運用條件比較苛刻，對校勘者的要求比較高，很多地方都要求和考證結合在一起。

三　積極引用別人校勘成果

　　《總目》校勘有時直接利用別人的研究成果。例如，《爾雅注》提要就曾引用《汪師韓集》中的校勘成果：既說明鄭樵《爾雅注》與郭璞注之間的關係：駁其誤改郭註者，補郭註而未確者，仍郭註之悞未改者；又指出鄭樵《爾雅注》所引《爾雅》原文所存在的脫漏：《釋言》篇內脫"弇，同也"三字，《釋水》篇內脫"水之由膝以下爲揭"至"爲厲"十八字，《釋草》篇內經文脫"葦醜，芀"三字，《釋魚》篇內脫"蛭，蟣"二字，《釋鳥》篇內脫"倉庚，鵹黃也"五字，最後《總目》還對汪師韓的觀點進行評價，認為這些錯誤"皆當爲毛氏刊本之悞，併以詆樵則過矣"。

　　《佩觿》提要曾記載"惠棟《九經古義》嘗駁忠恕以示字爲視，而反以視爲俗字，今考其中，如謂車字音尺遮反，本無居音，蓋因韋昭辨《釋名》之說，未免失於考訂"。《石鼓文音釋》提要引朱彝尊《日下舊聞考》"證古本以'六轡'下'沃若'二字、'靈雨'上'我來自東'四字，皆慎所強增"，從而說明石鼓古文並不像楊慎《石鼓文音釋》所載的那麼多，有些就是楊慎自己杜撰的。《說文長箋》提要也引用了顧炎武《日知錄》部分成果，以說明趙宧光《說文長箋》的註釋和議論存在諸多疏忽和漏洞。

　　前人對某些古籍進行過深入研究，對其文本有過精細校勘，他們的成果可資利用。《總目》引用別人校勘成果時注意有選擇性的利用和辨正吸收，在充分分析別人觀點的基礎上提出自己的判斷並作出獨到的評價。

第五章

《總目》小學類提要的辨偽成就

　　古代文獻整理的辨偽工作始於先秦，漢劉向奉命校書，撰寫《別錄》，其中就已經包括辨偽的内容。《漢書·藝文志》《隋書·經籍志》中以小注形式，用案語說明古籍造偽的原因和託偽的簡單過程。唐中期，獨立思考、質疑辨偽的風氣更爲普徧，柳宗元（773—819年）辨疑羣書，特別是對諸子著作的辨偽，成就突出。宋代疑古之風更甚，無論新學還是舊學，無論義理學派還是考據學派，没有不涉及辨偽的，其中晁公武《郡齋讀書志》、陳振孫《直齋書錄解題》等目錄學名著也將辨偽當作重要組成部分。時至明代，古籍真偽研究出現了兩位大家：宋濂和胡應麟。胡氏總結發展前代辨偽的成果和經驗，寫成專著《四部正訛》，他在書中對偽書進行分門別類的研究，第一次提出偽書的特徵以及考核偽書的方法等理論問題。清代，隨著考據學的深入發展，古籍辨偽有了進一步提高，比較著名的辨偽成果有閻若璩《尚書古文疏證》，胡渭《易圖明辨》，姚際恒《古今偽書考》等。編成於乾隆年間的《總目提要》，受辨偽學發展的影響，也十分注意古籍真偽的考辨，論辯深入細緻，能綜合前人研究成果，並有不少新見。

　　考辨古籍真偽的方法在晚明胡應麟（1551—1602年）時已成系統，其《四部正訛》（下）說：

　　　　凡覈偽書之道：覈之《七略》以觀其源，覈之羣《志》以觀其緒，覈之並世之言以觀其稱，覈之異世之言以觀其述，覈之文以觀其體，覈之事以觀其時，覈之撰者以觀其託，覈之傳者以觀其人。覈茲八者，而古今贗籍亡隱情矣。①

---

① 轉引自孫欽善《中國古文獻學》，北京大學出版社2006年版，第157頁。

下篇　《四庫全書總目》小學類提要研究

　　胡應麟的辨偽八法，在辨偽學史上有劃時代的意義，後世梁啟超、張心澂、高本漢等人所提出的新辨偽方法雖各有補充和發展，但均以胡應麟之說爲基礎。《總目提要》的辨偽同樣注意吸收前輩的經驗，並提出了自己的辨偽原則：

> 《七略》所著古書，即多依託，班固《漢書·藝文志》注可覆按也，遷流洎明季，譌妄彌增，魚目混珠，猝難究詰，今一一詳核，並斥而存目，兼辨證其非，其有本屬偽書，流傳已久，或掇拾殘剩，眞贗相參，歷代詞人，已引爲故實，未可概爲捐棄，則姑録存而辨別之。大抵灼爲原帙者，則題曰某代某人撰，灼爲贗造者，則題曰舊本題某代某人撰，其瞳誤傳訛，如，呂本中《春秋傳》，舊本稱呂祖謙之類，其例亦同。①

　　分析這則凡例，我們可以概括出《總目提要》辨偽共包括書籍作者、成書年代和古籍内容等三個方面的内容，即考證作者是否眞實，成書年代是否確切，古籍内容前後是否一致，以此鑒別古籍的真偽。其對待偽書的原則是慎重取捨，分類處理：對前代已經確定爲偽書，但又有價值的，仍然著録；對那些毫無可取的，則付之存目。而無論著録，抑或存目，都必須"一一詳核"，"辨正其非"，這也是《總目提要》辨偽所用的基本方法和慎重態度。小學類提要運用這種方法所進行的辨偽限於以下三個範圍。

第一節　作者的辨偽

　　古籍作者的確定，是探尋其來源的重要步驟，也是辨偽的重要工作。中華文化淵源流長，流傳至今的古籍也存在不少因作者偽誤而形成的偽書，此種原因造成的偽書情況表現不同：書籍由後人逐漸增加而成，從而作者不明；故意作偽，託名他人，從而作者不清；書籍輾轉流傳，鈔刻失誤，從而作者不正確；等等。《總目》小學類提要採用多種方式考辨古籍作者的真偽，從而尋求古籍的真實來源。

---

①　卷首《凡例》，《四庫全書總目》，中華書局1965年版，第19頁。

一　利用序言、附記

古籍序跋、后記大都有寫作緣由、作者生平和版本源流等情況的翔實記載，是考辨著者真偽的重要依據，小學提要很善於抓住這些辨偽線索，例如《類篇》提要：

舊本題"司馬光撰"。嘉定癸亥董南一作光《切韻指掌圖序》，亦稱"光嘗被命修纂《類篇》，古文奇字，蒐獵殆盡"，然書後有《附記》曰"寶元三年十一月，翰林院學士丁度等奏：'今修《集韻》，添字既多，與顧野王《玉篇》不相參協，欲乞委修韻官，將新韻添入，別爲《類篇》，與《集韻》相副施行。'時修韻官獨有史館檢討王洙在職，詔洙修纂。久之，洙卒。嘉祐二年九月，以翰林學士胡宿代之。三年四月，宿奏乞光祿卿直秘閣掌禹錫、大理寺丞張次立同加校正。六年九月，宿遷樞密副使，又以翰林學士范鎮代之。治平三年二月，范鎮出鎮陳州，又以龍圖閣直學士司馬光代之。時已成書，繕寫未畢。至四年十二月，上之"，然則光於是書特繕寫奏進而已，傳爲光修，非其實也。

四庫館臣用《附記》駁斥了董南一的觀點，認爲司馬光僅僅進行"繕寫""進奏"之事，並不是《類篇》的作者。據《附記》，《類篇》是由王洙、胡宿、張次立、范鎮相繼修纂，由司馬光最後繕寫、奏進的。當然，治平三年（1066）二月至四年（1067）十二月這麼長的時間司馬光僅將"繕寫未畢"之事做完，未免不合實際，另外，《類篇》中也有其說明體例、糾正謬誤等方面的案語。因此也應該看到司馬光的審定之功，如果沒有他最後修改和審定，我們就很難見到這部嚴密的，在中國辭書史上具有里程碑意義的字書了。

《總目》有時會間接利用相關序言來考察古籍作者的真實情況。例如，《集韻》提要：

舊本題"宋丁度等奉勅撰"。前有《韻例》，稱"景祐四年太常博士直史館宋祁、太常丞直史館鄭戩等建言，陳彭年、邱雍等所定《廣韻》多用舊文，繁畧失當。因詔祁、戩與國子監直講賈昌朝、王洙同加修定，刑部郎中知制誥丁度、禮部員外郎知制誥李淑爲之典領”，晁公武《讀書志》亦同。然考司馬光《切韻指掌圖序》，稱“仁宗皇帝詔翰林學士丁公度、李公淑增崇韻學，自許叔重而降，凡數十家，總爲《集韻》，而以賈公昌朝、王公洙爲之屬。治平四年，余得旨繼纂其職，書成上之，有詔頒焉。嘗因討究之暇，科別清濁爲二十圖”云云，則此書奏於英宗時，非仁宗時，成於司馬光之手，非盡出丁度等也。

四庫館臣依據司馬光《切韻指掌圖》的自序，認爲《集韻》成書時間是宋英宗治平四年（1067），其書最後由司馬光續編完成。《集韻》到底有沒有經過司馬光之手這個問題，存在爭議，原因之一是《切韻指掌圖》的作者不能確定爲司馬光。對此，明人即開始懷疑，清人鄒伯奇在其《鄒徵君存稿》指出"（《切韻指掌圖》）乃冒溫公名以求售"，陳澧也進一步斷定作者不是司馬光，今之學者濮之珍、① 趙誠，② 認爲《切韻指掌圖》乃爲宋楊中修偽託，司馬光之《切韻指掌圖序》是後人假託司馬光之名偽造的。因此，四庫館臣所依據考辨作者的序言實際上是偽序。

二 利用前人研究成果

《總目》能充分利用前人考據成果和相關記載來考定真實作者。例如，《崔氏小爾雅》提要：

> 舊本題明崔銑撰。銑有《讀易餘言》，已著錄。此書凡分十篇。核檢其文，實即《孔叢子》中之《小爾雅》也。閔元衢《歐餘漫錄》曰："《小爾雅》，漢孔鮒撰。汝郡袁氏《金聲玉振集》誤爲崔仲鳧著，收入撰述部。以漢爲本朝，以崔易孔，豈其不詳考耶？抑以世可欺也？"則是偽題姓名，明人已言之矣。

四庫館臣認爲《崔氏小爾雅》就是《小爾雅》，崔銑乃是偽題之姓名，其辨偽工作包括兩個方面：內容比對；直接利用閔元衢《歐餘漫錄》

---

① 濮之珍：《中國語言學史》，上海古籍出版社1999年版，第265頁。
② 趙誠：《中國古代韻書》，中華書局1979年版，第59頁。

中的考據成果。考辨作者的真偽有時不一定要利用考據成果，凡是與著作、作者相關的記載都是可資利用的材料。例如，《正字通》提要：

  舊本或題明張自烈撰，或題國朝廖文英撰，或題自烈、文英同撰。考鈕琇《觚賸·粵觚下篇》，載此書本自烈作，文英以金購得之，因掩爲己有，敘其始末甚詳。然其前列國書十二字母，則自烈之時所未有，殆文英續加也。裘君宏《妙貫堂餘談》又稱："文英歿後，其子售板於連帥劉炳。有海幢寺僧阿字知本爲自烈書，爲炳言之，炳乃改刻自烈之名。"諸本互異，蓋以此也。其書視梅膺祚《字彙》考據稍博，然徵引繁蕪，頗多舛駁。又喜排斥許慎《說文》，尤不免穿鑿附會，非善本也。自烈字爾公，南昌人。文英，字百子，連州人康熙中官南康府知府，故得鬻自烈之書云。

  《正字通》的作者歷來眾說紛紜，不同版本有不同的署名，有署張自烈的，有署廖文英的，有署張自烈、廖文英合輯的，涉及歷史上一樁著作權公案。四庫館臣觀點是《正字通》爲張自烈撰寫，江西南康府知府廖文英以某些條件作交換，取得了張自烈《正字通》印行權和署名權。《總目》所依據的材料，一是專門記述明末清初雜事的筆記《觚賸·粵觚下篇》，一是以談江西人事爲主的雜家類著作《妙貫堂餘談》，這兩部著作中都有關於《正字通》作者的記載。

三　利用著者的身份

  《總目》還會考察書籍內容、體例等多個方面綜合反映出的品位、價值等與書籍題寫作者或修訂者的名望是否相符，如果兩者完全不匹配，就說明原書所題寫的作者是僞託。例如，《篇海類編》提要：

  舊本題"明宋濂撰，屠隆訂正"，……其書取韓道昭《五音篇海》以部首之字分類編次，舛漏萬狀。無論宋濂本無此書，即以所引之書而論，如田汝耔、都俞、李登、湯顯祖、趙銘、章黼、楊時喬、劉孔當、趙宧光，皆明正德至萬曆時人，濂何從見之？至於以趙撝謙列林罕、李陽冰間。既有一"鄭樵"，注曰"著《六書畧》"，又有一"鄭漁"，注曰"字仲明，夾漈人"。他如以《玉篇》爲陳新作，以《韻會箋》爲黃紹作，以高似孫爲高衍孫，以《洪武正韻》爲毛晃作，以《古文字號》爲馬融作、鄭元注，以《五聲韻》爲張有作，以《別字》十三篇爲孫强作，以《六書精蘊》爲孫恆作，殆於醉夢顛倒，病狂譫語。屠隆雖不甚讀書，亦不至於此，殆謬妄坊賈所託名也。

提要用事實說明《篇海類編》存在嚴重問題，作者生活時代與其記述內容不一致，存在大量常識性錯誤，可以說是漏洞百出，黑白顛倒。很明顯，質量這麼低劣的著作不可能出於宋濂、屠隆之手，他們的名字被冒用了。明代大家被冒名訂正的還有湯顯祖。例如，《五侯鯖字海》提要：

> 不著撰人名氏，題曰"湯海若訂正"。考湯顯祖號曰若士，亦曰海若，臨川人。萬歷辛丑進士，官至禮部主事，終於遂昌縣知縣。《明史》有傳。則當爲顯祖所作矣。前有陳繼儒《序》云"取《海篇》原本，遵依《洪武正韻》，參合成書"，然其註釋極爲簡畧，體例亦頗蕪雜。每字皆用直音，尤多訛謬。至卷首以《四書五經難字》別爲一篇，則舛陋彌甚。顯祖猶當日勝流，何至於此？蓋明末坊賈所依託也。

四庫館臣認爲《五侯鯖字海》註釋簡畧、體例蕪雜，注音訛謬，其中《四書五經難字》更是淺薄，這麼粗糙的著作與其訂正者湯顯祖的身份、地位是不相稱的，由此確定"蓋明末坊賈所依託也"。依託當時有名望、有地位的名人是著者作僞的常用手段，有利於商人刻印書籍的傳播與銷售。湯顯祖作爲明代杰出的劇作家、文學家，除了被署名訂正《五侯鯖字海》外，還被署名參編《海篇統匯》。

第二節 成書時代的辨僞

古籍作者考辨清楚了，成書年代也就自然解決了，但是如果古籍的作者被推翻否定，而眞正的作者一時又無法考知，或者已經證實而各自說法迥異，那麼，根據其他相關的資料及這部書的內容來探求其成書時間，或者相近的時代，就成爲迫切的任務了。小學類提要辨僞在考證成書的具體時間時，大致可以分以下兩種情形。

一 立足本書内容

古籍是由文字詞彙組合而成的有機整體，古籍本身的文字、思想和名物就像血肉、靈魂一樣，不可或缺，而又受到時代的浸潤，刻滿了時代的烙印。小學類古籍内容本身擁有更加鮮明的時代特色，如訓詁類著作的詞義解釋，文字類著作的收字和編排體例，音韻類著作的韻目數量和排列等，抓住其中任何一點特徵，深入分析，就能找到古籍成書時代的線索。我們以訓詁類《小爾雅》提要爲例：

案《漢書·藝文志》有"《小爾雅》一篇"，無撰人名氏。《隋書·經籍志》、《唐書·藝文志》並載"李軌注《小爾雅》，一卷"，其書久佚。

今所傳本，則《孔叢子》第十一篇抄出別行者也。分《廣詁》、《廣言》、《廣訓》、《廣義》、《廣名》、《廣服》、《廣器》、《廣物》、《廣鳥》、《廣獸》十章，而益以《度》、《量》、《衡》，爲十三章，頗可以資考據。然亦時有舛迕，如《廣量》云"豆四謂之區，區四謂之釜"，本諸《春秋傳》"四升爲豆，各自其四以登于釜"之文；下云"釜二有半謂之籔"，與《儀禮》"十六斗曰籔"合；其下又云"籔二有半謂之缶，缶二謂之鍾"，則實八斛，乃《春秋傳》所謂陳氏新量，非齊舊量"六斛四斗"之鍾，是豆、釜、區用舊量，鍾則用新量也。《廣衡》曰"兩有半曰捷，倍捷曰舉，倍舉曰鋝"，《公羊傳疏》引賈逵稱"俗儒以鋝重六兩"者，蓋即指此。使漢代小學遺書果有此語，逵必不以俗儒目之矣。他如謂"鵠中者謂之正"，則併正鵠之名不辨。謂"四尺謂之仞"，則《考工記》"澮深二仞"與"洫深八尺"無異矣。漢儒說經，皆不援及，迨杜預注《左傳》始稍見徵引，明是書漢末晚出，至晉始行，非《漢志》所稱之舊本。晁公武《讀書志》以爲孔子古文，殆循名而失之。相傳已久，姑存其目。若其文則已見《孔叢子》，不複錄焉。

《小爾雅》是以訓釋先秦典籍詞義爲主的訓詁專書，具有很高的訓詁價值與文獻價值，在語言學史與辭書史上，也具有重要地位。由於此書來歷不明，學術界對其真偽，特別是作者、成書時代及其與《孔叢子》的關係等問題，一直爭論不休，莫衷一是。

《小爾雅》最早著錄於《漢書·藝文志》中，其注本見載於《隋志》《唐志》，但都沒有寫著者名氏，其書（或稱"古本"）後來亡佚。《小爾雅》曾被收入《孔叢子》第十一篇，到了宋代，古本久佚，宋人又將其從《孔叢子》中抽出，單獨印刷出版，仍題作孔鮒撰，這就是現在的《小爾雅》傳本（或稱"今本"）。

四庫館臣認爲，《小爾雅》古本亡佚，今本是僞書。其圍繞《小爾雅》詞義訓釋而展開的辨僞工作可以概括爲以下幾點：一是從來源看，《孔叢子》既出僞託，其《小爾雅》也一定不會是《漢志》原書，故只存其目，而不複錄其文。一是從詞義訓釋看，《小爾雅》有些詞語的釋義顯然直接鈔錄他書，有些釋義採用兩套標準而互相矛盾，有些釋義不準確而與經傳註釋不一致，這都與漢代小學遺書的訓釋要求準確可靠，態度要求嚴肅認真的傳統不同。另外，《小爾雅》釋義時，還引用了賈逵的"俗儒以鋝重六兩"，《總目》認爲《漢志》所載《小爾雅》不應是俗儒所爲，從而否定今本《小爾雅》。一是從徵引情況看，漢代人說經沒有引用《小爾雅》，其始見徵引於晉《左傳集解》，由此判斷其成書時間在漢末之後。

四庫館臣對《小爾雅》的觀點可以在戴震《書〈小爾雅〉後》尋找到蹤跡，戴氏認爲"《小爾雅》一卷，大致後人皮傅掇拾而成，非古小學遺書也"。① 由於戴氏是《四庫提要》纂修官之一，負責經部的編審工作，《小爾雅》提要可能就出自他手，只是在收錄時對內容進行了裁剪，結構進行了調整，但是觀點相同，所用材料亦有重合之處。

根據訓詁專書的特點，從具體的詞義訓釋中尋找證據，考辨作者，確定成書時間和判斷書籍真偽，這樣的思路和方法在小學類古籍辨僞中還有很多運用。

二　憑藉相關資料

古籍產生的歷史遙遠，其成書年代和作者又無明確記載，這給考辨其真偽的工作帶來了很大麻煩。但是古籍在流傳過程中，會被不同書籍收錄、記載，會被不同時代的人介紹、註釋，會有一些人對其進行考證，時

---

① 戴震：《書〈小爾雅〉後》，《戴東原集》卷三。

第五章 《總目》小學類提要的辨偽成就　　359

間長了，總會留下關於判定其眞偽的很多資料。《總目》在確定古籍成書年代時就注意收集和利用這類相關資料。以考辨《爾雅》眞偽爲例。

《爾雅》是我國最早的一部解釋詞義的專著，爲十三經之一。由於成書較早，最早著錄《爾雅》的《漢書·藝文志》也沒有指出其著者和成書時代，因而後人對《爾雅》的成書年代及作者，歷來說法不一。

四庫館臣在《爾雅注疏》提要中專門闢出一塊空間來討論《爾雅》的作者和成書時代。① 於《爾雅》的作者，提要首先引用《大戴禮·孔子三朝記》《進廣雅表》兩段材料，以羅列關於《爾雅》作者的各種觀點，但各方觀點"於作書之人，亦無確指"。在無明確文獻記載的情況下，提要要探究其作者，必先究其成書之年代。例如：

> 郭璞《爾雅註序》稱"豹鼠既辨，其業亦顯"，邢昺《疏》以爲漢武帝時終軍事，《七錄》載犍爲文學《爾雅註》三卷案:《七錄》久佚，此據《隋志》所稱梁有某書亡，知爲《七錄》所載。陸德明《經典釋文》以爲漢武帝時人，則其書在武帝以前。曹粹中《放齋詩說》曰按：此書今未見傳本，此據《永樂大典》所引。"《爾雅》，毛公以前其文猶畧，至鄭康成時則加詳。如'學有緝熙于光明'，毛公云：'光，廣也。'康成則以爲'學於有光明者'，而《爾雅》曰：'緝熙，光明也。'又'齊子豈弟'，康成以爲'猶發夕也'，而《爾雅》曰：'豈弟，發也。''薄言觀者'，毛公無訓。'振古如兹'，毛公云：'振，自也。'康成則以'觀'爲'多'，以'振'爲'古'。其說皆本於《爾雅》，使《爾雅》成書在毛公之前，顧得爲異哉？"則其書在毛亨以後案：《詩傳》乃毛亨作，非毛萇作，語詳《詩正義》條下。大抵小學家綴緝舊文，遞相增益，周公、孔子皆依託之詞。觀《釋地》有"鶀鶀"，《釋鳥》又有"鶀鶀"，同文復出，知非纂自一手也。

《總目》考訂《爾雅》成書時間所用的資料都是各種注本。例如，犍爲文學《爾雅註》、郭璞《爾雅註》、邢昺《疏》，陸德明《經典釋文》，以及記載其與毛傳關係的曹粹中《放齋詩說》，然後確定了大致時間段爲毛亨以後，武帝以前，最後認爲"大抵小學家綴緝舊文，遞相增益，周

---

① 這部分內容分纂提要、書前提要是沒有的，是《總目》後來專門加上去的。

公、孔子皆依託之詞"。

現代學者對此進行了不同程度的研究，其中陸宗達、王寧兩位先生（1984）的觀點與《總目》有相同之處，他們歸納了歷史上幾種有代表性說法：一說爲周公所著，成書在西周；一說爲孔子或其門徒所著，成書在東周；一說爲漢儒所著，然後認爲上述幾種觀點都不夠準確，主張《爾雅》不是一人一時之作，而是雜采幾代多家的訓詁材料彙編起來的，而且彙編也不是一次而成，而是逐步完善。初具規模的時代在公元前400—前300年的戰國時期。①

第三節　文字章節的辨僞

古籍文字章節在流傳過程中往往存在附益現象，有的在書中篇中，有的附益於書末篇末。小學類提要在介紹著作內容，評判學術價值時，注意考察著作內容的前後一致性和鑒別文字章節的附益僞託。根據提要所涉及到的鑒定細節，我們將文字附益的情形分爲兩類：後人續作和移掇添補。

一　後人續作

作僞者在原來著作的基礎上，在末尾，或者其他位置添加部分章節，企圖在某種程度彌補原著的不足，並想通過這樣一種方式使自己的觀點能隨著原著的流傳而影響深遠。但由於原著和後人續作章節畢竟不是出自一人之手，詳細分辨便會發現前後內容不一致，觀點不能相互照應等缺陷，從而鑒別附益文字的僞託。例如，《字通》提要：

> 其前題詞有"《復古編》、《字通》尚未及之，畧具如左文"云云，似非從周之語。又虍字類虛字條下既稱"今別作墟，非是"，而此又出"虛作墟，非"一條，指爲《字通》所未及。使出從周，不應牴牾如此，其或後人所竄入歟？

《字通》實際分爲上、下兩卷，在結尾處有這麼一段話"總八十九部，六百又一文，蓋字書之大畧也。其他則張謙中《復古編》最爲精詳

---

① 楊伯峻主編：《經書淺談》，中華書局1984年版，第113頁。

矣,或有字本如此而轉借他用,乃別為新字以行於世,《復古編》及《字通》尚未及之,畧具如左文",① 承上啟下,既總結了前面兩卷内容,又說明下面所講的是"因文字假借而另造新字"的現象。提要抓住了《字通》最後這部分文字與前面上、下兩卷内容之間的矛盾:前後語氣不能貫通,内容重複,由此懷疑這段文字不是作者李從周的手筆,而是後人續作。

又如《字孿》提要:

> 其書爲杭人潘之淙所刻,前有《篆體辨訣》一篇,乃以七言歌括辨篆文偏旁之同異。不知何人所撰,由來已久,之淙以其與此書可互相叅究,故附刊以行,其區別形體,亦頗有資於六書。惟其末比舊本增多一百二十四句,則紕繆杜撰,不一而足。如謂抽字不當從由,咽字不當從因,已顯與《說文》相背。甚且臆造篆文,如瑟上加一,對内從干,均極訛悮。至勇本從甬,而云"角力爲勇";稷,古文省夒,而云"與槐柳同",此類尤爲乖舛。蓋無識者所竄入,不足依據。

四庫館臣鑒別《字孿》有兩部分文字是后續的,一是《篆體辨訣》,一是末尾處一百二十四句,只是對它們各自評價不同。

二　移掇添補

移掇添補是指原著在後來的編輯出版過程中,由於編者缺乏相應的知識,或者貪多求廣,將原本不屬於原著的内容,生拉硬拽,將之移植過來的現象。這會造成兩者難以融合,進而破壞著作的整體性。小學類提要對此也有記載。例如,《附釋文互注禮部韻略》提要:

> 一本爲康熙丙戌曹寅所刻,冠以余文�所作歐陽德隆《押韻釋疑序》一篇、郭守正《重修序》一篇、《重修條例》十則、《淳熙文書式》一道。考守正所重修者,名《紫雲韻》,今尚有傳本,已別著錄,則此本非守正書。又守正《條例》稱德隆註"痀僂其捌之辨,

---

① 引自四庫全書本《字通》。

似失之拘"，今此本無此註，則亦非德隆書。觀守正《序》稱"書肆板行，漫者凡幾，一漫則一新，必增數註釋，易一標題"，然則當日《韻畧》非一本，此不知誰氏所刻，而仍冠以舊序及條例，其條例與書不相應。而《淳熙文書式》中乃有理宗御名，是則移掇添補之明證也。

據考證，《總目》所提到的曹寅所刻，即康熙四十五年曹寅在揚州使院任上所刻，其底本即爲楝亭本，楝亭本平声谆韵不收与理宗御名同音的匀小韻，而《淳熙文書式》卻有理宗御名，不避諱，這是四庫館臣鑒定其爲"移掇添補之明證"；另外就是書前所列的序言和凡例，與正文不相應。總此，提要認爲曹本《附釋文互注禮部韻略》前面的序、條例和文書式都是編印者不了解實情，將它們從別的版本移植過來的。

又如《經史正音切韻指南》提要：

> 原本末附明釋眞空《直指玉鑰匙》一卷，驗之，即眞空《篇韻貫珠集》中之第一門、第二門，不知何人割裂其文，綴於此書之後。

四庫館臣在發現《直指玉鑰匙》移掇的痕跡後，便將其徑直刪除了。考辨古籍的眞偽應該以著者、成書年代和附益文字章節爲對象和範圍，辨明作者是首要工作，作者未明，則討論該書的完成時代，至於文字章節的附益偽託，也是不可忽畧的重要方面。小學類典籍眾多，對許多著作的眞偽，歷代爭論不斷，難有定論。四庫館臣在整理這些名著時，積極展開考辨眞偽工作，並將自己的辨偽過程記錄下來變成文字，寫入《總目》，以此作爲對學術界所探討的熱點問題的迴應（如《爾雅》的成書時間、《方言》的作者等），他們的觀點也已經成爲後來學者研究相關問題的重要參考，他們的辨偽實踐也是我們以後從事相關工作時學習的榜樣。

第六章

《總目》小學類提要存在的不足

《四庫全書總目》是一部享有盛名的目錄學著作，但它不可能完美無缺。《總目》問世的二百年間，不少古籍被陸續發現，以前根據殘本做出的判斷自然就有問題。《總目》由許多人分頭撰寫，每個人的水平高低不同，所寫的提要質量也是參差不齊。總裁官紀昀最後統一體例，潤飾詞句，考據精當，但個人聞見畢竟有限，加上個人主觀情感好惡，修改時又出現了不少錯誤。因此，對《總目》本身存在的不足和缺點，必須重視，並努力加以揭示和補正，只有這樣，才能使讀者放心地吸取它的優點。

爲了考辯《總目》的乖錯違失，余嘉錫用了近五十年的時間，參閱了大量文獻資料，從内容、版本、到作者生平，都作了翔實的考證，最後將成果匯集成專著《四庫提要辨證》。相類似的著作還有胡玉縉的《四庫全書總目提要補正》、李裕民的《四庫提要訂誤》和楊武泉的《四庫全書總目辨誤》。我們利用這些辨正成果，對小學類提要在文獻介紹方面所存在的問題進行了考察，發現其不足主要集中在兩個方面：一是卷數、作者；一是版本、内容介紹。下面按這幾個方面分別敘述。

第一節　卷數、作者

一　卷數

《六書賦音義》提要標注卷數爲"三卷"。丁氏《藏書志》有萬曆刊本二十卷，云："其第八十四部末，題序及音義字三十六萬六千余字，擇藩司吏吉祥書一條。"根據記錄可以推斷，三十多萬字的著作三卷恐怕很難容納得下，此"三"當爲"三十"之誤。

《釋名》提要僅憑鄭明選是明朝人，就懷疑其所說的"《釋名》二十七篇"之"二十七"爲"二十"之誤。其實，關於《釋名》篇數的記載有多種，如《崇文書目》記爲"凡二十七目"，《書錄解題》記爲"凡二十七篇"，嚴可均《鐵橋漫稿》又云二十八篇，各種說法都很難弄清其依據是什麽，也就無法判斷孰是孰非了。

《龍龕手鑑》提要認爲此書爲四卷，批評《文獻通考》記載爲三卷的錯誤。其實是因爲《龍龕手鑑》去聲篇幅太少，將原本第四卷的内容合併到了第三卷。余嘉錫對此進行過分析，他認爲，《通考》所載並無錯誤。書中本以四聲分四卷，各載部目於卷前，而板心則以出入兩卷，統書龍三，實無龍四。殆以去聲僅九葉，不成卷，故合之，所以又有三卷之稱也。①

二 作者

1. 籍貫有誤

《說文繫傳》作者徐鍇本是會稽人，《總目》誤作廣陵人。對此李慈銘有專門的論述："二徐兄弟爲會稽人，陸氏《南唐書》載其世系甚詳，而《宋史》作'揚州廣陵人'。據陸氏《徐鍇傳》云'父延休，唐乾符中進士，仕吳爲江都少尹，卒官，二子鉉、鍇，遂家廣陵'，宋史遂因此而誤，今《欽定全唐文》從陸氏作'會稽人'。"② 從提要正文來看，其認爲徐鍇爲廣陵人的依據似乎是《南唐書》，可查閱陸氏《南唐書》，關於徐鍇的介紹有"徐鍇，字楚金，會稽人"，隨後交待其隨父親前往廣陵的經過。由此可見，《總目》將徐鍇的籍貫寫作"會稽"是錯誤的。

《韻補》作者吳棫本是建安人，《總目》誤作同安人。嘉靖《建寧府志》卷一八《吳棫傳》："吳棫，字才老，建安人，時號通儒。……作《韻補》若干篇。"因此，吳棫爲建安人，不是舒州人，也不是同安人。《總目》之所以認爲同安是吳棫的籍貫，可能同安這個地方曾是其祖居。徐蕆《韻補序》："有連其祖，后家同安。"③

《正字通》作者張自烈本是宜春人，《總目》誤作南昌人。

2. 人名有誤

《韻學集成》本是由章黼撰，《總目》將其姓名寫錯，作"明章黼撰，

---

① 余嘉錫：《四庫提要辨證》，中華書局1980年版，第115頁。
② 胡玉縉：《四庫全書總目提要補正》，上海書店1998年版，第258頁。
③ 楊武泉：《四庫全書總目辨誤》，上海古籍出版社2001年版，第46頁。

第六章 《總目》小學類提要存在的不足　365

黼字道常,嘉定人"。雍正《江南通志》卷一六六太倉州人物之《章輔傳》:"字道常,嘉定人……以六書訛謬,乃遵《洪武正韻》,參以《三蒼》、《說文》、《玉篇》、《韻會》諸書,考訂同異,編《韻學集成》一三卷"。輔車相依,輔與行車有關,故其字爲"道常",輔之行於常道也。《總目》將作者的名字寫作"黼",是因形近而誤。

3. 生平有誤

《聲韻圖譜》作者錢人麟本是雍正癸卯武舉人,《總目》誤作康熙庚子舉人。雍正《江南通志》卷一三四選舉志舉人篇,雍正元年癸卯恩科,載有"錢人麟,武進人",而康熙庚子科無此人。光緒《武進陽湖縣誌》卷一九選舉志舉人表,雍正元年癸卯恩科有"錢人麟,浙江蕭山縣知縣",而康熙庚子科無此人。因此,《總目》此處作者生平記載有誤。

《從古正文》作者黃諫是正統壬戌進士,《總目》誤作天順壬戌進士。雍正《甘肅通志》卷三四《黃諫傳》載"登正統七年進士",嘉慶《高郵州誌》卷一〇文苑《黃諫傳》亦云:"字正卿,一字廷臣,僑寓陝之蘭州,中正統壬戌探花。"可見,《總目》"天順壬戌"當爲"正統壬戌"之誤。

4. 生平失考

《五經文字》系唐張參撰,但由於張參在新、舊兩《唐書》無傳,可供了解其生平的資料缺乏,故《總目》只是簡單地交代"里貫未詳,自序題'大曆十一年六月七日',結銜稱'司業',蓋代宗時人"。實際上,如果根據記載張參的其他材料參互考證,其生平仍可考見。如余嘉錫就根據《新唐書》之《宰相世系表》、朱彝尊《曝書亭集》等資料,把張參生平考出了個大概:河間人,開元、天寶年間舉明經,至大曆初佐司封郎,尋授國子司業。①

李裕民據錢起有《送張參及第還家》、孟浩然《送張參明經舉兼向涇州覲省》等材料,在余氏的基礎上又進行了更加精細的考證,並糾正了其考證的失誤,他認爲:張參及第應在開元末,開元共二十九年,如以開元二十八年及第計,其時十五歲,則約生於開元十四年(726年)。后任户部郎中,《郎官石柱題名》户部郎中條名列第一五七名。余嘉錫《四庫提要辨證》引朱彝尊云"《郎官石柱題名》,參曾入司封員外郎之列","司

---

① 余嘉錫:《四庫提要辨證》,中華書局1980年版,第265頁。

封員外郎"應為"戶部郎中"之誤。大歷十一至十二年間,參為國子司業,大歷十二年後為判官,參之卒應在 778—780 年,享年五十余歲。①

《總目》對《續千文》作者生平也失於考見,如"良器里貫未詳,官左朝散大夫,知池州軍事"。陸氏《儀顧堂續跋》中卻有其生平的詳細介紹:良器,名瑗,一作瑋,長洲人。漢廣野君之裔,賜氏食其,後有仕武帝為侍中者,因又合官與氏而稱侍其。家世以武顯,祖憲,始自建業遷長洲,良器獨學儒學,皇祐二年進士,累知建德、固始、永豐縣,通判全州,擢化州,移知池州,致仕。②

第二節　版本、內容

一　版本

《重修玉篇》提要在論及"上元本"時說:"張本旣與曹本同,則亦重修本矣,乃刪去重修之牒,詭稱上元本,而大中祥符所改"大廣益會"之名及卷首所列字數,仍未及削改,可謂拙於作偽。彝尊序乃謂勝於今行大廣益本,殆亦未見所刊,而以意漫書歟?"提要此處認為張士俊刻本"詭稱上元本"不合符事實,對朱彝尊的批評也不合理。余嘉錫就此進行了詳細地考辯,他的觀點是:張仕俊明著其為《大廣益會玉篇》,並無"詭稱上元本",此《提要》有"污蔑"之嫌。至於朱彝尊之序言稱張刻本為"上元本",謂"勝於今行大廣益本",此蓋英雄欺人,欲自表彰其能存古代小學之功耳。《提要》於前人序跋,讀未終篇,遽爾立論者,不獨此一書為然也。③

《干祿字書》提要在探索版本源流時曾說:"大歷九年,真卿官湖州時,嘗書是編勒石。開成四年,楊漢公復摹刻於蜀中。今湖本已泐缺,蜀本僅存,宋寶祐丁巳,衡陽陳蘭孫始以湖本鋟木。"湖本、蜀本之間的關係似乎很清楚,但余嘉錫通過考證指出其幾點錯誤,他認為《提要》之言,凡有二誤:其一,漢公之摹本,刻於蜀中,不但與漢公之後記不符,

---

① 李裕民:《四庫提要訂誤》,中華書局 1980 年版,第 19 頁。
② 胡玉縉:《四庫全書總目提要補正》,上海書店 1998 年版,第 316 頁。
③ 考據的具體過程參看《四庫提要辨證》,第 104 頁。

俱與《新唐書》所述漢公之仕履不相應，漢公平生，未嘗一至川蜀者，何得於蜀中摹刻《干祿字書》；其二，今以蜀本爲漢公之摹本，將後作前，據《成都句詠》可知，《干祿字書》蜀中石本始於宇文氏，然其楊漢公之勒石業已三百餘年。又《干祿字書》之鋟木，南宋初已有蜀本，《提要》謂自理宗寶祐五年陳蘭孫始，亦非。①

另外，《增修互註禮部韻畧》提要根據題識"太歲丙午仲夏秀巖山堂重刊"判斷刊刻時間爲"理宗淳祐四年"，而"丙午"是指"淳祐六年"，很明顯是館臣將"六"寫作了"四"。

二　內容介紹

《埤雅》提要在介紹陸佃著作時說"其《爾雅新義》僅散見《永樂大典》中，文句訛缺，亦不能排纂成帙，傳於世者惟此書（指《埤雅》）而已"，也就是說當時陸佃的著作中只有《埤雅》流傳下來了，這是《總目》介紹失誤，因爲《爾雅新義》有刻本傳世，而不是"僅散見《永樂大典》中"。余嘉錫引阮元《揅經外集》卷二謂：《爾雅新義》二十卷，有刻本傳世。此書自經阮氏進呈外，嘉慶間蕭山陸芝榮曾將此書刻板印行，至道光間，南海伍崇曜又刻入《粵雅堂叢書》。

《類篇》提要對其參與編寫的作者進行了詳細的介紹，但這個介紹有幾處失實：一是司馬光的作用；一是胡宿、范鎮的生平。李裕民對此分別予以辨正，他認爲：司馬光總纂此書將近兩年，其間除繕寫而外，還作了修訂加工的工作，其廣收隸變后異字、俗字、武則天自撰字，補《集韻》之缺，或探究隸變的原因，《提要》以爲"光於是書特繕寫奏進而已，傳爲光修，非其實也"，顯然冤屈了作者的一番苦心，這是館臣未研讀本書而妄加推測所造成的。另外，他又據《續資治通鑒長編》卷一九五、卷二零七謂："六年九月，宿遷樞密副使"，應爲"六年閏八月，宿遷樞密副使"；"治平三年二月，范鎮出鎮陳州"，應爲"治平三年正月，范鎮出鎮陳州"。

《班馬字類》提要在介紹書名的來歷時曾說"司馬在前，班固在後，倒稱'班馬'起於杜牧之詩，於義未合，似宜從鑰《序》名"。"班馬"之稱謂並非始於杜牧詩歌，《晉書》卷八二陳壽等傳有云"丘明既沒，班

---

① 余嘉錫：《四庫提要辨證》，中華書局1980年版，第106頁。

馬迭興，奮鴻筆於西京，騁直詞於東觀"，可見，倒稱"班馬"始於唐初。

　　以上是小學類提要在文獻介紹方面的失誤與不足，由於失誤之處都需考證說明，本節採取分別舉例，逐個說明的方法，不能將所有的失誤全部羅列。通過上述舉例論證，可以說明《總目》在文獻介紹、整理和保存等方面具有巨大成就，但在版本、卷冊數目的說明，作者生平的交代，著作內容的介紹上也存在些許錯誤。

結　　語

　　《四庫全書總目》的文本整理和研究應該相輔相成。我們要對小學類提要進行深入研究，其首要任務便是對小學類各個不同版本的提要進行匯校，其成果爲上編《小學類提要匯校》。歷來對《總目》的整理都只關注不同版本（殿本、浙本、粵本）之間文字、内容的差異，而很少有人注意《總目》與薈要本、閣本書前提要之間的差異，更無人在《總目》整理過程中參考《簡明目録》、分纂提要和梳理《總目》研究成果。這次小學類提要匯校工作，我們有比較充足的準備，收集的資料有《總目》的兩個重要版本，殿本和浙本；徵書提要目録之《浙江採集遺書總録》；書前提要之薈要、文溯、文津本；《簡明目録》《翁方綱纂四庫提要稿》；余嘉錫《四庫提要辨證》、胡玉縉《四庫全書總目提要補正》、崔富章《四庫提要補正》、楊武泉《四庫全書總目辨誤》和李裕民《四庫提要訂誤》等。根據所收集資料的性質以及它們與殿本《總目》的關係，論文以【校記】【附録】【辨正】三種形式，將提要不同版本之間文字、内容的差異，與《總目》存在較大差別的其他提要以及《總目》研究成果列于提要正文之後，有利讀者閱讀和研究者利用、參考。

　　利用文本整理的校勘記，我們對小學類提要的文本差異進行了比較研究。其中分纂提要與《總目提要》之間存在絶對差別，其差異是由於《總目提要》在分纂提要基礎上進行了改換語言表達、增删文字内容、重新撰寫等修訂工作，分纂提要處於《總目提要》形成過程的初級階段。書前提要是分纂提要向《總目提要》過渡的中間狀態，其與《總目提要》的差異體現在體例格式，著録、作者項和解題内容等三個方面，解題内容的差異主要是因爲《總目提要》針對書前提要所存在的問題，並結合編纂《總目》的實際需要，對其進行了重新撰寫、完全改寫，增加例證和考辨性文字，語言文字的修飾等修改提高。殿本和浙本是《總目提要》

定稿後刊刻形成的兩個不同版本，它們之間的關係目前尚有爭論，我們將殿本和浙本文本進行比較，結果表明，浙本存在有意修訂殿本的痕跡，其修訂工作主要體現在糾正訛誤、增刪文字和完善表達三個方面。

在小學類提要校勘整理的基礎上，我們還對提要文本進行了研究。經過分析，我們認爲小學類提要的基本結構包括作者生平簡介、文獻介紹與整理、學術批評三個層次，內容涵蓋作者、書名、卷數、內容（介紹）、著錄說明、版本、校勘、辨僞、學術評議等多個方面，在版本、校勘、辨僞等方面存在突出成就。最後，本書也指出了小學類提要在文獻介紹方面存在的不足和失誤。

從內容上看，任何一篇提要都可以劃分文獻內容的介紹和作品價值的評議兩個部分，因而對提要的研究也相應地分爲文獻和學術評論兩大塊，只專注於其中的某一方面，都無法完整揭示其本來面貌。因此，今後對小學類提要的研究可以更多地關注提要中的學術評議，一方面，我們通過歸納這些評議內容，以總結提要所運用的學術批評方法和揭示其反映出語言文字等方面的學術思想；另一方面我們將部分對著作價值的評價以及針對某些重要語言現象所發表的評論，放在清代乾隆時期樸學大發展的歷史背景下仔細考量，分析清人如此評價的原因，然後再將這種評論納入現代視野，比較清人和現代人觀點的差異，以及產生差異的歷史文化背景。兩方面相結合，必能將小學類提要的研究，乃至整個《總目提要》的研究，推向深入。

參考文獻

上編

（清）永瑢、紀昀等撰：《四庫全書總目》（武英殿刻本），臺灣商務印書館1984年版。

（清）永瑢、紀昀等撰：《四庫全書總目》（浙本），中華書局1965年版。

（清）永瑢、紀昀等撰：《四庫全書》研究所整理，《欽定四庫全書總目》（整理本），中華書局1997年版。

（清）永瑢、紀昀等撰：《四庫全書總目提要》，海南人民出版社1999年版。

（清）永瑢、紀昀等撰：《四庫全書總目提要》，河北人民出版社2000年版。

《摛藻堂欽定四庫全書薈要書前提要》，世界書局1985年版。

金毓黻輯：《金毓黻手定本文溯閣四庫全書提要》，中華全國圖書館文獻縮微複製中心1990年版。

《四庫全書》出版工作委員會：《文津閣四庫全書提要匯編》，商務印書館2006年版。

翁方綱撰，吳格整理：《翁方綱纂四庫提要稿》，上海科學技術文獻出版社2005年版。

翁方綱等撰，吳格、樂怡標校整理：《四庫提要分纂稿》，上海書店出版社2006年版。

《四庫全書簡明目錄》，臺北洪氏出版社1982年版。

張升編：《〈四庫全書〉提要稿輯存》，北京圖書館出版社2006年版。

余嘉錫著：《四庫提要辨證》，中華書局1974年版。

胡玉縉著：《四庫全書總目提要補正》，上海書店出版社 1998 年版。
崔富章著：《四庫提要補正》，杭州大學出版社 1990 年版。
楊武泉著：《四庫全書總目辨誤》，上海古籍出版社 2001 年版。
李裕民著：《四庫提要訂誤》（增訂本），中華書局 2005 年版。

下編

專著：

陳曉華著：《"四庫總目學"史研究》，商務印書館 2008 年版。
陳曉華著：《〈四庫全書〉與十八世紀的中國知識分子》，社會科學文獻出版社 2009 年版。
郭伯恭著：《〈四庫全書〉纂修考》，嶽麓書社 2010 年版。
黃愛平著：《〈四庫全書〉纂修研究》，中國人民大學出版社 1989 年版。
李常慶著：《〈四庫全書〉出版研究》，中州古籍出版社 2008 年版。
李學勤、呂文鬱編：《四庫大辭典》，吉林大學出版社 1996 年版。
任松如著：《四庫全書答問》，上海書店 1992 年版。
司馬朝軍著：《〈四庫全書總目〉編纂考》，武漢大學出版社 2005 年版。
司馬朝軍著：《〈四庫全書總目〉研究》，社會科學文獻出版社 2004 年版。
王重民編：《辦理四庫全書檔案》，國立北平圖書館 1934 年版。
吳哲夫著：《四庫提要薈要纂修考》，台灣"國立"故宮博物院 1976 年版。
楊家駱編：《四庫全書學典》，世界書局 1946 年版。
張傳峰著：《〈四庫全書總目〉學術思想研究》，學林出版社 2007 年版。
中國第一歷史檔案館編：《纂修四庫全書檔案》，上海古籍出版社 1997 年版。
周積明著：《文化視野下的〈四庫全書總目〉》，廣西人民出版社 1991 年版。
莊清輝著：《〈四庫全書總目·經部〉研究》，花木蘭文化工作坊 2005 年版。

來新夏著：《古典目錄學淺說》，中華書局1981年版。
來新夏著：《古典目錄學》，中華書局1991年版。
彭裴章著：《目錄學教程》，高等教育出版社2004年版。
孫欽善著：《中國古典文獻學》，北京大學出版社2006年5月。
王重民著：《中國目錄學論叢》，中華書局1984年版。
姚名達著：《中國目錄學史》，上海古籍出版社2002年版。
余嘉錫著：《目錄學發微》《古書通例》，中華書局2007年版。
張舜徽著：《中國文獻學》，上海古籍出版社2011年版。
周少川著：《古籍目錄學》，中州古籍出版社1996年版。
程千帆、徐有富著：《校讎廣義·版本編》，齊魯書社1998年版。
毛春翔著：《古書版本常談》，上海人民出版社1977年版。
錢基博著：《古籍舉要》《版本通義》，上海古籍出版社2011年版。
嚴佐之著：《古籍版本學概論》，華東師範大學出版社2008年版。
葉德輝著：《書林清話》，中華書局1957年版。
陳垣著：《校勘學釋例》，中華書局2004年版。
程千帆、徐有富著：《校讎廣義·校勘編》，齊魯書社1998年版。
胡樸安著：《古書校讀法》，江蘇古籍出版社1985年版。
蔣伯潛著：《校讎目錄學纂要》，北京大學出版社1990年版。
倪其心著：《校勘學大綱》，北京大學出版社2004年版。
鄧瑞全、王冠英著：《偽書綜考》，黃山書社1998年版。
黃云眉著：《古今偽書考補正》，齊魯書社1980年版。
梁啟超著：《古書真偽及其年代》，中華書局1955年版。
梁啟超著：《清代學者整理舊學之總成績》，商務印書館2003年版。
梁啟超著：《中國歷史研究法》，中華書局2011年版。
楊緒敏著：《中國辨偽學史》，天津人民出版社1999年版。
張心澂著：《偽書通考》，上海書店1998年版。
鄭良樹著：《古籍辨偽學》，台灣學生書局1986年版。
陳垣著：《陳垣學術論文集》（第二集），中華書局1982年版。
北京師範大學古籍與傳統文化研究院編：《第二屆中國古文獻與傳統文化國際學術研討會會議論文集》，2011年10月。
戴震著：《戴震文集》，中華書局1980年版。
黃宗羲著：《宋元學案》，中華書局1986年版。

黃宗羲著：《明儒學案》，中華書局 1985 年版。

黃易青著：《上古漢語同源詞意義系統研究》，商務印書館 2007 年版。

紀昀著：《紀曉嵐文集》，河北教育出版社 1995 年版。

紀昀著：《閱微草堂筆記》，上海古籍出版社 1984 年版。

江藩著：《國朝漢學師承記》，中華書局 1983 年版。

李國英著：《小篆形聲字研究》，北京師範大學出版社 1996 年版。

李運富著：《漢字漢語論稿》，學苑出版社 2008 年版。

李運富著：《漢字學新論》，北京師範大學出版社 2012 年版。

李運富著：《楚國簡帛文字構形系統研究》，嶽麓書社 1997 年版。

梁啟超著：《中國近三百年學術史》，中國書店 1985 年版。

梁啟超著：《清代學術概論》，中華書局 2010 年版。

王寧著：《訓詁學原理》，北京國際廣播出版社 2002 年版。

王俊義著：《清代學術探究錄》，中國社會科學出版社 2002 年版。

論文：

陳曉華：《〈四庫全書〉三種提要之比較》，《首都師範大學學報》（社會科學版）2005 年第 3 期。

陳垣等：《影印四庫全書原本提要源起》，《中華圖書館協會會報》第 3 卷第 3 期。

崔富章：《〈文瀾閣〉〈四庫全書總目〉殘卷之文獻價值》，《文獻季刊》2005 年第 1 期。

崔富章：《〈四庫全書總目〉武英殿本刊竣年月考實——"浙本翻刻殿本"論批判》，《浙江大學學報》（人文社會科學版）2006 年 1 月。

崔富章：《〈四庫全書總目〉傳播史上的一段公案——從傅以禮的〈跋〉談起》，《文史知識》2007 年 12 月。

崔富章：《〈四庫全書總目〉版本考辨》，《文史》1992 年第 35 輯。

杜凱、佟鎮愷：《古籍中偽書的辨識》，《河北大學學報》1981 年第 2 期。

杜澤遜：《〈四庫提要〉辨偽方法探微》，《歷史文獻研究》新 6 輯，北京師範大學出版社 1995 年版。

龔鵬程：《〈四庫全書總目提要·經部小學類〉校文津閣本記》，《民俗典籍文字研究》2007年第4輯。

侯美珍：《四庫學相關書目續編》，《書目季刊》第33卷第2期

胡昌鬥、廖祥、王文莉，《評〈四庫全書總目〉在目錄學史上的貢獻和影響》，《圖書館論叢》1996年第3期。

胡道靜、林申清：《四庫書目家族》，《古籍整理研究學刊》1991年第1期。

黃愛平：《論〈四庫全書總目〉目錄學成就及其思想內容，清史研究集》，《光明日報社》1990年第7輯。

黃愛平：《〈四庫全書總目〉的經學觀與清中葉的學術思想走向》，《中國文化研究》1999年春之卷。

黃愛平：《〈四庫全書總目〉與閣書提要異同初探》，《圖書館學刊》1991第1期。

黃燕生：《校理〈四庫全書總目提要〉殘稿的再發現》，《中華文史論叢》第48輯。

季秋華：《從〈惜抱軒書錄〉看纂前提要與纂後提要之差異》，《圖書館工作與研究》1999年第5期。

樂怡：《翁方綱纂〈提要稿〉與〈四庫提要〉之比較研究》，《圖書館雜誌》2006年第4期。

李傑：《90年代〈四庫全書總目〉研究論文綜述》，《圖書館工作與研究》2001年第3期。

劉漢屏：《略論〈四庫提要〉與四庫分纂稿的異同和清代漢宋學之爭》，《歷史教學》1979年第7期。

劉遠遊：《〈四庫全書〉卷首提要的原文和撤換》，《復旦大學學報》1991年第1期。

羅琳：《〈四庫全書〉的"分纂提要"和"原本提要"》，《圖書情報工作》1987年第1期。

羅琳：《〈四庫全書〉的分纂提要、原本提要、總目提要之間的差異》，《古籍整理與研究》1991年第6輯。

羅友松：《〈四庫存目〉的文獻價值》，《圖書館》1996年第1期。

潘繼安：《記翁方綱四庫全書提要（未刊）稿》，《圖書館雜志》1982年第4期。

潘繼安：《翁方綱〈四庫提要稿〉述略》，《中華文史論叢》1983年

第 1 輯。

　　戚培根：《〈四庫書目家族〉補遺——兼與胡道靜、林申清兩先生商榷》，《古籍整理研究學刊》1992 年第 2 期。

　　沈津：《翁方綱與〈四庫總目全書提要〉》，《中國圖書文史論集》，正中書局 1991 年版。

　　沈津：《校理〈四庫全書總目提要〉殘稿的一點新發現》，《中華文史論叢》1982 年第 1 輯。

　　司馬朝軍：《殿本〈四庫全書總目〉與庫本提要之比較》，《圖書館理論與實踐》2005 年第 2 期。

　　司馬朝軍：《〈四庫全書總目〉殿本與浙本之比較》，《四川圖書館學報》2002 年第 6 期。

　　司馬朝軍：《四庫總目考據法則釋例》，《史學史研究》2003 年第 1 期。

　　司馬朝軍：《四庫全書總目研究述畧》，《圖書館雜誌》2002 年第 6 期。

　　宋永平：《四庫全書總目方志批評論》，《史志文萃》1991 年第 2 期。

　　孫欽善：《古代辨偽學概述》，《文獻》1982 年 14 輯，1983 年第 15、16 輯。

　　汪惠敏：《〈四庫全書提要〉對宋儒春秋學評騭之態度》，《書目季刊》第 22 卷第 3 期。

　　王菡：《國家圖書館所藏〈四庫全書總目〉稿本述畧》，《文學遺產》2006 年第 2 期。

　　王晉卿：《〈四庫全書總目〉目錄學思想與方法》，湘潭大學學報，1994 年第 1 期。

　　楊遜：《從經部易類看〈四庫全書總目提要〉諸版本的異同和得失》，《湘潭大學學報》1996 年第 4 期。

　　熊偉華、張其凡：《〈四庫全書總目〉之提要與書前提要的差異》，《學術研究》2006 年第 7 期。

　　楊鬱：《從〈四庫全書總目〉看紀昀對目錄學的貢獻》，《語文函授》1998 年第 2 期。

　　葉啟勳：《四庫全書目錄版本考》，《圖書館學季刊》第 7 卷第 1 期（1933 年 3 月）—第 10 卷第 4 期（1936 年 12 月）。

　　葉樹聲：《四庫館臣輯佚、辨偽、校勘及其影響》，《古籍研究》1997 年第 3 期。

葉文清：《四庫全書總目與學術批評》，《湘潭大學學報》1997年第2期。

余秋華：《從〈惜抱軒書錄〉看纂前提要與纂後提要之差異》，《圖書館工作與研究》1999年第5期。

張昇：《翁方綱纂四庫提要稿的構成與寫作》，《文獻》2009年1月第1期。

張新民：《通觀與局部——論〈四庫全書總目〉的學術批評方法》，《貴州師範大學學報》1995年第1期。

張新民：《實證與比較——再論〈四庫全書總目〉的學術批評方法》，《貴州師範大學學報》1996年第1期。

甄小泉：《紀昀與〈四庫全書總目提要〉》，《圖書館學季刊》1989年第2期。

鄭良樹：《古籍真偽考辨的過去與未來》，《文獻》1990年第2期。

鍾東：《〈四庫全書總目提要〉"序"、"案"散論——兼及古代目錄學中的學術問題》，《廣州師院學報》1994年第2期。

周鼎：《試論四庫總目提要在我國目錄學的價值和影響》，《貴州圖書館》1979年第1期。

周積明：《〈四庫全書總目〉批評方法論》，《歷史研究》1988年第5期。

周積明：《〈四庫全書總目〉的經學論》（一），《湖北大學學報》1991年第3期。

周積明：《〈四庫全書總目〉的經學論》（二），《湖北大學學報》1991年第4期。

周少川：《〈四庫全書總目提要〉論史書編纂》，《史學史研究》1985年第1期。

周彥文：《〈四庫全書總目〉目錄類論述》，《書目季刊》第33卷第1期。

碩博士論文：

祁朝麗：《論〈四庫全書總目〉對明代史部書的評價》，碩士學位論文，北京師範大學，2006年。

史麗君：《論〈四庫全書總目〉的考據——史部提要為中心》，碩士學位論文，北京師範大學，2001年。

周曉聰：《〈四庫全書總目〉與考據學》，碩士學位論文，蘭州大學，2006年。

後　　記

　　論文寫作完成，答辯結束，畢業在即，回想起在北京師範大學度過的三年和論文寫作過程，點點滴滴，實在有太多的人需要感謝。

　　感謝導師李運富教授。四年前，我從浙江趕往北京參加博士入學考試，準備不足，當時在一個破舊旅社硬着頭皮跟老師通了電話，通話内容現在已經模糊，但仍記得最後還是十分忐忑地反映了自己沒能買到他新近出版之論文集《漢字漢語論稿》的情況，沒想到他很快就叫他的博士生吴吉煌師兄，給我送過來一本。考試完成之後，知道沒戲，準備回頭再來。第二年（2009）再度參加考試，很幸運地被錄取。博士期間，老師嚴格要求，循循善誘，論文的選題，框架結構的調整，最後的寫定成型，無不浸透着老師的辛勤汗水。老師培養研究生很有特點，堅持課堂教學和討論相結合，每年除了開設漢字學課程以外，還要求所有研究生都參加每周一次的討論會，以此來培養學生獨立思考的習慣和研究解決問題的能力。討論會時間每個學期并不固定，一般選在老師來學校上課的當天，上午或者晚上，内容廣泛，形式多樣，有專門討論某一問題，如《辭源》的典故詞處理；有認真研討某一部著作，如《現代漢語詞匯》；有專題研究大家感興趣的問題或者某種現象；有碩、博士論文開題、答辯等等。本人生性魯鈍，但在這種活潑輕鬆的氛圍中，與同門熱烈討論，深入交流，再加上老師適時點撥，自我感覺鍛煉了思維，開拓了視野，提升了境界。討論中，特别注意學習老師審視問題的角度和論證問題的思路，日積月累，感覺從老師身上學到的這些知識是讀博期間最大收穫。

　　感謝民俗典籍文字研究中心王寧先生、李國英老師、黄易青老師、易敏老師、周曉文老師、王立軍老師、齊元濤老師，他們在論文開題和預答辯過程中提供了寶貴意見和建議。王寧先生是我們博士論文答辯委員會主席，她對論文的批評和對我的鼓勵，都將爲今後發展指引方向。答辯專家北京語言大學華學誠老師、社會科學院的孟蓬生研究員、中心的易敏老師、齊元濤老師都爲論文的修改完善提出了很好的建議。古籍與傳統文化研究院的韓格平老師在預答辯時建議調整論文結構，幷賜贈《中國古文獻與傳統文化國際學術研討會會議論文集》一本。中心的卜師霞、凌麗君、劉麗群、孟琢四位年輕老師，平時多有請教，得到了他們不少幫助。師大三年，能聆聽各位老師的教誨，論文能得到各位專家的指導和批評，這是今生寶貴的財富。

感謝諸位同門。吳吉煌師兄爲我考博提供了幫助，當時來北京參加考試，人生地不熟，幸虧有師兄幫忙。王海平、高淑燕、龍琳三位師姐平時對我關照有加，離開學校後，事務繁忙，也不曾忘記對我鼓勵。師妹蘇天運仔細地校讀了論文，改正了很多文字錯誤；師弟張蒙蒙幫忙將部分材料電子化，幷修訂論文英文摘要，爲我減輕了不少負擔。尹潔、蔣志遠、肖葵、郭敬燕、馬璐璐、鐘韵、朱莉等爲論文答辯會的順利進行付出了辛勞。張道生、雷勵兩位師兄勤于學問，樂于助人，有很多值得大家學習的地方。大家爲了理想和追求走到了一起，每周一次的討論既能相互學習，又能加深彼此感情，營造了好好學習，天天向上的良好氛圍，同門情誼將永難忘懷。

感謝同窗好友榮麗華、毛承慈、王穎、郝曉金、韓冰、方金華、彭煒明、袁忠歡，大家一同出游，談笑風生的場景恍如昨日，如今畢業在即，從此天南海北，諸位珍重。

過程比結果更重要。師大三年求學經歷和論文寫作過程很難用"順利畢業"幾個字簡單概括，在這過程中所體驗到的高興與失落，所經受的歷練和收穫的成長，彌足珍貴。真誠感謝關心支持和幫助我的老師和同學。

李建清　謹識
2012 年 6 月

補記：限於篇幅，本書刪除了博士學位論文文獻綜述部分，略有修改，遺憾的是所進行的修改還是未能完全達到學位論文寫作之初老師提出的要求，期待將來繼續完善。該書稿得到了 2017 年度浙江省省社科規劃後期資助項目資助，納入了中國社會科學出版社 2019 年出版計劃。校對排印期間，恰逢湖州師範學院文學院發布《文學院提高出版資助獎勵管理辦法》，本書有幸獲得文學院"浙江省中國語言文學一流學科建設"經費資助，出版費用得以完全保障。特此感謝浙江省社科規劃基金，感謝有關評委，感謝文學院，感謝中國社會科學出版社，感謝為本書出版付出辛勞的責任編輯宮京蕾、責任校對馮英爽等諸位老師。

2019 年 9 月 22 日